D1726267

Buch

Die gechannelten Heilsymbole in diesem Buch, welche auf Basis der Trigonometrie die kosmische Triangulation in Gang setzen, werden nicht nur den Aufstiegsprozess und Dimensionssprung für uns erheblich erleichtern, sondern auch die Mühen der Inkarnation und die Erschwernisse in der Dichte der 3. Dimension am Ende dieses dualen Universums.

Die Symbole lösen energetische Blockaden im feinstofflichen Körper, die sich auf emotionaler, mentaler und physischer Ebene auswirken.

Mit ihrer liebevollen Energie ermöglichen die kosmischen Zeichen das ganzheitliche Heil-Werden und damit die Metamorphose zum neuen, interdimensionalen Menschen der 5. Dimension.

Autor

Jan Hagen Fink wurde am 26.02.1974 in Graz, Österreich geboren, wo er heute noch lebt und auf verschiedenste Weise kreativ tätig ist.
Der Veganer sieht das Schreiben nicht nur als seine Passion, sondern als Berufung und Lebensaufgabe. Seit seiner Kindheit ist es ihm ein treuer Begleiter gleichsam wie Ventil und Kanal für Inspiration, persönlichen Ausdruck und kosmisches Wissen.

Das Channeln versteht der Autor untrennbar vom Akt des Schreibens - Worte wiederum können nur dann ihren endgültigen Ausdruck finden, wenn Information und daraus resultierende Erkenntnis - vor allem im Schreibenden selbst - zum gelebten Beispiel werden.

Von Jan Hagen Fink sind weitere Veröffentlichungen geplant. Nähere Auskünfte dazu unter www.steiner-verlagshaus.de oder im Buchhandel.

Jan Hagen Fink

TRIANGULARIUM

Die Heilkraft der kosmischen Triangulation

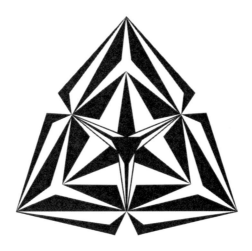

Gechannelte Lichtsymbole zur Aktivierung der ganzheitlichen
Selbstheilung zum Aufstieg der Erde in die fünfte Dimension.

Inklusiv 43 Lichtsymbole auf CD-ROM + Anleitung für
energetische Trinkessenzen.

www.steiner-verlagshaus.de

© 2010 by STEINER-VERLAG
www.steiner-verlagshaus.de

1. Auflage 2010

Druck u. Bindung: www.quickprinter.de
Grafikgestaltung: Jan Hagen Fink u. Druckerei & Verlag Ludewig

Printed in Germany
ISBN 978-936612-26-4

Inhaltsverzeichnis

Einführung

43 Lichtsymbole und Erläuterung der Symbolcharakter

Die praktische Anwendung der Symbole

Die Wirkung der Symbole

Anhang

Einleitung

Dieses Buch ist für Ahnende und Wissende; für Suchende und Strebende; für Rastlose und Erleuchtete; für Schlafende und Erwachte.

Es erhebt keinen Anspruch auf Allgemeingültigkeit, will keinen neuen Glauben aufdrücken und es ist nicht sein Zweck, Zweifler und Skeptiker zu überzeugen.

Seine Kraft ist wirksam, ob man daran glaubt oder nicht und ob man sie annehmen möchte oder nicht.

Die Symbole dieses Buches senden ihre liebevolle Wirkung aus - direkt in das Unterbewusstsein des Betrachters und tun dort ihre Arbeit.

Es ist keine Glaubenssache.

Auch erspare ich es dem Leser, lange einleitende Seiten mit Erklärungen voran zu schicken, um den dringenden Versuch zu unternehmen, zu beweisen, warum Metaphysik funktioniert.

Für mich ist das klar und der Leser wird sich seine Meinung bilden - oder ist zumeist geprägt von den Lektionen seines Lebens, ehe er zu diesem Buch greift.

Dieses Buch will auch nicht erklären, warum für den Rationalisten als Science-Fiction Anmutendes ein fixer Bestandteil dieses Universums, dieses Lebens ist.

Es ist, wie es ist.

Was jemand glaubt und denkt, oder nicht, ist das Ergebnis seiner individuellen Schöpfungen.

Das akzeptiere ich, der Autor, dessen Welt eine erstaunliche ist.

Es gibt so viele unter uns, die meinen, sie wären „Realisten" und vor allem nur das, was sie sehen, glauben.

Jenen sei gesagt, dass es eine Tatsache ist, dass die Rationalität eine der größten Illusionen und die Realität eine ist, in der es nichts gibt, was es nicht gibt.

Der so genannte Realist ist der eigentliche Träumer, da er beschlossen hat, vieles aus seinem Universum auszugrenzen und nur wahrzunehmen,

was ihn nicht erschreckt, was nicht bedeutet, das alles, was er nicht wahr-
nimmt, nicht da ist.

Dieses Buch ist ein Geschenk für alle.
Für jene, die mit offenen Herzen danach gegriffen haben und für jene, die
es auf Umwegen erhalten haben, um ihre Herzen zu öffnen.

Das vorliegende Buch entstand in Zusammenarbeit eines kosmischen
Kollektivs und mir.
Die Symbole wurden durch LOPANEC QUINQUUS gechannelt und nach
den vorgegebenen Prinzipien, die ich durch dieses Kollektiv erlernen und
begreifen durfte, teilweise von mir entwickelt und die dazu gehörigen Texte
zu den vorgegebenen Themen von mir verfasst - wobei mitunter vereinzelte Informationen, die wichtig schienen, von LOPANEC QUINQUUS als
Ergänzung durchgegeben wurden.

Alles begann vor einigen Jahren, als ich mich ganz plötzlich hinsetzte und
innerhalb von zwei Tagen die Symbole für die sieben Haupt-Chakren auf
Basis der Trigonometrie zeichnete.
Ich wusste einfach, dass sie so, wie sie in meinem Geiste empfangen
wurden, richtig waren, obgleich sie völlig anders als die bisher bekannten
Chakren-Bilder aussahen. Es handelte sich dabei bereits um Symbole, die
der erhöhten Schwingungsfrequenz angepasst waren, da in dieser neuen
Zeit neue Frequenzsymbole benötigt werden, um die erwünschte Wirkung
zu erzielen.
Das Empfangen selbst war unspektakulärer als man sich diesen Vorgang
vielleicht vorstellt.
Ich spürte immer schon, wenn etwas aus mir heraus wollte und fühlte mich
während dieser Phase der göttlichen Inspiration stets wie ein Trichter,
durch den die Informationen strömten und durch meine Hand zu Papier
gebracht wurden. Anders kenne ich den Vorgang kreativen Schaffens
kaum, denn nur dann, wenn ich das Gefühl, etwas müsse unbedingt aus

mir heraus, verspüre, kann ich kreativ tätig sein - der umgekehrte Prozess, seine Arbeit zu verrichten, indem man sich hinsetzt und beschließt, etwas zu kreieren und dann herum konstruiert, bis man ein halbwegs zufrieden stellendes Ergebnis hat, ist für mich unvorstellbar.

Das sollte zu denken geben, denn ist es nicht logisch, dass es nicht nur mir so geht?

Dass geniale Ideen letztlich nie von uns selbst stammen; dass nicht wir der Hauptinitiator sind? Wir sind nur der Kanal, der dem Höheren dient, um kosmisches Bewusstsein auf unsere Realitäts-Ebene zu bringen. Wenn man versteht, dass jene Handhabung ein natürlicher Vorgang ist, hält die Enttäuschung darüber, dass nicht wir die Genies sind, sondern "lediglich" göttliche Werkzeuge, nur kurz an.

Doch da nicht jeder ein Kreativer ist, wird klar, dass viele von uns sich erst die Kanäle freilegen müssen, um besser empfangen zu können. Wie dies vor sich geht, ist letztlich egal - so verschieden, wie wir alle beschaffen sind, sind auch die Varianten des Channelings und die Art der Informationen, die wir erhalten.

Als ich mich hinsetzte, die Chakren-Symbole zu malen, vernahm ich kaum Stimmen, die mir das diktierten. Jedoch wurde mir bewusst, dass ich schon immer gechannelt hatte.

Die eigentliche Kraft, die den Kanal zu den neuen Frequenzsymbolen öffnete, waren diese wunderbaren Windräder, die mich jedes Mal, wenn ich an einem vorbei kam, erstarren ließen. Sie hatten eine ungeheure hypnotische Wirkung auf mich; ihre Faszination löste letztendlich den Fluss an Inspiration aus, der den Symbolen in einer rasenden Geschwindigkeit Gestalt verleihen sollte.

Im Grunde berührten die Windräder eine uralte, verschüttete Erinnerung an ein Wissen, das tief in uns allen schlummert.

Ich bemerkte schon damals die unglaubliche Kraft, die von den Symbolen ausging und niemand, der sie sah, konnte sich dieser Kraft entziehen; egal, ob es sich nun um einen "spirituellen" Menschen handelte oder nicht.

Es fiel mir und anderen sogar auf, dass es Personen gab, die die Symbole unbedingt besitzen wollten. Sogar ein Anflug von Neid war bei manchen spürbar, dass nicht sie diejenigen waren, die sie zu Papier gebracht hatten. Das war alles viel mehr, als ich mir an Reaktion vorgestellt hatte - eigentlich hatte ich mir nicht viel vorgestellt.

Vor allem ging es nie darum, mich als Schöpfer der Symbole hervorzutun.

Sie sollten für alle sein - dennoch hielt ich sie danach fünf Jahre unter Verschluss, hervorgerufen durch so manche seltsame Reaktion - ich wollte sie nicht veröffentlichen, ohne sie vorher zu patentieren.

Vor einem Jahr kramte ich sie wieder einmal hervor, um sie einer Freundin zu zeigen und gleich nachdem diese weg war, kam plötzlich ein weiteres Symbol durch mich. Und dann wollte es schier kein Ende mehr nehmen.

Über 120 weitere entstanden in den nächsten Monaten und diesmal hatte ich ganz klar die Anweisung, sie zu veröffentlichen. Da war nun eine Stimme - oder mehrere - und ich wusste, was zu tun war.

Diesem Weg folgte ich von da an unbeirrbar, obwohl ich mir nicht sicher sein konnte, ob ich nicht einem Hirngespinst nacheiferte. In meinem Inneren herrschte absolute Gewissheit über die Echtheit und die Richtigkeit dieser Arbeit - doch der Verstand ist daran gewöhnt, zu zweifeln.

Ich bekam in der folgenden Zeit mehr als zahlreiche Bestätigungen, dass alles seine Richtigkeit hatte und ich nicht meiner eigenen Einbildung unterlag.

Z. B. tauchte kurze Zeit nach dem Erhalt eines bestimmten Symbols irgendwo in der Welt ein neues Zeichen in einem Kornfeld auf, das meinem fast bis ins letzte Detail glich.

Da wusste ich, dass LOPANEC QUINQUUS am Werk war. Ich war schockiert und glücklich gleichermaßen - und ständig gab es neue "Beweise".

Ich möchte ausdrücklich anmerken, dass zu keiner Zeit eine fremde Wesenheit meinen Körper in einer Art und Weise übernahm, in der ich selbst zurückgedrängt wurde, um durch mich zu sprechen oder zu wirken. Alles beschränkte sich auf den kreativen Vorgang der Informationsübertragung.

Heute weiß ich, dass ich einer von ihnen bin und daher ständig in Kontakt mit diesen Wesen stehe. LOPANEC QUINQUUS ist kein Name von absoluter Gültigkeit. Ein kosmisches Kollektiv nimmt immer den Namen an, der dem Auftrag und der Frequenz entspricht, die am ehesten für den menschlichen Verstand als Klangfarbe identifizierbar ist, welche die richtige Resonanz in ihm erzeugt. Es gibt unzählige Scharen von nicht-irdischen Wesenheiten, die ständig um uns sind und uns mit Informationen versorgen, vor allem auf der Traumebene. Ich durfte viele von ihnen treffen um mich von Angesicht zu Angesicht zu unterhalten und versichere, dass jene Unterhaltungen nicht weniger echt waren als jene, die wir tagtäglich mit unseren Mitmenschen führen.

Die Zeit der Symbol-Übertragung war eine wunderbare, die im wörtlichen Sinne mit vielen Wundern angereichert war.

Ich hoffe, der Leser vermag durch die positive Kraft der Symbole auch nur einen Teil des Wunders zu erahnen, um sein Leben zu bereichern!

Vorwort

Die Kapitel dieses Buches fließen ineinander und bedingen sich gegenseitig, weil ihre Themen nicht klar von einander zu trennen sind.
Was innerhalb eines bestimmten Kontexts einer aufbauenden Chronologie entspricht, kann in einem anderen Zusammenhang eventuell Fragen offen lassen, die jedoch in späteren Kapiteln ihre Beantwortung finden sollten. Im Allgemeinen habe ich mich bemüht, aufgrund der Kernaussagen der jeweiligen Kapitel diese in eine wert- und wissenssteigernde Reihenfolge zu bringen. Am Ende sollte sich in der Gesamtheit ein umfangreiches Mosaik ergeben, das sich aus folgenden Hauptkomponenten zusammensetzt:

- Den Symbolen und ihrer Aussagekraft, die mit ihrer Schwingung auf den Betrachter und Anwender einwirken.

- Den Grundmotiven der Texte, deren Ziel die Erkenntnis ist, um eingeprägte Glaubens- und Verhaltensmuster zu durchbrechen und durch das gleichzeitige Begreifen in Resonanz mit der Kraft der Symbole zu gelangen, die nur auf diesem Wege ihre vollständige Wirkung entfalten kann.

- Den Worten innerhalb der Texte, die in einer Selbstverständlichkeit in unseren Sprachgebrauch übergegangen sind, die sie oft ihrer Grundaussage entfremdet hat und welche aus einer neuen (oder alten und ursprünglichen) Perspektive beleuchtet werden, um bereits auf diesem Wege das Begreifen zu erleichtern und wieder mehr Bewusstheit in Sprache und Gedanken zu bringen, denn der beabsichtigte bis formulierte Gedanke entspricht bereits der Wertigkeit einer Tat; einer Manifestation.

- Dem Leser selbst als den wichtigsten Aspekt, denn ohne ein Bewusstsein, durch das es wirken kann, verliert die wertvollste Information ihren Wert.

- Und schließlich der Experimentierfreude als letztem Aspekt, die jeden Lernprozess begleiten sollte!

Hintergrundinformationen zu den Symbolen

Jahrtausend um Jahrtausend wurde in der menschlichen Geschichte Komplexität aufgebaut.

Das zeigte sich in der Aufsplittung und Entfernung der Menschen voneinander - verstärkt durch ihre verschiedenen Sprachen und Dialekte und deren Weiterentwicklung, durch die Verschiedenheit der Kulturen und innergesellschaftlichen Gepflogenheiten und durch die Stufen von Entwicklung, Zivilisation und Evolution.

Jene Fremdartigkeit, die uns alle betrifft, wird durch die Sprache und Wirkung der Symbole aufgehoben.

In ihrer Einfachheit zentrieren sie alle Komplexität und Vielfalt in ihrer Quintessenz und speisen diese jedem einzelnen Betrachter dort ein, wo er ihnen unabhängig von Wissen, Sprache, Kultur, Rasse, Herkunft und persönlichem Verständnis auf direktem Wege das Eindringen und das damit einher gehende Begreifen erlaubt: im Herzen, in der Seele und in seinem Unterbewusstsein, das uns alle eint, denn wir sind alle aus dem selben Stoff und selben Ursprungs.

In den Symbolen sind Elemente aus allen Kulturen enthalten. Die Symbolik jeder Kultur weist in ihrer einfachsten Form die Verbindung zu den übrigen Kulturen auf. Die Basis war überall dieselbe und wurde durch die Schwingungen der jeweiligen Zivilisation gefärbt. Zeichen, die für eine Zivilisation als repräsentativ gelten, sind durch die Kombination mit denen anderer Zivilisationen in dieser Form der Wiedervereinung zu ihrem Ursprung zurückgelangt, dem alle Zeichen entstammen. Typische Symbole wurden durch die Kulturen geprägt, aber nicht erschaffen. Dafür sind die Runen das beste Beispiel!

Die Symbole bestehen aus den Grundprinzipien, denen alles Lebendige unterworfen ist und die jeder **Geist** versteht. Sie sind die Sprache unserer göttlichen Herkunft.

Am Anfang war das Zeichen!

Alle Symbole in diesem Buch sind die positive Ausdrucksform ihres Grundthemas, dessen Schwingung sie tragen. Natürlich gibt es zu jeder Form des Ausdrucks auch das entgegengesetzte Beispiel. Ich denke, dass es sich von selbst versteht, dass hier auf die Darstellung solcher Zeichen verzichtet wurde, weil die Symbole dieses Buches die Aufgabe haben, eventuelle negative Manifestationen auf allen Körperebenen zu neutralisieren.

<u>Berühmte Zitate:</u>

"Alle Dinge sind Zahlen!" *(Pythagoras)*

"Die erste und wichtigste Wissenschaft ist die Zahl als solche, wobei das gewöhnliche Rechnen ausgeschlossen ist." *(Plato)*

"Die Zahlen existieren vor den Dingen, welche durch sie erst geformt werden." *(Plotin)*

"Wenn Zahlen die Dinge hervorbringen, können sie auch Vermittler sein zwischen der irdischen Welt und der Welt des Übersinnlichen..."

<u>DAS DREIECK:</u>

Das gleichseitige Dreieck ist - genauso wie der Kreis - im Allgemeinen ein Symbol der Harmonie. Zusätzlich verleiht es dem Betrachter Stabilität und Sicherheit, da es ein Fundament darstellt.

Das aufrechte Dreieck mit der Spitze nach oben ist ein positives, göttliches Harmoniesymbol.
Es stellt den Geist der Sonne im dreifachen Aspekt als unoffenbarte Drei-einigkeit dar.
Es ist die erste geometrische Figur, nach der die geoffenbarte Natur schafft *(z.B.: kristalline Struktur einer Salzlösung)*.

Es gilt, genauso wie der Lingham in der indischen Religion als Bild der männlichen Zeugungskraft und damit der schöpferischen Kraft Gottes. In der europäischen Alchimie ist das aufrechte Dreieck Zeichen für die empor züngelnde Flamme, das männliche Feuer und steht für das Reich des Geistigen und das Leben.

Das mit der Spitze nach unten weisende Dreieck symbolisiert ein Herabsteigen; ein Von-oben-Kommen und ein In-die-Tiefe-Gehen.
Es ist daher auch ein Zeichen für Karma-Befreite, die in die Materie herabsteigen um Hilfsbedürftigen beizustehen um bei der Evolutionierung des Menschengeschlechts mitzuhelfen.
In der Alchimie steht es auch für das von den Höhen, den himmlischen Wolken und den Bergen zur Erde nieder rinnende Wasser.
Dieses Symbol steht weiterhin für das weibliche Element, den gebärenden Schoß.

Wir kennen in unserer westlichen Zivilisation das Dreieck vor allem als Warn- und Hinweisschild im Straßenverkehr oder bei Gefahrenmeldung und vertrauen auf seine Signalwirkung (Strahlenschutz, Medikamentenpackungen bis hin zur Blindenschleife).

EUKLID und das DREIECK:

Ein Dreieck ist ein Polygon und eine geometrische Figur.
Es handelt sich innerhalb der einfachen Geometrie um die einfachste Figur in der Ebene, die von geraden Linien begrenzt wird.

TRIGONOMETRIE:

Ein gleichseitiges Dreieck ist ein regelmäßiges Polygon, dessen einzelne Winkel eine Neigung von 60° aufweisen.
Die Mittelsenkrechte, die Winkelhalbierende und die Höhe zu einer Seite fallen bei einem gleichseitigen Dreieck jeweils zusammen. Entsprechendes gilt auch für den Umkreismittelpunkt, den Innkreismittelpunkt, den Schwerpunkt und den Höhenschnittpunkt.

TRIANGULATION:

Der Begriff "Triangulation" meint im Wesentlichen "dreieckig machen". Die Definition umfasst die direkte Formgebung in graphischen Darstellungen und im materiellen Sinne genauso wie sie sämtliche Fachgebiete einschließt, die sich mit jeweils 3 einander gegenübergestellten Aspekten und Standpunkten befasst *(z.B. die Psychologie oder die Soziologie).*

Die DREI:

Die Zahl Drei und ihre Darstellung in Form des gleichschenkeligen Dreiecks stehen in den nachfolgenden Variationen u. a. für die kosmischen Grundkräfte der Trinität:

* Vater - Sohn - Heiliger Geist

* Geist - Körper - Seele

* Raum - Zeit - Materie

* fest - flüssig - gasförmig

* Ur - Sein - Werden

* Vergangenheit - Gegenwart - Zukunft

* Vergehen - Sein - Entstehen

* Gottheit - Leben - Kraft   *oder:*
  Leben - Kraft - Form   *oder:*
  Bewusstsein - Kraft - Stoff

* Weisheit - Schönheit - Stärke

* Osiris - Isis - Horus (Ägypten)

* Brahma - Vishnu - Shiva (Indien; = Trimurti, die dreieinigen Götter; Symbol für die 3 Grundkräfte des Universums: "Kein Dasein ist denkbar ohne *Schöpfung* (des Neuen) und *Zerstörung* des Abgeleb-

ten. Dazwischen steht das *Erhalten*, das notwendige kosmische Gleichgewicht und sorgt dafür, dass keiner der beiden anderen entgegengesetzten Vorgänge überwiegt".)

* Tao (= Einheit - Einheit erzeugt Zweiheit - Zweiheit erzeugt Dreiheit - Dreiheit erzeugt **alle Dinge** - China; Laotse)

ANALOGIE der RELIGIONEN:

* Brahma = Schöpfer, Vishnu = Erhalter, Shiva = Zerstörer *(Hinduismus)*

* Gott = Schöpfer, Jesus = Vermittler, Teufel = Zerstörer *(Christentum)*

* Osiris = Gott der untergehenden Sonne (Gott - Vater); Isis (Mutter Maria), die die in alle Winde zerstreuten Glieder ihres Bruders und Gatten Osiris aufsammelt und mit ihm Horus, die aufgehende Sonne (Jesus) zeugt. *(Ägypten - Christentum)*

* Gott, der Vater = unendlicher Geist; Sohn Jesus Christus = Bild der endlichen Erscheinung; Heiliger Geist = Einheit beider in ein alles umfassendes Prinzip der Liebe und Versöhnung.*(bekennende griechische Juden im Laufe des 5. Jahrhunderts)*

Beispiel aus der WESTLICHEN ALCHIMIE:

* Schwefel = Sulphur (das sich Verflüchtigende, das Brennbare, gasförmige Geistige);

* Salz (= das Feste, Greifbare, Materielle; jenes, das übrig bleibt, wenn Stoffe im Feuer vergehen);

* Quecksilber (= die Seele, welche an den feurigen Wirkungen erkennbar ist; der sonst unfassbare Geist - mit Gesten nicht greifbar; hält die beiden anderen Prinzipien zusammen)

Das HEXAGRAMM:

Das Hexagramm vereint das positive und das negative gleichschenkelige Dreieck und ist das Symbol der formgewordenen Welt.

Wir kennen es als Davids Schild, als Zeichen Vishnus (und in jener Funktion als Sinnbild des Makrokosmos) und als Zeichen der Schöpfung bei den Pythagoräern.

Es steht für die Trinität der göttlichen Kräfte und deren Reflex - die Spiegelung in die Welt des Scheins; für das Ewige und das Vergängliche; für das Universum als Idee und die in Erscheinung getretene Schöpfung (in der Gesamtheit als Schöpfungsgedanke); für das Urgute und das Urböse (die Entzweiung, die Dualität, die Trennung der Geschlechter und die Formwerdung in Mann und Frau) - eines bedingt das andere! - vereintes Schaffen im Gegensätzlichen, nur das Positive in der Vereinigung mit dem Negativen bringt den Weltbau zustande.

In Ägypten steht das Hexagramm als Vereinigung von Feuer (inneres Licht) und Wasser (Bewusstsein) und ist somit Symbol der mystischen Hochzeit.

Für die Inder ist es das Zeichen der Verblendung der schöpferischen und gebärenden Kräfte und das Symbol für die Liebe der Gottheit zur Welt und der Welt zum Göttlichen: "Also die Vereinigung, aus der in alle Ewigkeiten alles wird.")

In der europäischen volkstümlichen Zauberei, in die es nach den Sagen über die Juden wie über die Zigeuner gelangte, wird es anscheinend fast überall zur Abwehr gegen alle bösen Mächte verwendet.

Es ist das Zeichen von Mutter Maria als aufgestiegene Meisterin.
Es birgt in sich die Hagalrune (Hag-All = der Weltenraum und die darin wirkenden Kräfte in ihrer Unendlichkeit im Sinne von "Werden, Walten,

Handeln")

Das HEXALPHA ist ein Hexagramm vereint mit der Hagalrune und dient in der westlichen Volksmagie der Beschwörung der Elementargeister.

DAS SECHSECK/HEXAGON:

Sind alle Seiten gleich lang, spricht man von einem gleichseitigen Sechseck. Es ist ein Polygon bestehend aus 6 Ecken und 6 gleich langen Seiten. Sind darüber hinaus alle Winkel an den 6 Seiten gleich groß, wird das Sechseck regulär oder regelmäßig genannt.

EUKLID: Werden die gegenüber liegenden Ecken des Sechsecks miteinander verbunden, ergeben sich gleichseitige Dreiecke. Werden dagegen alle nicht gegenüber liegenden Ecken miteinander verbunden, so erhält man ein Hexagramm. Die Summe der Innenwinkel eines regulären Sechsecks beträgt 720°.

In der Natur sieht man das Sechseck in Kristallstrukturen, in Eiskristallen und Schneeflocken, im Bau von Bienenwaben, in organischen Molekülstrukturen usw. Das liegt an der Schwingungsdichte der physischen Ebene, die die Frequenz von 33,3´ aufweist und durch die Dreidimensionalität als logische Konsequenz jene 6er-Strukturen hervorbringt, die sogar in der Lichtbrechung zu erkennen ist.

POLYAMONDS sind Figuren, die man aus gleichseitigen Dreiecken bildet. Aus HEXIAMONDS kann man z.B. Sechsecke legen.

DIE SECHS:

6 besteht aus 1 + 2 + 3, die diese in der Summe hervorbringen. Alle Potenzen der 6 tragen an letzter Stelle immer die 6. Die Zahl Sechs steht für die Kreisbildung und ist ein Symbol für die Rückkopplung.

DAS HEPTAGRAMM:

Das Heptagramm ist ein hohes Schutzzeichen bei Mystikern und Magiern und gilt als Symbol der geistigen Welt. Es repräsentiert die Vielfalt des Kosmos und vereinigt die vier Elemente und die geistige Dreifaltigkeit.

DIE SIEBEN:

Die Zahl Sieben ist seit jeher Symbol der Hexenkunst, wo sie Glaube und Aberglaube vereint und eine der bedeutendsten Zahlen der spirituellen Welt. Die Sieben ist eine der Grundzahlen der universellen Schöpfungsgeschichte:

An sieben Tagen wurde die Welt erschaffen, bereits die Babylonier unterschieden 7 Hauptgestirne, wir kennen die 7 Wochentage, besitzen 7 Hauptchakren, 7 Farben des Regenbogens und Aurafarben, 7 Töne in der Musik, 7 planetare Engelwesen usw.

Wo die 6 ist, ergibt sich in der Symbolik unweigerlich die 7. In der Mitte des Hexagons befindet sich der 7. Aspekt - genauso, wie der 4. Aspekt der Drei innewohnt - analog zum Zentrum des Kreises, dem Punkt. Wo die 3 im Dreieck betont wird, an der Kreuzung jener Pfade, entsteht sichtbar oder unsichtbar die 4, entsteht die 7 in der 6.

DAS NONAGON/DIE NEUN:

Drei miteinander verflochtene Dreiecke weisen auf die Neunheit. Sie steht für den Gottsucher, ist das Symbol der Weisheit und der Erkenntnis.

Frank Glahn: "Überall in allen Reichen der Natur die selbe Dreiheit: In der Vielfalt die Dreiheit, in der Dreiheit die Einheit" (Symbolisch dargestellt durch den inneren Neunstern, der bis ins theoretische Unendliche in seinem eigenen Zentrum weiter dargestellt werden kann.)

DIE ZWÖLF:

Die Zwölf birgt dreimal die vier fundamentalen Kräfte, die vier Elemente Feuer, Wasser, Erde und Luft oder viermal die drei universellen Prinzipien. Die 12 ist ähnlich der 7 eine universelle Grundzahl und besitzt hohe Bedeutung in Magie und Hexenkunst. Wir kennen 12 Monate und 12 Tierkreiszeichen, 12 Stunden der Dunkelheit und 12 Stunden des Lichts, 12 gute Feen etc.

DER KREIS:

Der Kreis ist die allererste Form, der Ursprung, die Manifestation der Eins - jedoch auch der Unendlichkeit, die letztlich alle Zahlen enthält. Oder ist es der Punkt?

Mit dem Kreis und dem Punkt verhält es sich wie mit der Frage nach dem Huhn und dem Ei - was war zuerst?

Der Kreis ist in seiner Entsprechung die Farbe Weiß, die alle Farben in sich vereinigt, Anfang und Ende zugleich ist. Der Punkt ist die Farbe Schwarz, die ebenso alle Farben in sich birgt, doch in seiner Winzigkeit nur als Schatten hervortritt. Der Punkt ist die Kugel, deren unbestimmtes, virtuelles Segment der Kreis ist.

Das scheinbar Kleinere bringt das scheinbar Größere hervor. Alles Weiß ist aus der Entfernung schwarz.

Der Punkt steht für das Zentrum, die Mitte, den Ursprung, die Quelle, das Fünkchen ewigen Geistes, das alles Lebendige gebiert. Der Kreis ist die Umrandung, die äußere Begrenzung, der Schutzwall, die Aura, die Emanation, das Göttliche, das aus allem strahlt. Der Kreis ist der Punkt, der Punkt ist der Kreis. Schwarz ist Weiß. Das Göttliche ist. Beide sind das dargestellte, das formgewordene I C H   B I N .

Der Kreis ist gleich dem Dreieck ein Symbol der geistigen und der formgewordenen Harmonie.

Sonne, Mond, Planeten liegen der Idee des Kreises zugrunde, woraus sich dreidimensional die Kugel ergibt.

Der Kreis ist Symbol der anfanglosen, nie und nimmer endenden Ewigkeit. Er ist die gekrümmte, sich in den Schwanz beißende Schlange, die sich durch alle Kulturen zieht:

Der universelle Drache (die Weltenschlange), Uräus, Uroborus und es war die Schlange, die Adam und Eva den Zutritt zur geistigen Welt verwehrte. Die Weltenschlange ist bei den Kelten das Symbol der Unendlichkeit. Sito ist der urzeitliche Schlangengott, der die Welt umringelt.

Uräus wird bei den alten Ägyptern auch mit der Apophisschlange identifiziert, jene Schlangengottheit der Unterwelt, die Finsternis, das Böse und das Chaos verkörpert. Apophis bedroht die Sonnenbarke des Ra während der nächtlichen Fahrt durch die Unterwelt und wird dabei besiegt, aber nie zerstört.

Apophis steht daher für die Sonnenfinsternis, den abnehmenden Mond und die Bewölkung. Er symbolisiert die Phasen der Dunkelheit, gegen welche die Sonne täglich ihren Kampf bestehen muss.

Im Allgemeinen ist Uräus die Gottheit, die die Stunden frisst und gebiert - er bringt die natürlichen Zyklen hervor, die im Jahres- wie im Tagesverlauf immer wiederkehren.

Der Uroborus besitzt eine ebenso widersprüchliche Symbolik: Ihm obliegt ein erhabener Charakter und eine negative Interpretation: Das Beißen in den Schwanz wurde als Strafe und Selbstverzehrung betrachtet. Wegen ihrer Häutung galt die Schlange jedoch immer wieder als Sinnbild des sich erneuernden Lebens und ebenso von Zeit und Ewigkeit.

Generell steht die Schlange für Geburt und Tod, Anfang und Ende. Keine Phase ist endgültig und das eine bringt das andere hervor.

Der Kreis an sich steht für die "allumfassende Weltschau". In der Magie umschließt der Kreis ein Schutz gewährendes Raumkraftfeld.

Der Kreis mit dem Punkt in der Mitte ist Symbol für die Ursonne, Zentrum des Universums, Zeichen für Mikro- und Makrokosmos usw. Er ist zugleich Ausdruck stärkster Konzentration der geistig zentralisierten Kräfte. Er steht für die geoffenbarte Gottheit - wobei in diesem Fall der Punkt den Willen zur Tat, den Urgrund Gottes bezeichnet. (Die ungeoffenbarte Gottheit wird in diesem Zusammenhang als Kreis ohne Punkt symbolisiert.)

KOSMISCHE LIEBE

"Denn ohne lieben zu wollen,
ist man doch glücklich,
geliebt zu werden."

Jean-Baptiste Moliere

Unter dem Begriff "**Liebe**" verstehen wir "ein starkes Gefühl der Zuneigung, Barmherzigkeit, Mildtätigkeit" oder auch ein Objekt der Zuneigung,
eine "geliebte Person". Das Wort stammt von *"liubi"*, das im 9. Jahrhundert geprägt wurde, im 11. Jahrhundert durch *"lioba"* ersetzt und später
zu *"liebe"* wurde, das "Wohlgefallen, das man über oder durch etwas
empfindet, das Liebsein, Freude, das Liebhaben, Freundlichkeit, Gunst"
meint, das das ältere, anstößig gewordene, aber bis heute verbliebene
"**Minne**" verdrängte. Mit dem Verb "**lieben**" setzen wir "ein starkes Gefühl
der Zuneigung empfinden, gern haben" gleich, das sich seit dem 8. Jahrhundert aus *"liobon"* und seit dem 9. Jahrhundert aus *"liuben"* entwickelte, was so viel wie "angenehm, lieb machen oder sein, empfehlen,
begehren, wohltun" bedeutete und "**lieben**" wurde im späteren Sinne als
"angenehm, lieb machen, sein oder werden, gefallen, Freundlichkeit
erweisen" gebraucht, das seit dem 16. Jahrhundert üblich ist. Daraus
ergibt sich "**verlieben**" als "von Liebe ergriffen werden, in Liebe entbren-
nen, lieb gewinnen".

Die alten Griechen kannten "**Eros, Philos** und **Agape**", wovon erstens die
erotische Liebe, zweitens die Liebe zu einem Freund und letzteres die
altruistische und vor allem allumfassende, mit nichts Irdischem zu verglei-
chende und mit menschlichen Maßstäben nicht zu messende kosmische
Liebe meint.

Kosmische Liebe ist ewig.
Sie war immer und wird immer sein - **sie ist**.
Sie ist überall und jedem zugänglich - sie ist in uns und im kleinsten Bau-
stein eins Moleküls.
Sie ist der Stoff, der unsere Welt zusammenhält und ihr den Atem einflößt.
Sie ist der Puls des Universums, der Puls des **Einen**.

Kosmische Liebe lässt unsere Herzen schlagen, unsere Lungen atmen,
Bäume wachsen, Blumen blühen, Vögel fliegen, Insekten schwärmen,
Flüsse fließen, Feuer lodern, Lüfte wehen, fruchtbare Erde entstehen, die

Gestirne leuchten und Mutter Erde ihrem Lauf folgen.

Sie nährt uns, sie ist die Urexistenz von und die innewohnende Essenz in **Allem, was ist.**

Sie hat wenig zu tun mit unseren sexuellen Beziehungen - sie ist der Funke, der innerste Keim, der in der Liebe der Mutter zum Kind und in wahren Freundschaften steckt. Sie ist bedingungslos. Irdische Liebe ist niemals absolut und völlig bedingungslos, so idealisiert sie auch werden mag, muss sie dennoch ein verklärter Mythos bleiben. Kein Tier liebt den Menschen, mit dem es lebt, bedingungslos, unabhängig davon, dass diese Beziehungen oft romantisiert werden. Es verlangt unsere Gegenliebe und unsere Fürsorge. Keine Mutterliebe ist *wahr*-lich bedingungslos. Die Mutterliebe existiert bereits schon, ehe sie die neue Wesenheit kennt, welche für die Mutter noch keine Identität besitzt und daher nicht für sein Wesen, seine es ausmachende Individualität geliebt werden kann. Die Mutterliebe gilt schon dem ungeborenen Kind, das noch keine Bedingungen an die Mutter stellt und nur in diesem Sinne als bedingungslos zu verstehen ist. Diese Art der Mutterliebe ist eine Projektion, die aus dem eigenen Ego resultiert, nicht aber der neuen Seele gilt. Es wurde beschlossen, ein neues Wesen zu empfangen, **um es zu lieben.** Diese Liebe ist ein Ersatz für eigene Mängel. Niemals will die Liebe zu Allem, was ist, in Frage gestellt werden - nur das Attribut der "Bedingungslosigkeit". Menschliche Liebe ist fast immer eine Form von Besitzdenken und überträgt jene Liebe, die man für sich selbst nicht aufbringt, auf eine andere Person oder Wesenheit.

Das Gegenteil von Liebe ist nicht Hass, sondern Angst.

Aus Angst resultieren sämtliche negative Eigenschaften, die uns für Liebe blockieren.

Nur selten sind unsere "Liebesbeziehungen" von wahrer Liebe geprägt, sie sind karmisch.

Am nächsten käme ihr die Beziehung zwischen zwei Seelenpartnern, doch solange menschliche Triebe eine Rolle spielen, ist die Reinheit der Liebe verfälscht.

Wahre Liebe lässt sich nicht in irdischen Hüllen erfahren, obgleich wir niemals getrennt von ihr sind.

Solange wir auf Erden wandeln und unsere Lektionen zu lernen haben, werden unsere Gefühle immer mit den Nuancen der triebgesteuerten Emotionen gefärbt sein.

Das muss so sein, weil wir einen Körper haben und dessen ureigenste Instinkte das Überleben sichern wollen.

Es geht in erster Linie gar nicht darum, allem nicht dem vorgefertigten Ideal Entsprechenden zu entsagen, sondern unsere Fehler und Unzulänglichkeiten zu akzeptieren - ohne sie zu interpretieren.

Sie gehören zu uns, so lange wir Menschen sind.

Üben wir uns in Toleranz unseren Fehlern gegenüber und werden wir dadurch toleranter unseren Mitmenschen gegenüber - die ihren Part des Weges erfüllen.

Ohne die Interaktion mit deren Eigenschaften, die wir als Fehler bezeichnen, würden wir nicht voran kommen.

Erst der Spiegel, der uns durch jene vorgehalten wird, über die wir gerne allzu leichtfertig urteilen, lässt unsere Selbstreflexion zu.

Begeben wir uns einfach in einen Zustand der Liebe - des Moments - der immer und überall zur Verfügung steht um uns unsere Aufgaben zu erleichtern und unsere Sichtweisen zu verändern.

Für mehr Mitgefühl anstatt Intoleranz, Interesse anstelle von Vorurteilen und Begegnungen mit Menschen oder schwierigen Situationen, die nicht von Angst geprägt sind.

Erleichtern wir uns unseren Weg - durch sofortige und kostenlose Versenkung in einen angenehmeren Zustand.

<u>Das Symbol:</u>

Um diesen Zustand zu erreichen, genügt es auch für Ungeübte, sich einen Augenblick Zeit zu nehmen und den Versuch zu unternehmen, zur Ruhe zu kommen, um ein offenes Gefäß für einströmende Energien zu werden. Die Vorstellung, in Liebe zu sein, bewirkt bereits ihr Vorhandensein.

Mit zusätzlicher Betrachtung des Symbols für wenige Minuten öffnet sich das Unterbewusstsein für dessen mächtige Schwingungen und löst Blockaden zuerst im Ätherleib und wirkt sich schließlich auf den physischen aus. Das Symbol begünstigt eine neue Perspektive im Altbekannten, um eine insgesamt liebevollere Betrachtungsweise des Seins erreichen zu können. Wenn man sich selbst als untrennbarer Teil des großen Ganzen, das sich uns im Bienenschwarm wie im Tautropfen eröffnet, empfinden kann, ist es eine Leichtigkeit, diese allumfassendere Liebe fließen zu lassen - bedingungsloser.

Wer sich ungeliebt, gestresst, mutlos, depressiv oder auch nur verärgert fühlt, sollte diese Übung so oft wie möglich durchführen, bis sich seine Stimmung gehoben hat. Auch dann ist sie noch weiterhin sinnvoll, da man niemals von genug Liebe durchströmt werden kann.

„Freude ist eine Waffe.
Der Mensch, der sich freuen kann, kann die Welt sehr verändern.
Freude ist keine rückgratlose Idiotie.
Ihr Rückgrat ist stärker als dasjenige der Bitterkeit."

SETH

(Gechannelt von Jane Roberts, 1972)

Die Definition von "**Freude**" bezieht sich auf "Hochstimmung, Glücks-gefühl", das sich seit dem 8. Jahrhundert aus *"frewida"* und dem 9. Jahrhundert aus *"frouwida"* bildete, woraus später *"vröude, vreude"* wurde. Es entwickelte sich aus dem germanischen und wurde mit "**froh**" gleich gesetzt, weshalb "**freuen**" früher auch "**froh machen**" meinte.

Freude ist ein direktes Produkt der Liebe und wir empfinden sie, wenn wir uns geborgen und gut aufgehoben fühlen. Eigentlich ist sie eine Selbstverständlichkeit.

Leider haben die meisten von uns verlernt, sie in ihr Leben zu ziehen.

Ständig sind wir auf der Suche nach dem "ultimativen Kick" um die sonst so tristen Alltagszustände auszugleichen. Ein normales freudvolles Empfinden reicht uns da nicht mehr, wir suchen das Besondere, um Überschwang verspüren zu können.

Wir handeln nicht aus unserer Mitte und suchen beharrlich nach dem "Errettet-Werden" - daran klammern wir unsere Hoffnungen. Wir denken, wenn ein bestimmtes Ereignis endlich einträfe, dass es uns dann aus dem Sumpf unseres Daseins ziehen würde.

Viele sind der Meinung, der unerreichbar scheinende Traumpartner würde ihr gesamtes verkorkstes Leben mit einem Schlag ändern und nur dann könnten sie endlich glücklich sein.

Doch das muss ein Traum bleiben.

Nur Freude zieht Freude an. Wer sich Freude nicht vorstellen kann, wer sich nicht einmal für wenige Augenblicke spontan in ihren Zustand versetzen kann, kann sie nicht manifestieren.

Wer sich tief in seinen kreierten Zuständen der Trostlosigkeit und Monotonie oder des Unglücks und der Sorge befindet, heischt nach dem großen Kick.

Nichts kann uns mehr so recht erfüllen - keine Geschenke teuer genug, keine Sache interessant genug und kein Ereignis befriedigend genug sein, um uns wahrlich zu genügen.

Wir brauchen das Belohnungsprinzip. Je öfter wir glauben, Belohnung verdient zu haben, desto weniger wird sie uns mit Freude belohnen. Wir ersticken in der materiellen Flut in dem Versuch, das unschuldige Glücksgefühl der Kindheit wieder zu erlangen. Wir suchen im Außen nach unserer Erfüllung, die wir nur im Herzen finden können. Versuchen wir, uns in die Tage der Kindheit zurück zu versetzen!

Wie überschwänglich stimmten uns Ereignisse wie Geburtstage oder Weihnachten oder eine geplante Ferienreise und wir konnten Wochen und Monate allein in freudvoller Erwartung des Ereignisses verbringen. Wir genossen vor allem die Vorfreude und unsere Tage waren lichtvoll und erfüllt. Dadurch manifestierten wir den weiteren Verbleib des freudigen Empfindens. Und noch lange nach einer gelungenen Feier oder einer schönen Reise konnten wir davon zehren. Wir freuten uns unbeschreiblich über einen schönen Stein oder einen Brief einer geliebten Person und bastelten mit der Energie unserer Herzen Geschenke für Angehörige und empfanden mehr Freude als der Beschenkte, wenn wir ihm das Präsent überreichten. Wir liebten Überraschungen und wollten andere über-raschen; freuten uns, wenn wir mit dem Hund herumtollten, Schmetter-lingen nachhopsten und in Pfützen sprangen. Auf einen Baum zu klettern war vergnüglicher als vor dem Fernseher zu sitzen und reife Beeren von einem Strauch zu pflücken zogen wir der Tüte Chips vor. Unser Lachen war hell, ehrlich und ansteckend. Wir brannten vor Abenteuerlust und konnten nicht genug vom Leben kriegen. Alles war neu und aufregend und wir konnten ewige Zeit träumend aus dem Fenster starren oder ein Insekt beobachten. Wir kreierten unsere Tage ständig neu, waren durstig nach Wissen und eiferten mit unseren Freunden um die Wette. Wir kannten keine Langeweile und fielen abends erschöpft und glücklich ins Bett.

Was ist in der Zwischenzeit passiert? Waren wir damals einfach nur naiv und wissen jetzt, dass es nichts mehr zu lachen gibt, seit der Ernst des Lebens uns eingeholt hat?

Wir selbst bestimmen, wie ernst unser Leben verläuft. Wir sind die Dirigenten unserer Emotionen und sollten wir das Lachen verlernt haben, ist es an der Zeit, es wieder zu trainieren.

Wer lächelt eigentlich noch ehrlich? Wir sind darin geschult, es gezielt einzusetzen - reflexartig oder um damit einen bestimmten Zweck zu erfüllen. Ein echtes Lächeln kommt aus dem Herzen - und das Lachen, das wir praktizieren, ist meist in irgendeiner Hinsicht der Schadenfreude entwachsen - wem das nicht bewusst ist, der möge zukünftig jedes Mal, wenn irgendwo gelacht wird, darauf achten. Welcher Erwachsene lacht noch aus einem ehrlichen Ausdruck des Glücks?

Beginnen wir, Lachen und Lächeln neu zu erfinden. Kinder kann man nicht austricksen. Sie erwidern kein Lächeln, das nicht aus dem Herzen kommt, weil sie es nicht verstehen. Es irritiert sie. Kinder sind der Indikator für unseren Gefühlszustand. Versuchen wir, jedes Mal, wenn wir lächeln, uns ein Lächeln zu verinnerlichen, um ein Lächeln anstatt einer kontrollierten Grimasse auszudrücken. Lächeln ist kein Mittel zum Zweck, sondern Ausdruck reiner Herzensenergie.

Wir haben die Kunst, Freude zu empfinden, aus unserem Verantwortungs-bereich gegeben und können in wahre Stürme der Begeisterung ausbrechen, wenn unsere Nationalsportler einen Sieg erringen und bilden ein Kollektiv der Freude mit anderen Anhängern und verkünden "unseren Sieg".

Wir selbst empfinden uns nicht mehr als wert, Anlass zur Freude zu geben. Uns fehlt die Anerkennung in nahezu allen Lebensbereichen und weil andere sich nicht für uns freuen können, wenn wir etwas erreicht oder gut gemacht haben, freuen wir uns auch nicht, weil wir glauben, es nicht verdient zu haben. Wir strampeln uns weiter ab um noch größere Leistungen zu erbringen, um endlich gelobt zu werden.

Wir belohnen uns mit materiellem Luxus und beäugen kritisch die finanzielle Situation und die Luxusgüter der Konkurrenten, weil wir sie als Ausdruck für Erfolg ansehen und empfinden Schadenfreude, wenn der andere einen Verlust erleidet. Ohne unsere wohlverdiente Anerkennung verlieren wir die Freude und jegliche Motivation und kehren das Prinzip in Schadenfreude um. Wir sagen, dass Eigenlob stinkt, um das gesunde Selbstbewusstsein derer zu bekämpfen, die ihre geleistete Arbeit wertschätzen.

Doch wofür, wenn nicht für die Freude am Erfolg arbeiten wir?

Wir dürfen anerkennen, dass wir etwas gut gemacht haben, wir dürfen das Glücksgefühl in seiner Intensität durchleben, wenn uns ein Durchbruch gelungen ist - ungeachtet dessen, ob das Umfeld es tut oder nicht - und müssen nicht sofort ins nächste Geschäft laufen, um uns „das Besondere" zu gönnen, das uns doch nicht erfüllt und um die Leere zu kompensieren, weil wir keine Resonanz für unsere Arbeit erhalten haben.

Verstecken wir uns nicht, wenn wir uns freuen - teilen wir unsere Glücksmomente mit anderen - ob es sie nun ansteckt oder nicht. Wer sich nicht mit uns freuen kann, beneidet uns und das ist ein sicheres Zeichen dafür, dass wir etwas Begehrtes erreicht haben, wofür sich Freude lohnt.

Wir dürfen unser Alter vergessen und uns wie Kinder benehmen, wenn uns danach ist oder einem spontanen Impuls folgen, der nicht unseren Konventionen entspricht, um einen Ausgleich für unser kontrolliertes Verhalten zu schaffen. Suchen wir die Freude wieder in der Beschäftigung mit dem Spiel und in gemeinsamen Unternehmungen anstatt vor dem Computer oder Fernseher zu sitzen und geben wir vor allem unseren Kindern ein Beispiel, die mittlerweile die Freuden einer ganz normalen Kindheit nicht mehr kennen.

Machen wir uns bewusst, dass Essen keine Belohnung ist! Und Bewegung keine Strafe, sondern ein natürlicher Drang, der ausgelebt werden muss. Freude kommt von selbst, wenn man ihr Raum gibt. Wem es an Bewegung und gesunder Ernährung mangelt, wird sich von Grund auf unwohl fühlen und für ihn ist der Weg ein längerer, Spaß beim Herumtollen zu empfinden. Verhindern wir, dass aus unseren Kindern kranke und freudlose "Couch-Potatoes" werden und versetzen wir uns in sie hinein, um ihnen aus tiefstem Herzen ein Buch zu schenken, das ihr Interesse weckt, anstatt das X-te Computerspiel. Vermitteln wir ihnen und allen anderen, die unseren Weg kreuzen, die Wärme eines echten Lächelns und sie werden es weitergeben.

Begreifen wir, dass wir den Traumpartner, der uns glücklich machen soll, nur in unser Leben ziehen können, wenn wir ganz sind und nicht aus dem Mangel heraus. Nur, wenn wir uns vollkommen fühlen und nicht durch andere ersetzt haben wollen, was uns fehlt, können wir das ausstrahlen, dass das Erwünschte anzieht.

Wir bekommen, was wir geben.

Das Symbol:

Begreifen wir, dass wir nichts opfern, wenn wir Freude visualisieren, auch wenn wir uns nicht danach fühlen.

Gönnen wir uns doch wenigstens diese wenigen Minuten, um woraus auch immer, das uns scheinbar vereinnahmt, auszusteigen. Wir werden von Mal zu Mal geübter, Freude zu empfinden, wenn wir unsere Herzen öffnen.

Freude steht in Verbindung mit Dankbarkeit.

Freude ist ein Gefühl, das einem momentanen Impuls nachgeht, genauso wie ein immer währender Zustand.

Freude ist lichtvolles Strömen und Fließen und kann von uns empfunden werden, wenn wir diesem Strom Resonanz geben. Das Betrachten des Symbols dürfte bereits nach kurzer Zeit unser Inneres offener machen und uns freudiger stimmen, auch wenn wir uns gerade nicht danach fühlen. Es stimmt unser Unterbewusstsein auf den Kreislauf der kosmischen Ströme ein und erleichtert es uns, dankbar für die vielen kleinen Dinge zu sein, die uns erfreuen, wenn wir das zulassen.

"Das, was wir im Außen sehen,
ist auch in unserem Innern enthalten.
Der Zustand der Erde
ist nur ein Spiegelbild unserer Verfassung."

Roland Possin

Das Adjektiv "**wohl**" setzt sich aus dem germanischen *"wela"* (hier liegt die Verbindung zum englischen *"well"*), später *"wola"*, das für "**gut**" steht und dem gotischen *"waila"*, das "wählen, Wille, **wollen**" bedeutet, zusammen und wird zu "**gewollt**, gewünscht, nach Wunsch". Heute ist "**wohl**" im Sinne von "gut, zweckmäßig, richtig, genau, geziemend, günstig, erfolgreich, glücklich, gesund, angenehm, schön, reichlich, ausreichend" gebräuchlich und wird mit "**Wohlstand**" zu " **Wohlhabenheit**, Besitz, materiell gesicherte Verhältnisse", worunter man bis ins 18. Jahrhundert "**Wohlergehen**, Gesundheit, was schön ist, gefällt, geziemt" verstand, das in Anlehnung zur "**Wohltat**" als "sittlich richtiges Verhalten, gute Tat, Geschenk, Labsal" entstand.

Absolutes Wohlbefinden ist das Produkt kosmischer Liebe und unser Urzustand.
Weil wir von dieser Selbstverständlichkeit wissen, sehnt sich jede unserer Fasern danach und verlangt nach diesem Geburtsrecht.
Absolutes Wohlbefinden ist immer vorhanden und wenn wir uns von diesem Strom kosmischer Liebe abgetrennt fühlen, ist dies das Resultat unserer Überzeugungen und Perspektiven, in die wir uns hinein katapultiert haben.
Es ist ein Phänomen, ähnlich dem der Sterne, die immer am Himmel stehen, die wir des Nachts träumend und sehnsüchtig betrachten und die wir am Tag zwar nicht sehen können und dennoch könnte uns niemand weismachen, dass sie nicht vorhanden wären.
So verhält es sich mit kosmischer Liebe und unserem natürlichen Wohlbefinden.
Diese göttlichen, alles erhellenden und überstrahlenden Lichter sind immer da, doch wenn wir uns in unser Schneckenhaus zurückgezogen und die Vorhängen geschlossen haben, ist uns nicht das Licht abhanden gekommen, sondern wir haben es ausgesperrt.
Es ist wichtig, das zu verstehen, um unsere uns einengenden Glaubensätze fallen lassen zu können.

Wenn wir in unserer Mitte sind, fühlen wir uns mit uns selbst und der Welt im Reinen; sind wir jedoch aus der Balance geraten, erschafft jene Seite, auf die wir gefallen sind, unsere Perspektive, aus der wir alles betrachten. Wir können die rosarote oder die schwarze Brille aufsetzen.

Was absolutes Wohlbefinden für uns so schwierig macht, ist der Umstand, dass sich jeder von uns als das Zentrum seines Universums sieht.

Stellen wir uns vor, wir wären auf einer einsamen Insel und mit allem, das wir fürs Überleben benötigen, versorgt und vor allen Gefahren und Störfaktoren gefeit, so dürfte unser Wohlbefinden garantiert sein.

Und wir wären mit der uns umgebenden Welt im Einklang, denn sie beließe uns in Frieden.

Was wir von der Welt, die noch weiter entfernt ist, nicht wissen, berührt und besorgt uns ohnehin nicht.

Käme jedoch ein zweiter Inselbewohner hinzu, geriete die Idylle schnell aus den Fugen.

Wir sind nicht mehr das alleinige Zentrum. Auch der Nachbar sieht sich als Zentrum seines Universums und möchte seinen Teil der uns zur Verfügung stehenden Ressourcen. Vielleicht erhebt er Anspruch, einen Teil des Gebietes für sich zu vereinnahmen, vielleicht ist er überdies ein unangenehmer Zeitgenosse.

Selbst, wenn er im Idealfall ein äußerst angenehmer Mensch wäre und wir kaum etwas von ihm spürten, so wüssten wir doch, dass er da ist und verbrächten unsere Tage nicht mehr ganz so ungezwungen.

Unser Fokus hat sich verschoben, vielleicht halten wir ständig nach im Ausschau oder fühlen uns beobachtet - ob er nun in unsere Kreise eindringt oder nicht.

Und wir leben nun einmal auf keiner abgeschiedenen Insel, sondern in einer Welt mit Milliarden Mitmenschen.

Erst, wenn wir uns durch irgendeinen Umstand nicht mehr in unserer Balance befinden, bemerken wir, was Wohlbefinden eigentlich ist. Etwas, das immer uneingeschränkt zur Verfügung steht, wird uns nicht bewusst.

Erst, wenn uns etwas **fehlt**, erkennen wir den Wert und die Qualität der

Umstände, die unser Grundrecht darstellen.

Absolutes Wohlbefinden ist ein Zustand der Geborgenheit.
Die meisten sehnen sich, ohne es zu wissen, nach Geborgenheit.
Sinnlose Kämpfe - ob privat, im Berufsleben oder auf globaler Ebene - werden ausgefochten, um sich ein Gefühl von Geborgenheit mit dem Erreichten zu schaffen.
Diktatoren und politische Tyrannen wissen mit dem Geschäft der Angst umzugehen und manipulieren ganze Nationen, indem sie ihnen suggerieren, ihre Sicherheit wäre gefährdet. Nichts schürt mehr unsere Angst, als der Gedanke, dass es uns an den Kragen geht. Die Geschichte hat bisher noch jedes Mal gezeigt, dass diese Vorgehensweise noch mehr Zerwürfnisse, Angst und Trennung schafft. Es ist nicht möglich, Sicherheit durch die Kontrolle äußerer Umstände zu schaffen. Politischen Führern, die nach dieser Methode handeln, sollte endlich durch das Erwachen der Bevölkerung die Macht entzogen werden.

Das Kind im Mutterleib ist noch von der allumfassenden kosmischen Liebe umgeben und befindet sich in absoluter Geborgenheit. Es benötigt sonst nicht viel und verspürt keine Langeweile.
Der Fötus weiß noch wenig von Mutterliebe. Er ist an den uneingeschränkten Strom des universellen Lichts angeschlossen.
Der Säugling braucht zwar körperliche Versorgung, aber vor allem Liebe.
Je mehr äußere Faktoren im Laufe seines Lebens eine Rolle spielen, desto mehr sehnt er sich nach Geborgenheit. Irgendwann gewinnt die Materie scheinbar die Oberhand und unsere Sehnsucht nach dem kosmischen Schoß des Wohlbefindens wird mit materieller Sicherheit zu stillen versucht.
Die Sehnsucht bleibt ewig im Unterbewusstsein und der Drang, mehr und mehr zu erreichen und anzuhäufen, wächst. Wir haben unseren Fokus verschoben und die Erinnerung an unseren Ursprung mit materiellen Gütern zugeschüttet.

Ein Mensch, der sich in ständigem Wohlbefinden vorfände, würde keine Zeit wahrnehmen, würde sich in einem ewigen Moment der Harmonie befinden und nicht altern oder krank werden.

Stellen wir uns einen Menschen vor, der sich in einem **wohl**temperierten Raum in einer für den Körper durch und durch bequemen Position befindet und weder Hunger, noch Durst oder Schmerz verspürt.

In dieser **absoluten** Harmonie würde er keine Langeweile empfinden.

Unser stetiger Drang nach Beschäftigung und Zerstreuung resultiert aus einem Ungleichgewicht, das von allen anderen Faktoren abhängt. Ein perfekt ausbalancierter Mensch kann in sich selbst ruhen und mit sich und seinen Gedanken allein sein und er hat den inneren Dialog abgestellt.

Es sind nur winzige Nuancen, die den angenehmen Druck einer Massage in Schmerz verwandeln.

Und unser Hirn macht genau dieselbe angenehme Berührung zu einer unangenehmen, wird sie von der falschen Person ausgeführt. Wir schaffen unsere eigene Realität!

Ein buddhistischer Spruch sagt: "Wenn du bequem gehen willst, kannst du die Erde mit Leder überziehen oder du kannst Schuhe anziehen."

Wir werden niemals die Welt ändern können, aber wir können uns und unsere Einstellung ändern und letztlich dadurch sogar die Welt. Aber der Wandel muss zuerst in uns vollzogen werden.

Mangel entsteht aus unserem anerzogenen Glauben, dass wir so vieles brauchen, um überleben zu können.

Hätte man uns nicht von Geburt an das Gegenteil eingebläut, wüssten wir, dass wir ohne Nahrung, Wasser und Sex bestehen könnten.

Unwohlzustände entstehen, wenn wir uns in irgendeiner Weise bedroht fühlen. So wurden wir programmiert, um unsere leibliche Hülle zu schützen. Doch wir können das Programm umschreiben.

Wenn wir unser Wohlbefinden von äußeren Umständen abhängig machen, bringen wir uns in ein Gefängnis, indem wir versuchen, so viele Störfaktoren wie möglich auszuschließen.

In unserer Mitte ist immer Wohlbefinden, doch wir müssen unsere Mitte erst finden!

Wer nach außen strebt, entfernt sich von sich selbst genauso wie von der kosmischen Urquelle und allem, was uns "wichtig" ist.

Liebe ist niemals draußen oder weit entfernt; Liebe ist, wo unsere Herzen schlagen.

Spüren wir unser Herz, sind wir mit denen aller anderen und dem Herzen des Kosmos verbunden.

Je weiter draußen wir suchen, desto unendlicher und vergeblicher wird die Suche werden.

Genauso unendlich sind die Weiten, die sich in uns erschließen. Es ist unsere Entscheidung, ob wir unermessliche Weiten in uns integrieren oder darin orientierungslos verloren gehen.

Was der Mensch benötigt, kann nicht unerreichbar oder unauffindbar sein. Empfindet er so, bedeutet das, dass er für seine Bedürfnisse blind geworden ist, er sein Gefühl verloren hat.

Je mehr er sich von sich selbst entfernt, desto mehr möchte er haben, desto mehr äußere Umstände muss er unterjochen, um die Kontrolle zu erlangen. Das gibt ihm ein Scheingefühl von Sicherheit - das jedoch weit entfernt von Geborgenheit oder Wohlbefinden angesiedelt ist.

Dennoch sind natürlich auch äußere Umstände für unser Wohlbefinden ver - *a n t w o r t* - lich und es können Kleinigkeiten sein, die unsere Stimmung ausmachen. Wie wohl oder sicher wir uns fühlen, hängt sehr stark mit unseren Gewohnheiten zusammen, wovon wiederum abhängt, ob wir einer Sache oder einem Umstand Vertrauen schenken. In wie feinen Nuancen sich diese Dinge abzeichnen, wird bewusst, wenn man sich das Beispiel der uns vertrauten Trinkgefäße ansieht. Für die meisten von uns wäre es komisch, Wein aus einer Kaffeetasse zu trinken und im Gegensatz dazu Kaffee aus einem Sektglas. Wir sind dann der Meinung, das Getränk schmecke anders, wird es nicht im passenden Behältnis serviert.

Das Auge bestimmt mit, ob wir uns mit einer Sache, die primär nicht von visuellen Eindrücken abhängig ist, vertrauen. Doch wie sähe das Beispiel aus, wären wir in einer anderen Kultur aufgewachsen und hätten differente Gewohnheiten? Und warum macht es uns nichts aus, Eiskaffee aus einem Glas zu trinken? Und Glühwein aus der Tasse? Wir unterschätzen die Flut an Eindrücken, die ständig unser Wohlbefinden prägt. Wie sähe es erst aus, würden wir jahrelang mit der falschen Wandfarbe leben, ohne dass uns dies bewusst wäre? Es ist wichtig, ein feines Gespür dafür zu entwickeln, womit wir uns wohl fühlen und womit nicht. Die meisten können nicht einmal sagen, warum sie sich nicht gut fühlen oder in welchem Bereich sie nach ungünstigen Umständen suchen müssen. Auch im Umgang mit unserer Umgebung können wir unser Gespür für das eigene Wohlbefinden ablesen: Sauberkeit, Pflege, Schmuck, liebevoller Umgang, Liebe fürs Detail, Farbgespür etc. sind Indikatoren dafür, dass man bemüht ist, eine Atmosphäre des Wohlbefindens zu schaffen. Es ist ein großer Unterschied, ob wir uns um unser physisches Wohlergehen sorgen und unsere Umgebung liebevoll gestalten und materielle Güter benutzen, um uns das Leben zu verschönern oder nach materieller Anhäufung zur Kompensation unserer Mängel streben.

Unsere Industrie und Werbung gaukeln uns unablässig Dinge vor, die wir angeblich unbedingt **brauchen**, um uns in Abhängigkeit zu treiben. Auch der Esoterik-Boom wurde von den Kapitalisten längst zunutze gemacht, um uns unser angebliches Heil zu verkaufen.
Keine noch so teure Hautcreme kann uns faltenfrei machen - es ist unsere Über-*zeug*-ung.
Kein noch so vielseitig angereichertes Nahrungsergänzungsmittel oder Wunderkraut kann unsere Gesundheit fördern - es ist unsere Über-*zeug*-ung.
Kein Guru und keine noch so ausgeklügelte Meditationstechnik kann uns zu unserem Seelenheil bringen - es ist unsere Über-*zeug*-ung!
Einem Produkt oder Führer nachzurennen, ist eine Suche im Außen, die

letztlich nur den Verkäufer oder Guru bereichert.

Der Körper braucht, was ihm der Geist suggeriert.

Nahrung und Medizin oder Heil versprechende Techniken setzen einen Mangel voraus.

Mängel sind individuell und es kann kein Allheilmittel dafür geben.

Was der eine braucht, ist etwas völlig anderes als das, was unser Nachbar braucht und Industrien oder Religionen können kaum allgemeine Methoden anbieten, um das jeweilige Manko auszugleichen.

Wenn ein Produkt hilft, geschieht das, weil wir daran glauben.

Wir brauchen Dinge, weil wir glauben, dass wir sie brauchen.

Wie stark die Wirkung der Imagination ist, zeigt das Beispiel, dass wir uns unwohl fühlen, wenn man eine Szene beobachtet, die uns in keinster Weise persönlich betrifft und die dennoch die eigenen Assoziationsängste auslöst, wie das der Fall ist, wenn jemand von einem Zahnarztbesuch erzählt und wir selbst durch die Erzählung den Schmerz in unseren Zähnen empfinden. Sehen wir einen Film, in dem jemand in einen Ameisenhaufen fällt, spüren wir das unangenehme Kribbeln selbst am ganzen Körper.

Wie stark der Mensch zu Imagination fähig ist, beweist der Umstand, dass beinahe niemand im und für den Moment lebt, die Ironie des Lebens jedoch jene ist, dass das Leben nur im Moment stattfindet. Jedes Lied, jeder optische Reiz ist nur im Moment *wahr-nehm-*bar, das Gesamte ergibt sich aus der Erinnerung oder aus der Er-*wart-*ung des kommenden, scheinbar Vorhersehbaren. Und genau darin verharren die meisten, obwohl es sich dabei um virtuellen Raum handelt.

Würden wir nur einen Prozentsatz des Glaubens, der sich in uns eingenistet hat, und somit signalisiert, dass uns etwas fehlt, dafür aufbringen, dass wir daran glauben, dass wir ganz sind, könnten wir heil sein.

Je mehr wir wollen, desto mehr wissen wir aus Erfahrung, dass es nie genug sein kann und uns das, wonach wir streben, nicht befriedigen wird.

Wer immer nach später strebt, ist nie im Moment und in Folge dessen nicht in seiner Mitte.

Wir sind das Produkt unserer Über-*zeug*-ungen und Glaubensmuster. Wir befinden uns im Sog der Dinge, von denen wir uns erhoffen, dass sie uns reicher, mächtiger und glücklich(er) machen und die sich doch nur als Trugbilder entlarven, da der Seelenfriede dort nicht zu finden ist.
Wir wissen gar nicht mehr, was wir wollen - meistens nicht einmal, was wir nicht wollen.
Wer nicht weiß, was er wirklich will, will alles.

<u>Das Symbol:</u>

Gönnen wir uns einige Minuten der Ruhe und Stille und konzentrieren wir uns auf unsere Mitte - versuchen wir, uns zu erspüren. Zapfen wir die nie versiegende Quelle unendlichen Reichtums und Wohlbefindens in uns an, indem wir sie uns vorstellen. Betrachten wir einige Minuten das Symbol und hören wir in uns hinein.
Innerhalb weniger Tage können wir unseren Energielevel erhöhen und achtsamer mit unseren Wünschen umgehen. Es ist schön, sich Dinge zu wünschen. Denn sie sollen uns erfreuen anstatt unsere Leere zu stopfen.
Vertrauen wir darauf, dass uns Alter und Krankheit nichts anhaben kön-nen, wenn wir daran glauben.
Wer gelernt hat, sich vom kosmischen Fluss des Wohlbefindens nicht mehr abzutrennen, wird daran glauben, denn er fühlt, dass er die Macht hat, jeden Mangel zu besiegen.

SICHERHEIT

"Das Unbewusste ist rätselhaft
und zwischen Wald, gewaltig und Gewalt
schlummern Engel und Teufel."

Georg Groddeck

Unter dem Begriff "**Sicherheit**" versteht man "das Geschütztsein, Schutz (vor Gefahr), Sorglosigkeit, Unbesorgtheit, Gewissheit, Festigkeit, Geübtheit", der seit dem 9. Jahrhundert aus *"sihhurheit"* geprägt wurde, das neben den erwähnten Bedeutungen auch "Bestimmtheit, Gelöbnis" meinte. Daraus entwickelte sich "**sichern**" im Sinne von "**sicher machen**" und mit *"sihhuron"* ab dem 9. Jahrhundert auch "rechtfertigen, sich entschuldigen, verbürgen" und "**sicher stellen**, ein Versprechen leisten, geloben, **Sicherheit geben**" und "**versichern**", das sinngemäß "als wahr beteuern, versprechen, beruhigen" und "**sicher machen**, schützen, versorgen, erproben" meint, woraus sich die "**Versicherung**" auch als Institution ableitet. Jemand, der "**sicher**" ist, ist "ohne Zweifel, ruhig und überzeugend", aber auch "geborgen".

Sicherheit ist eines der primärsten Grundbedürfnisse der menschlichen Seele im Zustand der Inkarnation und noch danach - resultierend aus der Verhaftung mit dem physischen, verletzlichen Körper - und ist die allererste Voraussetzung für das Gefühl der Geborgenheit.
Das Bedürfnis nach Sicherheit zieht sich durch alle Ebenen des menschlichen Seins.
Da das Sicherheitsbedürfnis ein direktes Resultat der Körperlichkeit ist, wird oft das Bedürfnis nach Sicherheit von Geist und Seele unterschätzt.
Das grundlegende Fehlverhalten der menschlichen Seele, Kontrolle über alle Bereiche ihres Lebens zu erlangen, ist der vermeintliche Versuch, die Grundbedürfnisse zu sichern, die sich aus jenen Bereichen zusammensetzen, die das Ego als elementar ansieht.
Die Seele strebt nach Sicherheit und übt prophylaktisch Kontrolle aus, wo sie Verletzbarkeit wähnt; der Geist stellt selbiges mit seiner Ratio an. Jene schützt die bewusste Wahrnehmung und selektiert Eindrücke nach deren Schock-Potenzial. Wir sehnen uns nach geordneten Verhältnissen. Wie konfus uns die Welt auch erscheinen mag, sie folgt einer höheren, absoluten Ordnung - entgegen allen Chaos-Theorien - doch wie wir das annehmen, ist eine Definitions-, Interpretations- und vor allem Glaubenssa-

che. Die Weltordnung folgt keinem rationalen System. Jeder kann sich nur selbst schützen. Jeder Schutz von außen ist eine Illusion, die zwar den Glauben bestärkt, wodurch man sich beschützt wähnt, der aber nichts bewirken kann, was der Einzelne nicht selbst erschafft. Niemand kann von außen verhindern, dass jemand erkrankt, sich verletzt oder stirbt. Zwar wird immer nach einem Unglück nach dem oder den Schuldigen gesucht, doch das ist ein Kompensationsverhalten. Man glaubt, durch Strafe und Sühne ein Geschehen ausgleichen zu können, das in Wahrheit einer höheren Ordnung folgend unabhängig von jenen, die dafür verantwortlich gemacht werden, so oder so eingetreten wäre.

Pflicht- und Schuldbewusstsein verhindern Anarchie. Wir fühlen uns schnell schuldig und um das zu umgehen, verpflichten wir uns, wobei wir ein Opfer bringen. Die Lebensversicherung, die nach unserem eventuellen Ableben für den Partner bestimmt ist, wurde kaum aus dem einzigen Grund der tiefen und innigen Liebe, sondern aus Schuld- und Pflichtbewusstsein abgeschlossen. Seit Jahrhunderten gibt die gesellschaftliche Ordnung vor, dass der Mann für die finanzielle Versorgung der Frau verantwortlich ist.

Die Einhaltung der Gesetze, die für Sicherheit sorgen, genau so wie Schuldbewusstsein und Verpflichtungen halten die soziale Weltordnung so lange aufrecht, bis die ehrliche Liebe regiert.

Wir schaffen uns so genannte "Sicherheitsraster", um unvorhergesehene Ereignisse so weit wie möglich auszuschließen. Alles in unserem Leben unterliegt einer Planung, die uns ein vermeintliches Gefühl von Sicherheit geben soll. Unsere Beziehungen sind ein Raster, das erfüllt werden soll, unser Leben ist vom Kindergarten bis zum Berufsleben in großen Zügen geplant, unser Tagesablauf verläuft in vorgefertigten Bahnen und unser Terminkalender ermahnt uns ständig an Er-*wart*-ungen, Versprechungen und Verpflichtungen, die es zu erfüllen gilt.

Wir brauchen Struktur. Wir fühlen uns ohne ein Raster haltlos. Wir müssten spontan sein, wüssten wir nicht, was uns er-*wartet*. Auch wenn das nicht vollständig kontrollierbar ist, gibt es Scheinsicherheit. Vorausplanung verhindert, im Moment zu sein. Wir leben, um den Plan zu erfüllen, hetzen dem Soll hinterher und genießen das Ist und Jetzt nicht. Das Scheitern des Plans ist vorprogrammiert.

Im Grunde wollen wir immer sicher sein. Wir mögen den "Faktor X" nicht. Von der Krankenversicherung bis hin zum Ehevertrag würden wir am liebsten sogar wissen, ob und wann uns der berühmte Dachziegel eventuell auf den Kopf fällt - nur rechnen wir im Vergleich zum Scheitern der Ehe nicht wirklich damit, weshalb es uns auch kaum passieren wird. So sehr wir auch an romantische Liebe glauben wollen, so fühlen wir uns doch mit einem Vertrag oder einem vorgefertigten Raster oder Regeln, die den Beziehungsverlauf strukturieren, sicherer. Ohne sie - nur mit dem Versprechen des Partners und seinen Beteuerungen, dass wir geliebt werden - erwarten wir von ihm fortwährend Beweise für diese Liebe. Sie bauen unser Vertrauensfundament auf und geben vermeintliche Sicherheit. So sehr wir uns auch unserer Ausstrahlung, Wirkung, Fähigkeiten und Qualitäten bewusst sind, brauchen wir dennoch beständig Bestätigung dafür, um die Selbst-Sicherheit aufrecht erhalten zu können. Wir suchen unsere Selbst-Sicherheit im Außen - wie gefestigt wir uns auch im Inneren wähnen. Ein bestimmtes Maß daran ist normal, solange wir in einer Welt der Interaktion und Resonanz leben. Nur der Autist vermag sich weitgehend von äußeren Bestätigungen, deren Bedürfnis danach auf dem limbischen System basieren, abzukapseln. Er lebt und interagiert in ätherischen Bereichen, wo er sich sicher fühlt, weil er weiß, dass er sicher ist. Da er den Resonanzen der festen Welt machtlos gegenüber steht, braucht er sichere Rahmenbedingungen, die ihm Orientierung ermöglichen. Die Abweichung von der Norm des festen Gefüges lässt seine gesamte Welt einstürzen. Um nachzuvollziehen, wie er sich in seiner Welt fühlt, dient folgendes Beispiel: Stellen wir uns vor, wir befänden uns alleine in einer fremden Kultur mit sonderbaren Sitten, in der wir auch die Sprache und die Gestik nicht verstehen, sondern nur die ausgehenden Schwingungen fühlen. Doch wir wissen, dass Menschen lügen. Wer die Gepflogenheiten nicht kennt, kann sich irren und andere unwissentlich beleidigen oder fehlinterpretieren. Eine unbedachte Geste kann in einem anderen Kulturkreis Empörung nach sich ziehen. Kenntnis schützt uns. Erfahren wir in unserer Situation nun, dass immer, wenn eine Trommel geschlagen wird, Essenszeit ist, wenn wir auch ansonsten das Geschehnis, in das wir zwar körperlich *in-volviert* sind, nicht verstehen, wodurch wir uns *dis-soziieren* und in eine innere Welt verfallen, die die anderen nicht sehen können. Sie reden an uns vorbei. Wird nun auch noch nach dem Trommelschlag das Essen nicht mehr ausgegeben, verfallen wir in Panik. Unser leibliches Wohl ist gefährdet und wir fühlen uns bedroht, da wir in dem Irrgarten, dem wir nicht zu entfliehen vermögen, die letzte Orientierung verloren haben. In gewisser Weise sind wir alle Autisten, wir können es nur im Vergleich zum wahren Autisten besser verbergen, weil wir Zugang zum limbischen System, das uns Kontrolle ermöglicht und uns sagt, "was sich gehört", haben.

Jeder weiß, dass die Alternative zu Kontrolle Vertrauen ist. Doch Vertrauen kann nur stattfinden, wo ein Fundament dafür geschaffen wurde. Die Fähigkeit, Vertrauen in unbestimmte und vage Bereiche bzw. übermäßiges Vertrauen in klar definierte Situationen zu setzen, wird in unserer Gesellschaft vorwiegend belächelt. Schnell ist man naiv, mit zu wenig Lebenserfahrung ausgestattet oder hat sich nach Meinung der meisten, die sich in zumindest einem Bereich als "gebrannte Kinder" bezeichnen, noch nicht oft genug "die Finger verbrannt".

Natürlich braucht Vertrauen eine Grundlage, doch jene ist nicht in den Beweisen, die wir ständig von anderen Personen oder Situationen haben möchten, zu finden. Sogar selbst müssen wir uns ständig etwas beweisen. Diese so genannten "Vertrauensbeweise" können erst stattfinden, wenn wir zuvor Vertrauen gesät haben.

Sie sind als eine Art Echo zu verstehen und jedes Echo benötigt das formulierte Wort bzw. jede Resonanz die Form gewordene Tat. Dementsprechend ist Sicherheit nur in unserem Kern und niemals in unter Kontrolle gebrachten äußeren Umständen zu finden.

Wer nicht darauf vertrauen kann, dass der Partner ihm treu bleibt, sollte zuerst überlegen, warum er das nicht kann. In zweiter Linie wäre die Überlegung angebracht, warum es ihm so wichtig ist, nicht "betrogen" zu werden. Denn wahrscheinlich sind beide Fragen die Antwort darauf, dass man sich selbst nicht toll genug findet, um als einzige Person dem Partner zu genügen. Er fordert daher von ihm Beweise, um etwas in der Hand zu haben, das ihm hilft, selbst daran glauben zu können, liebenswert zu sein.

Das wird kaum funktionieren. Eifersucht resultiert aus der eigenen Unzulänglichkeit und produziert Kontrollverhalten. In jenem Beispiel wird die betreffende Person erst dann in einer harmonischen Beziehung leben können, wenn sie sich als liebenswert empfindet. Wer sich selbst liebt, liebt andere wahrhaftig und nicht aus einem Gefühl des Mangels und dem Wunsch, der Partner möge einem geben, was man sich selbst nicht zu geben vermag. Eine ausgeglichene Person vertraut auf ihre eigenen Vorzüge und Fähigkeiten und gesteht auch dem Partner seine zu, wodurch er Vertrauen schenken kann, das sie zurückerhalten wird.

Weil das für die meisten Menschen jedoch eine Kunstfertigkeit darstellt, werden Beziehungen immer wieder aus dem Gefühl des Mangels herbeigesehnt und eingegangen, wodurch das Beispiel, das die meisten Paare geben, den "Lebenserfahrenen" als Vorbild dient und weitere Fehler vorprogrammiert und falsche bzw. *Selbst*-schädigende Verhaltensmuster tief einprägt.

Seele wie Geist sind elastisch. Das Lösen alter Muster und die Verschiebung des Fokus setzen Heilung zuvor geprägter Strukturen voraus. Wer heil ist, kann sich sicher wähnen. Wer sicher ist, kann Stabilität manifestieren.

Sicherheit kann immer nur im Status Quo stattfinden und kein vorgefertigtes Bild einer scheinbaren zukünftigen Situation sein - und scheint die Entwicklung dahin auch noch so offensichtlich.

Es gibt für absolut nichts, das noch in der Zukunft liegt, eine Garantie. Und alles, was nicht im Moment stattfindet, ist Zukunft. Die Kunst liegt darin, den Moment so lange auszuweiten, dass der Status Quo Stabilität erhält. Wir schlagen den Weg ein, sind der Navigator unseres Lebens und nicht eine unbestimmte, unsichtbare Macht. Wir sind nicht völlig schutzlos allen Umständen und den größeren, kosmischen, für uns unverständlichen Zusammenhängen ausgeliefert. Es ist an uns, für unsere eigene Sicherheit zu sorgen.

Das bedeutet lediglich, sich durch äußere Umstände nicht aus der Fassung bringen zu lassen.

Sicherheit ist entweder ein kompliziertes Konstrukt aus vielen Scheinrealitäten für den unbewussten Menschen oder aber ein Zustand der inneren Festigung für den, der vertraut.

Wer Sicherheit in äußeren Umständen sucht, lebt in einem Kartenhaus. Wer seinen Fokus in Balance behalten kann, ist wahrlich sicher. Sicherheit ist Geborgenheit, Schutz, Ruhe, Frieden, Vertrauen.

Man ist angekommen, wo auch immer man sich befinden mag, weil man sich sicher sein kann, von äußeren ungünstigen Umständen nicht mitgerissen zu werden. In Sicherheit zu sein bedeutet nicht, dass man in ewigem Gleichklang ohne Höhen und Tiefen lebt und man damit rechnen kann, dass nichts Uner-*wart*-etes über einen hereinbricht - denn das wäre lediglich Monotonie, die wenig lebenswert wäre.

Leben bedeutet beständige Veränderung, derer man sich absolut sicher sein kann.

Das Meer wird immer Ebbe und Flut hervorbringen - die Frage ist, ob man selbst darin die Balance halten kann. Das sicherste Boot wird niemandem helfen, vermag er nicht darauf zu vertrauen, die Segel zum richtigen Zeitpunkt setzen zu können. *Er-Leben* kann nur durch das Vorhandensein von Ebbe und Flut stattfinden. Sofern man in seiner Mitte sicher ist und sich nicht haltlos mitreißen lässt.

Sicherheit ist kein Zustand. Sicherheit ist eine Einstellung.

Der Sicherheitsfaktor besteht in der Selbstkontrolle. Eine kontrollierte Einstellung zur jeweiligen Situation gibt Sicherheit. Eine unangenehme Situation kann durch ihr Einfrieren in ihrem Status entwertet werden.

Eine Beleuchtung der Fakten aus allen Perspektiven und nach der Subtraktion der persönlichen, verzerrenden Eindrücke und Interpretationen kann den Schrecken nehmen. Angst macht vor allem die Vision vom weiteren Ausgang einer ungünstigen Situation. Angst vor ihrer Entwicklung und der Entartung der Dinge. Das Gefühl der persönlichen Entmachtung steuert die ursprüngliche Situation in befürchtete Bahnen. Wer seinen Job verloren hat und im schlimmsten Fall damit rechnet, letzten Endes auf der Straße zu landen, hat gute Chancen, diese Schreckensvision erfüllt zu bekommen. Momentan ist noch nichts anderes geschehen als der Verlust des bisherigen Jobs. Vermeidet man daraus resultierende Ängste und Schwarzmalerei und richtet seinen Fokus stattdessen auf das Ziel, bald wieder einen Job zu finden, der noch dazu geeigneter ist als der vorherige, kann die Situation keinen unangenehmen Ausgang finden. Durch unpersönliche Betrachtung und Sachlichkeit kann man die Situation stagnieren lassen und in ihrem weiteren Verlauf in den sicheren Hafen steuern. Und vorgefertigte Bahnen verhindern, dem *schein-bar* Unvermeidlichen ausweichen.

Sicherheit vereitelt negative Manifestationen, ungewollte mentale Konstrukte und unbewusste kontraproduktive Gedankengänge.

Ein vorgefertigtes Bild gleicht einem geschlossenen System - dem Hamster im Laufrad -, dem Teufelskreis.

Die Möglichkeiten sind begrenzt, berechenbar und stellen eine andere Form der Sicherheit dar. Der sicheren Mündung in eine Sackgasse.

Der Optimist, derjenige, der nicht unbegrenzt schwarz malt - denn jede Manifestationsmöglichkeit ist unbegrenzt, solange die Situation noch nicht in die Vision gewandelt ist - lässt den Kreis der Möglichkeiten offen. Er gibt dem System der derzeitigen Lage lichte Fenster, deren Ausgang zwar noch ungewiss ist und die Welten, die sich dahinter auftun, noch vage scheinen, doch es sind lichte Welten, die ihre Pfade noch offenbaren werden, wenn deren Zeit gekommen ist.

Das Symbol:

Das Symbol gibt Sicherheit und Schutz auf allen Ebenen. Es stärkt die Selbstsicherheit und das Vertrauen in scheinbar ungewisse Situationen.

Es kann vor Prüfungen oder ungewöhnlichen Vorhaben, die den Mut des Beteiligten abverlangen, seinen Einsatz finden.

Es kann in Krisenzeiten gute Dienste leisten und Beziehungen stärken, wenn zumindest einer der Beteiligten mit ihm arbeitet.

Auf der anderen Seite kann das Zeichen Gewissheit in vagen Situationen bringen.

VERTRAUEN

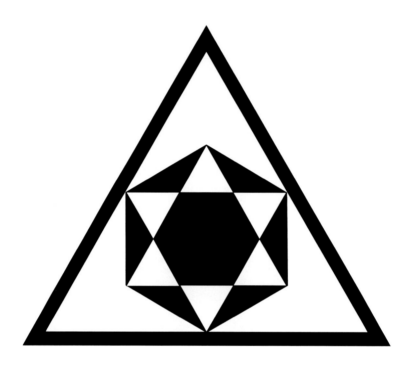

"Wenn man Selbstvertrauen besitzt,
passen sich die Einzelheiten
den jeweiligen Umständen an."

Florinda Matus

Die Definition für das Verb "**trauen**" lautet "keine Vorbehalte, kein **Misstrauen** haben, Glauben schenken" aber auch "ehelich verbinden, verheiraten" und "wagen, etwas zu tun; den Mut zu etwas haben" das sich um das Jahr 900 aus *"tru(w)en"* im Sinne von "(ver)trauen, glauben, hoffen, **zutrauen**" entwickelte. Die verschiedenen Bedeutungsstämme vereinen sich in den Worten *"triuwen"* und *"treuen"* (woraus sich die "**Treue**" ergibt), womit unter anderem "**anvertrauen**" gemeint ist, das die Brücke zwischen der Bedeutung "ehelichen" und "kein **Misstrauen** haben" bildet. Das germanische Wort zeigt ähnliche Lautformen und -entwicklungen wie "**bauen**", das sich mit den Assoziationen "fest, **treu** (in seinem Verhalten oder seiner Meinung) sein" eng an "**trauen**" anlehnt. Aus dem geläufigen "glauben, hoffen, **zutrauen**" entwickelte sich "Glauben schenken, zuversichtlich hoffen", das schließlich seit dem 16. Jahrhundert zu "**trauen**" im Sinne von "wagen, riskieren" übergeht. Wollen wir jemandem etwas "**zutrauen**", so wollen wir "glauben, dass er die Fähigkeiten, Eigenschaften für etwas besitzt" und mit dem Begriff "**zutraulich**" meinen wir "voller **Zutrauen**, **vertrauend**".

Vertrauen basiert auf innerem Wissen.
Vertrauen kann nur, wer Zugang zu seiner Intuition hat.
Wir sind in unserer modernen Gesellschaft viel zu sehr kopfgesteuert; oft sogar regelrecht gezwungen, nur den Verstand gelten zu lassen um durchzukommen oder noch schlimmer - ernst genommen zu werden.
Fälschlicherweise bezeichnen wir die Resultate der Ratio, des nimmer enden wollenden inneren Dialogs dann als "Logik", welche wir diametral entgegengesetzt zur Gefühlswelt verstehen.
Das ist eine Fehlinterpretation. Logik ist so viel mehr als verkopfte Lösungsversuche; Logik ist jede Art von Gleichung, die aufgeht. Eine Gleichung kann nur unter dem Mit-Einbeziehen aller Komponenten aufgehen.
Reines Kopfdenken ist zu einseitig, um eine vollständige Lösungsmöglichkeit bieten zu können.
Auch wenn wir das annehmen. Das ist lediglich ein Zeichen dafür, dass

unsere Wahrnehmungen wie Vorstellungen begrenzt sind, weil wir unseren Fokus auf einen Bereich verlagert und beschränkt haben. Wir sehen das Ganze nicht mehr, sind die Oligarchen unseres Verstandes und haben die Existenz der restlichen Ressorts, die unseren Körper ausmachen, ausgeklammert. Doch ein wirklich in sich geschlossenes System gibt es nicht; kann in einem größeren Gesamten nicht als solches bestehen.

Wir haben in unserer Zeit das allgemeine Vertrauen verloren, weil wir nur mehr den Verstand gelten lassen.

Wir vertrauen weder uns selbst noch der Welt. Damit haben wir uns jegliches Fundament entzogen. Wir sind haltlos. Deshalb haben wir uns alternativ dazu in ein kollektives Kontrollverhalten hineinmanövriert, sind geltungssüchtig und machtbesessen aus Angst, ohnmächtig - entmachtet - werden zu können.

Vermeintliche Macht und Geltung schaffen psychische Sicherheit.

Wir haben unser Urvertrauen verloren. Wer kontrolliert, hat keinen Zugang dazu.

Wir kommen mit einer gesunden Portion an Urvertrauen auf diese Seins-Ebene - mit jener Dosis, die nötig ist, um unsere allumfassende Gesundheit zu gewährleisten. Wir kommen aus einem Kokon, der uns noch keine Zweifel lehrte.

Zweifel entstehen aus enttäuschten Erwartungen. Der Säugling kann nicht kontrollieren und fühlt sich dennoch nicht entmachtet. Er denkt weder in Strukturen, noch kann er physisch oder psychisch manipulieren, da er absolut ehrlich ist. Er empfindet auf allen Ebenen und drückt sich auf allen Ebenen aus. Sein Gleichgewicht zwischen Denken und Fühlen ist noch intakt.

Er besitzt nur ein Werkzeug, um zwischen seiner und unserer Welt zu vermitteln: Sein Herz.

Der Säugling drückt unmittelbar aus, was er empfindet. Er hat noch nicht gelernt, Gefühle zu unterdrücken oder zu seinem Vorteil bestimmte *Re-*

Aktionen einzusetzen. Er vertraut auf die Authentizität seines Ausdrucks und dessen Resonanz.

Unehrlichkeit resultiert aus einem Mangel an Vertrauen.

Wer einen offenen Zugang zu seinem Herzen hat, kann vertrauen und wird Ehrlichkeit ausdrücken.

Er hat keine Angst vor Konsequenzen. Weder scheut er Ablehnung oder Spott aufgrund seiner Ehrlichkeit, noch wittert er hinter jeder Aussage von anderen Lüge und Falschheit. Er kann Unehrlichkeit leichter entlarven, da sein Gefühl ihn navigiert.

Nicht-Vertrauen führt in Sackgassen, da ein kontraproduktives Manifestationsbild existiert.

Urvertrauen war unser immerwährendes Instrument, resultierend aus dem Zustand kosmischer Geborgenheit. Erst durch die Verschiebung des Fokus in der physischen Realität und die Verschüttung unserer Intuition ist es uns abhanden gekommen. Wer nicht fühlt, kann nicht vertrauen.

Wir meinen oft, wir könnten unseren Gefühlen nicht trauen. Doch jene Emotionen sind vom Ego erzeugt und resultieren aus dem Zustand des Mangels. Um wahrhaftige Gefühle von Ego-Konstrukten unterscheiden zu können, benötigt man das Herz. Wer aus dem Kessel der Intuition schöpft - mit der Kelle des Herzens - kann mit Einsatz des Verstandes den Weg in eine erfüllte zukünftige Situation ebnen.

Natürlich sollte man den Verstand nicht außer Acht lassen - immerhin trifft er die Entscheidungen. Aber nur eine Nutzung aller unserer Werkzeuge zu gleichen Teilen kann am Ende eine zufrieden stellende Lösung bringen.

Es ist mit Gewissheit keine Laune der Schöpfung, dass unsere Eingeweide in ihrer Form dem Gehirn ähneln.

Wir dürfen auf unser Bauchhirn vertrauen. Simultan mit unserem Kopfhirn empfängt es sämtliche Eindrücke, die auf uns niederprasseln. Das Bauchhirn ist eines der Empfangszentren für unsere inneren Sinne und das Kopfhirn filtert die äußeren, physischen Wahrnehmungen aus. Der Idealzustand wäre ein Gesamteindruck, in dem Gefühl und Verstand miteinander konform gehen. Diese Fähigkeit wurde in der modernen Zivilisation zumeist verlernt und die Gefühlsprägungen kurzerhand eliminiert. Es ist davon auszugehen, dass das Gefühl in Form von Krankheiten entgegen zu schreien versucht.

Ein Mensch, der in Balance ist, hört auf Bauch- und Kopfhirn gleichermaßen und benutzt sein Herz - der Mittler zwischen den beiden Zentren - um die Wahrnehmung klar definieren zu können.

Wer mit dem Herzen fühlt, vertraut automatisch.

Denn er weiß, dass es richtig ist. Er sieht, anstatt zu denken. Er weiß, anstatt zu glauben.

Wer vertraut, weiß, dass er unendlich geliebt wird.

Das Symbol:

Das Symbol stärkt das Selbst-Vertrauen, das die Basis für das allgemeine Vertrauen in die Umgebung und in künftige Situationen ist. Es verhilft dazu, die Angst vor ungewissen Ausgängen zu nehmen und lehrt, sein Urvertrauen wieder zu erlangen. Das Zeichen speist sich in die Herzfrequenz ein, wo es ein Tor des Vertrauens öffnet.

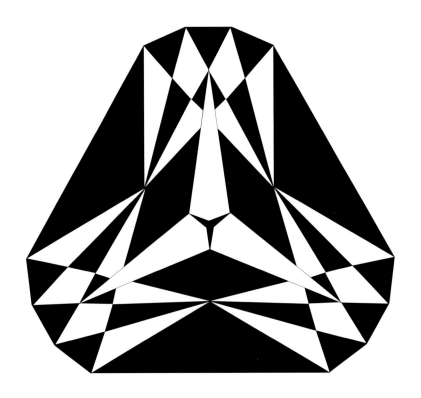

"Wer einsichtig ist,
ist unerschöpfbar.
Wer durchdrungen ist,
ist unbezwingbar."

Laotse

Die Abkürzung "DNS" - im englischen vor allem "DNA" - steht für *"Desoxyribonukleinsäure"*, welche ein Molekül ist, die einen riesigen **Doppelhelixstrang** bildet, der aus so genannten **Basen** besteht. Die beiden **DNA-Stränge** sind durch **Basenpaare** wie mit Leitersprossen miteinander verbunden. Fast jedes Lebewesen weist diese **DNA-Strukturen** auf. Das komplette **DNA-Set**, das als "**Genom**" bezeichnet wird, besteht aus rund 3 Milliarden **Basen**, welche die **Codes** für etwa 28000 **Gene** bilden. Eine menschliche **Zelle** enthält 23 **DNA-Strang-Paare**, die **Chromosome** genannt werden. Die **DNA** sitzt im Kern beinahe jeder Körperzelle.

Am Anfang, als die menschliche Rasse den Planeten Erde - Mutter Gaia - betrat, um hier Erfahrungen zu machen, sah das Szenario noch völlig anders aus, als wir es aus den letzten Jahrtausenden zu kennen glauben.

Die Menschenwesen hatten 12 DNS-Stränge, waren sich ihrer Vollkommenheit und ihrer göttlichen Herkunft bewusst und fühlten sich in keinem Augenblick, den sie auf Erden wandelten, von der Urquelle getrennt. Es herrschte große Freude am Dasein auf dieser Ebene und alle inkarnierten Wesenheiten - ob Mensch, Tier oder ätherische und erdfremde Lebensformen - lebten in Harmonie miteinander.

Es gab keine Gefühle der Negativität und daher keine Krankheiten.

Der Mensch war Gott-gleich und verstand diese Erfahrungsebene als ein freudvolles Lernen des Umgangs in der festen Materie.

Der Mensch kam aus dem Licht, war von Licht durchflutet und verlor dieses Licht während seiner Inkarnationen nicht. Das kollektive Bewusstsein war hoch und mit den Wesen das Bewusstsein von Mutter Gaia, die bereits damals den Aufstieg in die 5. Dimension hätte vollziehen sollen.

Es gab dann einen verheerenden Eingriff durch fremde Wesenheiten mit dunkler Gesinnung von außen, die von diesem Zeitpunkt an das Schicksal der menschlichen Rasse besiegelten und es bis heute in die uns bekannten Bahnen lenkten.

Diese fremden Wesen wollten die Menschen versklaven und sie an diesem Aufstieg hindern, weil sie dadurch für die Ebenen des niedrigen Bewusstseins nicht mehr greifbar und für ihre Zwecke dienlich gewesen wären.

Die dunklen Wesen, die in ihren technischen Entwicklungen weit fortgeschritten, jedoch weder spirituell noch emotional dem Licht nahe waren, griffen erbarmungslos ein.

Sie manipulierten die DNS einiger Menschenwesen und fortan wurden nur noch Menschen mit künstlich reduzierter DNS geboren. Sämtliches Leid und Mühsal unserer Inkarnationen wurde damals geschaffen.

Unsere ursprünglichen 12 DNS-Stränge wurden bis auf zwei, die unbedingt für das Überleben in einem physischen Körper notwendig waren, minimiert und dadurch der allumfassende Fokus und das göttliche Bewusstsein jeder inkarnierten Menschenseele in die leibliche Hülle gedrängt.

Dies ist die verdrehte und absolut falsch verstandene Geschichte von Adam und Eva, genauso wie die fehlinterpretierte Geschichte von Luzifer, dem gefallenen Engel.

Das Urbild des ersten, des vollkommenen Menschen nannte man **Adam Quadmon**.

Diese Rasse war androgyn, war eine perfekte Mischung aus beiden Geschlechtern und Sexualität existierte noch nicht, da physische Fortpflanzung nicht erforderlich war, weil sich jede Wesenheit ihren Körper durch den geistigen Fokus schuf. (Das tun wir heute auch noch, aber wir benötigen für den Eintritt in diese Ebene den Akt der Eizellenbefruchtung).

Eva, die laut Mythologie aus Adams Rippe geboren wurde, war der zweite Menschentyp, der aus der reduzierten DNS hervorgegangen ist. Auch hier weist die Symbolik auf das Zellgedächtnis im Knochenmark hin und das erweiterte Bewusstsein des Herzchakras - des Menschenschlags von reinem Herzen -, das von den Rippen umgeben ist, aus dem der zweite, genetisch beschnittene Typus hervorging.

Eva als weibliche Person ist außerdem das Synonym für die Fruchtbarkeit, die fortan das Menschengeschlecht bestimmte und den androgynen Adam Quadmon zu Mann und Frau machte.

Die Menschen der ersten Tage lebten wahrlich im Paradies. Sie ernährten sich von Früchten, denn niemand wäre auf die Idee gekommen, zu töten oder Fleisch zu essen.

Als der vollkommene Licht-Mensch seines göttlichen Ursprungs beraubt wurde, war dies der Fall Luzifers, des Lichtträgers hinab in die dunklen Gefilde der Materie aus den himmlischen Dimensionen der Leichtigkeit. Denn der neue Mensch musste durch die Schleier der Illusion und ahnte nichts mehr von der Göttlichkeit, deren Teil er war. Er fühlte sich verloren und hilflos. Luzifer ist Symbol für den Engel, der die ersten Seelen, die nach der irdischen Katastrophe, die sich auf alle übrigen Dimensionen auswirkte, in einen beschränkten Körper inkarnieren sollten, hinab warf in jene Welt, vor der sie sich fürchteten. Dafür wurde er von ihnen angeprangert, weil sie sich verlassen fühlten und in der ungewohnten Schwere und Dichte der ausschließlich festen Materie wie Gefangene waren.

Adam und Eva ließen sich durch die Schlange verführen, die Symbol für die Wesenheiten ist, die die Menschen in die Irre geführt hatten. Sie aßen jene verbotene Frucht, die sie in der Materie gefangen halten sollte. Auch ist hierin wieder die Gleichstellung mit der Sexualität, die fortan vonnöten war, zu sehen, genauso wie die Notwendigkeit, feste Nahrung aufzunehmen, um den materiellen Leib erhalten zu können.

Von da an begannen die Zeiten neu und erst heute stehen wir endlich wieder an der Schwelle, den Wandel, der damals hätte vollzogen werden sollen, zu vollenden. Er ist im Gange, wir befinden uns in den letzten Tagen der Dualität und es ist an uns - an jenen, die erwacht sind und an jenen, die beginnen, die neuen Wege zu beschreiten, - die letzten Barrieren niederzureißen.

Nachdem die Menschen in ihrer DNS manipuliert wurden, irrten sie orientierungslos umher. Sie waren scheinbar vollends von ihrer Göttlichkeit abgetrennt. Zuvor war der Mensch mit jeder seiner Zellen bewusst - danach begann die Verlagerung des Fokus in die Kopfregion; die meisten waren dadurch von ihren Herzen abgeschnitten und der Verstand regierte. Jeder kämpfte ums nackte Überleben, weil er Angst um seinen Körper hatte. Damit begann das Töten. Kain tötete Abel.

Der Mensch entfremdete sich vollkommen seiner Bestimmung und den Eigenschaften seiner Art.

Er begann, Tiere zu töten und als Nahrungsmittel zu betrachten und das blieb bis zum heutigen Tage so, obwohl längst die Begründung, dass das fürs Überleben notwendig wäre, ihrer Basis enthoben wurde. Der Mensch tötet unaufhörlich seine Brüder, seine Mitbewohner.

Die Kluft zwischen den Geschlechtern wurde beinahe unüberbrückbar und Männer und Frauen entwickelten "geschlechtsspezifische" Eigenschaften - der Mensch startete seine Evolution in der Dichte als Jäger und Sammler.

Fortan bezogen wir uns auf diese Tatsache und nahmen an, dass dies der Anfang der Geschichte unserer Spezies war. Wir betrachten Fundstücke als Beweis, weil wir nicht wissen, dass es die großen Zivilisationen lange vorher gab, deren Relikte in den Tiefen der Ozeane begraben sind.

Von Zeit zu Zeit tauchen seltsam anmutende Skelette und Beweise vom Leben bestimmter Wesenheiten auf, die in kein von unserem Verstand vorgefertigtes Bild passen wollen - auf keinen Fall aber in die Geschichte dieses Planeten und die Evolution ihrer Bewohner, die wir uns zurechtgebastelt haben.

Wir hören dann von der Wissenschaft bizarr zurechtgebogene Begründungen, warum diese und jene neu aufgetauchte Spezies nur 80 cm groß war, obwohl es sich dabei um voll ausgewachsene Skelette handelte usw. Zwergen-Rassen und Außerirdische dürfen einfach nicht auf diesem Planeten gelebt haben, also werden eben die Fakten gebogen und neu konstruiert um das störende Beweisstück irgendwie einzufügen und die Ordnung beizubehalten. Früher lebten viele andere Wesenheiten auf Mutter Gaia, die in ihrem Dasein von der anfangs engelsgleichen Menschrasse nicht gestört wurden. Auch gab - und gibt es!! - zahlreiche Besucher anderer Planeten und Dimensionen und jener interdimensionale Austausch war eine Selbstverständlichkeit. Heute wollen wir das nicht mehr wahrhaben. Wir verleugnen sogar die Elementarwesen, die täglich um uns herum ihr Werk verrichten. Manchmal materialisiert sich solch ein andersartiges

Wesen, und wenn dann die physischen Überreste gefunden werden, muss der menschliche Verstand in seiner Verzweiflung eine Geschichte dazu parat haben, um eine Massenpanik zu verhindern. Denn was die Wissenschaft bestätigt, wird als allgemeingültig angenommen. Jetzt beginnen diese Fundamente jedoch endlich zu bröckeln.

Zu viele fremdartige Wesenheiten und Phänomene konnten beobachtet werden, um die Glaubhaftigkeit aufrecht zu erhalten, alles wäre eine Fälschung. Das ist die Ausrede unserer modernen Zeit, in der es Fotomontagen und Computersimulationen gibt. Doch wie ist es mit den Relikten aus den 20er oder 30er-Jahren?

Die großen Regierungen dieses Planeten sind seit Jahrzehnten im Bilde und tun alles, um u. a. eine Massenpanik zu vermeiden. Die Frage ist, ob es diese wirklich in jenem befürchteten Ausmaß geben würde??

Millionen von Menschen sind mit extraterrestrischem oder höher dimensionalem Bewusstsein in Kontakt und der schlafende Rest weiß genauso von der Existenz nichtmenschlicher Abstammung, betätigt jedoch die Mechanismen des Verdrängens. Warum sollten jene das nicht auch nach der Publik-Werdung weiterhin tun? Es geschieht doch auch, wenn "Alien-Fotos" auftauchen, die dann von diesen Menschen als Fälschung abgetan werden. Wir werden bald wahrlich im Bilde sein, denn es geschieht tagtäglich, dass die Mauern nieder brechen und jene Kontakte alltäglicher werden. Wir stehen an der Schwelle des neuen Zeitalters uneingeschränkter interdimensionaler Kommunikation und Begegnungen und müssen diese Hürden überwinden, ob wir diese Wahrheit anerkennen oder nicht.

Dazu ist eine Bewusstseinserhöhung nicht mehr zu umgehen und jene, die die Bereitschaft noch nicht aufbringen können, werden weiterhin in ihrer Ebene der "wohlgeordneten" rationalen Ereignisse verharren müssen.

Wer die Liebe zu allen Lebewesen nicht aufbringen kann und sich selbst in einer rücksichtslosen Art und Weise in das Zentrum seines Interesses stellt, wird diesen Wandel nicht mit Mutter Gaia vollziehen können.

Eigentlich sind es keine großen Schritte, die zu machen sind und dennoch scheinen so unzählig viele unendlich weit davon entfernt.

"Macht euch die Erde untertan" hatte niemals bedeutet, dass der Mensch als einzige berechtigte Spezies mit dem gesamten Planeten anstellen kann, was ihm gerade einfällt. Vielmehr bedeutet es, dass auf dem Boden unter des Menschen Füßen etwas getan werden sollte - es war der Aufruf zum Ackerbau.

Wie erhebt sich der Mensch stets über die Tierwelt - er meint, er wäre die Krone der Schöpfung, wäre so viel besser als alle anderen Lebewesen und glaubt dennoch, es gäbe die natürliche "Nahrungskette" und es sei sein Geburtsrecht, Fleisch zu essen, weil auch Raubtiere das tun und weil bereits der vermeintliche Beginn der Menschheitsgeschichte als Jäger und Sammler davon zeugt. Er ist felsenfest davon überzeugt, die Schöpfungsgeschichte zu kennen und er glaubt, er stamme vom Affen ab, denn die Wissenschaft hat eine anschauliche Version dazu und was in den Geschichtsbüchern steht und uns von Kindheit an eingetrichtert wurde, ist des Menschen Wahrheit.

Der Mensch stammt nicht vom Affen ab! Sämtliches Leben ist miteinander verwandt und weist daher ähnliche DNS-Strukturen auf. Genauso ähnelt die menschliche DNS der des Schweins oder der Ratte, doch glaubt dennoch niemand, von diesen Wesen abzustammen. Es gehört mehr dazu, als eine ähnliche Statur und die Fähigkeit, sich auf zwei Beinen fortzubewegen. Genauso wenig war der Mensch jemals "Fleischfresser" und die Begründung, dass Tiere das auch täten, ist fehl am Platze, da unser Körper nicht für den Fleischverzehr geeignet ist. Weder haben wir das erforderliche Gebiss dazu, noch sind unsere Verdauungsorgane für diese Belastung geschaffen. Raubtiere besitzen einen kurzen Verdauungstrakt, um fleischliche Kost, die im Körper zu verderben beginnt und die Zellen vergiftet, auf dem schnellsten Wege wieder auszuscheiden. Auch foltern andere Tiere ihre Beute nicht tagelang und quälen sie unnötig zu Tode. Was tun wir Menschen uns nur an mit unseren Glaubensmustern und den scheinbar rechtmäßigen Handlungsweisen! Tagtäglich wird die Information des Todes mit dem Fleisch verzehrt und nicht ein Gedanke daran verschwendet, dass der kurze Genuss ein Lebewesen auf grausamste Weise getötet hat, das nicht geringer empfunden hatte und nicht weniger lebensberechtigt war als wir selbst. Tiere, die Tiere jagen, haben eine andere evolutionäre Geschichte und tun dies für ihren individuellen Entwicklungsweg - die "Opfer" wie die "Jäger".

Sie jagen und verzehren sich gegenseitig - wir töten uns in sinnlosen Kriegen und zusätzlich noch alles übrige Leben, das uns unter die Augen kommt.

Deshalb sind Tiere nicht schlechter als wir Menschen, nur anders. In ihrer Welt fügt sich alles perfekt und in Ausgewogenheit - bis der Mensch eingegriffen und das Gleichgewicht zerstört hatte; das der Fauna, der Flora und des gesamten ökologischen Haushaltes bis hin zum Klima. Wann wird uns endlich bewusst, wie unendlich grausam jenes Handeln ist? Wir sind die Monster der Schöpfung. Wir sind die Macher der Hölle, wir sind die gefallenen Engel. Warum nur lässt uns die unbeschreiblich lange Todesliste, für die jeder Einzelne von uns verantwortlich ist, dermaßen kalt? Warum müssen wir töten und Töten akzeptieren, um unsere Mahlzeiten einzunehmen? Warum ist es uns egal, dass für unsere Medikamente und Pflegeprodukte Massen von Tieren in der unbeschreiblichen Grausamkeit von Tierversuchen dahinsiechen? Warum unterteilen wir unsere Mitbewohner in Speise- und Nutztiere und sehen ansonsten keinen Sinn in ihrem Dasein? Es ist absurd, dass es bestimmte Tierarten gibt, die keinen Namen als z.B. den des "Speisefisches" haben. Allen, die bereits darüber nachgedacht haben, sich aber dennoch weiterhin mit Verzweiflung an ihre Argumente klammern, den Fleischkonsum zu rechtfertigen, sei zu den häufigsten Irrtümern gesagt: Es ist nicht egal, ob ein Tier oder eine Pflanze verspeist wird. Im Gegensatz zur Tierwelt wurde das Pflanzenreich dazu geschaffen, die verschiedenen Spezies zu ernähren. Tiere sind beseelte Wesen, Pflanzen haben ihren Fokus vor allem auf die nichtphysische Ebene gerichtet und sind durch Elementargeister beseelt. Die meisten pflanzlichen Arten bringen Früchte hervor, die zum Verzehr gedacht sind und gegessen wird der Apfel und nicht der ganze Baum!! Ein Schwein ist ein Schwein und seine "Frucht" ist wieder ein Schwein und daher dem

Apfel nicht gleichzusetzen. Früchte würden verkommen, würden sie nicht gegessen und auch der Salatkopf wird erst geerntet, kurz bevor er ableben würde. Dennoch sollte klar sein, dass auch sämtliches pflanzliche Leben mit dem würdigen Respekt betrachtet und behandelt werden sollte, und dass es nicht unser Recht ist, es gedankenlos auszubeuten.

Egal, wie viele Argumente es gibt, derjenige, der nicht erwachen möchte, wird weiterhin Entgegengesetztes zur Hand haben. Es gibt so viele scheinbar "spirituelle Fleischfresser" unter uns, die auf ihrem Wege nicht weiterkommen werden, ehe sie nicht umdenken. Vor uns liegt eine phantastische Zeit der Transformation und nur jene, die diese Transformation mit vollziehen, werden dabei sein können.

Dies ist die Geschichte unserer DNS und dem Wandel, der uns wieder zu unserem Ursprung und zur vollständigen Aktivierung der 12-Strang-DNS zurückbringen soll.

Der Schlüssel, um die dazu erforderliche Bewusstwerdung zu erreichen, ist in uns.

Es sind einfache Dinge, die es beim Prozess des Umdenkens zu beachten gilt.

"Tu keinem Wesen an, was du selbst nicht angetan haben möchtest" ist einer jener Sätze, den jeder kennt, und der so viel Weisheit in sich birgt. Würde man ihn sich nur zu Herzen nehmen!

Jede Veränderung ist anfangs schwierig, doch haben wir begriffen, wofür wir uns verändern, dürfte die Zeit des Umdenkens nur von kurzer Mühe sein. Wir können dabei nur gewinnen. Das anfangs so mühselig Erscheinende wird bald seine Früchte tragen. Wir werden nach unserem kollektiven Erwachen zu einer völlig neuen Spezies heranwachsen.

In vielen Channelings der letzten 20 Jahre wurde durchgegeben, dass im neuen Zeitalter die fünfte Menschenrasse auf den Planeten kommen wird. Es gab viele Spekulationen darüber, wie diese Rasse aussehen könnte und wie sie den Planeten betreten würde. Ich biete hier des Rätsels Lösung an: **Wir sind die fünfte Rasse!!**

Wir transformieren uns zu einer völlig neuen Spezies, wenn wir unsere vollständige 12-Strang-DNS wieder aktiviert haben! Dieser Prozess ist längst im Gange und was viele von uns mit Besorgnis an Veränderung bemerkt haben, sind lediglich die Nebenerscheinungen des neuen Menschentypus. Nicht immer ist diese Wandlung schmerzfrei oder problemlos - das ist abhängig von der jeweiligen Konstitution und Lebensweise bzw. Einstellung des einzelnen Betroffenen, ob dieser Wandel problemlos mit kleinen "Wehwehchen" oder hürdenreich vonstatten geht. Da Mutter Gaia unaufhaltsam aufsteigt und da dieser Prozess beinahe beendet ist, kann sich kein Wesen, das auf ihr lebt, dieser Wandlung entziehen.

Viele haben vor allem in den letzten Jahren diese Ebene verlassen, weil sie der erhöhten Schwingung nicht standhalten konnten. Zu eingeschränkt waren diese Wesenheiten in ihren Ansichten und Lebensmustern, um auf dieser Ebene weiter existieren zu können. Nur, wer der Schwingung entspricht, kann in ihr leben.

Es ist wie bei Bergsteigern, die in zu raschem Tempo voranschreiten und einen Höhenkollaps erleiden, weil die Luft zu dünn geworden ist. Ähnlich verhält es sich mit dem Druck beim Tiefseetauchen. Dort, wo keine uns ähnlichen Lebewesen mehr angesiedelt sind, ist auch für uns kein adäquater Raum vorhanden!

Diejenigen, die jetzt von dieser Ebene gegangen sind, werden zu einem späteren Zeitpunkt wiederkehren, um noch einmal die Chance zu erhalten, beim Aufstieg mitzuwirken. Sie inkarnieren in eine parallele Seins-Ebene, die der unseren gleicht, die jedoch nur ein Abbild ist. Für die sich darin aufhaltenden Wesenheiten ist kein Unterschied zu bemerken, weshalb auch diejenigen, die nach dem Ablösungsprozess unserer Mutter Gaia von der 3. Dimension glauben werden, es habe sich nichts verändert. Sie bleiben in ihrer dreidimensionalen Wirklichkeit, haben jedoch keinen Zugang mehr zu höheren Ebenen.

Jeder, der im Bewusstsein des Kollektivs mitschwingt, wird problemlos aufsteigen können.

Die vollständige Reaktivierung der Gott-gleichen DNS ist kein physisches gentechnisches Experiment, sondern ein Wandel, der einzig in unserem Bewusstsein vollzogen werden kann.

Von Geburt an besitzt jeder von uns Implantate in seinem Energiekörper, die die restlichen DNS-Stränge blockiert um die Illusion der linearen Zeit und der materiellen Ebene aufrecht zu erhalten. Es gilt in erster Linie, den Fokus auf den Körper zu richten, weshalb aus der Wirkung dieser Implantate unsere Begierden und niederen Instinkte, welche sich auf Hunger, Durst, Schlaf und Sexualität beziehen, resultieren.

Das Wissen um den Vorgang und die nicht unbedingt überlebensnotwendigen Triebe sollte ein Umdenken erleichtern, das seinerseits den Prozess der Bewusst- und Lichtwerdung aktiviert und die vollständige DNS reproduziert. Die Implantate werden neutralisiert und haben fortan keine Wirkung mehr. Denn das Gesetz der Manifestation ist ein universelles und woran wir glauben, wird geschehen. Wenn wir an etwas nicht mehr glauben, kann es auf uns keine Wirkung mehr ausüben.

Wir müssen daran glauben, dass wir wunderbare Wesen sind, die lediglich sehr lange geschlafen haben.

Wir haben Fähigkeiten, von denen wir bisher nicht einmal zu träumen wagten. Wir haben unendliche Macht, doch nur denjenigen wird sie gegeben, die sie im Sinne des Ganzen einzusetzen wissen.

Sogar unsere Wissenschaft hat erkannt, dass es Kinder gibt, die mit Licht-DNS ausgestattet sind im Gegensatz zur bisher bekannten DNS. Diese "Biophotonen" - die in ihrer Gesamtheit das Zellbewusstsein ausmachen - erstrahlen je nach unserer Bewusstwerdung schwächer oder stärker. Jene Kinder, die von uns als "Indigos" bezeichnet werden, kamen mit der uneingeschränkten DNS auf diese Ebene, da sie bereits den neuen Schwingungsmustern angepasst sind. Sie müssen den Prozess der Wandlung nicht mehr mitmachen; sie sind bereits die Botschafter der neuen Zeit, die an diesem "Zeitenende" zu uns kamen, um uns bei unserer Bewusstwerdung behilflich zu sein. Wir schaden diesen Kindern sehr mit den krank machenden Mustern, die für uns noch Selbstverständlichkeit sind. Sie sind der Indikator für die Dinge, die uns krank machen und bei unserem Aufstiegsprozess hinderlich sind. Wir müssen ihnen nur endlich Gehör schenken und ihre Botschaften verstehen! Sie haben ein beschwerliches Leben in unserer von Elektrosmog und Sendemasten "verstrahlten" Umgebung und den schädlichen Nahrungsmitteln und sie verstehen die Rohheit nicht, in der mit der Umwelt und anderen Wesenheiten umgegangen wird. Diese Kinder sind hier, um uns zu lehren und es täte uns gut, das zu akzeptieren.

Niemand kann dem Wandel entgehen; alle, die den Aufstieg jetzt nicht mitmachen, müssen solange wieder inkarnieren, bis sie die Hürde, die vor allem in ihrem Inneren besteht, überwinden können.

Niemand kann sich diesem Ruf entziehen. Es ist der Ruf unserer ureigensten Wesenheit, die sich nach ihrer ursprünglichen Existenz sehnt. Niemand ist jemals wirklich vom Licht abgetrennt. Wir müssen nur unsere Augen und unsere Herzen öffnen!

<u>Das Symbol:</u>

Das Symbol zeigt die vollständig aktivierte 12-Strang-DNS. Sie ist ein strahlender, leuchtender Stern, ein Diamant, der unsere kristalline Struktur reaktiviert, in dem jeder Teil im Einklang mit den übrigen ist und sich keiner davon hervortut, da nur alle miteinander in Balance die potenzierte Macht entfalten können. Dieser Stern stimmt uns auf die Bewusstwerdung ein und verhilft zur Neuausrichtung und Entfaltung unserer DNS.

Das Symbol neutralisiert die Arbeit der blockierenden Energie-Implantate und schwingt auf die erforderliche Frequenz ein. Es harmonisiert den Energiekörper.

LEBEN

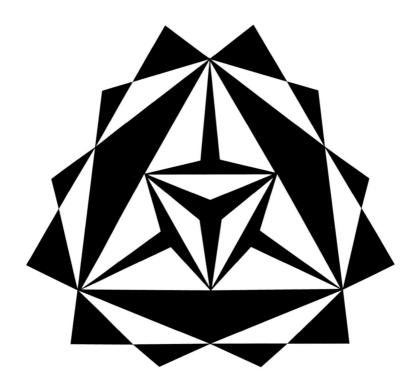

"Nun endlich, ganz zuletzt, auch dies begreifen:
Dass es ein Ganzes ist,
dies: Da zu sein."

Albrecht Goes

Zellbewusstsein

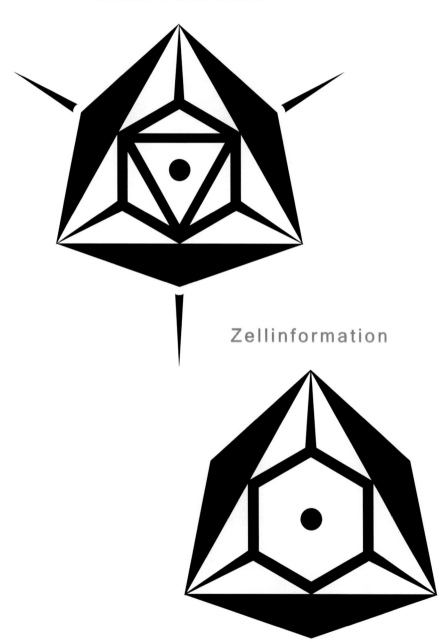

Zellinformation

Zellerneuerung

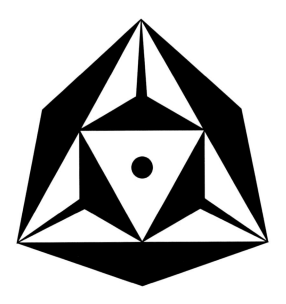

Zellebene: Schlüssel / Programmierung

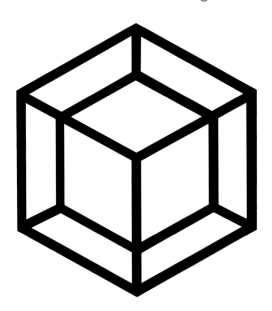

Das Verb "**leben**" versteht sich als "**lebendig**, nicht tot sein, existieren, sich von etwas ernähren, wohnen", was auch "**überleben**" meint. Der seit dem 8. Jahrhundert aus dem angelsächsischen Wort *"libbian"* geprägte Begriff ist verwandt mit "**bleiben**", wobei beides im Sinne von "beharren, dauern" gebraucht wird. "**Leben**" war in früherer Zeit gleich bedeutend mit "**Leib**", wodurch auch die Brücke zu "**lebhaft**" und "**leibhaftig**" ersichtlich wird. Das "**Lebendige**" ist "lebend, lebhaft", wovon letzteres als "frisch, munter, Leben habend" definiert wird.

Der Begriff "**Zelle**" wird neben den Bedeutungen des "kleinen, spärlichen Raumes" und der "Bienenwabe" vor allem als "kleinste lebende Einheit und Grundbaustein aller Lebewesen" gebraucht.

Unser Geist projiziert die Körpereigenschaften nach dem Abbild der biologischen Eltern.

Nichts ist wirklich vererbbar - wir selbst wählen vor unserer Geburt die Eltern aus, deren Eigenschaften wir für unsere Gendatenbank übernehmen.

Je nachdem, wofür wir uns in einer erneuten Inkarnation entschieden haben, um unsere Lernprozesse zu absolvieren. Die Kriterien sind vielfältig und reichen vom Wunsch, in eine künstlerische Familie hineingeboren zu werden, um unsere Fähigkeiten auf diesem Gebiet zu fördern bis hin zu genetisch vorprogrammierten Krankheiten um die Chance zu nutzen, ein wahrscheinlich aus früheren Inkarnationen negativ geprägtes Energiefeld positiv zu transformieren.

Durch unsere DNS bekommen die bis dahin neutralen Zellen den Impuls, sich in diese oder jene Richtung zu entwickeln. Die Zelle entwickelt sich je nach dem eingespeisten Prinzip der Werterfüllung in ihrem Bewusstsein und verbindet sich mit anderem, gleich programmiertem Zell-Bewusstsein, da dieses in ihrer Resonanz schwingt, um ein Organ zu bilden.

Hierin liegt der Schlüssel für den Prozess von Erkrankungen - das Zellbewusstsein schließt sich dem stärksten Impuls an, folgt den Anweisungen der dominantesten Energieform. Hat die Evolution des Zellbewusstseins ihr Ende im Sinne der Werterfüllung erreicht und das Organ vollständig gebildet, endet das Zellwachstum und beschränkt sich nur mehr auf das Ersetzen abgestorbener Zellen.

Der Geist behält die Oberhand über die gesamten körperlichen Abläufe und den biologischen Zustand.

Wer nicht in seiner Mitte ist, nicht in sich weilt, überlässt fremden Energien das Feld, die Oberhand zu übernehmen. Wenn das Flussbett nicht stark genug ausgeprägt ist, folgt das Wasser den Geländeformen, die am markantesten ausgeprägt sind. Das Wasser kann auch ohne Flussbett leben, es entscheidet sich nur, sich als Fluss zu formieren, weil der Weg vorgegeben ist. Es kann jederzeit zu einem See werden, wenn sich die Rahmenbedingungen dafür finden.

Wir selbst erhalten unsere physische Form aufrecht durch die Vorstellung, die wir von uns selbst haben.

Die Seele wählt vor der Geburt die Rahmenbedingungen für ihr Aussehen und ihre genetischen Eigenschaften. Die DNS erhält mit dem Vorgang der Formung der körperlichen Hülle einen "Stempel" mit dem von der Seele ausgesuchten Konzept, das die Pläne für das neue Leben beinhaltet - ein Energieraster, das zwar die Linien vorgibt, jedoch die gesamte Möglichkeitspalette offen lässt, da jede Seele den freien Willen hat, zu entscheiden. Der Code mit den karmischen Mustern, die zu lösen sind, gibt zwar die Art der Erfahrung vor - die jedoch ebenfalls von der Wesenheit gewählt wurde - aber nicht den Verlauf dieser Erfahrung. Einem Wesen, dessen Aufgabe es ist, eine wichtige wissenschaftliche Entdeckung zu machen, ist es freigestellt, damit reich und berühmt zu werden oder diese Entdeckung lediglich in seinen privaten Aufzeichnungen festzuhalten, um einem Nachfolger mit stärkerer Persönlichkeit die Chance zu überlassen, damit als Entdecker an die Öffentlichkeit zu gehen. Es hat seinen Auftrag, die Entdeckung zu machen, erfüllt, aber die Chance, mehr Selbstbewusstsein zu erlangen nicht genutzt. Daher wird dieser Mangel in sein Aura-Feld übertragen und weiterhin Thema bleiben, bis sich die nächste Gelegenheit für dieses Wesen auftut, die jedoch nicht mehr durch den Stempel vorgegeben ist. Wir sind keine willenlosen Marionetten.

Wir leben unsere eigenen Entscheidungen aus - ob bewusst oder unbewusst. Wir führen Regie über unsere Blaupause, die in unsere DNS geprägt wird. In der DNS sind sämtliche für das Leben und Überleben einer Wesenheit notwendigen Informationen gespeichert und sämtliche Informationen über die gesamte Spezies und die vollständige Geschichte der Wesenheit, der Rasse und allen Seins, das physisch auf Kohlenstoffbasis existiert. Diese komplette DNS-Datenbank steuert die Prozesse seit der Teilung der ersten Zellen. Der Körper baut sich durch das Eigenbewusstsein jeder Zelle nach dem eingespeisten Prinzip auf und ist eine Art unbeseelter Schablone. Die Seele der Wesenheit existiert noch fast vollständig auf der astralen Ebene und "bewohnt" ihre zukünftige Hülle von Zeit zu Zeit und belebt sie mit der Energie ihres bewussten und fokussierten Willens. Dadurch nimmt sie nach ihrer Willkür an der Formung der Physis teil, die in ihrer Grundstruktur zwar durch den DNS-Stempel gesteuert aufgebaut wird, durch die Kontrolle der Wesenheit aber veränderlich ist. Im Detail oder in stärkerer Dosis - je nach der Stärke und Willenskraft des Individuums.

Bis zum Zeitpunkt der leiblichen Geburt wohnt die Seele immer öfter dem Körper inne, der selbstständig bis zu 3 Tage nach der Geburt durch das Zell-Eigenbewusstsein überleben kann. Danach muss die Seele endgültig in den Körper kehren und ist durch die astrale Silberschnur mit ihm zeitlebens verbunden.

Jede Wesenheit kann ihren Körper während des irdischen Daseins per Willkür verlassen, sofern sie diese Technik beherrscht - und jede Wesenheit tut dies auch des Nachts, ob wir uns erinnern oder nicht - muss aber den Signalen des Körpers folgen und zurückkehren, wenn er ruft. Die Körperfunktionen unterliegen nicht unserer bewussten Kontrolle - Zellen teilen und erneuern sich durch ihr Eigenbewusstsein, formen Organe, die im Sinne der Werterfüllung eines Zellkollektivs selbständig arbeiten. Unser bewusster sowie unbewusster Geist kann eingreifen und im positiven oder negativen Sinne diese Funktionen beeinflussen.

Wir sind das Produkt unseres Bildes von uns selbst.

Sehen wir uns gesund oder durch Krankheiten belastet? Sind wir in unserem Empfinden schlank oder dick?

Fühlen wir uns beweglich oder ungelenk?

Wir kreieren uns!

Ausreden, man habe „schlechte" Gene oder sei erblich vorbelastet, sind ein Trugschluss.

Wir haben Themen in unseren Genen vorgegeben, die wir aus dem Pool der Eigenschaften unserer Eltern vor unserer Geburt sorgfältig ausgewählt und zusammengestellt haben um uns selbst einen Leitfaden für unsere Erfahrungen zu geben. Wir selbst können in jedem Augenblick entscheiden, wie wir das jeweilige Thema umsetzen. Spielen wir unser Konzert in Dur oder in Moll? Piano oder Fortissimo? Entscheiden wir uns für Tenor oder Bariton? Unser Körper ist form- und wandelbar, je nach unserer Geisteskraft und wir unterliegen dem fatalen Fehler, dass wir die Fakten, die uns unsere Gene und die Geschichte der Familie enthüllen, als unausweichliche Tatsache ansehen und einen vermeintlich vorgegeben Verlauf er-*warten*.

Alles an und in uns ist nicht erblich sondern wurde geprägt. Das ist ein gravierender Unterschied.

Wir haben und werden unsere Körper nach unserem Abbild erschaffen und unsere biologischen Eltern waren das Modell, aber nicht der Maler.

Sämtliche Eigenschaften der Psyche und der emotionalen Ebene können genauso wenig ererbt werden - sie sind ein Produkt unseres Egos und unterliegen der Prägung des direkten Umfelds.

Man kann kein "Mörder-" oder "Künstler-Gen" aus der Familie abbekommen haben - wir haben uns aufgrund der Erfahrungen früherer Inkarnationen für eine Familie entschieden, die die Eigenschaften aufweisen, die unserer psychoenergetischen Verfassung entsprechen, um entsprechend gefördert zu werden oder ein eventuelles Defizit auszugleichen. Neigen wir beispielsweise "von Natur aus" zu Kriminalität und haben uns eine entsprechende Familie ausgesucht, taten wir das, um die Chance zu erhalten, unsere Eigenschaft durch den Spiegel der anderen zu verbessern. Auch traten wir in das Leben unserer Eltern, um ihnen bei ihrer Lektion zu helfen. Ob sämtliche Mitglieder ihre Lektionen erfolgreich abschließen, liegt in deren Entscheidungsbereich. Je markanter die durch das Umfeld vorgegebene Prägung ausfällt, desto schwieriger ist es für uns, in unserer Balance zu bleiben und den Körper im Lot zu behalten.

Haben wir jemals darüber nachgedacht, warum gerade jene Lebewesen, die wir als "primitiv" bezeichnen, das größte Regenerationsvermögen aufweisen? Wasserlebewesen mit geringem Bewusstsein, d. h. schwächerem Fokus, der auf die physische Ebene gerichtet ist, können ihr eigenes Abbild aus beiden Körperteilen reproduzieren, wenn sie in der Mitte geteilt würden. Welche Meister wären wir, könnten wir uns nur einen Finger nachwachsen lassen! Jene "niedrigeren" Lebewesen bringen dieses Wunder zustande, weil ihr Hauptfokus nicht auf die körperliche Ebene gerichtet ist und ihr Eigenzellbewusstsein im Sinne der Werterfüllung unverzüglich für die Wiederherstellung des ursprünglich programmierten Zustandes sorgt.

Die Wesenheit besitzt noch kein Ego und führt keinen inneren Dialog und wird daher weder aus ihrer Mitte geworfen noch funkt sie der Grundinformation, die das Zellbewusstsein steuert, durch unkontrollierte Impulse dazwischen. Sie hat keine Angst und keine Sorge um ihr Aussehen, um ihren Zustand und um ihr Wohlbefinden, weshalb sie weder stirbt, nachdem ihr Körper entzweit wurde noch ihre Vorstellung von sich verfälscht, weil ihr Zustand, zu sein, eine Selbstverständlichkeit für sie ist.

So viel können wir also von so "niedrigem Bewusstsein" lernen.

Nach ähnlichem Prinzip funktionieren Stammzellen.

Ihr Pendant - die Organtransplantation - sollte mit ihren wahren Fakten betrachtet werden - die Person, von der diese Organe stammen, ist durch irgendeinen Umstand zu Tode gekommen, was bedeutet, dass im Bewusstsein der Organzellen nicht nur der energetische Schockzustand des Todesumstandes gespeichert ist, sondern auch noch das negative Muster, das dafür verantwortlich war, die Wesenheit aus der physischen Ebene zurückzuziehen. Der ebenso falsch programmierte Transplantatempfänger, der die Funktion seines Organs durch eingespeiste Fehlinformation in seiner Zellebene verloren hat, bekommt in seinem geschwächten Zustand ein weiteres Organ mit schädlichem Muster implantiert, ohne sein eigenes Fehlmuster aufgelöst zu haben und ist zusätzlich - unabhängig von der Blutgruppe, die nur die Schablone des Codes, nicht aber der gelebten Variante der Werterfüllung darstellt - meistens in negativer Resonanz zum Fremdmuster. Hier ist Misserfolg vorprogrammiert.

Die Therapie vor allem mit embryonalen Stammzellen zeigt gute Erfolge, weil das Zelleigenbewusstsein nur der Funktion des Organaufbaus dient und noch nicht oder nur kaum fremdgeprägt ist. Daher ist Neuprägung meist gut möglich. Dennoch sollte man von diesen Methoden Abstand nehmen und sich stattdessen das Prinzip verinnerlichen. Von der ethischen Frage abgesehen, benötigen embryonale Stammzellen einen Nährboden aus Rinderzellen, die eine Fremdprägung bewirken.

Uns sollte klar werden, dass weder Mensch noch Tier als Ersatzteillager dienen.

Dies ist auch nicht nötig, wenn wir begriffen haben, warum die Methode funktioniert.

Wir haben alle Ressourcen dafür zur Verfügung und müssen nicht zu Ersatzteilen greifen. Die neutralste Fremdzelle ist unbrauchbar, wenn der Patient sein krank machendes Muster nicht durchschaut, begriffen und transformiert hat. Wenn wir dies jedoch können, können wir dies auf der Stelle und unsere eigenen Zellen zu ihrer ursprünglichen Funktion zurückführen.

Wenn wir es doch wenigstens zustande brächten, unserem Zellbewusstsein nicht andauernd dazwischenzufunken! Es ist unsere Aufgabe, uns im besten Sinne zu erdenken, um den karmischen DNS-Code zu neutralisieren oder im Sinne unserer Werterfüllung seine vorteilhafteste Version davon zum Ausdruck zu bringen.

Die Symbole:

Leben:

Das Symbol zeigt das Prinzip der Zellteilung bei der Empfängnis genauso wie die Form unserer Herzklappen.

Es ist das kosmische Rad des immerwährenden Lebens. Leben ist Bewusstsein und kann niemals enden oder verloren gehen, lediglich transformiert werden.

Dieses Symbol ist ideal, wenn eine Schwangerschaft herbeigesehnt wird - es stimmt das Unterbewusstsein auf die Empfängnis ein, wenn man sich gleichzeitig auf dieses Ziel konzentriert.

Es steht allgemein für jede Form des neuen Lebens und kann daher gute Dienste erweisen, wo ein Neubeginn für den Körper nach zellschädigenden Prozessen ansteht - z.B. nach einem Alkohol- oder Drogenentzug oder nach einer Chemotherapie.

Des Weiteren ist es durch seine Formgebung dafür vorgesehen, nach einem Herzinfarkt die Erholungsphase zu begünstigen und das Herz auf seine ursprüngliche Aufgabe im ihm bestimmten Rhythmus wieder einzustimmen.

Zellbewusstsein:

Jede kleinste Zelle besitzt ihr eigenes Bewusstsein, das jedoch von einem stärkeren Impuls beeinflusst werden kann und in seinem Takt arbeitet - im Sinne der Werterfüllung des Zellbewusstseins. Wir sind der stärkere Impulsgeber, der die Gesundheit unserer Zellen und somit unsere eigene gewährleistet. Dieses Symbol dient der Stärkung der Zellen und der Orientierung auf ihre Aufgaben nach einer Schwächung oder einem schadhaften physischen Fremdeinfluss.

Zellinformation:

Der eingespeiste Impuls beinhaltet die Information, die den Navigator für die Aufgabe der Zelle darstellt.

Dieses Symbol geht Hand in Hand mit dem des Zellbewusstseins und stellt ebenso eine Stärkung für geschwächte Zellen dar und dient der Kräftigung der ursprünglichen Aufgabe, weil es die adäquate Absicht im Sinne der Werterfüllung bestärkt.

Zellerneuerung:
Der natürliche Vorgang, dem das Zellbewusstsein aus sich selbst heraus folgt.
Mit diesem Symbol sollte vor allem während oder nach einer Erkrankung gearbeitet werden oder nach medikamentöser Behandlung bzw. nach Belastungen (z.B. Strahlung und erhöhtem Elektrosmog) um die Arbeit der Zellen zu begünstigen.

Zellebene: Schlüssel / Programmierung:
Hier befindet sich die gesamte Informationsdatenbank über unsere Spezies und der DNS-Code, der die karmische Bestimmung für die physische Ebene vorgibt.
Wer sich mit diesem Symbol beschäftigt, kann

- die Konzentration auf verborgenes Wissen über die menschliche Spezies erleichtern

- Informationen über seinen DNS-Code abrufen (seine karmische physische Bestimmung wie z.B. Aussehen und Erkrankungen - also die so genannten "Erbinformationen")

- die Programmierung seiner Zellen nach einer Erkrankung oder Schwächung bzw. Programmierung in eine neue Richtung (z.B. Gewichtsabnahme, Heilung von Allergien etc.) begünstigen.

Zum jeweiligen Symbol sollte man das Ziel klar vor Augen haben und sich darauf konzentrieren.
Wer Informationen abrufen möchte, sollte auf innere Bilder oder Gefühle achten.

HEILUNG

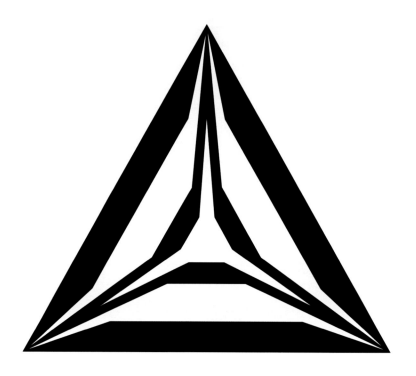

*"Das Heilen hängt vom Praktiker
und nicht von einem
bestimmten Wissensschatz ab.
Gute Ärzte und gute Heiler
haben gemeinsam,
dass sie stets Hochachtung
vor ihren Patienten empfinden."*

Mercedes Peralta

Unter "**heilen**" versteht man "gesund, ganz machen oder werden", was sich aus *"heilen"* im Sinne von "gesund, heil werden" um das Jahr 1000 und "wieder herstellen, erlösen, (er)retten" um das Jahr 800 aus dem Wort *"giheilen"* zusammensetzte, was in der vereinten Bedeutung "erbitten, wünschen, gesund machen oder werden, erlösen, fest verbinden" ergab und im niederländischen *"helen"* als "heilen, wieder herstellen, genesen" verstanden wird. Der "**Heiland**" ist der "Erlöser, Retter, Christus" und das "**Heil**" meint "Glück, Wohlergehen, Rettung" und in religiöser Vorstellung "Erlösung im Glauben" und des weiteren "Gesundheit, glücklicher Zufall, Rettung, Hilfe". "**Heilsam**" ist etwas, wenn es "rettend, nützlich" ist und daher "**Heil bringend**". Unweigerlich ergibt sich daraus "**heilig**", worunter man "erhaben über alles Irdische, unantastbar, von Gottes Geist erfüllt, gottgeweiht" aber auch "geweiht, heilbringend, zum Heil bestimmt, fromm" versteht. Eine wahrhaftig "**heilige**" Wesenheit ist also durch und durch "**heil**".

"Ein gesunder Geist wohnt in einem gesunden Körper" - jeder kennt diesen Satz und doch weiß kaum jemand das Prinzip für sich anzuwenden.

Man möchte meinen, dass in unserer heutigen, von medizinischem Fortschritte und dessen Erkenntnissen überfluteten Zeit und deren Dauer-Präsenz in den Medien jeder die Zutaten für physische, psychische und soziale Gesundheit kennt.

Leider ist dem nicht so.

Wir agieren entgegen jeglicher Vernunft und können die Stimme der Bedürfnisse unseres Körpers nicht mehr hören. Wir dämpfen sie durch die Bedürfnisse, die unser Ego in der Kompensation seiner Defizite ausruft, aus. Gesundheit ist unser natürlicher Ur-Zustand und steht jedem uneingeschränkt zur Verfügung. Sie ist unser Grundrecht.

Wir selbst schneiden uns von dieser Quelle ab, die uns mit allem, was wir für unser Wohlergehen benötigen, versorgt.

Gesundheit kann nur aus dem Einklang aller Ebenen resultieren - physisch, emotional, mental, energetisch und sozial. Ein Eingriff, eine Disharmonie in eine(r) der Ebenen beeinflusst und beeinträchtigt alle übrigen. Krankheit ist eine Blockade im Energiesystem, eine Störung in ihrem Fluss.

Da alles letztendlich Energie ist, wird sich eine Stauung immer auswirken. Krankheit ist ein Konzept, das erst durch die Manipulation der menschlichen DNS ermöglicht wurde. Unsere DNS wurde auf zwei für das Überleben unbedingt notwendige Stränge beschränkt und funktioniert auf "Sparflamme". Dadurch fehlt das natürliche Navigationssystem für alle feinstofflichen Körperebenen und wir haben den Zugang zu unseren wahren Bedürfnissen verloren. Krankheit ist ein Mangel, der durch diesen drastischen Eingriff vor langer Zeit vorprogrammiert ist. Ein auf allen Ebenen gesunder Mensch kann die vollständige Aktivierung aller 12 DNS-Stränge wiederherstellen und mit deren uneingeschränkter Funktion leben.

Wir können uns gar nicht vorstellen, wie sich das anfühlen mag - wir wissen gar nicht, was absolute Gesundheit bedeutet - denn hier schließt sich der Kreis: Eines bewirkt das Andere.

Wir können alles erreichen, wenn wir das möchten.

Für den für sein Wohlergehen sorgenden Menschen sind die Dinge, die dazu beitragen, eine Selbstverständlichkeit - er ist an diese Lebensweise gewöhnt, sein gesamtes Wesen verlangt danach und er kann sich nicht vorstellen, sie zu entbehren. Er hört auf die Stimme seines Körpers.

Doch für jemanden, der weit davon entfernt ist, seine Balance auf allen Ebenen wieder zu erlangen, sind es zahlreiche Faktoren, die seine Disziplin abverlangen und die er wahrscheinlich als Strapazen oder Entbehrungen ansieht. Der Mensch ist ein Gewohnheitstier. Was er seit langem praktiziert, das ist ihm lieb. Seine Gewohnheiten treiben ihn in die Sucht.

Aus dieser Perspektive ist es für ihn unmöglich, die entgegengesetzte Richtung einzuschlagen. Es braucht den richtigen Impuls - die Tatsache allein, dass er erkranken kann und ihn sein Tun bis in den Tod treiben könnte, liegt in seinem Kenntnisbereich und wird ihn nicht genug motivieren, sich zu ändern. Das schürt seine Monotonie und den Frust und er tröstet sich weiter mit schädlichen Vorgehensweisen.

Der Mensch braucht Beispiele, um anzunehmen, was ihm vorgelebt wird. Er braucht ein Kollektiv, um sich nicht verloren zu fühlen und er braucht den Wettbewerb um an seinem Ziel zu arbeiten. Manche lassen sich erst durch den Wettlauf mit dem Tod zur Umkehr bewegen. Dazu muss derjenige zuvor einen Schock erlitten haben. Ein traumatisches Ereignis, das die Umkehr als letzten Ausweg signalisierte. Doch Angst ist nicht der optimale - wenn auch der effektivste - Impuls, seine Situation zu verändern. Denn der Wandel muss mit Liebe vollzogen werden, um absolute Gesundheit zu ermöglichen.

Leben ist der Zustand, der im gesamten Universum in jedem Moment allgegenwärtig ist.

Alles was ist, ist immer und für alle Zeiten lebendig.

Dass wir Wesenheiten oder Gegenstände als "tot" empfinden, ist eine Illusion. Der Tod ist eine Illusion.

Er ist der größte Irrtum, dem wir unterliegen.

Der Traum vom ewigen Leben ist in Wahrheit die einzig gültige Realität und was wir als "Tod" bezeichnen, ist lediglich Veränderung, Wandel.

Es ist jener Wandel, dem sich alles Lebendige fortwährend unterzieht, um im Sinne der Werterfüllung neue Wege zu beschreiten. Der "Tod" auf einer Ebene kann nur eintreten, weil wir ihn er-*warten*. Er ist für uns eine Tatsache, der wir Raum geben. Woran wir glauben, wird geschehen.

Der Fokus unseres Geistes wird dann allmählich schwächer und schwächer auf diese Existenzebene gerichtet und wir altern und/oder werden krank und ziehen uns als er-*wart*-etes Resultat davon aus dieser Seins-Ebene zurück, um wo anders neu zu beginnen und uns vorerst einmal von den traumatischen Umständen des "Lebens" zu erholen.

Wir könnten das umgehen.

Wir sind nicht dazu gezwungen, immer wieder neu zu beginnen; wir haben alle Zeit der Welt, die wir haben möchten - wenn wir es nur zustande brächten, daran zu glauben.

Wir sind Hypochonder und ahmen nach, was uns die restliche Welt reflektiert. Zusätzlich sind wir durch den kollektiven Glauben beeinflusst und was tagtäglich überall geschieht, nehmen wir als unumgängliche Tatsache an. Wir hören von Krankheiten, sehen Menschen, die erkranken und dahinsiechen und sind in ständiger Angst, angesteckt zu werden oder auf andere Weise zu erkranken. Unsere Sorge wird uns die nächste zur Verfügung stehende Erkrankung zutragen! Weil wir oft genug gesehen und gehört haben, dass diese und jene Krankheit unheilbar ist und zum Tode führt, glauben wir zu wissen, dass unser Schicksal besiegelt ist und wir ergeben uns bereitwillig dem *schein-bar* Unvermeidlichen.

Wir richten unsere Zeit im Hinblick auf unseren kommenden Tod ein, gehen in einem bestimmten Alter in Pension, um uns wenigstens noch ein paar schöne Jahre zu machen, denn vorher war das Leben nicht so recht lebenswert. Wir sind nicht nur der Illusion des Todes, sondern auch noch der Illusion der Zeit erlegen und erkennen sie als Faktum an. Wir schaufeln uns unser Grab!

Wir sparen sogar für unsere Bestattung und zahlen den Angehörigen oft bereits zu unseren Lebzeiten das Erbe aus. Es wird erwartet, dass wir jemanden beerben und durch diesen ständigen Fokus auf das, was wir hinterlassen sollen, verzichten wir darauf, uns das eigene Leben damit zu verschönern, nur um den Druck los zu werden. Wir geben den anderen unseren Teil des Lebens ab, weil wir ohnehin sterben müssen.

Das ist krank!

Dennoch fürchten wir den Tod, weil wir gar nicht sterben wollen und unsere immense - wenn auch mitunter latente - Angst treibt uns in den Tod. Wir zweifeln an einem Leben nach dem Tod und denken, alles wäre dann vorbei - aus-, aber Hauptsache, die Leiden sind beendet. Oder wir fürchten, in die "Hölle" zu kommen und bemerken gar nicht, dass wir uns fortwährend unsere Hölle auf Erden bereiten und dass es die Hölle ist, ein Leben in zumindest latenter Angst zu verbringen.

Wir altern, weil uns die Zeit davonrennt, weil wir müde und geschwächt von den Strapazen des Lebens sind und kränkeln vor uns hin, weil wir nie richtig glücklich und zufrieden sind.

Krankheit und Tod sind durch unser lebenslanges Verhalten entstanden! Wir müssen so lange altern, erkranken, sterben und wieder kommen, bis wir endlich erkannt haben, dass wir nicht altern, erkranken und sterben müssen.

Wir fürchten den Tod so sehr und gehen doch so sorglos mit dem Tod aller anderen Lebewesen um. Wenn Menschen anderswo Tag für Tag verhungern oder in sinnlosen Kriegen umkommen, geht uns das nichts an, denn wir können es angeblich nicht verhindern. Wir wissen von Massentierhaltung und dem sinnlosen Töten von Unmengen von Tieren und essen unbekümmert weiter ihr Fleisch. Wir wissen, wie wichtig unsere Wälder sind und roden einen Großteil der Bestände für unseren Fleischkonsum, um Weiden zu schaffen. Wir haben wenig Skrupel, einen jahrhundertealten Baum für die Errichtung eines Gebäudes oder für den Straßenbau zu opfern. Wir töten Bäume, wir töten Tiere, wir töten die Natur, wir töten Mutter Gaia, obgleich wir letztlich nur durch ihr Leben unser Leben hier weiterführen können.

Wir fürchten den Tod und haben nicht das Einfühlungsvermögen, um uns vorzustellen, wie unangenehm das Sterben für andere Lebewesen ist? Wir gehen sogar so weit, nur den Menschen als wahrhaft lebendig anzusehen. Tiere sind gesetzlich vielerorts und in zahlreichen Köpfen noch eine Sache.

Ist es so schwierig, zu begreifen, dass auch die Erde ein eigenständiges Lebewesen ist? Wie könnte in ihrem Boden etwas wachsen; wie könnte sie alles auf ihr Existierende nähren, wäre sie nicht lebendig!? Alles Lebendige empfindet dieses "Lebendig-Sein" und möchte nicht getötet werden. Aber wir denken nicht darüber nach, wir wollen so viel wie möglich vom vermeintlich kurzen Leben haben - mit allen Konsequenzen; denn unserer Meinung nach ist nichts so sicher wie der Tod und wir leben doch nur einmal! In ständiger Sorge, doch intensiv und sind dennoch nie in unserer Mitte und nie im Moment. Wir streben nach später, denn wir glauben, dass wir es dann besser haben, auch wenn wir wissen, dass später irgendwann der Tod lauert. Und genau das lässt uns sterben. Die Gleichung ist einfach - wir müssen sie nur begreifen und entgegen den Massen, die ihr Altern und ihren sicheren Tod er-*wart*-en, daran glauben, dass wir den Prozess, der uns dahin führen sollte, sofort stoppen können. Was für uns nicht existiert, wird nicht in unser Leben gezogen.

Hören wir damit auf, uns Gedanken über unsere Grabstelle oder die Art der Bestattung zu machen; hören wir damit auf, Erbe zu verteilen und Testamente zu verfassen; hören wir damit auf, Krankheits- und Pensionsvorsorge zu treffen - beginnen wir stattdessen doch ganz einfach damit, im Moment zu leben!

Wer im Moment lebt, wird den nächsten auch er-*leben*; wer sich jetzt in Fülle und versorgt wähnt, wird später Fülle und Versorgung erhalten. Wenn man jetzt für später spart, geschieht das aus dem Motiv des Mangels und man projiziert Mangel in die Zukunft und es kann geschehen, dass uns unsere gehorteten Ersparnisse auch später durch einen beliebigen Umstand nicht zur Verfügung stehen. Was wir manifestieren, wird eintreffen, auf welchen verschlungenen Pfaden auch immer. Werden wir uns dessen bewusst, was wir manifestieren!

Genau so verhält es sich mit Schutzimpfungen und prophylaktischen Maßnahmen, die Gesundheit zu erhalten. Es ist in Ordnung, sich in regelmäßigen Abständen vom Arzt durchchecken zu lassen, um unsere Gewissheit, dass wir wohlauf sind, zu bestätigen und durch diese Gewissheit unseren Zustand weiterhin stabil halten zu können. Es ist aber ein Zeichen der Angst, nach dem Verkünden einer neuen drohenden Gefahr z.B. durch die Medien, die das Sprachrohr der kollektiven Panik sind, zur Grippe- oder Zeckenschutzimpfung zu laufen, um nicht infiziert zu werden. Durch diese Angst schaffen wir die Möglichkeit, angesteckt zu werden. Wir machen uns anfällig. Daher passiert dies auch oft noch mit dem "Impfschutz" oder manche erkranken sogar durch die Impfung selbst. Man muss dieses Prinzip verstehen: Was als eine Tatsache angesehen wird, ist eine garantierte Manifestation für die jeweilige Realität. Wer Ansteckung für möglich hält, den wird sie ereilen - ob mit oder ohne Schutzimpfung. Wähnt er sich nach der Impfung als immun gegen diese Art der Ansteckung, kann ihn eine andere Krankheit befallen, weil er das Möglichkeitsfeld in seiner Aura geschaffen hat. Er hat es vor der prophylaktischen Maßnahme durch seine Sorge aktiviert und das kosmische Gesetz besagt, dass es Resonanz erhalten muss.

Leben wir nicht länger in der Er-*wart*-ung unseres Todes; handeln wir nicht in seinem Angesicht - leben wir, um zu leben!

Das ganze, große Geheimnis, das uns vor dem Tod bewahrt, ist der Beschluss, wahrhaftig an das Leben zu glauben!

Kollektiv wird unaufhörlich nach dem "Sinn" des Lebens gesucht, weil die Freude, einfach zu **sein**, nicht verspürt wird. Keine Tier-, keine Pflanzenwesenheit fragt nach dem Sinn, s i e **ist**!

Das ist der Sinn: z u **sein**, Freude am Leben zu haben und die Illusion der negativen, Tod bringenden Muster zu durchschauen. Das Leben ist immer; etwas das einmal war, kann nicht aufhören, zu existieren, denn die Zukunft ist jetzt ebenso wie die Vergangenheit. Was jetzt ist, war immer und wird immer sein!

Unsere "Verstorbenen" leben nicht nur in uns durch das Andenken weiter, sondern tun dies ganz real auf einer anderen Ebene: **leben**. Wir haben die Wahl, im Hier und Jetzt zu bleiben und auf dieser Seins-Ebene so lange wir möchten, unsere Erfahrungen zu sammeln oder zu altern, zu "sterben" und von "drüben" mit dem Bewusstsein zurück zu kehren, alle Gesetze des Lebens und des Todes zu kennen und diesmal die Illusion zu entlarven. Wir gehen dann erneut durch die Schleier der Illusion in eine weitere Inkarnation um noch einmal von vorne zu beginnen um eventuell dieses Mal die Trugbilder der Materie zu durchschauen.

Nutzen wie die Chance, die wir jetzt haben - dass uns Bescheid gegeben wurde. Es kostet nichts, sich auf den Versuch einzulassen, den Tod und das Altern zu "vergessen".

Wir erleiden keinen Verlust, unsere "Wahrheit" umzuschreiben. Wir werden nach kurzer Zeit Ergebnisse feststellen - je nach der Intensität unserer *Über-zeug*-ung. Es ist nicht einfach, fest getretene Wege neu zu begrünen.

Wir werden **sehen**, dass der alte Weg der Weg des Verlustes ist - des Verlustes an Vitalität, Gesundheit und Lebensmut.

Was also riskieren wir, wenn wir gegen den Strom anschwimmen? Es darf unser Geheimnis bleiben, um uns nicht durch Spott behindern zu lassen. Es ist unsere Aufgabe, zu leben. Es ist unsere Entscheidung, auf welcher Ebene wir dies tun möchten. Wer begreift, dass es den Tod und die *schein-bar* rasende Zeit, die uns dort hin führt, nicht gibt, wird sich nicht mehr in der Weise ans Leben klammern, um ihn zu fürchten und wird ihn letztendlich aus seiner Realität verbannen.

Da alles in allem enthalten ist, kann aus jedem kleinsten Energiepartikel ein Stein, ein Baum, eine Blume oder irgendeine sonstige Ausdrucksform entstehen.

Der Schlüssel ist die Information, die vom schöpfenden Bewusstsein eingespeist wird.

Eine Krankheit ist eine Information in Gestalt einer energetischen, geometrischen Formation, die körpereigene Zellen verändert, da die Fremdinformation stärker ist als das Eigenbewusstsein der Zelle und stärker als die biochemische Körperinformation. Das Zellbewusstsein schließt sich an jene Quelle an, die ihre Versorgung des uneingeschränkten Informationsflusses am stärksten garantiert. Die Krankheit funktioniert nach dem Schneeballprinzip, kann aber nur in geschwächten Regionen Fuß fassen. Sie ist wie ein Computervirus, das nach fehlenden Dateien sucht, um sich dort anzusiedeln und von dort aus die umliegenden angreift.

Nach einem Schock-Zustand (z.B. Schlaganfall), der durch eine energetische Explosion oder Eskalation ausgelöst wurde, besitzen die Zellen zwar noch ihr Eigenbewusstsein, sind aber irritiert. Es ist wie nach einer elektrischen Überlastung, nachdem die Sicherungen geflogen sind. Zuerst war die immense Fremdenergie, deren Kontrolle die Zellen unterworfen waren, danach kam der Knall und die Zellen erlitten den "Zellschock". Sie arbeiten nur mehr auf "Sparflamme" und sind ohne Über-Fokus. Die Fremdenergie hatte das Organ in seiner eigentlichen Funktion so lange fehlgeleitet, bis es zu einer Eskalation kam und hat damit den Körper verlassen. Der Fokus der körpereigenen Wesenheit ist danach im Schlaf. Die Zellen müssten wieder durch ihr Eigenbewusstsein die Aufgabe ihrer natürlichen Werterfüllung übernehmen, sind jedoch desorientiert.

Die Zellen sind im Kollektiv wie eine Schafherde, in der jedes einzelne Schaf sein Eigenbewusstsein besitzt, sich jedoch Gleichgesinnte sucht und das Kollektiv bevorzugt und dennoch dem Hirten folgt. Innerhalb der Gruppe leben sie in einer hierarchischen Ordnung, in der sich Untergruppen zusammen tun und je nach Ausrichtung ihren Plan erfüllen. Das betrifft in erster Linie die Organzellen. Die körpereigene Wesenheit ist der Schafhirte, der seine Hunde zur Unterstützung hat. Ist jedoch einer der Hunde nicht unter Kontrolle zu bringen, wenn der Hirte nicht in der Balance ist und Emotionen überhand nehmen, wird die Schafherde dadurch irritiert. Schlimmstenfalls taucht ein fremder Hirte auf, der die Herde unter seine Kontrolle bringen möchte.

Wo im Körper ein energetisches Loch vorhanden ist, kann die Fremdinformation andocken und streut solange weiter, bis sie auf Widerstand in Form von resistenten Zellen stößt.

Medikation ist ein weiterer Fremdeinfluss, der nur wirken kann, wenn er das geometrische Prinzip der Krankheitserreger erkennt und deren kollektive Anschlüsse unterbindet.

Geschwächte körpereigene Zellen wurden bereits durch ein negatives Eingreifen des Bewusstseins in ihrer Formation verändert, sodass die Krankheitserreger nach dem Steckdosen-Prinzip einklinken konnten.

Wer die Ursache für seine Krankheit erkennt, kann von Grund auf die körpereigene Zellstruktur erneuern und entzieht dem Fremdeinfluss den Nährboden.

Da pharmazeutische Produkte einen weiteren Fremdeinfluss darstellen, kann die Wirkung nur dann einsetzen, wenn auf psychischer und emotionaler Ebene die Krankheit verstanden wurde, da ein Bewusstsein, das noch nicht zur Heilung bereit ist, die weitere Fremdinformation nicht annehmen kann oder der Körper als Nebeneffekt an sekundärer Stelle von den pharmazeutischen Eindringlingen befallen wird.

Das ist auch der Grund, weshalb Organtransplantationen fast nie erfolgreich sind oder zur Zufriedenheit des Patienten verhelfen. Weil der Patient die krank machenden Muster in seinem Ätherleib gespeichert hat, wird auch das neue Organ nicht funktionieren können, wenn er diese Muster nicht transformiert hat. Zusätzlich stellt dieser schwere Eingriff einen weiteren drastischer Energieverlust für den geschwächten Organismus dar und das transplantierte Fremdorgan hat die Muster seines vorherigen Leibes in sich gespeichert. Nur selten sind diese Muster mit dem des neuen Leibes kompatibel und daher werden die Organe oft abgestoßen.

Wenn man dann noch den Faktor mit ein bezieht, dass der Mensch, von dem das Organ stammt, meistens nicht mehr am Leben ist und berücksichtigt, dass auch noch der Schock der Todesumstände der Wesenheit in all seinen Zellen gespeichert ist, ist es nicht verwunderlich, warum diese Eingriffe keine adäquate Alternative versprechen. Man muss die so genannten "Wunder" der Schulmedizin differenzierter betrachten.

Heilung kann nur auf allen Ebenen geschehen.

Wir selbst müssen die Information der Heilung in unsere Zellen einspeisen, ehe medizinische Methoden ihre nachhaltige Wirkung tun können.

Wir müssen heil werden - mit uns selbst, in unseren Beziehungen und mit unserer Umwelt.

Mit unseren Schöpfungen. Wir müssen unsere Eigenkreationen ausbaden und auf die Signale aus unserem Inneren hören.

Heilung ist Licht - doch wer daran gewöhnt ist, sich in dunkleren Gefilden aufzuhalten, scheut das Licht, wird davon geblendet. Wer an niedrige Frequenzen gewöhnt ist, hält den höheren nicht stand.

Wir müssen lernen, uns selbst zu vergeben, lernen, uns wertzuschätzen und begreifen, dass wir anderen erst helfen und dienen können, wenn wir uns selbst lieben.

Wir können nur geben, wenn wir aus dem tiefen, aus unserem strahlenden Herzen schöpfen und nicht in einem Akt der Aufopferung. Wer ein Opfer bringt, hat es vergeblich getan.

Erst, wenn etwas nicht mehr als "Opfer" oder "Bürde" empfunden wird, war es ein Akt, der auch dem anderen dient und letztlich uns selbst.

Was wir säen, werden wir ernten.

Wir tun es für uns selbst, wenn wir anderen aus tiefstem Herzen dienen. Wir bekommen die reine Herzensenergie reflektiert und sind im Einklang mit unseren Taten.

Jetzt sollten wir besser Bescheid wissen als der Großteil der Bevölkerung, der mit Gott hadert, weil eine gute Menschseele schwer erkrankt ist, nachdem sie sich ein Leben lang aufgeopfert hatte.

Alle Eigenschaften, die nicht in Liebe geschehen, machen krank. Angst, Trauer, Unlust, Ärger, Sorge oder Aggressionen sind das Gegenteil von Liebe und zerstören uns in der Kontinuität, in der wir sie zulassen.

Angst manifestiert sich sofort, weil sie die stärkste Emotion ist, durch die wir unsere Kontrolle verlieren.

Aggression verspürt man letztlich nur in sich selbst, denn das Ziel, gegen die sie gerichtet ist, wird kaum Schaden davon nehmen. So verhält es sich mit allen Eigenschaften, die einem Mangel entsprechen. Wenn es uns an etwas mangelt; uns etwas fehlt, bezeichnen wir uns als krank.

Unsere alten Verhaltensmuster frieren unsere Zellen in bestimmten Positionen ein, da sie im Kollektiv ein Feld geschaffen haben, das dieses Muster widerspiegelt. Wenn wir das Prinzip, das wir ritualsartig angewandt haben, um uns krank zu machen, nicht begreifen, kann keine Methode von außen uns heilen.

Es sei denn, unser Glaube ist so stark, den wir an die Wirkung dieser Methode heften, dass diese neue Information alles übergreifend fungiert und unsere geschädigten Zellen dadurch neu formiert.

Halten wir nach gelungener Genesung umso mehr daran fest, kann der Glaube daran, dass wir gesund sind, weitere schädliche Einflüsse tilgen.

Doch dann müsste der Fokus enorm stark sein; ein Umstand, der für einen von der ausgebadeten Krankheit gezeichneten Menschen kaum zu bewerkstelligen ist.

Wir klammern uns mit Vehemenz an unsere alten Gewohnheiten und Handlungsvarianten, weil die Wege des Neuen eine Unbekannte darstellen. Wir flüchten reflexartig in die dunklen Räume unserer Psyche und die von Angst geprägten Aktionsrahmen, auch wenn sie uns schaden. Sie gehören zu uns, weil wir sie kennen.

Wir haben noch keine anderen Ventile geschaffen. Neue Wege zu beschreiten, empfinden wir als unbequem und was uns nicht umbringt, macht uns bekanntlich härter. Hart bis in unsere verhärteten Zellen und dadurch verletzlich, angreifbar durch den kleinsten Auslöser; widerstandslos.

Es ist egal, ob es unsere emotionalen Abgründe sind oder es der primär unbedachtsame Umgang mit unserer körperlichen Hülle ist, der die wiederkehrenden Muster prägt - beides manifestiert sich auf allen Ebenen.

Ist es wirklich zu mühsam, sich gesund zu ernähren und sich ausreichend zu bewegen? Ist es wirklich unmöglich, auf Fleischkonsum zu verzichten?

Mit dem Fleischkonsum verhält es sich wie mit den Organtransplantationen - ständig werden dem Organismus fremde, dem Körper nicht zuträgliche, weil von einer fremden Wesenheit geprägten Energiemuster zugeführt - in fast allen Fällen angereichert mit der Todesangst des Individuums und dem Stress des unwürdigen Transportes und zusätzlich noch gewürzt mit den Ingredienzen künstlicher Zusätze und den Hormonen und Giften der Mast. Fällt es wirklich so schwer, **darauf** zu verzichten? Und ist es wirklich unbedingt notwendig, sich tagtäglich in einem durch Elektrosmog und Strahlung hermetisch abgeriegelten Raum aufzuhalten? Müssen wir 24 Stunden lang "online" sein und unsere Handys sogar zur Toilette mitnehmen? Ist ein Spaziergang ohne Musik im Ohr *wirk*-lich zu langweilig?

Man möchte meinen, es wäre zu verkraften, wenigstens diese Dinge aus unseren Gewohnheiten zu streichen oder einzuschränken, doch die Erfahrung zeigt, dass viele eher dafür sterben würden, sich aber von der Schulmedizin Heilung erwarten, wenn die Konsequenzen präsentiert werden.

Unsere festgefahrenen Verhaltensmuster haben so tiefe Furchen in unserem Energiefeld und daraus resultierend in unserer Physis hinterlassen, dass es nicht ausreicht, ein paar lichtvolle Therapieversuche durchzuführen. Ohne das Prinzip dessen, das uns krank gemacht hat, zu verstehen, müssten wir uns genau so intensiv, wir uns mit unserem Tun geschädigt haben, mit entgegen gesetzten Methoden beschäftigen und das, ohne die Tatsache miteinbezogen zu haben, dass auch die schädigenden Muster währenddessen fortgeführt werden, da sie ja nicht entlarvt wurden und weiterhin die lichtvollen Methoden neutralisieren.

Visualisierung ist immer die stärkste Macht, die angewandt werden kann, doch ist sie zwecklos, wenn die Krankheitsursache parallel dazu weiter besteht.

Wir müssen begreifen!

Erst das löst die Starre in den Zellen und gibt ihnen die Chance, durch nur wenige darauf folgende Therapiebehandlungen deren Bewusstsein neu auszurichten und die neue Formation zu kräftigen und fixieren.

Der größte Teil der Menschheit beschäftigt sich erst dann mit Heilung, wenn er sich krank fühlt.

Das resultiert aus der Annahme, dass wir gesund sind, solange sich keine Symptome bemerkbar machen.

Für eine effektive Heilung ist es nie zu spät, aber auch nie zu früh.

Jedes längere Unwohlbefinden - ob physisch, psychisch oder emotional - erfordert die Reflexion und die Ruhe und Stille, in sich hineinzuhorchen.

Ein lichtvolles Durchfluten des Körpers in der Visualisierung mit dem Symbol ist in jedem Stadium effektiv, doch es ist immer besser, den Krankheitsausbruch zu verhindern, als die Krankheit zu bekämpfen.

Ein sehr wichtiger Aspekt für eine erfolgreiche Heilung ist das Motiv, aus dem wir Krankheit - sei es unsere eigene oder die einer anderen Wesenheit - heilen möchten.

Meist geschieht das aus Angst, wenn wir bereits erkrankt sind oder wir ein geliebtes Wesen zu verlieren fürchten. Dann werden alle Kräfte mobilisiert, um dagegen anzukämpfen. Bereits der Akt des "Kämpfens" ist der falsche Ansatz, um wirklich heilen zu können. Wir können siegen, ohne zu kämpfen.

Wer aus Angst handelt, wendet die falschen Energieressourcen für den

Vorgang auf, dem das nicht zuträglich ist.

Wir müssen aus Liebe handeln und darauf vertrauen, dass eine Transformation immer möglich ist.

Wer in Liebe handelt, bewirkt hundertfach mehr als die teuerste moderne medizinische Methode dies könnte...

Das Symbol:

Ich empfing dieses Symbol bei einer Reiki-Behandlung und in Folge immer, wenn ich entspannt in der Sonne saß und versuchte, das Licht heilend in mich strömen zu lassen.

Auch unsere Psyche bedarf immer wieder der Heilung, unter anderem nach kleinen Unstimmigkeiten, um diese zu transformieren anstatt zu einem eventuell am Ende physischen Problem auswachsen zu lassen.

Das Symbol für Heilung ist jederzeit anzuwenden, denn absolut niemand, der noch auf Erden wandelt, ist die ganze Zeit über vollkommen heil.

Es verhilft, die Zellen mit Licht zu durchfluten und in ihrer eigentlichen Aufgabe liebevoll zu unterstützen. Das Zeichen ist eine zarte Flamme, die den Körper auf allen Ebenen mit heilsamer Energie durchflutet. Es ist ein sanftes, mildes Strömen, das von ihm ausgeht.

Im Allgemeinen unterstützt es jeden Prozess der Heilung, wenn der Betreffende auf Seelenebene damit einverstanden ist und an der Lösung seines Problems aktiv mitarbeitet, zumindest aber dazu bereit ist. Daher ist es empfehlenswert, das Heilsymbol mit einem anderen, das speziell für das zu lösende Problem geeignet ist, zu kombinieren.

Auch hier sind freudvolle Experimente nicht nur erlaubt, sondern sogar ausdrücklich erwünscht. Wie wirkt sich das Zeichen z.B. auf eine unglückliche Pflanze aus?

ERINNERUNG

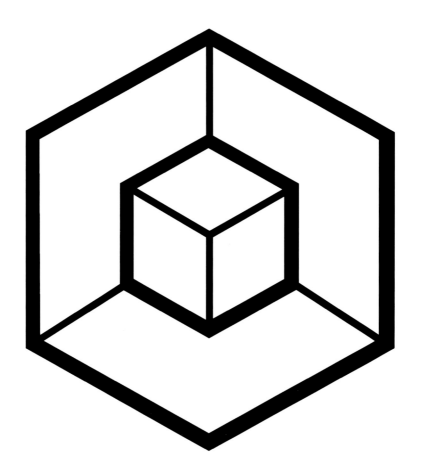

"Ein wirklich guter Nutzen der Erinnerung
liegt in der Befähigung,
die Einheit des Lebens
zurückrufen zu können."

Eine Rhabarber-Deva
(gechannelt von Dorothy McLean)

Unter dem Adjektiv **"erinnern"** verstehen wir "etwas ins Gedächtnis zurückrufen, mahnen, aufmerksam machen". Der Begriff stammt von "*inne* werden (lassen), wissen machen" und wurde zu *"geinnern"*, worunter man "inne werden lassen, erinnern" verstand, das eventuell gleichbedeutend mit dem seit dem 12. Jahrhundert verwendeten *"giinnaren"* ist, das mit seiner Bedeutung von "öffnen" (lateinisch "*aperire*") mit "(ins Gedächtnis, Innere) einlassen" übersetzt wird. **"Erinnern"** wird auch als "in Kenntnis setzen, belehren, überzeugen" gebraucht und erlangt durch *"innaro"* die Bedeutung "inner, tiefer", das sich als "inwendig, im Innern liegend" verstand, woraus sich schließlich im 15. Jahrhundert die **"Erinnerung"** entlehnte, die "einen im Gedächtnis bewahrten Eindruck, Andenken, Gedenken" meint.

Wir sind das Produkt unserer Erinnerungen; die Summe aller Erinnerungen macht unsere Erfahrungen, Meinungen, Auffassungen und Handlungsweisen aus.
Erinnerung verstärkt die Illusion der Zeit und ist das einzige Hindernis beim Aufstieg in höhere Seinsebenen. Verlören wir unser Gedächtnis - also unsere Erinnerungen - wären wir, was wir eigentlich sind: der Ausdruck der reinen Seelenessenz ohne Traumata, Angst, Vorurteile und andere Selbstschädigende Verhaltensweisen. Erinnerung ist unser Handicap und macht uns zu Sklaven der Zeit. Nur durch sie erscheint ein Zeitraum kurz oder lang und eine ungeliebte Tätigkeit wird einzig durch den Zeitfaktor zu dem, was sie ist, weil wir ihr die momentane Chance nicht mehr geben, da wir wissen, dass sie uns nicht gefällt. So verhält es sich auch mit allem anderen, das unseren Stempel „ungeliebt" bekommen hat, denn wir erinnern uns, dass wir diese Person, diese Art von Musik oder diese Speise nicht mögen. Wir lassen den Faktor „Evolution" außer Acht und beziehen nicht mit ein, dass nicht nur wlr, sondern auch die Person oder die Sache sich verändert haben könnte. Dadurch beschränken wir uns mehr und mehr, denn unsere so wertvolle Erfahrung hat gezeigt, dass wir Vorsicht walten lassen sollten.

Wir schleppen das Gros unserer Erinnerungen mit uns einher und kramen darin und können sie nicht loslassen. Sie beeinträchtigen nach Jahren und Jahrzehnten noch immer unsere momentane Situation, obwohl sie nur mehr Astralschablonen sind und schaffen dadurch neue zukünftige Szenarien, die davon beeinträchtigt sein werden.

Wir versetzen uns wieder und wieder zurück in unangenehme Ereignisse und Erfahrungen und fächeln ihnen erneut Energie zu. So schwelen sie tief in uns vor sich hin und wollen durch unser Zutun nicht erlöschen.

Wir schenken ihnen dann vermehrte Aufmerksamkeit, wodurch sich das ursprüngliche Energiemuster irgendwann potenziert hat und gehen mit diesem Rucksack zum Psychologen um uns weitere Jahre damit auseinander zu setzen und sichern damit die Stagnation des eigentlichen Lebens.

Schlimmstenfalls willigen wir in eine medikamentöse Behandlung ein und vergrößern noch einmal den Einschnitt in unseren energetischen Haushalt.

Wir gehen mit vergangenen Episoden immer mehr ins Gericht und leben in den Schatten längst zersetzter Ursachen, womit wir neue Ursachen setzen, weil wir nicht loslassen wollen.

Wir glauben, dass wir die damalige Situation bis zur Selbstaufgabe bearbeiten müssen, anstatt an der primären Ursache zu arbeiten. Es ist wie eine Symptombekämpfung einer chronischen Krankheit, ohne die Ursache zu berücksichtigen. Solange sie vorhanden ist, werden die Symptome unsere Krücke bleiben. Doch wer aus seinen Erfahrungen lernt, macht die Krücke zum Zepter.

In der alten Schwingungsfrequenz war die Rekapitulation eine mögliche Lösung, um eingeprägte Muster aufzulösen und los zu lassen. In der neuen Energie ist es nicht mehr nötig, etwas so lange wiederholt durchzukauen, bis es weniger Gewicht hat. Es wäre sogar kontraproduktiv, weil sich Gedanken nun sofort manifestieren und jedes Mal, wenn wir ein Bild hervorholen und es auch noch mit einem negativen emotionalen Impuls versehen, wie das der Fall ist, wenn etwas unverdaut blieb und in uns gärt, manifestieren wir erneute Auswirkungen der ursprünglichen

Situation und speichern diese weiterhin auf unserer energetischen Festplatte.

Wir dürfen unangenehme Situationen und Gedanken verdrängen und uns stattdessen in einer liebevollen Art und Weise um die Transformation der Ursachen kümmern. Dazu müssen wir nicht ständig in die dunklen Räume der Erinnerung zurückkehren und uns durch deren innewohnende Fragmente lähmen lassen. Sie werden durch unsere fortwährende Beschäftigung damit zu selbständigen Wesenheiten - Elementalen - die durch unseren schmerzlichen und angstvollen Fokus darauf genährt werden. Die psychologische Aufarbeitung, die uns unaufhörlich durch die Mühlen der Vergangenheit treibt und sogar noch versunkene Traumata aus den Tiefen unserer Seele holt, verschiebt den Fokus dauerhaft und besiegelt damit die Zukunft.

Vor allem hat ein Mensch, der das tut, ständig vor Augen, er wäre „krank", nicht heil, weil er mit diesem und jenem Problem in Behandlung ist.

Man dringt in immer weitere Schichten des Unterbewusstseins vor und wird niemals fertig.

Es ist eine Suche in der falschen Richtung. Die klinische Psychologie sieht Ursachen für Probleme stets in der Kindheit und lässt frühere Inkarnationen völlig außer Acht.

Beginnt die betroffene Person durch andersartige Hilfestellung auch noch, darin herumzuwühlen, hat man wenig Chancen, jemals zu einem befriedigenden Ende zu kommen.

Man wird verstört und irritiert in seinem durchstöberten Seelenchaos zurückbleiben.

Wertvolle Lebenszeit wird damit verschwendet, seine Energie in längst Vergangenes zu investieren. Es ist nicht nötig, das Vergangene zu bearbeiten!

Jeder kann sofort neu beginnen. Es ist egal, was man durchlebt hat, wenn man begreift, warum man es durchlebt hat. Nur wer keinen Schmerz mehr über Vergangenes empfindet, hat wirklich etwas daraus gelernt. Das Suhlen in altem Schmerz ist also der völlig verkehrte Zugang und auch nicht Sinn und Zweck unserer Erfahrungen. Letztlich lässt uns unsere Erinnerung erkranken, altern und sterben. Wir fühlen uns müde und ausgebrannt ob der Summe unserer Erfahrungen und Erlebnisse.

Im umgekehrten, aber auch nicht idealeren Fall widmen wir uns Zeiten, als das Leben unserer verklärten Meinung nach noch schön war und hadern noch mehr mit unserer derzeitigen Situation.

Sind wir wirklich nur das Produkt von Schmerz, Leid, Verbitterung, dunklem Wissen und Angst?

Warum begeben wir uns in die selbst auferlegte Knechtschaft, die nur durch unseren gedanklichen Fokus besteht? Ist das nicht absurd?

Jede inkarnierte Wesenheit hat die gesamte Bandbreite der Erfahrungen der Polarität zu absolvieren - warum schaffen es die einen, alles Negative abzuschütteln und leuchtend und strahlend aus dem Sumpf zu steigen und warum wollen andere einfach nicht herausfinden?

Einzig und allein durch die Macht ihrer Gedanken!

Wir sind in unserem Zeitalter nun am Ende der Polarität angelangt und es ist für jede inkarnierte Wesenheit an der Zeit, die polaren Fesseln abzustreifen. Da dies die letzten Atemzüge des dreidimensionalen Universums sind, gibt es ein finales Aufbäumen, das den Fokus auf die jeweilige Seite verstärkt. Dies ist noch ein Kampf der Kräfte - es ist unsere freie Entscheidung, ob wir weiter in unserem Inneren Kämpfe ausfechten wollen oder aus der Dualität aussteigen und vor allem durch die Akzeptanz sämtlicher Erfahrungen, die uns prägten, in Liebe deren Ursachen transformieren und fortan unseren Fokus dem Licht zuwenden. Wenn wir Schönes erleben wollen, sollten wir nicht an Negatives denken.

Für manche Leute ist es beinahe schon zur lieb gewonnenen Gewohnheit geworden, sich in negative Gedankenmuster und Erinnerungen zu flüchten, weil sie eine Art von Partnerschaft mit ihnen eingegangen sind. Sie benutzen sie als Schutzfunktion, weil sie schon so lange damit leben, dass sie sich ohne sie nackt fühlen würden. Sie begehen diese Wege seit so langer Zeit, dass sie sich neue nicht vorstellen können. Sie kennen das Ziel der alten Pfade und würden schutzlos vor einem neuen stehen.

Wer früher missbraucht wurde, hat eine Begründung, niemanden mehr an sich heran zu lassen; wer in der Kindheit Schläge einstecken musste, hat eine Ausrede, warum er selbst seine Kinder schlägt und wer in Depressionen aufgrund seiner unverdauten Fracht verharrt, muss jetzt sein Leben nicht in die Hand nehmen. Er hat eine anerkannte Krankheit und ist somit nicht fähig, auf eigenen Beinen zu stehen.

Diese Menschen haben Angst vor dem Ungewissen, das sich ihnen vermeintlich auftun würde, würden sie aus ihren dunklen Räumen hervortreten. Sie haben Angst, vor der mutmaßlichen Leere, in die sie geraten würden, verließen sie die Areale, die ihnen wohlvertraut sind. Und sie haben Angst vor der Einsamkeit, in die sie geraten könnten, wenn sie den alten Begleiter verabschiedeten. Sie haben Angst vor der Konfrontation mit ihrer rohen Kraft, wenn sie nicht in den altbekannten Sackgassen gehalten wird.

Manche sehen den Ausweg nur mehr im Tod oder in Aggressionen verstrickte Menschen werden zu Gewalttätern um endlich gefasst und dadurch von außen abrupt zum Ende ihres zerstörerischen Tuns gezwungen zu werden. Es steht jedem frei, so lange es sein Wille ist, auf Abwegen zu wandeln. Die Sicht ist ihnen vernebelt und sie können aus eigener Kraft nicht mehr herausfinden. Deshalb schafft ihnen die Seele durch ihren zerstörerischen aber verzweifelten Fokus Situationen, um gewaltsam herausgerissen zu werden. Wer dies nur durch den Tod vermag, muss eine ähnliche Inkarnation wiederholen, um diesmal die Chance zu ergreifen, den richtigen Weg zu beschreiten. Wer im schlimmsten Fall durch die Justiz verurteilt wird und den Rest seines Lebens oder zumindest lange Zeit im Gefängnis verbringen muss, hat dennoch die Chance, neu zu beginnen, wenn er sein wahres Wesen erkennt. Dafür muss er endlich lernen, seine Erinnerungen zu bewältigen, was, wenn er es schon vorher nicht vermochte, nun zur schwierigsten Prüfung überhaupt wird, nachdem er noch viel mehr zu verarbeiten hat und sich außerdem noch mit der Bewältigung der derzeitigen, scheinbar nicht zu ändernden physischen Situation konfrontiert sieht.

Jeder ist mit seinen persönlichen Schwierigkeitsgraden der Entwicklung konfrontiert und was dem einen als Nichtigkeit erscheint, ist dem anderen eine nicht zu bewältigende Aufgabe.

Jeder von uns muss mit dem Gedankenknäuel, das er erschaffen hat, umzugehen lernen.

Manchmal vergessen wir.

Wir sind dann völlig eingenommen und erfüllt von angenehmer Zerstreuung, versunken in erfreuliche Gedanken und Träume oder in Betrachtung von etwas, das unsere Aufmerksamkeit erregt und befinden uns fernab von unserem Gedankenwulst, mit dem wir uns die meiste Zeit zu beschäftigen pflegen. Unser innerer Dialog ist verstummt. Und ganz plötzlich löst irgendetwas den Impuls aus und ein Schatten legt sich über unser zuvor so sonniges Gemüt, denn wir sind wieder **im Bilde**. Alles ist wieder da, hat den schönen Moment verdrängt und uns wieder vereinnahmt.

Wer sich dabei ertappt, den Augenblick, den Impuls erhascht, der das Vehikel zurück in die unschönen Ebenen darstellte, ist bereits einen Schritt in Richtung Ziel unterwegs. Was wir brauchen, ist Gedankenkontrolle. Viel zu wenige wissen, was sie eigentlich andauernd denken, denn das meiste geschieht unbewusst. Sie wissen weder, wie sie auf dieses oder jenes gekommen sind, noch, was sie damit auslösen.

Es ist wichtig, bewusst zu beobachten, welche Gedankenfolgen der Auslöser für einen Stimmungswechsel waren. Genauso wichtig ist es, sich die jeweiligen Emotionen zu den mentalen Bildern anzusehen.

Wie ist das Gefühl beim Aufrufen alter Erinnerungen; wie fühlt es sich an, sich bestimmte Dinge vorzustellen?

Warum lösen bestimmte gespeicherte oder visualisierte Bilder unangenehme Gefühle aus?

Wer sich das klar beantworten kann, kann die unerwünschten Emotionen von den jeweiligen Bildern lösen, vor allem aber begreifen, dass es sinnlos ist, sich die jetzige Situation von alten Gespenstern vergiften zu lassen. Wir müssen bewusster denken, den ständigen inneren Wortschwall abstellen und das Vergessen wieder üben. Nur wer kontrolliert denkt, kann erfolgreich manifestieren und von unseren Manifestationen ist unser gesamtes Leben geprägt. Sie sind unser Leben!

Zwanghaft holen wir wieder und wieder die Schreckgespenster aus unseren Winkeln und Abgründen hervor. Wir können abschalten! Wir schlafen, sind eingehüllt in jene Welten, die von den Unannehmlichkeiten des Alltags unberührt sind und es dauert mit Bestimmtheit nur einige Augenblicke, bis wir nach dem Erwachen durch irgendeinen unkontrollierten Impuls die Erinnerung wieder auslösen, wenn ein Trauma noch frisch ist.

Anfangs träumen wir noch gar nicht von noch frischen Schockereignissen in der Art und Weise, die später albtraumhafte Gewissheit wird. Wir verarbeiten zuvor im Schlaf die neuen, prägenden Eindrücke, doch auf verschlungenen Pfaden mit uneindeutiger Symbolik. Wir sind noch zu sehr im Geschehen in-*volviert*, um es von außen als Betrachter in seiner Gesamtheit als Feindbild und Verfolger wahrzunehmen. Wir sind noch betäubt. Erst später geben wir dem Ereignis Macht, längst entfremdet seines ursprünglichen Geschmacks geistert es durch unsere mentalen Labyrinthe. Es ist von großer Wichtigkeit, sofort mit der Verarbeitung und Auflösung des Traumas zu beginnen, während wir ihm nah sind, um ihm die Möglichkeit zur Verselbständigung zu nehmen. Wir haben es in der Hand, den gordischen Knoten im Gehirn zu entwirren.

Niemand mag Schmerz, doch ein intensives, aber kurzes Durchleben ist sinnvoll, um etwas als geschlossene Akte archivieren zu können. Danach bleibt das Bild zwar vorhanden, doch lediglich als eine Erfahrung, aus der wir gelernt haben und ohne quälende emotionale Bindung.

Bei der Verarbeitung eines frischen, einschneidenden Erlebnisses ist Sachlichkeit angebracht.

Eine Analyse, warum etwas so schlimm für uns war. Außerdem ist unmittelbar nach dem Geschehen die Möglichkeit, zu handeln, um es in neue Bahnen zu lenken, vorhanden - später sind die Gelegenheiten meistens verstrichen - ein Umstand, der die "Schrecklichkeit" des ursprünglichen Ereignisses verstärkt (dass es nicht mehr zu ändern ist; dass wir nichts getan haben oder tun konnten etc.) und unsere Machtlosigkeit stärker hervorhebt.

Machtlosigkeit ist immer die Hauptursache für schmerzliches oder ärgerliches Empfinden - jegliches unangenehme Gefühl resultiert aus ihr.

Wir sind nicht machtlos! Wir haben es jeden Moment in der Hand, die Dinge neu zu erschaffen.

Es ist immer angebracht, eine Nacht darüber zu schlafen, bevor man sich an die Aufarbeitung macht, um die richtige Perspektive einnehmen zu können, denn wer inmitten des Geschehens sitzt, kann nicht objektiv und **neutral** beurteilen. Das ist zwar immer schwierig, wenn Gefühle im Spiel sind - noch dazu **verletzte Gefühle** -, doch diesen Part der Traumabewältigung müssen wir erlernen.

Erst aus der Distanz können wir die optimale Perspektive einnehmen und Distanz ist auch vonnöten, um uns vom Gefühlschaos zu trennen. Wir können uns von Gefühlen, die aus dem Affekt hervorbrachen, distanzieren. Es ist in Ordnung, sie in einer unpersönlichen Haltung ins Universum zu schicken, ohne sie wiederholt mit dem Bild, dem sie entsprangen, zu versehen, um keinen Bumerang zu werfen. Wir müssen akzeptieren, dass bestimmte Dinge geschehen sind, weil wir das so manifestiert haben, müssen jedoch nicht unser Leben lang damit herumlaufen. Obgleich sie unsere Schöpfung waren, dürfen wir sie, sobald die Lektion erfahren wurde, als unpersönlich betrachten und davon Abstand nehmen. Wir tragen auch erfreuliche Ereignisse nicht ständig mit uns. Wir haben schöne Zeiten durch unseren Fokus erschaffen, sie genossen und danach nicht mehr darin herumgewühlt. Sie sind vorbei. Man kann das mit einer Mahlzeit vergleichen: Wir haben ein delikates Essen geplant, dafür eingekauft und es liebevoll gekocht - es uns daraufhin schmecken lassen und dann mit einem guten Gefühl verg-*essen* („vergessen" bezieht sich auch darauf, dass etwas in einen Bereich hin „verdaut" wurde, wo es unerreichbar ist). Sollte uns eine Mahlzeit nicht bekommen sein, werden wir sie, nachdem wir die Übelkeit überstanden haben, auch vergessen haben. Weil wir wieder hungrig werden. Genauso verhält es sich mit unserem Geist und unseren Emotionen. Sie sind ständig hungrig nach neuen Informationen und Input. Wollen wir sie wieder und wieder mit alten Energiehülsen füttern?

Lernen wir, den Stein vom Herzen fallen zu lassen, bevor er zum Berg wird, der uns zu erdrücken droht.

Wir dürfen uns daran erinnern, Erfahrungen gemacht zu haben, die uns geprägt haben und zu der Persönlichkeit werden ließen, die wir heute sind. Sind wir gebrochen oder machtvoll? Wir sind erwachsen und haben den Lauf der Dinge nun selbst in der Hand - unabhängig davon, was wir früher erlebt haben.

Erinnern wir uns an den Schmerz oder an die Situation, die wichtig war, um uns zu lehren und zu stärken?

Auch wenn wir uns an Schönes erinnern, sollten wir das stets in den Bewusstsein, dass es der Vergangenheit angehört um uns schönen Situationen in der Zukunft zuzuwenden, die wir nur kreieren können, wenn wir uns **jetzt** wohl fühlen.

Werden wir zu den Menschen, die wir eigentlich sind.

Erinnern wir uns, *wer* wir sind. In unserem Gehirn und in jeder einzelnen Körperzelle sind das gesamte Wissen aller durchlebten Inkarnationen, Informationen über die menschliche Rasse und Mutter Gaia, deren und unsere Evolution und unsere kosmische Herkunft gespeichert. Dafür wurden jene Areale im Gehirn, die den Großteil der Gesamtmasse ausmachen und jener überwiegende Prozentsatz unserer DNS erschaffen, den die Wissenschaft als ungenutzt und unerforscht betrachtet.

Wir haben von Geburt an Implantate im Energiekörper, die das gesamte kosmische Bewusstsein blockieren, um uns auf den Pfad unserer vorherbestimmten Lektionen zu führen. Behielten wir die Erinnerung an unser wahres Sein, würden wir einerseits unsere Erfahrungen nicht machen können und andererseits in der Ebene der Dichte nicht bestehen können, da jener Schmerz des scheinbaren Getrenntseins von der bedingungslosen Liebe und Leichtigkeit der Sphären, aus denen wir kommen, größer wäre als der, den wir uns durch unsere Erfahrung zufügen. Die Implantate verhelfen uns zur Orientierung in der Dimension der Dichte und sind für die Illusion von linearer Zeit und daraus resultierend für die Illusion von Alterungsprozess und Tod zuständig. Genauso erzeugen sie die Triebe von Hunger, Durst und Sexualität und das Bedürfnis nach Schlaf, um uns an unsere leibliche Hülle zu binden. Durch diese Art der DNS-Beschneidung kam es zu einer Eskalation der Negativität, da unser Fokus nur noch darauf ausgerichtet war, den Schutz und den Fortbestand des Körpers zu erhalten. Doch nun ist es an der Zeit, jene Sperren zu beseitigen und mit unserem vollen Bewusstsein in den Zustand des Lichtwesens zurückzukehren, das wir sind. Dadurch codieren wir unsere DNS und die Körperzellen neu um uns mitsamt unserer leiblichen Hülle zum vollständigen Lichtwesen zu transformieren.

Erinnerung hat eine neue Ebene der Bedeutung erlangt!

Erinnern wir uns wieder an unsere kosmische Herkunft und unsere wahre Bestimmung - wir müssen nur die Schleier auflösen. Wollen wir wirklich weiterhin unsere Ressourcen für jenen kleinen Teil unseres Gedächtnisses verschwenden, indem wir es wieder und wieder mit Unverdautem füttern?

Oder entdecken wir endlich die Bereitschaft, den Weg, der uns hergeführt hat, wieder zu beschreiten um unseren Seelenplan zu erfüllen und aktivieren die brachliegenden Regionen, welche die Schlüssel und Antworten enthalten, um diesen Weg klar vor uns zu sehen.

Wir sind niemals von ihm getrennt, nur unsere Entscheidung, solange auf Umwegen herumzuirren, bis wir ihn schließlich durch irgendeinen Impuls wiederfinden, hält uns von dieser Reise ab.

Das Symbol:

Erinnern wir uns an den Weg unserer Bestimmung und sein Ziel anstatt an die Hindernisse!

Die Betrachtung des Symbols hilft dabei, die verschütteten Erinnerungen im Zellgedächtnis wieder frei zu legen und die Konzentration für die Aktivierung notwendiger Schlüssel und Informationen aufrecht zu erhalten.

Ich bekam übermittelt, dass in letzter Zeit vermehrt Menschen an "Vergesslichkeit" leiden und einige ernsthaft besorgt darüber sind. Ich gebe hier die Entwarnung. Das ist keine beginnende Senilität, sondern ein Zeichen für die Umstrukturierung des Körpers und die Aktivierung des Lichtkörpers. Da nun alle bisher schlafenden Regionen energetisiert werden, beginnt der Prozess des ganzheitlichen Empfindens und Erinnerns. Dadurch wird die Konzentration, die bisher nur auf bestimmte Bereiche gerichtet war, sich auf alle Ebenen zu verteilen und wir haben das Gefühl, dass bestimmte Bereiche abzubauen beginnen. Das ist nicht der Fall und ein Zeichen dafür, auf unsere innere Stimme zu achten. Unser Körper spricht mit uns! Wir werden Sinne entdecken, von deren Existenz wir noch vor kurzem keine Ahnung hatten. Und Erinnerung spielt sich nicht mehr ausschließlich im Kopf sondern auch auf Zellebene ab. Dazu müssen wir unseren Fokus vom reinen Kopfdenken abbringen und können neue Bereiche erschließen.

Das Symbol verhilft zur Aktivierung jener Bereiche und nicht zuletzt zur Heilung und Auflösung alter quälender Erinnerungen.

PROJEKTION

*"Es wird sich zeigen,
dass es gar schwierig ist,
zu erkennen,
welche Eigenschaften jedes Ding in Wirklichkeit hat."*

Damokrit

Der Begriff "**Projektion**" leitet sich vom lateinischen Wort *"proicere"* ab, das so viel bedeutet wie "hinauswerfen, hinwerfen, (her)vorwerfen, hervortreten lassen" und "**projizieren**" bezieht sich auf "abbilden, übertragen", aber seit Beginn des 17. Jahrhunderts auch auf "Entwurf, Darstellung, Versuch", was aus *"proiectionis"* entlehnt wurde. Der Begriff ist verwandt mit "**Projekt**", worunter man einen Plan, ein Vorhaben oder eine Unternehmung versteht, etwas, das ganz klar mit einer **Absicht** verbunden ist. Im Allgemeinen verstehen wir unter "**Projektion**" im physischen Sinne die Wiedergabe eines Bildes durch einen Bildwerfer; in der Geometrie die Abbildung eines zwei- oder dreidimensionalen Gegenstandes auf eine zweidimensionale Fläche oder in der Kartographie die Abbildung einer geografischen Oberfläche auf eine zweidimensionale Ebene (Landkarten) genauso wie das Abbilden einer chemischen Struktur auf Zeichenebene. In der Psychologie versteht man unter "**Projektion**" die unbewusste Verlagerung eigener Wünsche, Gefühle oder Vorstellungen auf andere Personen oder Objekte.

Wie sehr sich dieser Begriff, insbesondere das Prinzip der Projektion durch unser Leben zieht, ist uns wahrscheinlich höchstens am Rande bewusst. Womit wir es auch immer zu tun haben, sind wir in den Vorgang der Projektion in-*volviert* und das seit dem Verschmelzen mit unserer leiblichen Hülle, das bereits vor unserer Geburt stattfand. Unser gesamtes dreidimensionales Universum ist eine Projektion.

Wir befinden uns in einem manipulierten Raum-Feld. Die kreative Energie, der Schöpfungsgedanke, projiziert durch seinen gebündelten Fokus in das Raum-Feld hinein, in dem das dreidimensionale Universum seine Form annimmt. Sollte nun der berechtigte Einwand erhoben werden, dass wir alle Schöpfer sind, und uns aber **im** materiellen Feld befinden, so ist auch das nur in unserer Vorstellungskraft so.

Konstruktive Energie ist das "Über-Ich" der materiellen Schöpfung, weshalb z. B. Elektronen ohne Zeitverzögerung miteinander kommunizieren können, da sie zwei Ausdrucksformen derselben Schöpferkraft sind.

Die Komponenten **Raum und Zeit** sind nur aus unserer in-*volvierten* Perspektive als solche ersichtlich.

Jede Dimension ist eine Projektion der vorherigen, die nur der reine **Geist** erschaffen kann, weshalb alles denselben Ursprung hat. Doch nur für die *Wahr-nehm-*ung körpergebundener Wesenheiten, die sich selbst am Endpunkt einer Projektion - in ihrer dichtesten Form - befinden, sind diese Dimension *schein-bar* voneinander getrennt. Es gibt keine Ebene ohne innewohnendes Bewusstsein und jegliches Bewusstsein ist untrennbarer Bestandteil der einen Quelle, wenn es auch *schein-bar* durch zahlreiche Dimensionen davon entfernt ist.

Mit unserer Inkarnation verhält es sich genauso. Das Beispiel des Filmes, der auf eine Leinwand projiziert wird, ist auf sämtliche Themengebiete anwendbar. Die Basis jeden Filmes bildet das eigentliche Geschehen, der allererste Film, den das Leben spielt. Nachdem dieser aufgenommen wurde und auf Celluloid gebannt ist, existiert er in einer Aneinanderreihung von Bildern (Momenten) auf dieser Ebene. Er ist starr, aber er existiert ganz real in einer anderen, materialisierten Form. Man könnte den auf Celluloid gebannten Film mit unserer Blaupause vergleichen, dem karmischen Stempel, mit dem wir geboren werden. Werden dann die Bilder auf der Filmrolle durch den Projektor auf die Leinwand geworfen, so existiert der Film bereits bevor er auf der Leinwand auftrifft, nachdem er den Projektor verlassen hat. Er ist der gebündelte Fokus, wenn wir den Projektor als Schöpfer bezeichnen. Die Leinwand ist das manipulierte Raum-Feld. Erst hier nehmen wir den Film wahr. Eigentlich ist es nur eine Leinwand, auf welche etwas projiziert wird. Doch wer sieht noch die Leinwand, wenn ein Film darüber flimmert? Doch damit nicht genug. Egal, wie viele Leute sich diesen Film ansehen, von denen man ausgehen kann, dass alle ungefähr die selbe Perspektive zur Leinwand einnehmen, also gleichermaßen in das Geschehen in-*volviert* sind, so nimmt dennoch jeder seine eigene Version davon wahr, obgleich alle den gleichen Voraussetzungen unterlagen im Gegensatz zu einem Geschehen, an dem alle "aktiv" beteiligt sind und jeder eine spezielle Rolle einnehmen würde.

Des Weiteren stellt sich die Frage, wo die eigentliche "Wahrheit" - die Grundessenz - des Filmes liegt.

Bis in welche Ebene kann eine solche transportiert (projiziert) werden und ist die Essenz eines Geschehens nicht wiederum individuell zu verstehen, durch die persönliche Projektion der Verfassung des Betrachters bedingt?

Denn jeder wird auf andere Merkmale achten, jeder wird aufgrund seines individuellen Fokus seine eigene Version des Filmes sehen.

Es beginnt mit der eigentlichen Szene, in der die verschiedenen Mitwirkenden durch ihre ganz persönliche Geschichte geprägt sind und trotz der Konzentration auf die gemeinsame Sache ihre eigene Note im aktiven Geschehen mitschwingen lassen. Welche Probleme hat jemand gerade und wie sehr fließen diese latent oder sichtbar in sein Schauspiel mit ein? Wie setzt er Mimik und Gestik ein? Wie reagiert er auf andere? Die Liste ließe sich unendlich fortsetzen. Die nächste Perspektive ist die des Kameramannes. Schon eine Großaufnahme kann bewirken, dass scheinbar Unwichtiges eine ganz neue Bedeutung erhält. Das gesamte Geschehen kann eine vollkommen andere Aussage erhalten, wenn es aus einer bestimmten Perspektive aufgenommen wird. Zusätzlich spielt die Beleuchtung eine Rolle, taucht die Szenerie in eine Stimmung, die die eigentliche entfremden kann. Die individuelle Sicht des Kameramannes sowie des Regisseurs, der die Rahmenbedingungen festlegt, kann ein komplett anderes Endprodukt beabsichtigen, das wenig mit den spürbaren Umständen des ursprünglichen Geschehens gemein hat. Wird die so manipulierte Aufnahme dann noch geschnitten und musikalisch untermalt, kann wieder eine ganz neue Stimmung entstehen. Am Ende des Prozesses steht der Zuschauer, der seinem ganz persönlichen Umfeld entstammt und was er im Film sieht, kann schon alleine durch die Atmosphäre, die im Kino vorherrscht oder den Kaffeegenuss vor Filmbeginn beeinflusst werden. Wo liegt also die eigentliche Wahrheit - die Kernaussage des Films? Die ursprüngliche Szene ist durch zahlreiche Projektionen überlagert worden, die alle ihre Wahrheit für sich beanspruchen. Welche der einzelnen Manipulationen im Zuschauer

Resonanz erzeugt, ist von dessen jeweiliger Verfassung abhängig, die eine andere sein könnte, sähe er den Film eine Stunde später. Unser dreidimensionales Dasein ist untrennbar von Projektionen geprägt. Unser Verkörperung ist wie der Blick durch ein Fernrohr. Auch wir projizieren uns nur in unseren Körper hinein und sind nicht in ihm gefangen, selbst wenn es uns schwer fällt, das zu glauben. Noch dazu ist nur ein kleiner Teil unserer Gesamtexistenz mit dem körperlichen Bewusstsein verhaftet.

Blickt man durch ein Fernrohr, vergisst man allmählich, wo man sich momentan physisch befindet und es existiert nur noch der Ausschnitt, den man als eine neue Realität *wahr-nimmt*, obwohl er nur ein kleines Segment ist, durch das die Welt jedoch "zum Anfassen" scheint. Man fühlt kaum noch den restlichen Köper, wenn er auch den größten Teil seiner selbst darstellt. Man weiß, dass man sehr viel mehr überblicken könnte als nur den kleinen Ausschnitt, der jedoch aufgrund der **"Nähe"** *allumfassend* scheint.

Man wähnt sich in-*volviert*, nimmt sich nicht mehr separat wahr, weil man der perfekten Illusion unterliegt, der wir zeitlebens unterliegen. Das Bewusstsein ist anpassungsfähig und fügt sich schnell neuen Gegebenheiten, sodass es beinahe vergessen könnte, dass es nur durch ein "Fenster" sieht, obwohl es weiß, dass das so ist. Das gelingt bereits nach wenigen Minuten. Nun wird unser Körperbewusstsein seit dem Beginn der Inkarnation in die leibliche Hülle hineinprojiziert und zusätzlich mussten wir mit unserem Eintritt in die dreidimensionale Ebene unsere kosmische Herkunft "vergessen" - wie also sollten wir uns dessen bewusst sein, dass unser Geist nicht im Körper steckt? Wir projizieren unseren Fokus so sehr in den Körper hinein, dass wir ihn nicht mehr bewusst "herausnehmen" können!

Unser Heranwachsen und unsere Identitäts-Findung sind bereits fremdprojiziert. Es beginnt mit unserem Namen. Er hat seine ganz individuelle Schwingung, die unsere Persönlichkeit prägt, weil wir uns mit ihm **identifizieren**. Weiters spielt das familiäre und allgemeine soziale Umfeld und die darin überwiegende religiöse, kulturelle und politische Einstellung eine wesentliche Rolle dabei, welche *Über-zeug*-ungen die

unseren werden. (Wir werden "über-*zeugt*"; "Fremd-Zeug" wird systematisch *über* uns "geschüttet" - auf uns projiziert - bis wir uns daraus unsere
angeblich persönliche Meinung bilden.) Selbst wenn wir später begonnen
haben, ernsthaft über vorherrschende Meinungen und Überzeugungen
nachzudenken und eventuell eine unserem Umfeld entgegen gesetzte
Meinung annehmen, so können wir dennoch mit Gewissheit davon ausgehen, dass es irgendein Vorbild dafür gab.

Der Prozess der Projektion geht immer mit "Verzerrung" einher. Niemals
wird das "Gesamtpaket" beim Empfänger ankommen. Nur ein Teil wird von
diesem an- oder aufgenommen, vorausgesetzt, er ist empfangsbereit und
nimmt jene Teile, mit denen er sich in Resonanz befindet, an und färbt und
kombiniert sie mit seinen eigenen, ganz persönlichen *Eigen*-schaften, die
dadurch ausgelöst werden.

Das ist das individuelle Paket, das er weitergibt. Das Prinzip setzt sich fort
und wie beim "Stille-Post"-Spiel wird am Ende eine große Verzerrung, eine
Entfremdung der eigentlichen Aussage stattgefunden haben.

Wir projizieren ständig unsere Gefühle und Stimmungen auf andere, ständig findet bewusste, vor allem aber unbewusste Energieübertragung statt.
Oft wissen wir nicht einmal, warum wir plötzlich schlecht gelaunt sind, weil
wir eine bestimmte Person getroffen haben, die wir eigentlich mögen oder
nachdem wir einen Raum betreten haben.

Meistens sind wir schutzlos den auf uns ein hagelnden Energien ausgeliefert und unser Befinden ist sehr viel öfter, als wir denken würden, fremdprojiziert. Hier spielt vor allem die Kraft des Kollektivs eine wesentliche
Rolle. Wenn schon eine einzige schlecht gelaunte Person, mit der wir uns
nur kurz unterhalten, unsere Stimmung in den Keller bringen kann, wie
sieht das dann mit zehn oder zwanzig Personen aus?

Angst ist das beste Beispiel, um die Projektion eines kollektiven Gefühls
nachvollziehbar zu erklären.

Befindet man sich beispielsweise in einer Straßenbahn, deren Fahrer
zweimal abrupt auf die Bremse steigt und zusätzlich noch rasant in die
Kurven fährt und draußen ein Rettungswagen mit Blaulicht und Sirene

vorbeifährt, nachdem über den Infoscreen in der Straßenbahn die Schlag-zeile von vermehrten Verkehrsunfällen in den letzten zwei Tagen geflim-mert ist, werden wahrscheinlich einige der Fahrgäste eine rational be-stimmte Angst entwickeln. Dieses Gefühl wird von den übrigen Insassen gescannt und ins eigene Kraftfeld übernommen, wodurch plötzlich die meisten an einer unterschwelligen, unbestimmten Angst, zumindest aber spürbaren Nervosität leiden. Mit solcherlei Projektionen sind wir unabläs-sig konfrontiert und weil dies fast immer unbewusst vonstatten geht, kön-nen wir uns auch nicht erfolgreich dagegen schützen. Es ist hilfreich, bei einem plötzlichen Stimmungswechsel zu analysieren, woher dieser kommt und was unmittelbar davor geschehen ist bzw. zu selektieren, ob es sich dabei um eine eigenproduzierte Laune oder um eine Laune ungewisser Herkunft handelt. Mit etwas Übung ertappt man sich schneller bei solchen Vorgängen von Stimmungsschwankung und kann rechtzeitig deren Eska-lation verhindern bzw. rechtzeitig erkennen, ob solche Vorgänge dem ei-genen Potenzial entspringen oder nicht.

Da wir unsere eigene Realität manifestieren und dies mit jedem Gedanken auch tun, wird leichter begreiflich, warum wir Meister darin sind, vor allem Ängste erfolgreich zu manifestieren. Wir projizieren sie unablässig und das vor allem in zukünftige Situationen. Was auch immer wir anstreben oder uns wünschen - fast immer ist da eine Angst, die wir dem Eintreffen des beabsichtigten Ereignisses entgegensetzen. Wir haben Argumente parat, warum es wohl doch nicht sein wird oder sollte und hemmen damit den gesamten Prozess. Da wir unsere Ängste *über* das "Wunschpaket" proji-ziert haben, werden wir entweder je nach Stärke der Projektion die Ängste ver-*wirk*-licht oder "Mangelware" bekommen.

Jede Projektion ist eine Imagination, die nur durch Resonanz ver-*wirk*-licht werden kann.

Das ist so zu verstehen, dass z. B. Mütter, die sich in dauerhafter Sorge um ihr Kind befinden, alleine durch ihre Sorge noch keine Unglücksfälle, welche die Manifestationen der ausgesandten Bilder wären, herbeiführen können, weil jede Wesenheit einen freien Willen besitzt und nicht durch den Willen einer anderen Person, wenn diese auch mit ihrem bewussten Willen das Gegenteil der suggerierten Sache beabsichtigt hat, in eine Ver-*wirk*-lichung getrieben werden kann. Dennoch wird die andere Person - in diesem Fall das Kind - durch die andauernde Sorge der Mutter manipuliert, weshalb es allmählich zu glauben beginnt, dass etwas passieren könnte, wodurch der tatsächliche Unglücksfall ausgelöst wird.

Eine andere Form der Projektion ist z. B. das Verhalten der so genannten "Eislaufmütter", die ihren Kindern aufzwängen, was ihnen selbst verwehrt blieb. Unabhängig von den Wünschen des Kindes muss dieses bis ans Ende seiner Kräfte eine Sportart trainieren oder ein Instrument lernen, weil ein Elternteil das selbst in seiner Kindheit gerne getan hätte, dies durch irgend einen Umstand jedoch nicht ver-*wirk*-lichen konnte.

Das eigene Manko wird auf das Kind projiziert, einhergehend mit der Haltung, es müsse dankbar dafür sein. In fast allem Fällen ist das Kind erwartungsgemäß todunglücklich, weil seine eigenen Wünsche in eine ganz andere Richtung gehen. Dennoch hat es sich diese Erfahrung ausgesucht, weil es dadurch irgendetwas lernen wollte, z. B. mehr Durchsetzungsvermögen. Im ungünstigen Fall wird das Verhalten der Eltern in verzerrter Form mittransportiert, weil deren Erwartungen, die einen großen Druck auf das Kind ausübten, von diesem nicht transformiert werden konnten und es projiziert das von ihm gefärbte Bild seinerseits auf seine Umgebung. Wir unterschätzen grundlegend, wie sehr wir von unseren Eltern geprägt werden, wenn die Beispiele auch nicht so extrem ausfallen.

Sprache, Akzente und Dialekte sind ein weiteres Beispiel dafür, dass wir von frühester Kindheit an durch Färbungen überlagert werden, die wir als unsere ureigensten Attribute ansehen. Wir wachsen mit einer Selbstverständlichkeit mit den Sprachprägungen und gesellschaftlichen Gepflogenheiten unseres sozialen und geografischen Umfeldes auf, dass wir kaum darüber nachdenken, ob sie zu uns passt. Wir identifizieren uns einfach damit. Dasselbe gilt für Patriotismus. In der einen oder anderen Form ist jeder stolz auf Produkte, Leistungen, Menschen oder Assoziationen mit seiner Heimat. Der Gewöhnungseffekt geht in diesem Kontext mit der

Projektion von Gegebenheiten einer, mit denen wir aufwachsen. Erst später differenzieren wir uns vom Altbekannten und nehmen neue *Eigen*schaften in unseren individuellen Assoziationsrahmen auf. Vielleicht bemerken wir, dass uns eine andere Stadt, ein fernes Land, eine neue Sprache eher entspricht, als das von Jeher auf uns Projizierte. Wie schnell dieser Vorgang vonstatten geht, wird ersichtlich, wenn wir in eine andere Region reisen und schon nach wenigen Stunden, in welchen wir dem fremden Dialekt ausgesetzt waren, beginnen, diese Sprachfärbung anzunehmen. Das Kollektiv hat seine Schwingung auf uns projiziert.

Eine unterschätzte Komponente ist die "Macht", die Fernsehbilder auf uns ausüben. Selbst, wenn wir das Gesehene oberflächlich verarbeitet haben und meinen, es mache uns nichts aus, weil wir zum unzähligsten Male einen Horrorfilm oder Kriegsszenen gesehen haben - so oft, dass wir nicht einmal mehr richtig hinschauen - so haben die Bilder dennoch ihren berechtigten Einfluss auf unser Unterbewusstsein.

Die Traumerfahrung zeigt, wie sehr solche von uns als "unwesentlich" bezeichneten Szenen auf uns wirken und erst verarbeitet werden müssen. Man schleppt diese Bilder mit sich herum und sie projizieren ihre Auswirkungen bis in unsere Handlungen. Das Unterbewusstsein legt sie als Erfahrungswerte ab und aufgrund ihrer Existenz werden neue Synapsen-Verbindungen geknüpft, die eine zukünftige Assoziationsbasis bilden. Jeder kennt das Beispiel vom "Ohrwurm", der einen den ganzen Tag verfolgt. Lieder wie Fernsehbilder projizieren ihre Energien in unsere mentalen und emotionalen Felder, woraus sie nicht so schnell zu vertreiben sind, wie wir sie oberflächlich vergessen haben. Wie fühlen wir uns, nachdem wir schöne Musik gehört haben? Wahrscheinlich ausgeglichen und beflügelt. Doch wie fühlen wir uns nach der "Konsumation" uns nicht behagender Musik? Sie kann unsere Aura vollständig zerstören und wir haben noch lange an den Nachwirkungen zu leiden. Der mentale und emotionale Nachklang wirft einen Schatten über unsere Stimmung, wir projizieren die Energie von Musik oder Bildern lange nach ihrem Verklingen und Verblassen in unseren Alltag hinein. Dasselbe gilt auch für Bücher oder Geschichten, die uns jemand erzählt hat. Beide erzeugen in unserem Kopf ein Bild, das uns noch lange begleiten oder verfolgen kann. Ihr Einfluss auf uns ist von der Resonanz, die diese Dinge von uns erhalten, abhängig.

Eine weitere Form der Projektion ist jene der "verfärbten" Erinnerung. Dazu folgendes Beispiel: Als in der Europäischen Union der Euro die bis dato jeweils gültige Landeswährung ablöste, gab es einige Umstellungsschwierigkeiten der Bevölkerung. Niemand gibt gerne alte Gewohnheiten auf. Die Orientierung mit und die Umrechnung der neuen Währung wurde als umständlich empfunden. Mittlerweile ist der Euro eine Selbstverständlichkeit geworden und niemand rechnet mehr in Schilling um, weil ein neues kollektives Gefühl für die neuen Preise entstanden ist. Der Umgang mit der neuen Währung ist in Fleisch und Blut übergegangen. Und so passierte es mir kürzlich, dass ich allen Ernstes dachte, ein Schilling hätte früher aus 100 Cent bestanden. Erst später wurde mir klar, dass das Kleingeld damals "Groschen" hieß, doch die Selbstverständlichkeit der neuen Währung ist dermaßen gespeichert, dass sie auf frühere Erinnerungen projiziert wurde. Ähnlich funktioniert das auch mit verklärten Erinnerungen. Wie auch immer man den Moment des eigentlichen Geschehens ursprünglich empfunden hatte - in der Reflektion werden je nach Anlass der Reflektion nur jene Ereignisse herausgefiltert, die dem Thema entsprechen und eventuell auch noch in der jeweiligen Essenz gefärbt. Wenn beispielsweise jemand Anhänger der Rock-Musik der 70er-Jahre ist und Eltern hatte, die damals das Radio häufig in Betrieb hatten, woraus ab und zu auch Rockmusik ertönte, dann wird der Betreffende heute anderen Rock-Musik-Fans erzählen, er wäre mit dieser Musik "aufgewachsen". So entsteht leicht die Betrachtungsweise "Früher war alles besser!", denn man selektiert nur die erwünschten Fakten und taucht sie in ein neues Licht.

Jemand, der verliebt ist, wird die Person, der die Verehrung gilt, nur in der Perspektive seiner projizierten Schablone sehen. Das bedeutet, dass nur jene Eigenschaften, die er selbst idealisiert, von ihm am Gegenüber registriert werden und der Rest ignoriert. Er stülpt sein Idealbild über den anderen, weshalb die Phase der Verliebtheit aller Wahrscheinlichkeit nach nur so lange anhalten wird, wie es dem Gegenüber gelingt, jene Eigenschaften von sich, die nicht dem Ideal des Partners entsprechen, zu verbergen oder zu minimieren. Solange der andere ein Rätsel ist, ist die Faszination groß und Verliebtheit eine einfache Sache. Die Projektion des Fremdbildes - des Idealbildes des einen auf den anderen - kann aufrechterhalten werden, weil keine entkräftigenden Faktoren hinzukommen. Erwartungsgemäß kann dieser Zustand nur für kurze Zeit aufrecht erhalten werden. Dieses Beispiel zeigt, dass Verliebtheit selten etwas mit der anderen Person zu tun hat, sondern eine Eigen-Manifestation ist, die nach Ver-*wirk*-lichung strebt. Der Wunsch nach dem Idealpartner wird auf eine passende Person - auf jemanden, der einige dem Ideal entsprechende Merkmale aufweist - projiziert und jene Person nur mehr im Licht der mit dem Eigenbild übereinstimmenden Eigenschaften betrachtet. Verliebtheit passiert nicht. Sie wird projiziert.

Für die Projektion in unserem - vorwiegend unbewussten - Alltag gibt es zahlreiche positive wie negative Beispiele. Abschließend folgen noch einige Beispiele beider Kategorien, um die angewandten Muster aufzuzeigen:

* Ein Lehrer, der seinen Beruf nicht mag oder den zu lehrenden Stoff aufgrund der Tatsache, dass er ihn zum wiederholten Male vortragen muss, selbst nicht mehr hören kann, kann auch seinen Schülern kaum dessen Inhalte nachhaltig vermitteln.
* So genannte "Eselsbrücken", die man beim Lernen anwendet, sind Beispiele für Assoziationen oder Bilder, die auf einen Themenbereich oder Begriff projiziert werden, um ihn in eine neue, dem Individuum nahe liegendere Kategorie zu ordnen. Musik, die während des Lernvorgangs gehört wird, erzeugt ähnliche Assoziationsbilder oder Stimmungen, die einen ebensolchen Verknüpfungspunkt darstellen. Zukünftig wird man sich bei einer erneuten Konfrontation mit dem Themenbereich an die Musik erin-

nern oder beim Hören der Musik bestimmte Begriffe damit verbinden. Ein ansonsten davon unabhängiger Bereich wurde über den jeweils anderen projiziert und mit ihm verknüpft.

* Ein Geheimnis, das man von jemandem kennt, brennt sich aufgrund der Brisanz ins Gedächtnis und jenes Wissen wird folglich für sehr lange Zeit über die Erscheinung der Person, die es betrifft, projiziert werden. So lange, bis ein anderes markantes Ereignis mit der Person verknüpft wird.

* Jeder kennt solche Beispiele: Hat sich ein Kind in der Vorschule eingenässt, so wird das Vorkommnis die Vorstellung, die andere von diesem Kind haben, durch die gesamte Schulzeit hindurch prägen. Verliert man sich danach aus den Augen und man trifft sich zufällig 20 Jahre später wieder auf der Straße, wird der erste Gedanke die Assoziation mit dem weit zurück liegenden Vorfall sein.

* Wer einmal einen Fehler gemacht hat oder bei einer Lüge ertappt wurde, hat fortan einen entsprechenden Ruf. Gerade solche Begebenheiten werden nicht so schnell vergessen und tauchen das Bild der Person in ein bestimmtes Licht. Ein kleiner Vorfall wird noch lange Zeit auf die Person projiziert und muss sogar zu deren Identifikation dienen (z. B. "Lügner").

* Das Bild, das jemand von sich selbst hat, unterscheidet sich zumeist von dem Bild, das jeder andere von jemandem hat. Zusätzlich gibt es noch ein kollektives Bild, das bestimmte Eigenschaften wie die oben genannte, herausfiltert und eine vollkommen neue Perspektive erzeugt. Bei Fremd- und Selbstbildern handelt es sich um Projektionen, bei denen es darauf ankommt, welche stärker *über-zeug*-en können.

Eine *über-zeug*-ende Person besitzt die Fähigkeit, mentale Bilder auf andere zu projizieren.

* Die Palette reicht hier vom Maler, der einen bestimmten Eindruck erzeugen wollte und diesen bis in die persönliche Ebene des Betrachters transportieren konnte bis hin zum Koch, der sein Mahl mit Liebe zubereitet und diese Liebe bis in den Magen des Essers bringen konnte.

* Die Wirkung des Kollektivs sollte niemals unterschätzt werden. Ein Chef, der seine Mitarbeiter *über-zeug*-end *motiv*-ieren kann, hat ein erfolgreiches

Team an seiner Seite, das sich gegenseitig unterstützt und inspiriert, wodurch die Manifestationsenergie potenziert wird.

* Sehr gerne werden alte Gefühle auf Jetziges projiziert, z. B. durch einen Impuls, der die Erinnerung auslöste. Oft geschieht das bei der Wiederbegegnung mit einer alten Liebe. Die Gefühle von damals, die jedoch momentan jeglicher Grundlage entbehren, flackern auf und man verwechselt sie fälschlicherweise mit derzeitigen Emotionen.

Im umgekehrten Fall bekommt jemand, mit dem man früher eine schlechte Erfahrung gemacht hatte, oft keine erneute Chance mehr, weil alte destruktive Gefühle auf die momentane Beziehung projiziert werden, unabhängig von der Tatsache, dass sich die betreffende Person verändert haben könnte.

* Die meisten Menschen werden immer wieder ähnliche Partner bevorzugen, weil alte Ängste und Probleme auf neue Bekanntschaften und potenzielle Partner projiziert werden.

Es reagieren nur diejenigen darauf, die entgegengesetzte Muster besitzen und diese lassen sich auf eine Verbindung ein. Fazit: Immer wieder das alte Lied...

* Das vorherige Beispiel lässt sich auf alle Lebensbereiche anwenden. Alte Ängste, Gefühle und vermeintliche Unzulänglichkeiten werden auf neue Chancen, die an alte Gelegenheiten, die eine bestimmte gelebte Tendenz erreichten, projiziert und ähnliche Probleme so lange wiederholt, bis das Problem transformiert ist und die negativen Energien nicht weiter in die Zukunft projiziert werden.

* Angst ist die stärkste Energie, die wirksam projiziert werden kann. Wer z. B. Angst vor Hunden hat, wird bei jedem Spaziergang seine Angst auf einen in die Nähe kommenden Hund projizieren, worauf dieser zumeist auch anspricht. Dadurch wird die vermeintliche Berechtigung zur Angst bestätigt und zukünftige kontraproduktive Projektionen verstärkt.

* Ein negatives Selbstbild, das jemand, der nicht in Balance ist, von sich hat, wird auf das Fremdbild Außenstehender solange projiziert, bis diese die betreffende Person ebenfalls in seiner ungünstigen Version *wahr-neh-*

men. Wer einen Pickel oder eine ungeliebte Zahnspange hat und ständig daran denkt, sich deshalb unwohl fühlt und denkt, dass jeder Blick, der ihm zugeworfen wird, automatisch seinen selbsternannten Mängeln gilt, projiziert auf seine Umgebung, man möge die Aufmerksamkeit gerade darauf lenken. Beachtet man im Gegensatz dazu seinen Pickel kaum, wird er vielleicht zwar dennoch von anderen wahrgenommen, aber nicht überbewertet. Es ist dann eben etwas, das da ist, aber nicht markanter hervorsticht als die Haarspange, die eben auch da ist.

* Wer sich ständig misstrauisch in seiner Umgebung bewegt, wird den anderen vor allem die eigenen argwöhnischen Gefühle unterstellen. Starke negative Projektionen verblenden die Urteilskraft.

* Projektion ist Assoziation, die schon bei kleinen Kindern ihre Wirkung tut. Eine Gute-Nacht-Geschichte beruhigt und veranlasst zum Einschlafen. Ein Kakao-Getränk dient dem Kind als Trost und der Umstand, dass jemandem in seiner Kindheit bei Tränen ein Stofftaschentuch gereicht wurde, kann im Erwachsenenalter beim Anblick eines solchen immer noch wohlige und tröstliche Gefühle auslösen. Jeder von uns hat seine kleinen Alltagsrituale und solche, die zu besonderen Anlässen praktiziert werden, deren wirksame Kraft vor allem auf der Tatsache beruhen, dass wir uns von alten, positive Erinnerungen bei der Wiederholung gerne einnehmen lassen.

* Filme verschiedenster Genres und die Stimmung die sie - nicht zuletzt durch die musikalische Untermalung - erzeugen, bilden ein gutes Beispiel für Projektion. Nach einem Horrorfilm erschreckt uns jedes Geräusch in den eigenen vier Wänden und wahrscheinlich würde niemand unmittelbar danach im Dunkeln alleine durch ein Waldstück gehen. Derselbe Spaziergang kann jedoch nach einem Liebesfilm romantisch wirken.

* Kirchliche Feste wie Weihnachten oder Ostern werden kollektiv gefeiert, in erster Linie von nicht besonders gläubigen Menschen. Den Kindern wird erzählt, die Geschenke bringen Christkind oder Weihnachtsmann und Osterhase und in Folge freuen sich die Kinder vor allem auf die Geschenke, die es zu diesen Anlässen gibt. Die wahre Bedeutung ist längst

verloren gegangen, dennoch werden bestimmte Rituale vollzogen oder Lieder gesungen, weil sich das so gehört. Über das eigentliche Fest, das völlig seiner Bedeutung entfremdet wurde, wurde eine neue Version davon projiziert, die kollektiv angenommen wurde.

* Gute Verkäufer besitzen die Fähigkeit, den verschiedensten Menschentypen fast alles aufzuschwatzen - sie können glaubhaft vermitteln, dass dieses und jenes Produkt genau das richtige für diesen Kunden ist.

* Projektion ist jegliche Art der Beeinflussung eigenen Verhaltens und anderer Personen. Es ist an uns, wieder zu lernen, uns bei diesen meist unbewussten Vorgängen zu ertappen und die Energie zu unserem Vorteil und dem unserer Umgebung umzuleiten.

Das Symbol:

Jede Form der Suggestion und der Affirmation ist eine Projektion.

Ihre positivsten, vor allem aber effektivsten Varianten sind Motivation, Inspiration, Hoffnung, Optimismus, Freude und Vertrauen. All jene Vorgänge sichern eine positive Zukunft, da sie die mentalen Konstrukte - die ständig stattfindenden unbewussten Projektionen, die über Alltägliches geworfen werden - zu bewussten Vorgängen machen, die sich nur mehr in eine erwünschte Richtung manifestieren können, da die Resonanz darauf vorherbestimmt ist. Diese positiven Formen der Projektion bereiten das manipulierte Raum-Feld, in dem sich das Erwünschte ver-*wirk*-lichen kann.

Das Symbol ermöglicht die positive Projektion, die mit mentalen Vorgängen verknüpft wird, indem man sich darauf konzentriert und eine Sache in ein neues Licht taucht.

Auch hier gilt wieder der persönliche freie Wille und es sei erwähnt, dass niemand einer anderen Person etwas suggerieren kann, das von dieser Person nicht erwünscht ist.

Ebenso dient die Betrachtung des Symbols der Bewusstwerdung bisher unbewusster manipulativer Vorgänge und kontraproduktiver Verhaltensstrukturen.

WACHSTUM UND STREBEN

"Wesen erschließt alle Dinge.
Erschließend nährt es,
nährend gestaltet es,
gestaltend vollendet es."

Laotse

Unter dem Begriff "**Wachstum**" versteht man "gedeihliche Entwicklung (von Pflanzen), das **Heranwachsen**, Entwicklung" und später, entlehnt aus *"wahstuom"*, auch "Fruchtertrag". Die Verbform "**wachsen**" bezieht sich auf "größer werden, zunehmen, sich entwickeln", aber auch "fördern, machen, (ver)mehren", das aus dem im 8. Jahrhundert geprägten angelsächsischen *"wahsan"* hervorging.

Mit dem Verb "**streben**" wird "auf eine körperliche oder geistige Vorwärtsbewegung gerichtet sein, seine Bemühungen auf etwas richten, wonach trachten" gleich gesetzt. Das seit dem 11. Jahrhundert aus *"strebon"* geprägte Wort, das auch als "sich regen, bewegen" gebraucht wird, meint in der erweiterten Form "sich heftig bewegen, zappeln, Widerstand leisten, sich aufrichten, abmühen, kämpfen, starren, steif sein, strotzen" und in der Form von *"streven"* auch "nach etwas trachten, sich widersetzen", das mit *"strijven"* zu "streiten" wird. Verwandt ist das Adjektiv mit *"strif"* im Sinne von "angespannt, steif, starr", das in der Erweiterung von *"stref"* zu "**straff** gespannt, fest angezogen (von Sehnen), starr, steif" wird und mit dem griechischen *"striphnos",* das "dicht, fest, hart" (hier ist die Verbindung zu "**Strebe**" als "Stützpfeiler" ersichtlich) bedeutet, ver-gleichbar ist.

Im Verb "**streben**" sind zwei ursprünglich getrennte, wenn auch zu einer Wurzel gehörende Bildungen zusammengefallen - einerseits "starr, steif, emporragen" und andererseits "nahestehend, zum anderen (sich) regen, bewegen" auf ein ursprünglich räumliches Ziel zur, auch gegen Widerstand; bereits in früherer Zeit übertragen auf Gedanken und willensbestimmte Handlungen.

Wir lernen niemals aus. Wir werden niemals damit fertig sein, Wünsche und Er-*wart*-ungen zu haben, die unserem Reifegrad entsprechen. Wir streben ewig nach Höherem. Es liegt in der Natur jeden Bewusstseins, nach etwas zu streben, das eine Steigerung oder Veränderung der derzeitigen Situation darstellt. Das war immer so und wird immer so sein.

Es ist des Lebens ureigenste Bestimmung, nach Evolution und Werterfüllung zu streben. Und alles was ist, ist lebendig. Nur das Vertauschen zweier Buchstaben macht den Begriff "**streben**" zu "**sterben**". Das trifft genau die Natur der Sache. Solange etwas lebendig ist, strebt es nach Veränderung. Wird dieses Streben aufgegeben, erfolgt das Sterben, das sich aber immer nur auf eine bestimmte Ebene bezieht, da das Streben des Individuums danach auf einer anderen Ebene fortgesetzt wird. Sind alle Erfahrungen auf einer Ebene absolviert, strebt die Seele danach, sich anderswo zu erfahren und leitet den "Tod" auf der bisherigen Handlungs-Ebene ein, indem sie ihren Fokus abschwächt und letztendlich in eine neue Seins-Ebene verlagert.

Alle Dimensionen bestehen aus dem Stoff des All-Einen. Der Unterschied zwischen den einzelnen Ebenen besteht in der jeweiligen Schwingungs-frequenz. Jede Dimension schwingt höher (schneller) als die darunter liegende, obwohl das eine bildhafte Darstellung ist. Alles existiert simultan ineinander.

Eine Wesenheit kann nur dann in eine höher schwingende Dimension, als in jene, woher sie kommt, eintreten, wenn sie ihren eigenen Schwin-gungslevel dem der Zieldimension angepasst hat.

Das ist eine Art Zutritts-Code - ein kosmisches Gesetz - das niedriger frequenten Schwingungsträgern das Eindringen in höhere Schwingungs-ebenen unmöglich macht. Eine Wesenheit mit einer niedrigeren Frequenz würde von der höheren Schwingungsdichte zerstört werden. So drastisch das auch klingen mag, verhält es sich bei diesem Beispiel so ähnlich wie beim Tiefseetauchen. Unsere Frequenz kann dem Druck nicht standhalten und wir würden beim Tauchen in zu tiefe Bereiche zermalmt werden.

Umgekehrt jedoch ist es höher schwingenden Wesenheiten freigestellt, sich in niedrigeren Schwingungsebenen aufzuhalten. Meist geschieht das, um Seelen, die sich dort befinden, zu unterstützen - so wie unsere Schutz-engel oder geistigen Führer uns aus ihren Dimensionen beistehen - denn ein höher schwingendes Wesen hat kaum das Bedürfnis, sich aus reinem Seelenvergnügen in Ebenen zu begeben, die der eigenen Schwingungs-rate weniger zuträglich sind als seine Grundexistenzebene.

Feste Materie ist besonders dicht - also niedrig schwingende Energie und

entsteht aus höchster Geisteskraft: Dem Schöpfungsgedanken.
Jede niedriger frequente Wesenheit oder Kreation existiert dennoch auch in allen darüber liegenden Dimensionen - mit dem Unterschied, dass der Teil, den wir als "physisch" wahrnehmen, der letzte Ausdruck des Gedankens oder der Projektion ist und jener Teil nicht in höherfrequente Ebenen eintreten kann.

Es gibt unzählige Scharen von nicht-physischen Wesenheiten, die ihren Ausdruck in ätherischen oder geistigen Verkörperungen oder Formationen finden.

Jegliche Energie ist letztlich elektromagnetische Schwingung und ist **sich selbst bewusst**.

Je nach dem Gedanken, der die Schöpfung kreiert, bildet sich die elektromagnetische Energie in geometrischen Formationen - Gefüge, die das Endziel ihrer Evolution erreichen wollen.

Das kosmische Gesetz der Werterfüllung sieht vor, dass jedes noch so kleine Bewusstseinsfünkchen in seinem Sinne nach Evolution strebt. Es bildet Kollektive mit ähnlich schwingenden Teilchen, um gemeinsam ein größeres Ganzes zu bilden. Innerhalb dieser Gebilde evolvieren die Teilchen weiter, um sich irgendwann wieder abzuspalten und neu zu verbinden oder mutieren zu einem neuen Bewusstseinsgefüge, um ihrerseits kleinere Teilchen anzuziehen, um nach dem Prinzip der Symbiose deren Evolution zu begünstigen. Jedes Teilchen, das diese Art von Symbiose eingegangen ist, hat Informationen ausgetauscht, durch welche es genährt und gesättigt wurde, wodurch es ein größeres Eigen-Bewusstsein entwickelt hat.

Alles strebt beständig nach Veränderung. Ist der höchste Zustand einer Variante des Selbst-Ausdrucks und der Selbst-Erfahrung erreicht, ist dieser Vorgang abgeschlossen und das Bewusstsein strebt nach einer Entwicklung in eine andere Richtung. So lange, bis alle Spielvarianten ausprobiert sind und das jeweilige Bewusstsein überdrüssig geworden ist, sich seiner reinen kosmischen Natur besinnt und das letzte Streben der Wiedervereinigung mit dem allerhöchsten Bewusstsein - der reinen göttlichen

Energie - gilt.

Dazu muss es seine Schwingung solange beständig erhöhen, bis es selbst Gott-gleich schwingt.

Dadurch ist es ein Teil der Urquelle, obgleich es das immer gewesen ist.

Dieses Konzept zieht sich durch alle Ebenen des Seins.

Wem das zu abstrakt erscheint, der möge sich mit dem Gedanken beschäftigen, dass jenes Konzept überall zu finden ist und letztendlich alles auf allen Ebenen danach handelt, auch der Mensch selbst. Egal, welcher Glaubensrichtung er angehört oder welchen Bewusstseinsgrad er erreicht hat.

Das eigentliche Motiv eines Bewusstseins ist es, Erfahrungen zu sammeln, sich zu vergnügen und Emotionen aufzubauen.

Das Kind wird aus kosmischer Geborgenheit geboren und lernt langsam den Umgang in unserer "festen" Welt. Es verliert immer mehr den bewussten Zugang zu seinen ätherischen Ebenen und Geistführern, die eine Selbstverständlichkeit für das Kind in den ersten Lebensjahren sind. Mit dem endgültigen Verwachsen der Schädelknochen - dem Schließen der Fontanelle - ist dieser "direkte Anschluss" *schein-bar* abgetrennt und das Wesen muss nun lernen, die dichte Welt als neuen Handlungsrahmen zu akzeptieren.

Von Geburt an strebt das Kind nach geistigem Wachstum und Veränderung, Lernerfahrungen und neuen Formen des Ausdrucks - in der Kommunikation mit der Außenwelt und innerhalb seiner Persönlichkeit. Es lernt zu sprechen, zu gehen und selbständig zu essen - eigenständig zu handeln - und neue Aufgaben gewinnen sein Interesse. Es kommt in den Kindergarten und in die Grundschule, absolviert die Klassen und beschreitet neue Wege. Es führt seinen ganz individuellen Lebenskampf und gewinnt Freunde und "Feinde". Es erfüllt den Plan seiner derzeitig angestrebten größeren und kleineren Herausforderungen und nach dem Erreichen dieser Ziele verschiebt sich sein Fokus und es sucht nach dem Heranwachsen eine Arbeitsstelle, eventuell neue Freunde, die besser zur neuen Situation passen. Oder neue Lebens- und Liebespartner. So strebt jedes Wesen ein Leben lang nach Veränderung und Werterfüllung und ist im Grunde nie am Ziel, solange es auf Erden wandelt.

Das Leben steht nicht still und auch wer sich nach ruhigeren Bahnen sehnt, kann die Welt um sich herum dennoch nicht so weit beeinflussen, dass diese ihm nicht ständig neue Herausforderungen zuträgt.

Da auch unsere Erde und alles Lebendige, das sich auf ihr erfahren darf, unablässig evolviert, ist jedes einzelne Individuum, das sich in diesem Kollektiv befindet, in diese Entwicklung eingebunden. Es ist unmöglich, sich dem fortwährenden Wandel zu entziehen. Die Beschaffenheit von Mutter Gaia sah früher völlig anders aus. Erst mit ihrer Evolution ermöglichte sie Leben und durch die Evolution des kollektiven Lebens stieg ihre Schwingung, die sich bis in die materielle Wandlung vollzog.

Je nach Evolutionsstufe - Reifegrad - der menschlichen Seele inkarniert diese in eine Zeitebene oder Epoche, die ihrem Bewusstseinsgrad und damit ihrem energetischen Level entspricht und deren gesellschaftliche Herausforderungen sie bewältigen kann. Es ist auch möglich, mehrmals in ein selbes Zeitalter oder ein Umfeld zu inkarnieren, bis die Seele nach Veränderung strebt. Das ist vergleichbar mit einem Lieblingsfilm oder - buch, das uns so lange unterhält und/oder lehrt, bis wir die Inhalte soweit in unser Feld integriert haben, bis sie uns nichts Neues mehr geben. Wir werden überdrüssig oder gelangweilt und verlangen nach neuen Herausforderungen oder anspruchsvollerer Unterhaltung.

Ein Sportler, dessen größte Herausforderung es war, in einer bestimmten Zeit eine bestimmte Strecke zu laufen, wird mit zunehmender Übung immer wieder seinen bisherigen Rekord schlagen und sich nach einiger Zeit wundern, das die anfängliche Leistung seine gesamten Kräfte abverlangt hatte. Dinge, die wir integriert haben, sind für uns irgendwann ein "Kinderspiel" und gibt es innerhalb einer Linie oder Richtung kein attraktives Ziel mehr, orientieren wir uns in eine andere.

Die Evolution oder Werterfüllung ist ein Möglichkeitsrahmen, der sich jedem Bewusstsein, das eine bestimmte Frequenz - Tendenz - aufweist, auftut. Der Möglichkeitsrahmen ist kein starres Konstrukt, das es zu erfüllen gilt, sondern ein Weg, an dem man an jedem Punkt am Ziel ist. Jeder Schritt, den man geht, ist eine Station, die für sich Gültigkeit hat und jeweils den Endpunkt des bisherigen Weges ausmacht. Wie man diesen Weg geht, ist individuell. Der freie Wille jeder Wesenheit kann sich in jedem Möglichkeitsrahmen bewegen, wird jedoch nicht von diesem beeinflusst. Unser DNS-Code gibt zwar die Richtung vor und prägt die Tendenzen, die uns leiten, lässt aber alle Handlungsvarianten offen. Wenn uns jene Dinge, zu denen wir durch unseren DNS-Code Affinitäten zeigen, im Leben begegnen, identifizieren wir uns damit. Jedenfalls so lange, bis wir daraus entwachsen sind. Ständig sind wir auf Selbstfindung programmiert und suchen in Wahrheit vor allem unseren adäquaten Ausdruck für die jeweilige Herausforderung.

Im tiefsten Inneren strebt jede Seele danach, ins Licht des Ursprungs zurückzukehren. Ihre zahlreichen Inkarnationen, die sie bis dahin durchläuft, sind wie die Phasen einen einzelnen Erdendaseins und erst, wenn sie die Aufgabe wirklich bewältigt hat, ist die Lernerfahrung abgeschlossen und wird nicht mehr erneut zum Thema werden. Die Seele hat dann eine weitere Stufe absolviert und erreicht einen höheren Schwingungslevel, der der neuen Aufgabenebene entspricht - so lange, bis sie den Ruf der Quelle klar vernimmt und ihr Sehnen nur mehr der Wiedervereinigung gilt.

Wer sich das noch nicht vorstellen kann, dem sei gesagt, dass auch das Vorschulkind noch keine Vorstellung von der Berufswelt hat. Alles hat seine Zeit und wie lange das einzelne Individuum wünscht, sich mit seinen Erfahrungen zu beschäftigen, ist seine ganz persönliche Sache und das ist gut so.

So lautet das kosmische Gesetz und was im Kleinen geschieht, geschieht auch im Großen.

Was sich in den ätherischen Welten abspielt, spielt sich auch in der Dichte ab.

Im Grunde ist alles eine mathematische Gleichung. Positive und negative Teilchen ziehen sich an und stoßen sich ab, je nach eigener Entwicklung. In unseren Beziehungen ziehen wir so lange Menschen mit gegenteiligen

Eigenschaften an, um uns auszugleichen, bis wir uns nach der Integration oder Angleichung der Eigenschaften, die uns gefehlt haben, mehr und mehr ganz fühlen. Danach wählen wir eher das uns Ähnliche im anderen, weil wir uns nach Harmonie sehnen. So funktioniert auch das Prinzip unseres Karmas.

Jeder Gedanke, jede Emotion in uns bildet im Energiekörper eine geometrische Formation, die ihr Gegenstück sucht, wie ein Stecker in die Steckdose passt. Ist die von der Wesenheit angezogene Lektion erlernt, ändert sich auch die geometrische Formation in ihrer Aura und funktioniert nicht mehr nach dem Magnet-Prinzip. Alles im Universum ist göttliche Mathematik und Geometrie.

Alles funktioniert nach höchsten Prinzipien und ist immer in der kosmischen Ordnung.

Alles gleicht sich immer aus, findet immer sein Gegengewicht, wenn auch unser begrenzter Verstand die höheren Zusammenhänge nicht sehen oder begreifen kann.

Das Symbol:

Das Symbol zeigt die verschiedenen Entwicklungsstufen und Phasen des Strebens in sich vereint und zeigt auf, dass der Weg das Ziel ist. Es sind komplizierte und verwobene Pfade, die ein Individuum, das Erfahrungen sammelt, ausmacht. Alles muss sich immer ausgleichen. So lange wird die Richtung gewechselt, bis der reiche Erfahrungsschatz ausbalanciert ist und die Seele in Harmonie schwingt.

Das Zeichen stimmt auf den Gleichklang in unserem Streben und alltäglichen Lebenswirren ein. Es bestärkt den eigenen Weg und verhilft zu sicheren Schritten, wenn wir uns orientierungslos fühlen. Es unterstützt uns im langsamen, doch stetigem Erreichen unserer Ziele und kann in der Meditation neue Wege oder Ziele aufzeigen, wenn wir uns verloren fühlen.

MATERIE

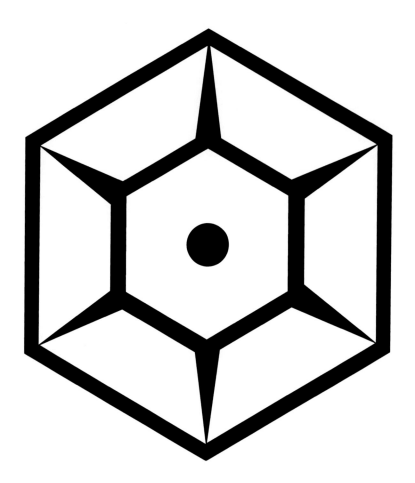

(Benzol)

"Aus Raum ist dieser Raum gehauen,
aus Weltenraum heraus gestemmt."

Franz Werfel

Der Begriff "**Materie**" definiert sich als "objektive Realität, stoffliche Substanz, Masseteilchen, Gegenstand, Inhalt, Thema". Er entstand aus den Worten *"materje, materge"*, was soviel wie "**Stoff**, Körper, Gegenstand" aber auch "Flüssigkeit im Körper (besonders Eiter)" bedeutete und aus dem lateinischen *"materia"* entlehnt wurde, das "Stamm und Schösslinge von Fruchtbäumen und Weinreben, Bauholz, Nutzholz, (Grund-)Stoff, Aufgabe, Anlage, Ursache" meinte, was eine Ableitung von *"mater"*, das "**Mutter**" heißt, war.

"**Materie**" entwickelt sich in zwei Bedeutungssträngen: einerseits bezeichnet es den "**Stoff**", aus dem etwas gemacht ist (im 18. Jahrhundert abgelöst durch "**Material**"), andererseits gilt es in der Sprache der Philosophie als die "stoffliche Seite eines Naturkörpers" und die "Möglichkeit des Seins", das seine Bestimmung erst durch die Form erhält. Das Adjektiv "**materiell**" versteht sich also als "die Materie betreffend, stofflich, körperlich, wirtschaftlich", das sich seit dem 18. Jahrhundert aus dem französischen *"materiel"*, das sich aus *"materialis"*, was so viel wie "zur Materie gehörend" entlehnt wurde, entwickelt hatte.

Am Anfang war nicht das Wort, sondern der Gedanke. Das Wort ist bereits ein Konstrukt.

Alles, was existiert, entstand aus einem Gedanken. Materie ist die letzte Ausdrucksform eines mentalen Konstrukts. Sie ist der Zustand der dichtesten Schwingung. Sie ist der Form gewordene Gedanke.

Da absolut alles im Universum Energie ist, ist Materie konzentrierte und be-*absicht*-igte, *material*-isierte Energie. Energie besteht aus unermesslichen Einheiten mit *Eigenbewusstsein*. Jede unserer Zellen besitzt Eigenbewusstsein. Das Kollektiv aller Zellen bildet den Mikro- sowie den Makrokosmos. Nichts ist jemals voneinander getrennt. Energie ist der Zwischenraum der Materie und Materie ist Energie. Jeder ist Mit-Schöpfer seines eigenen Raumes und dennoch ist der "Über-Raum" so konzipiert, dass sich die verschiedenen Manifestationen nicht überschneiden oder verdrängen.

Keine Materie kann ohne den Schöpfungsgedanken - den psychoenergetischen Fokus - entstehen.

Materie formt die dreidimensionale Ebene und umgekehrt. **Sie bedingen sich wechselseitig.**

Da Materie dicht schwingende Energie ist, kann es keine tote Materie geben. Alles was ist, ist lebendig.

Es ist.

Der *schein-bare* Ver- und Zerfall von Materie ist lediglich ein Transformationsprozess, der stattfindet, wenn der schöpferische Fokus auf das Endprodukt abgeschwächt oder abgestellt wird. Das eingespeiste kollektive Bewusstsein hält noch eine Weile stand, ebbt jedoch allmählich ab und die einzelnen die Form aufrechterhaltenden Zellen übernehmen wieder das Eigen-Bewusstsein und bauen die in eine bestimmte Richtung treibende Fremdinformation ab.

Jede Form hat ein Endziel und einen Höhepunkt im Sinne ihrer individuellen Werterfüllung. Danach beginnt der aus unserer Perspektive *scheinbare* Abbau. Im Sinne des Objekts, das ein Subjekt ist, da es **Selbst-Bewusstsein** besitzt, beginnt lediglich etwas **anderes** - bedingt durch seinen vorgegebenen Zyklus, welcher der Illusion der linearen Zeit in der dreidimensionalen Ebene unterworfen ist.

Dieselbe Energie, die einem Apfelkern innewohnt, wohnt dem ausgewachsenen Baum inne und seinen Früchten wieder. Unser Denken in "groß" und "klein" ist hier der eigentlichen Sache unangemessen.

Energie kann sich komprimieren oder ausbreiten, geht jedoch niemals verloren und wird auch nicht durch ihre Ausdehnung abgeschwächt. Der Baum treibt im Sinne seiner individuellen Werterfüllung und der seiner eingespeisten Information, die sämtliche Daten über seine Art enthalten, Blüten und bildet Früchte, die er so lange nährt, bis sie ihren höchsten Punkt der eingespeisten Form - das Endziel ihrer Reife - erreicht haben.

Danach wirft er sie ab. Dennoch behalten sie ihre Form, weil die eingespeiste Information noch frisch ist und der Apfel seit der Entstehung am Baume nur dieses eine Ziel verfolgt hat - ein Apfel zu werden - und keine

Fremdinformation erhalten hat, die ihn davon abbringen hätte können. (Anders verhält sich das im Falle einer Baumerkrankung oder bei Schädlingsbefall etc.) Die Frucht ist nun getrennt vom Fokus des Schöpfers, der den Baum kreiert hatte und von der aufrechterhaltenden Energie des Baumes, unter dessen Vorgabe die Frucht ihre Form erhielt. Allmählich verliert der Apfel an Energie und Frische (für uns als Vitamine und Nährstoffe ersichtlich) - jede Frucht ist durch ihre Form so konzipiert, dass sie den bestmöglichen Energiespeicher für ihre Art gewährleistet - und zieht sich innerhalb seiner vorgegebenen Form zurück. Seine Atome und Moleküle (Zellen) gehen durch ihr Eigenbewusstsein in den energetischen Urzustand zurück. Sie nehmen ihren Fokus aus der Aufrechterhaltung der Materie in der physischen Ebene und ziehen sich in ätherische Ebenen zurück. Wird der Apfel optimal gelagert, spielen hier die Verbindungen, die von den Apfel-Molekülen mit dem Umfeld eingegangen werden, eine Rolle, um ihn länger haltbar zu machen. In diesem Fall ist der Fokus des Umfelds begünstigend, unabhängig von Temperatur und Luftfeuchtigkeit. In einem Keller mit ähnlich vorherrschenden Bedingungen, mit jedoch schlechter Energie, würde der Apfel früher durch Fäule oder Schimmel befallen werden, weil deren Fremdfokus stärker ist und das Umfeld einen begünstigenden Rahmen für jene Fremdenergien bildet.

Die verfaulenden Reste sind nicht tot - sie nähren andere Evolutionsformen lange, nachdem sie für Mensch und Tier ungenießbar geworden sind. Der Apfel bildet in seiner transformierten Form irgendwann Erde, die neuen Samenkörnern als Nährboden dient.

Der Baum zieht sich nach seinem höchsten erreichten Punkt im wiederkehrenden Zyklus - dem Hervorbringen der gereiften Früchte zu seiner Reproduktion - in seine Ruhephase zurück um dann im nächsten Jahr erneut seinen Kreislauf zu vollziehen. Jeder Teil eines Baumes trägt die ursprüngliche Information - das Ziel im Sinne der Werterfüllung - in sich. Jeder Haselnusskern besitzt bereits die Schalenstruktur des Strauch-Holzes.

Auch das Holz des gefällten Baumes ist keineswegs tot. Es könnte ansonsten niemals ein Feuer nähren und wäre zum Verbrennen unbrauchbar. Das gefällte Holz trägt noch eine Zeit lang die Information des Baumes in sich, wodurch es seine Struktur behält, wird jedoch zu etwas Neuem - z. B. einem Tisch. Wie stabil dieser Tisch ist, obliegt nicht nur der handwerklichen Fähigkeit des Tischlers, sondern seiner Vorstellungskraft vom Endprodukt und auch der Liebe und Freude, mit der er seine Arbeit tut. Diese Komponenten bilden die neue Information, die das Zellkollektiv, welches die Holzstruktur aufrecht erhält, übernimmt. Als neue Aufgabe im Sinne der Werterfüllung. Wird der Tisch alt und wackelig und das Holz morsch und spröde, ist die aufrechterhaltende Information abgeschwächt und des Zell-Eigenbewusstsein strebt nach dem allmählichen Übergang in den energetischen Urzustand.

Pflanzen werden in erster Linie, abhängig von deren Zell-Eigenbewusstsein, durch den Fokus eines Elementarwesens in ihrem Wachstum begünstigt. Eine Pflanze kann auch ohne ein ätherisches Wesen eine Zeit lang überleben, doch wird sie allmählich verkümmern. Es verhält sich hier ähnlich wie bei einem neugeborenen Menschen, dessen Körper ohne die innewohnende Seele nach der Geburt noch bis zu drei Tagen überleben kann. Natürlich ist der Rhythmus und damit der Zeitbegriff einer Pflanze ein anderer.

So verhält es sich mit jeglicher Materie.

Wir wissen, dass Atome und Moleküle Verbindungen eingehen. Diesen Verbindungen liegt der Schöpfungsgedanke, der Fokus zugrunde, der den Impuls zu den jeweiligen Symbiosen, welche die Teilchen eingehen, gibt.

Materie ist eine Illusion, weil sie lediglich komprimierte Energie ist und aus jeder anderen Dimension nicht mehr als feste Materie erkennbar ist. Das obliegt unserem eigenen Schwingungszustand, der Materie als "starr" und "fest" erscheinen lässt. Befänden wir uns im Zustand der Entleibung - in unserem Astralkörper - könnten wir sie durchdringen, wenn sie auch dem Auge noch in der gewohnten Form erscheinen mag. Das ist von unserer Sicht abhängig. Unser eigener Schwingungslevel ist dann höher, weshalb der zweite Körper nicht mehr so dicht ist und Materie durchdringen kann.

Die Atome und Moleküle, die unseren Astralkörper - das so genannte Ektoplasma - bilden, können dann durch die Atome und Moleküle der festen Materie schlüpfen. Besitzt unsere leibliche Hülle die selbe Dichte, prallen beide aufeinander.

Da wir vor allem die dreidimensionale *Wirk-lich*-keit (die Wirkung der Dinge auf uns - wer meint, er glaube nur, was er sieht, unterliegt folglich der größten - also der eigenen - Illusion) *wahr-nehmen* und uns zusätzlich auch noch in der dreidimensionalen Ebene befinden, unterliegen wir der perfekten Illusion. So sehr, dass wir alles andere vergessen haben, sogar nicht für möglich halten. Könnten wir die Perspektive wechseln, stünden wir differenzierter zu unseren *Über-zeug*-ungen. (Wir sind *über-zeugt*, also *über und über* mit *"Zeug"* verschüttet und sehen den Wald vor lauter Bäumen nicht mehr!)

Ein Atom besteht aus positiv geladenen (Protonen), negativ geladenen (Elektronen) und neutralen (Neutronen) Bausteinen. Ein Atom mit jener Zusammensetzung ist unter "normalen" Bedingungen elektrisch neutral. Zwischen dem Atomkern, den wir als die eigentliche Materie *wahr-nehmen*, und den sich bewegenden Elektronen befindet sich keine Materie. Die größte Masse eines Atoms besteht *schein-bar* aus "leerem Raum", der die verschiedenen Sphären darstellt und in unterschiedlichen Frequenzen angeordnet ist. Je nach Schwingungsdichte lässt sich dieser Raum leichter durchdringen oder nicht. Die gesamte Masse des Atoms ist im Kern konzentriert, wobei jener aus Protonen und Elektronen besteht, die in der Regel gleich groß sind. Die Atomhülle ist ähnlich aufgebaut wie eine Zwiebel, die aus verschiedenen Schichten besteht. Die eigentliche Information sitzt im innersten Kern und nach außen hin wird die materielle Konzentration schwächer, die Anzahl der Protonen in der Atomhülle steigt von innen nach außen, d.h., die Schwingung wird erhöht. Das Modell des Atoms zieht sich fort in Allem, was ist. Unsere Erde ist ähnlich aufgebaut. Wenn wir den Planeten als den festen Kern ansehen, der in seiner Dualität - im Wirken der entgegen gesetzten Kräfte besteht - so stellt die Atmosphäre die erste Schale in der Atomhülle dar.

Danach folgt die Troposphäre, in der das Wetter erzeugt wird - die Zone der direkten Umwandlung materieller Stoffe in ihre nächste, leichtere Form (fest-flüssig-gasförmig).

Die nächste Schicht ist die Stratosphäre, die für die Ozonbildung zuständig ist und die von oben kommende UV-Strahlung absorbiert. Die darauf folgende Mesosphäre reflektiert die von der Erde ausgehenden Radiowellen und ermöglicht den weltweiten Empfang. Wir kennen diese Schicht als „Äther". Die Mesosphäre geht über in die Thermosphäre, der die Exosphäre folgt, in der nur mehr spärlich Moleküle vorhanden sind und die direkt in den so genannten "leeren Raum" übergeht.

Dasselbe Modell trifft auch auf Mensch und Tier zu und die Aura-Schichten, die jedes Subjekt und auch Objekt, das an sich wieder ein Subjekt ist, umgeben. Von innen nach außen erhöht sich die Schwingung, wodurch sich die materielle Erscheinung "verdünnt". Je schneller sich ein Kreisel dreht, desto unsichtbarer wird er.

Die ausgehende Schwingung bildet den Raum, der die Manifestationen ermöglicht. Auch wenn es umgekehrt scheint.

Die Manifestation ist bereits die Resonanz auf die ausgesandte Energie. Die Schwingung stellt in diesem Fall die "Empfängnisbereitschaft" dar. Die Resonanz-Energie, die in den empfangsbereiten Raum eintritt, der als stehende Welle bekannt ist, bilden die sub-atomaren Partikel, welche sich in ihrer Schwingung so lange verdichten, bis das **materielle** Atom entstanden ist, das im Kollektiv Moleküle und letztendlich das Objekt oder Subjekt darstellt. Dies ist keine starre Konstruktion. Jedes Manifest kann nur durch die freiwillige, aktive Zusammenarbeit aller Teilchen weiter bestehen. Sie verbinden sich in einer Art Melodie, ihren individuellen Frequenzfarben, welche das bestimmte Objekt oder Subjekt bilden, das einzigartig ist.

Keines ist wie ein anderes, da jedes der unzähligen Teilchen, aus dem etwas aufgebaut ist, individuell ist. Keine Chor klingt wie ein zweiter, auch wenn er sich einer bestimmten Musikvariante verschrieben hat. Diese kollektive Melodie der Teilchen besteht aus sich wiederholenden Zyklen in einem bestimmten vorgegebenen Takt, welcher bezeichnend für das jeweilige Objekt ist (Frequenz), die vergleichbar mit unserem Atemrhythmus sind. Am Endpunkt des "Einatmens", der den Umkehrpunkt zum Ausatmen darstellt, "erscheint" die materielle Verkörperung der jeweiligen Frequenz. Am diametral entgegen gesetzten Ende, am Umkehrpunkt des "Ausatmens" entsteht Antimaterie.

Da das alles in einer für unsere bewusste Wahrnehmung unbe-*greif*-lichen Geschwindigkeit geschieht, sehen wir ein *schein-bar* konstantes Bild.

Antimaterie ist ein Kapitel, um welches sich die Geister der Wissenschaft streiten.

Ein internationales Forscherteam ist überzeugt, eine Galaxie entdeckt zu haben, die fast vollständig aus dunkler - also Anti- Materie besteht. Eine dunkle Galaxie ist eine Gegend im Kosmos, die zwar eine große rotierende Menge an Masse enthält, aber keine Sterne. Die dunkle Materie soll der gängigen Theorie zufolge durch ihre Schwerkraft die sichtbare Galaxie zusammenhalten.

Auch die Wissenschaft beginnt langsam zu begreifen, dass ihr Fundament, der Nachweis dessen, was er-*sicht*-lich ist, zu bröckeln beginnt. Auf der einen Seite wurde begriffen, dass auch für uns nicht Greifbares existiert und eine mögliche Komponente der neuen Gleichungen darstellt und andererseits ergaben verschiedene Untersuchungen verschiedene Ergebnisse, da der Forscher mit seiner Er-*wart*-ung unwissentlich das Ergebnis manipuliert.

Bei allen Forschungsergebnissen ist die Perspektive, die der Forscher einnimmt, *Ausschlag gebend*.

Des weiteren bestimmen unsere Ebene (Schwingungslevel) und Perspektiven (Prägungen, *Über-zeug*-ungen, Er-*wart*-ungen) was wir sehen. Aus unserer Perspektive, in welcher wir in das dreidimensionale Universum *involviert* (von: *Evolution* - wir sind mit ihr gewachsen) sind, ist Antimaterie nicht sichtbar.

Unser gesamtes Universum existiert an seinem Gegenpunkt auch als antimaterielles Universum. Alle darin in-*volvierten* Bewohner können unser

Universum nicht sehen, würden dieses als negatives oder Dunkle- (Anti-) Materie-Universum bezeichnen. Antimaterie wirkt unserer Gravitation entgegen, ist also aus unserer Sicht eine Welt der Anti-Schwerkraft.

Die Astralebene stellt im Sinne des Aufbaus eines Atommodells oder eines Planeten die erste Schicht auf dem Weg zur antimateriellen Abbildung dar. Sie ist eine Art "Schatten", die die erste Abstrahlung des materiellen Universums *ver-körpert*. Da sie jedoch nicht nur ein Abbild, sondern ein eigenständiges Konstrukt im Raum-Feld ist, gelten dort eigene Gesetze und jene bedingen ihrerseits die Gegebenheiten der materiellen Welt.

Jede Phase eines Atemzugs ist für sich gültig, wenn auch nur die Endpunkte eines Intervalls als markant und *Ausschlag gebend wahr-genommen* werden. Ganze Welten existieren zwischen beiden Endpunkten ebenso, für deren Bewusstsein diese "Zwischenphasen" die Endpunkte ihrer "Messungen" darstellen, weil ihre Schwingungen dem dortigen höchsten Stand entsprechen.

Jeder Endpunkt strahlt bis in das Universum des entgegen gesetzten Punkts und wirkt sich dort genauso aus. Alles, was ist, steht miteinander in Wechselbeziehung. Genau diese Komponente kann von der Wissenschaft nicht miteinbezogen werden, weil dadurch ein entscheidender Faktor in allen Gleichungen fehlt. Es ist, als würde man vom Meeresboden aus aufgrund der dort vorherrschenden Bedingungen die Welt berechnen, ohne eine Vorstellung davon zu haben, dass sie nicht nur aus Wasser besteht, sondern verschiedene Schichten mit eigenen Regeln und Lebewesen. Wie sollte sich jemand, der nur Tiefseebewohner kennt, Vögel vorstellen können? Es liegt nahe, dass jemand, der nur schwimmen kann und keine Vorstellung von jenseits der Wasseroberfläche hat, die Existenz einer Welt außerhalb des Wassers leugnet.

Die dreidimensionale Ebene ist ein manipuliertes Raum-Feld, in dem jegliche Manifestation nur eine bestimmte Ausdrucksform annehmen kann, da diese sich den Rahmenbedingungen anpassen muss.

Das bedeutet, sie muss in einer Art unsichtbarer Schablone ihre Ausdrucksform annehmen.

Das beeinträchtigt die Individualität nicht, kann jedoch zu Verzerrungen führen - d.h., der ursprünglich beabsichtigte Ausdruck wird durch die jeweils vorherrschenden Rahmenbedingungen verändert und es ist durchaus möglich, dass ein Betrachter nicht die eigentliche Essenz, sondern die neue Form wahrnimmt und aufgrund dessen die innewohnende Essenz nicht an-*erkennt*. Das einfachste Beispiel hierfür ist, dass man in der Luft nicht malen kann. Man benötigt eine Leinwand oder ein Blatt Papier, welche eine Art des manipulierten Raumfeldes für den Schöpfer, den Maler darstellen. Jedes dieser Materialien, die die Voraussetzung für den schöpferischen Vorgang bilden, wird die entsprechende Farbe anders aufnehmen, wodurch die Darstellung verzerrt werden kann. Das manipulierte Raumfeld ist ein Möglichkeitsrahmen, ein bipolares Spannungsfeld, die inaktive Möglichkeit jeglicher Existenz, das neutrale Bewusstsein, das sich zu allem wandeln kann.

Ein Bild bleibt ein Bild. Wird es mit einer Digitalkamera aufgenommen, wird so viel wie möglich von seinem wahren Ausdruck erhalten bleiben und der Wieder-Erkennungswert seiner ursprünglichen Stimmung bleibt *wahrscheinlich* ein hoher. Hat man jedoch eine veraltete Kamera und entscheidet sich für Hochglanz- und Mattfotos, wird das Bild den jeweiligen Rahmenbedingungen angepasst. Beide Fototypen verschlucken ziemlich viel von der eigentlichen Ausstrahlung und ein Betrachter, der der Situation, die bei der Momentaufnahme vorherrschte, nicht beigewohnt hat, hat eventuell eine völlig andere Vorstellung davon als jemand, der das *wirkliche* Motiv gesehen hat. Was wir in der dreidimensionalen Ebene im *End-Effekt* sehen, ist nur die so genannte Spitze des Eisberges und kann etwas vollkommen anderes sein, als wir der jeweiligen Sache zugestehen. Durch den dreidimensionalen Ausdruck kann viel von der ursprünglichen Qualität verloren gehen. Heißer Dampf kann nur dreidimensionale Form erhalten, wenn er abgekühlt und verflüssigt und in einen Eiswürfel verwandelt wurde, wodurch er plötzlich kalt und fest anstatt heiß und flüchtig ist. Wie sollte man jemandem aufgrund eines Eiswürfels heißen Dampf erklären, wenn er noch nie einen solchen kennen gelernt hat?

In einem weiteren Vergleich würde eine Computer-Diskette das manipulierte Raum-Feld darstellen. Die Manipulation gilt hier der vorgegeben Form der Diskette, die in einer anderen Dimension eine CD sein könnte. Die schöpferische Energie ist die Information, die darauf gespeichert wird und sich der Beschaffenheit des Datenträgers anpassen muss. Z b., weil sie in Form einer Schrift anstatt einer gesprochenen Information gespeichert wird, wenn die ursprüngliche Information (Schöpferkraft) ein Vortrag war. Die Manifestation ist die Form gewordene Information, die auf dem Computer-Bildschirm oder als bedrucktes Papier ihre Endform annimmt. Die Kerninformation ist die selbe geblieben, musste sich jedoch dem manipulierten Raum-Feld anpassen und wurde vom gesprochenen Wort (immateriell) zu einem bedruckten Blatt Papier.

Alles unterliegt den durch das Raum-Feld vorgegebenen Gesetzen. Jedes Raum-Feld, also jede "Schwingungs-Schicht" hat ihre eigenen Gesetze und man unterliegt leicht dem Fehler, sie als all-umfassend und allgemeingültig anzunehmen, wenn man darin in-*volviert* ist. Jeder, der sich in einem Raum befindet, nimmt dennoch seine eigene, individuelle Version davon wahr.

Aus unserer Sicht unterscheiden wir im dreidimensionalen Universum **Länge, Breite und Tiefe**, welche Materie bilden bzw. welche von Materie eingenommen werden. (**Alles bedingt sich wechselseitig!**)

Daraus ergibt sich, dass **Materie und Energie (Kraft) Bewegung** verursachen und aus **Materie und Bewegung** ergibt sich die **Strecke. Bewegung und** zurückgelegte **Strecke** erzeugen wiederum **Zeit**.

Die 4. Dimension ist jene der **Zeit** und der **Zeitverschiebung** (Astralebene). Unsere Gesetze der linearen Zeit sind hier nicht mehr gültig. Die 5. Dimension ist jene des **Äthers** und des **Äther-Leibes**, welche das **Volumen** darstellt. Sie ist das manipulierte Raum-Feld. Die 6. Dimension ist jene des Mentalkörpers und der (mentalen) **Energie - Schöpferkraft** - die in das Raum-Feld hineinprojiziert wird und für die Aktivität der Materie genauso wie für unsere körpereigene Antriebskraft zuständig ist.

Jene 6 Komponenten bzw. Ebenen bedingen unseren dreidimensionalen Raum, obgleich sie darüber hinausgehen. Die Wissenschaft unterscheidet in diesem Kontext zwischen **Masse, Raumbedingung, Struktur und Thermischer Energie (Wärme).**

Materie soll uns erfreuen. Doch auch hier ist unsere Perspektive, die wir dazu einnehmen, der Indikator. Meist leben wir in einer Welt des Vergessens, in der wir uns als allein-gültig betrachten und verfallen allzu leicht und allzu gerne den materiellen Verlockungen. Weil Rationalisten nur glauben, was sie sehen, wird Materie meist überbe-*wertet*. Wir erzeugen in jedem Augenblick und mit jedem bewussten - zumeist aber unbewussten - Gedanken Konstrukte, die sich immer in irgendeiner Ebene materialisieren **müssen.**

Es obliegt unserem Fokus, unserer Konzentration und der Übereinstimmung unserer Körper wie weit sich jene Konstrukte in unserem Leben bis hin auf die materielle Ebene manifestieren. Wir fragen im Englischen "What´s the *matter*?", wenn wir wissen wollen, was mit jemandem los ist. Der Begriff "matter" bedeutet einerseits "**Stoff, Materie**" und andererseits "**Grund, Ursache**". Dieses Beispiel zeigt sehr klar, wie sehr auch mentale Belange zu greifbaren Konstrukten werden. Doch auch der Begriff "**Grund**" ist materiell zu verstehen, da jedes Ding einen "Grund" oder "Boden" benötigt, um zu gedeihen. Wenn wir auf "**festem Grund**" stehen, wähnen wir uns in Sicherheit und stehen "mit beiden Beinen auf der Erde", wenn wir im Sinne der Rationalisten nicht abgehoben, also vergeistigt sein wollen.

Wenn wir etwas erlernen, benötigen wir "ein tieferes Verständnis der **Materie**", um den "**Stoff**" zu begreifen.

Auch die beiden Be-*griffe* "verstehen" und "be-*greifen*" sind ein bedeutender Schlüssel: "Verstehen" betrifft unseren Verstand, der alles aussiebt, was unsere Verstandesgrenzen übersteigt. Es fällt durch das *Wahr-nehm*-ungsraster und bildet dadurch die (materielle) Welt, die wir sehen. "Begreifen" beschreibt, dass etwas für uns greifbar wird. Etwas, das wir gehört oder gesehen haben, wird be-*griffen* und dadurch zu einem Konstrukt, zu Materie.

Das Symbol:

Das Symbol zeigt die 6 Komponenten, die unsere dreidimensionale Welt bedingen und stellt die Grund-Molekül-Verbindung (Benzol) der materiellen Ebene dar.
Sogar die Lichtbrechung muss in der dreidimensionalen Ebene den Gesetzen der materiellen 6er-Struktur folgen.
Bei diesem Zeichen geht es um das tiefere Verständnis der "Materie". Es soll unser verborgenes Wissen von der Beschaffenheit des Universums aktivieren und das Zurechtfinden in der physischen Ebene erleichtern. Es geht hier um den spielerischen Umgang mit unserer Schöpferkraft und den Mut zur bewussten Manifestation von mentalen Konstrukten. Keine Materie ist unüberwindbar und wer sich das Prinzip verinnerlicht, kann mit dem freudigen Experimentieren zur Überwindung derselben beginnen.
Dieses Symbol unterstützt jenes der "Schöpferkraft", kann aber auch seine verborgenen Geheimnisse preisgeben, die dem individuellen Zugang desjenigen unterliegen, der mit ihm meditiert.
Wir sind alle Magier!
Gleichermaßen unterstützt das Symbol jene Menschen, die sich sehr oft „abgehoben" fühlen oder ungeerdet sind und es sollte für einen besseren Halt im Leben sorgen; für bessere physische Integration in die Gesetze der materiellen Welt. Das betrifft auch jene, die als „tollpatschig" oder unvorsichtig gelten, weil sie allgemein weniger Gespür für ihre (stoffliche) Umgebung entwickelt haben.

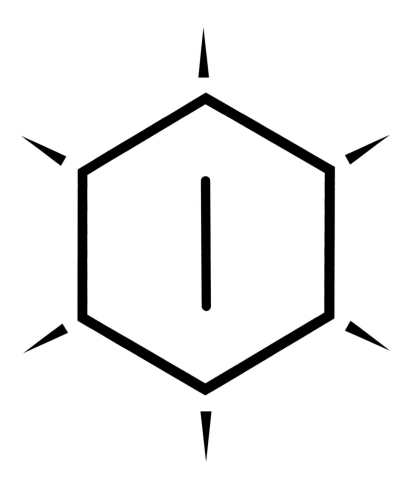

"Imagination ohne Handeln bleibt fruchtlos,
Handeln ohne Imagination ziellos,
aber die Kombination von beidem,
Imagination und inspiriertem Handeln,
ist unschlagbar."

Kurt Tepperwein

Unter dem Begriff der "**Schöpfung**" versteht man "Vorgang und Ergebnis des **Gestaltens**" im Sinne des göttlichen **Erschaffens** der Welt, das seit dem 18. Jahrhundert zu "Gesamtheit von Natur und Welt", aber auch "geistiges, künstlerisches Schaffen und sein Produkt" wurde. Jemand oder etwas, der oder das "**schöpferisch**" ist, ist "gestaltend, Neues erschaffend" und das "**Geschöpf**" ist das "Erschaffene, Geformte". Mit "schaffen" wird "in eigener Leistung hervor bringen, gestalten, arbeiten, zustande bringen", aber auch "(be)wirken, gestalten, ordnen, festsetzen" gemeint, das sich seit dem 8. Jahrhundert aus *"skephen"* entwickelte, das verwandt mit dem angelsächsischen *"skeppian"* ist, worunter man "(er)schaffen, bestimmen, bilden, anordnen" verstand. Ferner ergab sich daraus das gotische *"gaskapjan"* als "**schaffen**" im Sinne von "schaben, Schaff, Scheffel", wobei in allen Bedeutungen von "schnitzend gestalten" ausgegangen wurde und mit dem Ergebnis davon konnte "Wasser geschöpft" werden. Beide Wortstämme - "**schöpfen**" wie "**schaffen**" vereinen sich durch "hervor bringen, bewirken".

"Gott erschuf den Menschen nach seinem Ebenbilde" bedeutet nichts anderes, als dass unser Gott-gleicher Geist unsere körpereigene Form nach seinen Vorstellungen von sich selbst kreiert.
Jene Menschen, die mit spirituellen Glaubenssätzen nichts anfangen können, tun das zumeist, weil sie nicht verstehen, was sie eigentlich aussagen.
Unser Verstand verlangt nach Logik und kann Thesen nur dann erfolgreich umsetzen, wenn er versteht, was er tut.
Wie viele Leute gehen ihr Leben lang in die Kirche, beten ein "Vater Unser" nach dem anderen herunter, weil der Pfarrer das so will oder weil sich das so gehört, lassen die Predigten über sich ergehen, ohne zu begreifen, dass es an ihnen ist, das Gehörte umzusetzen und gehen nach Hause und leben unbedachtsam weiter wie bisher, vielleicht mit mahnendem Finger, ohne zu praktizieren, was sie an Predigt übernommen und weitergegeben haben und warten auf Erlösung, ohne zu wissen, wie sie sich diese eigent-

lich vorstellen - denn sie meinen, sie haben sie verdient, weil sie Sonntag für Sonntag in die Kirche gehen, brav mitsingen, die Steuer zahlen und in der Bibel lesen. Was die schwer verständlichen Worte in ihrem Zusammenhang und ihrer Symbolik bedeuten, darüber wurde nie nachgedacht, denn die Kirche oder der Gemeindepfarrer hat seine Version davon eingetrichtert und die wird als der Stein der Weisen übernommen und mit Erhabenheit weiter vermittelt, als wäre man selbst der Verfasser dieser Worte.

Jene Worte, die durch die zahlreichen Übersetzungen über die Jahrtausende verfälscht und verschlüsselt wurden wie beim "Stille-Post-Spiel" und in ihrer heutigen Form nicht der spirituellen Bereicherung dienen.

Doch die Kirche schreibt vor: "Glaubt nur, was in der Bibel steht!" und die Schäfchen tun das, auch wenn sie gar nicht wissen, was sie da glauben.

Die einfachsten Gebote wie: "Du sollst nicht töten" werden ihrer Meinung nach befolgt, denn es dürfte zu bewerkstelligen sein, niemanden umzubringen; doch dass dies auch die Tierwelt und am Ende die Pflanzenwelt mitsamt unseren Wäldern mit ein bezieht, liegt außerhalb ihres Kenntnis- und Verstandesbereiches. Auch der Pfarrer isst Fleisch und deshalb wird über diesen Punkt nicht nachgedacht. Es ist einfach so, weil es immer so war. Sie begreifen nicht, weil sie nicht verstehen, warum sie etwas tun oder nicht tun sollen.

Nur wer die Zusammenhänge versteht, kann die Folgen seines Tuns absehen.

"Liebe deinen nächsten wie dich selbst" und sogar "Du sollst deine Feinde lieben" sind schöne Sätze, die von der Kanzel herunter gedonnert werden, aber die Realität beweist, dass sich jeder selbst am nächsten ist.

Würde die unglaubliche Wahrheit verstanden werden, dass der Grund, keinem anderen Schaden zuzufügen, genau der ist, sich selbst nicht zu schaden, sähe die Welt wahrscheinlich komplett anders aus.

Wenn ich meinen nächsten liebe, sogar meine Feinde akzeptiere, habe **ich** kein Problem mehr.

Denn das Problem gärt in **mir**, verschafft **mir** Groll, Kummer und Angst, die **mich** letztlich krank machen.

Ich sorge mich um **mein** Wohlergehen, weil **ich** nicht weiß, was mein "Feind" als nächstes vorhat, **ich** muss **meine** Tage damit verbringen, zu versuchen, dem Nachbarn, den **ich** nicht mag, nicht über den Weg zu laufen. **Ich** schränke **mich selbst** ein. Wenn ich den Energiefluss, den ich dafür aufgewandt habe, Wut und Ärger an meinen Widersacher zu senden, abstelle, werde ich früher oder später auch keine Gegenresonanz von ihm mehr zu befürchten haben.

Etwas Ähnliches erlebe ich immer wieder mit Leuten, die zu mir kommen, weil sie Magier werden oder das "Hexenhandwerk" erlernen möchten. Meistens gehen sie nach wenigen Wochen enttäuscht, weil alles mit von ihnen nicht erwarteten Theoriesitzungen beginnt. Sie wollen Rituale praktizieren, weil das interessant und mystisch ist. Ich möchte, dass sie begreifen, welche Prinzipien dahinter stecken, damit das Ritual funktioniert und sie letztendlich das Ritual gar nicht mehr benötigen, da es ohnehin nur der Autosuggestion dient. Der Gottheit oder der jeweiligen Entität oder Energieform ist es wahrscheinlich herzlich egal, ob ich blaue oder grüne Kerzen verwende oder 3 oder 30 Stück Rosenblätter verstreue und Weihrauch oder Myrrhe räuchere. Ich gebe zu, dass das alles seinen Zweck erfüllt, aber nicht überbewertet werden sollte. Das alles dient mir, um mich in die richtige Stimmung zu bringen, um das Ziel besser kanalisieren zu können. So verliere ich also die meisten Schüler wieder, weil auch sie nicht wirklich verstehen wollen, was die Dinge in Gang bringt, sondern lediglich Interesse daran haben, die Dinge zu praktizieren. Das verhält sich dann so ähnlich wie in der von ihnen verabscheuten Kirche. Man tut etwas, weil es in dieser und jener Tradition schon immer so gemacht wurde oder vorgeschrieben ist, will aber nicht hinterfragen, warum es zu tun ist.

Nur wer das Gesetz des Karmas versteht, kann begreifen, wovon gepredigt wird.

Der Schlüssel aller wahrhaft spirituellen Lehren liegt immer im Einfachen.

Wer das Gegenteil vermittelt und seinen Anhängern große Geheimnisse nach Jahren der Entbehrung verspricht und sie mit komplizierten Lehren einfängt, sucht nach Macht und eigener Bereicherung auf Kosten anderer anstatt zu deren Erlösung zu verhelfen. Niemand kann einem anderen etwas anbieten, wozu derjenige selbst noch nicht bereit ist und nichts, das er nicht in sich selbst bewirken müsste.

Das beste und einfachste Beispiel ist vergeblich, wenn der andere nicht begreift und es in die Tat umsetzt.

Jahrelang angewandte Heil versprechende Techniken können nicht zum Ziel verhelfen – es ist die Erleuchtung, die im Inneren stattfinden muss. Tagelanges Beten ist sinnlos, wenn dem Gebet nicht aus der Mitte des Betenden beigewohnt wird. Eine heruntergelesene Litanei kann nicht die Vision und den emotionalen Impuls ersetzen, die einem ehrlichen Kindergebet angehören. Die ausgesprochenen Worte sind dabei unwichtig.

Daher kann das beste Mantra nichts nützen, wenn es nicht **mit empfunden** wird.

Buddhistische Mönche und Asketen kommen oft lebenslang nicht an ihr Ziel, weil sie trotz der strikten Einhaltung aller Regeln nach der langen Zeit der Entbehrungen nichts mehr fühlen.

Der Weg ist das Mittelmaß, nur wer Maß hält, ist in seiner Mitte. Weder Übermaß noch Askese können zielführend sein, denn sie drängen den Fokus aus der eigenen Balance und werden aus den falschen Motiven ausgeübt. Wer hungert, fühlt sich im Mangel und kann nicht aus seiner Kraft *schöpfen.*

Wer zu viel des Guten tut, handelt ebenso aus einem Motiv des Mangels, um etwas zu kompensieren und kann nicht aus seiner Balance handeln, die für den Fokus der reinen Manifestation benötigt wird.

Erlösung ist nichts, was wir nach oder mit unserem "Tode" nach lebenslangem Leiden erfahren; Erlösung ist hier und jetzt für jeden erreichbar.

Man muss sie wollen, man muss wissen, was man will.

Und das ist der springende Punkt.

Jeder einzelne ist nicht nur Zentrum, sondern Schöpfer seines Universums und bekommt immer, was er will.

Die umstrittene und geheimnisumwobene Aussage "Tu, was du willst" heißt nicht, jedem niederen Impuls rücksichtslos nachzugeben, sondern im

Einklang mit sich selbst und seinen Wünschen zu sein und seine Taten danach auszurichten, um zu kreieren, was er wirklich kreieren möchte.

Wer sich sehnlich eine höhere Position im Job wünscht und hart dafür gearbeitet hat, aber die Angst hegt, dass sein Kollege ihm zuvorkommen könnte, hängt seine Energie in die Angst und der Kollege wird den Job bekommen, da nicht er, sondern auch der andere die Vision davon erschaffen hat, wie er den Job ausübt.

Gewohnheitsgemäß ist der Mensch dann enttäuscht und frustriert und hat aus seinen "Erfahrungen" gelernt, dass die Welt schlecht ist und das Leben schwer und er damit genau das erwartet und in die nächste Chance, die sich auftut, genau dieses Bewusstsein einfließen lässt und er sich damit genau den Glauben, dass er keine Chance hat, bestätigt. So zieht sich das eingeprägte Muster fort und erhält immer mehr energetisches Gewicht, das sofort den Auslöseknopf drückt. Und dann bezeichnen wir uns als "gebrannte Kinder" und haben doch nur selbst immer wieder die Finger ins Feuer gesteckt.

Denn jeder ist Meister seiner Kreationen und bekommt, worauf er seinen Fokus setzt.

Manifestieren ist ein Kinderspiel, denn wir tun es, seit wir existieren. Das ganze Universum besteht aus den ständigen Schöpfungen aller in ihm lebenden Wesenheiten.

Wir müssen die Muster durchschauen, die wir tagtäglich anwenden.

Wer sich etwas wünscht, sollte sich dies so bildhaft wie möglich vorstellen. Dennoch ist es der emotionale Impuls, der die Vision manifestiert. Ist es die Freude, die wir beim Gedanken, dass uns etwas real zur Verfügung steht, empfinden oder die Angst, dass wir es nie erhalten werden? Oder die Ungeduld und der Unwille, dass wir es noch immer nicht erhalten haben? Oder glauben, es nicht verdient zu haben?

Es ist wie das Beispiel einer in der Kindheit vom Vater und später vom Ehemann geschlagenen Frau, die wieder und wieder solche Männer in ihr Leben zieht. Sie hadert mit dem Schicksal und fragt sich, warum sie das verdient hat.

Sie hat das Muster noch nicht transformiert. Wenn uns etwas traumatisches passiert ist und wir die Erfahrung nicht in Liebe transformiert haben, wird die Information in unserer Aura eingeprägt bleiben wie ein Stempel und das Gegenstück, das zu Aggression neigt, findet für seinen Aura-Stempel die Steckdose, die schreit: "Nimm mich, ich bin ein Opfer!" Da das Trauma nicht verarbeitet wurde, bleibt die Vision des Opfers aufrecht und sendet als alleinige Information den tragischen Umstand in den Äther, ob wir den Umstand nun mögen oder verabscheuen - wenn unser Fokus darauf gerichtet ist, ist die Aussage neutral, auch wenn wir sie als schrecklich empfinden.

Wer sich etwas wünscht, möge sich dieses mitsamt der Freude, die er haben wird, wenn das Gewünschte ihn erreicht, vorstellen und danach komplett davon ablassen, wie von einem Brief, den wir in der Er-*wart*-ung der Freude, die der Empfänger bei dessen Erhalt verspüren wird und der, nachdem wir ihn aufgegeben haben, unterwegs ist und von uns nicht wieder abgefangen, nochmals geöffnet und umgeschrieben wird. Es braucht seine Zeit, bis der Brief ankommt. Und wir lassen ihn währenddessen ungestört, verbringen die Zeit des Wartens auch nicht in Sorge, ob er unterwegs verloren geht, weil wir wissen, dass das unwahrscheinlich ist und verbringen sie höchstens in Vorfreude auf den Brief, den wir sicher in den Händen halten werden, wenn die Antwort auf unseren Brief real und mit Sicherheit eingetroffen sein wird. Das ist das einfachste Prinzip des Manifestierens: **Vertrauen.**

Wir müssen darauf vertrauen, dass unsere Wünsche immer Beachtung finden, niemals ungehört irgendwo verebben oder verkommen und dass jede Entwicklung ihre Zeit braucht, um in Wirkung zu treten.

Je stärker der Gedanke an etwas, desto stärker die Vision, welche *Wirk*-lichkeit werden wird.

Doch der Anfänger möge sich damit begnügen, eine so starke Vorstellung wie möglich vom angestrebten Ziel zu er-*zeug*-en und sie dann abzuschicken.

Jeder erneute Gedanke, der in den Prozess, der bereits im Gange ist, eingespeist wird und nicht von klarer Reinheit zugunsten des erfreulichen Zieles ist, bremst den Vorgang oder verfälscht das Ergebnis.

Nur wer geübt ist und seine Gedankenkraft aus seiner Mitte projiziert und seinen emotionalen Fokus im Griff hat, kann regelmäßig seine Dosis der positiven Visualisierung hinzufügen. Doch er möge darauf achten, die Vision nicht zu verändern! Die Regel besagt, dass eine klare, präzise Vision wertvoller ist als mehrere vage, verschwommene Vorstellungen. Der Kreis schließt sich hier mit der Feststellung, dass der, der nicht weiß, was er wirklich will, auch nicht das Adäquate erhalten wird.

Wer beispielsweise darunter leidet, weil sein Haar schütter geworden ist, und sich nichts sehnlicher wünscht als das volle Haar seiner Jugend, kann aus diesem Zustand heraus nicht erfolgreich manifestieren.

Sein Komplex schreit, man möge die Auf-*merk*-samkeit auf den ungeliebten Bereich lenken.

Der Komplex wird sich vergrößern. Wer seinen Zustand annimmt, kann den Fokus auf Bereiche lenken, die er ansehnlich findet und niemand wird sich an seinem schütteren Haar stören. Dadurch kann er, wenn er es noch wünscht, aus seiner Balance heraus volles Haar suggerieren, wenn ihm das nicht mehr von absoluter Wichtigkeit ist, denn dieser Umstand würde den Vorgang blockieren. Es kann sich neues Haarwachstum einstellen, wenn er sich vorstellt, dass ihn das erfreuen würde, es aber nichts ist, das er unbedingt für ein glückliches Dasein **braucht**, denn damit sagt sein energetischer Zustand, dass er nicht glücklich sein kann, bis das Gewünschte eingetreten ist und aus einer negativen Perspektive kann kein positiver Umstand angezogen werden.

Das alles dürfte für jeden verständlich sein und wir können begreifen, warum wir bisher Dinge und Situationen in unser Leben zogen, die nicht auf unserer bewussten Wunschliste standen.

Wenn wir die Mechanismen durchschauen, die wir ganz selbstverständlich in Gang gesetzt haben, können wir unsere Perspektive neu ausrichten und mit Freude zu experimentieren beginnen, um freudvollere Szenarien zu manifestieren.

Das Symbol:

Es zeigt den Schlüssel zur Manifestation und zur Entstehung der Materie. Es verhilft dazu, mentale Konstrukte, die wir alle in jedem Moment unseres Daseins erzeugen, in die feste Ebene zu schleusen. Es bündelt den Fokus und begünstigt die Klarheit der Konzentration auf das erwünschte Ziel.

Mit dem Zeichen sollte bei Bedarf jeden Tag für wenige, aber intensive Minuten meditiert oder die Essenz eingenommen werden, bis sich der erwünschte Erfolg eingestellt hat. Selbstverständlich gilt das auch für alle übrigen Methoden der Anwendung.

AUSDRUCKSKRAFT

"Ihr könnt wahrgenommene Ereignisse nicht verstehen,
solange ihr nicht versteht,
wer sie wahrnimmt."

SETH
(gechannelt von Jane Roberts)

Der Begriff "**Ausdruck**" oder "**Expression**" entlehnt sich aus dem französischen *"expression"*, das gleichbedeutend mit dem lateinischen *"expressio"* ist und meint sinngemäß "heraus-, ausdrücken, anschaulich machen". Daraus ergab sich am Anfang des 20. Jahrhunderts der "**Expressionismus**", eine Richtung in Kunst und Literatur, für die starke **Ausdruckskraft** unter Verzicht auf sachlich getreue Wiedergabe der Wirklichkeit charakteristisch ist.

Die Erde ist ein Spielplatz.
Wir sind hier, um uns zu vergnügen. Die Dichte unserer Ebene sollte neue Varianten des Selbst-Ausdrucks, der Selbst-Ver-*wirk*-lichung und des Vergnügens durch die Selbst-Erfahrung ermöglichen: Spielerisches Lernen. Jegliche kreative Schöpfung ist spielerisch - ist freudvoll. Nur wer sich freuen kann, kann im Einklang mit seinem innersten Selbst manifestieren. Nur wer seinen Fokus mit seinen Wünschen vereint, kann erfolgreicher Schöpfer seines Lebens sein.
Unser Körper dient dem Geist zur Erfahrung des physischen Handelns und zum Nach-*voll-ziehen* geistiger Ereignisse: zum Spielen. Es befriedigt geistig, sich körperlich zu erfahren, wie wir es schon als Kinder liebten, zu schaukeln oder rutschen und auf Bäume zu klettern. Mit dem so genannten "Erwachsen-Sein" zwingen wir uns, solcherlei Aktionen zu unterbinden und berauben uns damit des natürlichen Auslebens eines geistigen Drangs. Wir entwickeln Phobien (z. B. Klaustrophobie und Höhenangst), Allergien und Manien, doch das Ego schreit nach Ver-*wirk*-lichung, um sich selbst und der Umwelt zu beweisen, nicht feige zu sein und lebt sich in Extremsportarten aus, die einerseits Spiel sind, andererseits nichts für Kinder und die Grenzen nicht erspüren lassen, weil Gefühl und Gespür für den spielerischen Erfahrungsweg und die darauffolgende Befriedigung viel zu lange unterdrückt wurden. Wir spielen immer.

Wir spielen zeitlebens eine Rolle, ohne uns dessen bewusst zu sein. Der spielerische Ausdruck ist eine Selbstverständlichkeit, die von frühesten

Kindheitstagen an zu uns gehört. Sind wir jedoch den Kinderschuhen entwachsen, unterscheiden wir zwischen Arbeit und Spiel, zwischen Spaß und Ernst.

Der erwachsene Mensch unserer Gesellschaft darf nicht mehr kindisch oder kindlich sein, er muss seinen Part erfüllen, seine Rolle spielen, um sich in die Allgemeinheit einzufügen, um als wertvolles Mitglied der Gesellschaft anerkannt zu werden. Das Spiel ist für Kinder. Und selbst Kinder bekommen schon den Satz: "Zuerst die Arbeit und dann das Vergnügen!" zu hören.

Das Gegenteil geschieht jedoch: Wir sind so sehr in unseren Rollenbildern verhaftet, dass wir vergessen, dass das Leben nur ein Spiel ist. Wir spielen alle im Kollektiv mit und erschaffen eine eigentlich virtuelle Realität, der wir Festigkeit geben, weil wir vollen Ernstes daran glauben, dass das die eigentliche Realität ist. Wir hören von Beginn an, dass das Leben kein Vergnügen ist. Leben für Leben opfern wir uns diesem Spiel. Wir spielen Opfer und Täter, Gesetzeshüter und Verbrecher, Tyrannen und Unterdrückte, Betrüger und Betrogene usw.

Wir verkörpern all diese Personen nicht, um unser Innerstes zu ver-*wirk*lichen, sondern um vor anderen Mitspielern ein Bild abzugeben, das es durch seine Akzeptanz und Resonanz durch jene ermöglicht, uns selbst besser anzunehmen. Das ganze System läuft verkehrt. Wir spielen immer. Ob wir nun unsere Rolle annehmen - und sei es jene der erwachsenen und disziplinierten Menschen - oder ob unser Geist nach körperlichem Ausdruck im *wahr-haft*-igen Spiel sucht - wer in einem Körper steckt, muss spielen. Das sind physische Gesetze. Wer das eigentlich kindliche Spiel tagsüber unterdrückt, lebt es nachts, in der Entleibung in astralen Ebenen aus. Wir träumen dann beispielsweise vom Fliegen, eine Sequenz, die für das Bewusstsein übersetzt wurde und als "Traum" in Erinnerung bleibt.

Wir vergessen Leben für Leben, dass unsere Rollen nicht "Realität" sein können! Dass sie in Wahrheit wenig mit unserer nackten Essenz zu tun haben. Sie sind lediglich Masken.

Wir opfern uns, unsere Mitmenschen und die gesamte Welt dafür, weil wir uns einreden, dass das bitterer Ernst wäre! Wir bezeichnen jene, die sich diesem Spiel nicht beugen, als infantil, realitätsfern, naiv. Sie werden dann als Träumer und Phantasten abgetan, die nichts vom Leben verstehen und erst "aufwachen" müssen. Wir wollen so schnell wie möglich erwachsen sein, ohne wirklich Ver-*antwort*-ung zu übernehmen. Die wahre Natur der Seele strebt ewig nach dem kindlichen Spiel, doch das Ego gaukelt vor, die Rolle, die wir als "ernst" bezeichnen, wäre das Gegenteil von Spiel. Wir sehen nicht mehr. Wir sind die Schläfer, unsere Pupillen sind verengt, unser Fokus kann nicht mehr aus dem Kostüm der jeweiligen Rolle heraus. Er ist gefangen in den Konstrukten, die wir *wahr-nehmen*.

Das Rollenspiel ist des Menschen selbst auferlegte Illusion und seine ureigenste Schöpfung, der er nicht zu entfliehen vermag. Er ist so sehr damit beschäftigt, auszudrücken, was er sein möchte, dass er vergessen hat, wer er wirklich ist. Er nimmt sich und seine Macht in der Rolle viel zu ernst. Doch seine Macht wäre *wahr*-lich grenzenlos, wäre er nicht in seiner Rolle gefangen und würde er sich weniger ernst nehmen!

Die Ernsthaftigkeit dieser Rollen entstanden erst, seit der Mensch sich dazu gezwungen sah, um seine Existenz fürchten zu müssen. Seit er meint, dass Arbeit zum Überleben notwendig sei; seit Geld im Spiel ist. Materialismus.

Einst war Arbeit kreativer Ausdruck und ein Individualitätsmerkmal. Jeder vermochte etwas anderes zu erschaffen, man ergänzte sich in der Gemeinschaft, jeder leistete mit seinen Fähigkeiten *frei-willig* aus Freude an der Betätigung und des schöpferischen Ausdrucks seinen Beitrag zum Gesamtwohl. Arbeit machte Spaß.

Erst, als man begann, Privatbesitz zu beanspruchen und anzuhäufen, begann die Ernsthaftigkeit der angenommenen Rollen. Kreativer Ausdruck wurde zum Beruf. Der Mangel bestimmte fortan die Art der Betätigung, da Ressourcen nicht mehr Allgemeingut und daher begrenzt waren.

Heute nennt man es "Be-*ruf*-ung" (wir folgen dem Ruf unseres Herzens und dem unserer eigentlichen Bestimmung), wenn eine Arbeit ausnahmsweise noch Spaß macht. Denn es ist bitterer Ernst geworden, dass wir nur noch arbeiten, um irgendwie zu *über-leben*, womit wir einer stumpfen Tätigkeit nachgehen, welche auf ihre ganz eigene Art die Herrschaft *über* unser *Leben* erhält und *über* das eigentliche *Er-Leben* gestülpt wird. Das Leben selbst ist nicht mehr *lebens-wert*. Wir leben, um zu arbeiten und um uns eventuell unsere Hobbys zu finanzieren, für die zumeist aber die Zeit nicht mehr reicht. Für jene Dinge, die ursprünglich die Lebensaufgaben darstellten, ist in der heutigen Gesellschaft, die sich zu ernst nimmt, kaum mehr Platz. Wir sprechen von unserem "Inneren Kind", um das wir uns wieder einmal kümmern sollten und nehmen es als einen separaten Teil von uns wahr, zu dem wir längst den Zugang verloren haben. Doch dieses innere Kind ist keine esoterische Modeerscheinung, die irgendeine Schicht unseres Unterbewusstseins bezeichnet - es ist der Teil in uns, der lebendig ist und ehrlich empfindet und nach ebenso ehrlichem Selbst-Ausdruck strebt, der jedoch tagtäglich unterdrückt wird, weil er bei der Erfüllung unserer Pflichten keine Auf-*merk*-samkeit verdient. Erwachsene Männer spielen im geheimen Kämmerchen mit Miniatur-Eisenbahnen, weil sie schon als Kind niemals das Kind-Sein zu genüge ausleben durften und Jugendliche verbringen beinahe ihre gesamte Freizeit mit Computerspielen oder vor dem Fernseher, um wenigstens in diesen virtuellen Welten auszuleben, was in der Erfüllung des Alltags-Pensums nicht ver-*wirk*-licht werden kann. Wir führen ein Ersatz-Leben, weil wir ja doch noch in irgendeiner Realität spielen möchten. Und sei es nur, um "Krieg" zu spielen. Je nach dem Grad der Unterdrückung des inneren Kindes und den damit einhergehenden Gefühlen findet sich ein Spiel zum Ausleben von Phantasien, die die Alltags-Rollen nicht erlauben. Wer sich nicht einmal in virtuelle oder Ersatz-Welten flüchten kann, wird seine lange unterdrückten Neigungen im Extremfall im sexuellen Bereich ausleben. Wer spielt, sucht darin nach Befriedigung und wähnt jemand diese nur mehr im Sexual-Leben, so spielt er dort die Rolle, die er anderswo nicht *aus-leben* darf, welche durch Unterdrückung entarteten Gefühle auch immer der An-*Trieb* für dieses Spiel sein mögen.

Wir sprechen dann von "Triebtätern" und "Perversen", mit denen wir so gar nichts gemein haben wollen.

Alles läuft aus dem Ruder. Unser Fokus sitzt in den Scheinhierarchien unserer Alltags-Rollen fest, die wir als das "wahre Leben" bezeichnen. Doch keine Rolle ist absolut. Die Gültigkeit jeder Ver-*körper*-ung ist abhängig von den Außenstehenden, die die Darstellung bestätigen.

Der König eines Stammes, der fernab der modernen Zivilisation lebt und in seiner Gesellschaft den höchsten, vielleicht sogar Gott-gleichen Rang einnimmt, hat keine Macht in unserer Welt. Der Ingenieur aus einem ehemaligen Ostblock-Land muss in Mitteleuropa als Hilfsarbeiter sein Brot verdienen. Der Säugling gibt nichts auf autoritäre oder noble Persönlichkeiten. Dem Hund ist es herzlich egal, ob sein Herrchen Präsident ist und seine Mahlzeit im Keramiknapf oder auf dem Silbertablett mit Glacehandschuhen serviert bekommt. Meine Oma kannte den „King of Pop" nicht. Sämtliche Rollen entspringen dem Ego, der Ratio. Nur die Sprache des Herzens ist universell.

Wir sind durchaus auf dieser Erde, um uns in verschiedenen Rollen und Persönlichkeiten zu erproben, doch die Gefahr besteht dort, wo wir selbst glauben, wir wären, was wir darstellen.

Jeder von uns spielt verschiedene Rollen, verhält sich in diversen Bereichen und oft sogar jedem Einzelnen gegenüber anders. Das ist durch die Resonanz bedingt - und durch unsere Rollen, die die anderen uns abnehmen und jene, die die anderen uns gegenüber einnehmen.

Wir sind vielleicht ChefIn. Und engagierte(r) Vereinsobmann/frau. Aber auch liebende(r) Vater/Mutter. Und TierfreundIn. Und gesellige(r) PartnerIn. PartytigerIn, NaturschützerIn, KeimphobikerIn, RaucherIn, Morgenmuffel, KunstsammlerIn. Wir identifizieren uns durch Zugehörigkeit und Distanzierung. Wir trachten nach Unterscheidung, lechzen jedoch nach Zugehörigkeit. Je nachdem, von **wem** wir uns distanzieren und unterscheiden wollen und welcher Gruppe wir uns zugehörig fühlen möchten. Das ist meist keine rein persönliche Sache, sondern es ist uns wichtig, dass auch Außenstehende unsere Zugehörigkeit oder Distanz *wahr-nehmen*. Hier beginnt unsere Rolle, das tagtägliche Schauspiel, das durch das Kollektiv verstärkt wird.

Das entspricht wiederum unserem Wertesystem, das die Hierarchien unserer Ideale festlegt. Wir sind die Spinne in einem komplizierten psychischen Netz, in dem wir uns mehr und mehr zu verstricken drohen. Wie festgelegt sämtliche Komponenten auch in äußeren Umständen und Manifestationen scheinen, so sind es doch nur rein psychische Fänge, denen wir ausgeliefert sind. Durch die Verschiebung unseres Fokus sehen wir uns von rein äußeren Umständen befreit. Wir müssen das Ganze sehen. Wir müssen uns demaskieren und unsere bisherigen Rollen verstehen. Wir können die Bühne verlassen und an einem anderen Schauplatz mitwirken.

Den meisten Fußballanhängern reicht es nicht, daheim im Wohnzimmer die Daumen für ihre Mannschaft zu drücken. Der begeisterte Fan wird sich von oben bis unten in die Farben seiner Mannschaft kleiden und sich vielleicht auch noch das Gesicht damit bemalen. Er ist wahrscheinlich Mitglied im entsprechenden Verein und zieht mit Seinesgleichen zum Spiel - lautstark, um als Vertreter und Kämpfer einer bestimmten Couleur *wahr-* und *ernst genommen* zu werden. Der begeisterte Fan identifiziert sich persönlich mit seiner Mannschaft und deren Gewinn oder Verlust wird als persönlicher Sieg oder persönliche Niederlage empfunden. Das reicht wiederum so weit, dass eine falsche Parole ausreicht, um in Kämpfe mit den Fans der gegnerischen Mannschaft zu geraten. Mit allen Konsequenzen. Dieses Beispiel zeigt, dass Umstände, die mit dem Anhänger persönlich eigentlich nichts zu tun haben, bewirken können, dass er sich persönlich unter In-Kauf-Nahme aller Konsequenzen für eine Sache opfert. Doch wäre das auch noch so, wenn er alleine für seine Sache stünde? Wenn keine große Fangemeinde hinter ihm stünde und für ihn mitkämpfte, wenn niemand ihn in seiner Rolle anerkennen würde? Hier zeigt sich die Wirkung des Kollektivs, das die Rolle des Einzelnen erst realisiert. Ohne die Resonanz ist jeglicher Ausdruck vergebens. Ähnlich verhält es sich mit politischen Parteien und fundamentalistischen Religionen - nur mit dem Unterschied, dass wir uns hier durch das Propagieren von Werten persönlich betroffen fühlen.

Es gibt einen Spruch, der besagt: "Wenn im Wald ein Baum fällt, das aber niemand gesehen hat - ist er dann gefallen?" Dieses Beispiel spricht für sich.

Wie sehr man sich auch in seiner Rolle oder in den Gesamtschauplatz in-*volviert* sieht, so gibt es dennoch immer eine Möglichkeit, daraus auszu-steigen. Wir sind daran gewöhnt, Extreme darzustellen. Wir sind Fan oder Anti-Fan. Selten ist uns etwas egal. *Gleich-gültig*. Wir nehmen immer eine bestimmt Haltung für oder gegen einen Umstand ein, wodurch unsere Rolle stärker definiert und ihre Aufgabe erschwert wird. Es verstärkt die Illusion der Ernsthaftigkeit. Wir nehmen uns selbst in unseren Rollen viel zu ernst. Denn wie sehr wir uns auch bewusst von anderen unterscheiden, so möchte dennoch jeder in seinem tiefsten Inneren verstanden werden.

Wir sind entweder Raucher oder Nichtraucher und repräsentieren diese Haltung meist klar der Gesellschaft gegenüber. Wir nehmen das persön-lich und haben immer Argumente dafür parat, warum unsere Einstellung be-*recht*-igt ist. Selten verhalten wir uns einem Thema gegenüber neutral. Wir wollen recht haben.

Wir identifizieren uns durch unsere Meinung. Zu jedem *schein-bar* noch so nebensächlichem Umstand haben wir eine Meinung. Der wahre Grund dafür ist, dass wir uns *recht*-fertigen. Kaum jemand ist einfach überge-wichtig. Er hat Aussagen dazu parat, warum er übergewichtig ist. Entwe-der in Form einer Entschuldigung, dass er z.B. "schlechte Gene" hat oder aber in Form von "Angriff vor Verteidigung", dass er sich so wohl fühle. Meist ist uns die breite Palette der verschiedenen Rollen gar nicht be-wusst.

In der Rolle sind wir freier, euphorischer. Jeder kennt das Extrem-Beispiel des Karnevals. Wir können nicht persönlich belangt werden und sind aus-gelassen und übermütig bis hin zu unangebrachtem Verhalten im Sinne des Allgemeinwohls. Die tagtägliche Rolle ummantelt den wahren Seelen-kern, der in diesem Schutzwall unantastbar scheint. Wir nehmen Kritik und

Ablehnung nicht persönlich, denn sie betreffen lediglich die Rolle. Das Ego nimmt es persönlich, denn es heischt immerzu nach Bestätigung. Doch die Seele ist hinter der Maske geschützt, denn die Rolle lässt nichts von deren Hoffnungen, Träumen und Sehnsüchten an die raue Oberfläche durchscheinen. Wir wähnen uns am verletzlichsten, wo wir uns öffnen, wo wir *ehr*-lich und *wahr-haftig* *(*wo wir an unserer *Wahrheit haften)* sind. Diese Eigenschaften bringen wir nicht ins Spiel. Und dennoch wären genau diese Dinge, die uns so kostbar sind, diejenigen, die niemand angreifen würde. Denn sie erhalten Resonanz aus dem innersten Kern der Mitspieler; Resonanz, die unabhängig von den jeweiligen Rollen ist.

Wir nehmen uns in jeder noch so kleinen Ver-*körper*-ung zu wichtig und können über uns selbst nicht lachen - nur über andere. Wenn uns etwas persönlich betrifft, reagieren wir als Mimosen. Wir können uns in andere nicht hinein fühlen.

Der wahre Schauspieler trägt sein Innerstes zur Schau. Er täuscht nicht vor. Ein wahrer Schauspieler kann die verschiedensten Rollen nur darstellen, wenn er sie nach-*voll-ziehen* kann. Er muss sich in andere hinein versetzen und selbst fühlen können, was er ausdrücken möchte. Er spielt nicht nur, er stellt dar.

In Malaysia wurde das traditionelle Wayang-Theater im Bundesstaat Kelatan mit der Begründung, es wäre un-islamisch, von der Regierung verboten. Es findet dennoch statt - ohne Zuseher. Nur um des Spieles, des Ausdrucks willen. Es wird nicht weniger ernst genommen und nicht weniger akkurat vorbereitet als eine Vorführung, die von hunderten Zusehern besucht würde. Es geht hier nicht um die reine Selbst-Darstellung und deren Anerkennung durch andere, sondern um das *Er-Leben* der Rolle, um das Sich-Hinein-Versetzen in der Gemeinschaft. Dieses Theater findet nur für Geist und Seele statt. Es ist ein feierlicher Akt, der einem religiösen Ritual gleicht. Dieses Schauspiel ist für die kurzen Augenblicke seines *Er-Lebens* echter als die Rollen, die sich die meisten von uns für "das echte Leben" übergestülpt haben. Wir müssten uns selbst beobachten können, um zu erkennen.

Wir sind solange wir uns beobachtet wissen oder fühlen in unseren Rollen verhaftet.

Wir sind nicht authentisch. Die Vorstellung, heimlich beobachtet zu werden, bereitet jedem von uns großes Unbehagen. Sogar mit dem/der engsten Vertrauten sind wir nicht ganz selbst. Wir verhalten uns zu zweit beim Betrachten eines Films immer noch anders als alleine auf der Couch. Um authentisch zu sein, muss man restlos vertrauen können. Anderen und der Umgebung. Solange Resonanz er-*wart*-et wird, steckt man in der Rolle fest. Denn absolut niemand möchte riskieren, nicht zu gefallen. Dafür sind wir zu verletzlich, weil wir alles persönlich nehmen. Wer sich jedoch in andere nicht oder nur wenig hinein versetzen kann, kann in der Darstellung seiner Rolle ihm gegenüber auch nicht bieten, wofür wir Resonanz erhalten möchten.

Er wird sich auch selbst nicht wirklich kennen. Selbst-Bild und Fremd-Bild variieren enorm.

Je mehr Zuseher einen Akteur beobachten, desto mehr *Wahr-nehm*-ungen, also Fremd-Bilder des Darstellers existieren. Es ist unmöglich, jedem Einzelnen zu gefallen. Davon abgesehen, wird jeder einen anderen Aspekt der dargestellten Ausdrucksform *wahr-nehmen*, der von den eigenen Schwerpunkten der Rollenverhaftung abhängig ist. Nur Authentizität im Ausdruck kann die Lösung sein. Worin wir in-*volviert* sind, bestimmt auch unsere Identifikation. Jede neue Situation und jedes neue Umfeld erfordert eine neue Selbst-Reflexion (Resonanz) und Identifikation (Gruppenzugehörigkeit). Jeder kennt Ausnahmezustände, wie z. B. im Urlaub, wo wir plötzlich unsere Alltagsrolle mitsamt den Problemen fallen lassen können und zu einem völlig neuen Menschen werden, der toleranter agiert und sich mit Leuten zusammentut, die er zu Hause nicht als Freunde haben wollte. Plötzlich entdecken wir eine neue Seite an uns und können uns trotzdem damit identifizieren. Wie schnell wir uns mit einer Sache oder einem Umstand identifizieren oder "für etwas stehen", wurde mir bewusst, als ich von einer Freundin ins Kino eingeladen wurde, die begeistert vom Buch der Story war. Die Verfilmung war nicht ganz im Sinne des Autors gelungen und auch ich stand ihr recht zwiespältig gegenüber. Doch ich hatte Bedenken, das meiner Begleiterin zu sagen, weil ich mir dachte, es könnte sie persönlich beleidigen, da sie ja das Buch liebte und sie mich auch noch eingeladen hatte. In diesem Fall unterstellte ich ihr natürlich eigene Gefühle, denn ich hatte mir vorgestellt, wie es mir gehen würde, wenn jemand etwas kritisierte, was ich liebe. Ähnlich verhält es sich auch mit dem Starrummel, den wir um Prominente veranstalten. Ein Lied, ein Film oder manchmal nur ein Foto genügen, um jemanden in seiner gesamten Person abzulehnen oder zu verherrlichen. Wir stehen dann persönlich dafür ein und mag jemand unseren erkorenen Star nicht, sind wir persönlich gekränkt. Ein weiteres Beispiel für Identifikation wäre ein Date, wo die beiden Personen anfangs nur die essenziellen Dinge ihres Lebens preisgeben, vielleicht aber auch nur eine bestimmte Facette von sich darstellen, um ihrer Meinung nach für den anderen attraktiver zu wirken. Aufgrund weniger Fakten wird der potenzielle Partner selektiert oder angenommen. Eine Ablehnung wird vom Ego immer, egal welchen unbedeutenden Fakten oder welcher aufgesetzten Rolle sie zugrunde liegt, persönlich genommen.

An der Tatsache, wie viele Rollen ein Mensch hat, kann man seinen Authentizitätsgrad im Ausdruck erkennen. Wie sehr kann sich jemand selbst annehmen? Wie nimmt er die Rollen anderer, die einen Spiegel für ihn darstellen, an? Unterbewusst erkennt jeder Mensch die wahre Essenz, die hinter einer Rolle des Gegenübers steckt. Jeder kann Lüge oder Wahrheit auf Seelenbasis identifizieren. doch wir hören lieber auf den Verstand, der Fakten analysiert: Wie kann ich nur schlecht über jemanden denken, der so lieb zu mir ist oder so freundlich und *über-zeug*-end seine Ware anpreist?

Die Form unseres Ausdrucks basiert auf unseren Erfahrungswerten. Wir sind geprägt von unseren Er-*leb*-nissen. Wer aus seinen Erfahrungen gelernt und sie transformiert und ver-*inner*-licht hat, wird in zunehmendem Maße authentischer im Ausdruck und seine Rolle mehr und mehr "vergessen". Die Echtheit des Ausdrucks steigt mit der zunehmenden Erfahrung.

Immer weniger wird die jeweilige Rolle gespielt, die erst bis zur Perfektion angeeignet werden musste. Der Grad der "Rollenverzichts" ist vom Urvertrauen abhängig. Wer nicht aus seinen Erfahrungen gelernt hat, wird jene "Werte" in seine Rolle investieren und nach außen hin "härter" oder "kälter" erscheinen, wodurch er erneut jene Erfahrungen anzieht, die seine These untermauern und das Rollenbild bekräftigen. Er sieht in allem nur die Aspekte, auf die er ausgerichtet ist, weshalb er in anderen auch nicht die wahren Gefühle sondern nur deren Aspekte des Ausdrucks, die sich mit seiner Ausrichtung decken, erkennen kann. Die Verhaftung in einer Rolle ist weiters vom eigenen Empfinden abhängig. Nur, wer zu wahren Gefühlen fähig ist, kann seine Rolle vergessen. Wer nicht wirklich empfinden kann, spielt. Nicole Schuster, eine junge Frau, die das Buch „Ein guter Tag ist ein Tag mit Wirsing" über ihr Leben als Autistin mit dem Asperger-Syndrom verfasst hat, erzählte, dass sie seit ihrem zehnten Lebensjahr psychologische Bücher studierte hatte, um sich anzueignen, wie Menschen emotional re-*agieren*, weil sie selbst diese Emotionsimpulse nicht zu *emp-finden* (*emp*-athisch nicht soweit in die Rolle *finden* können, um etwas nach zu *voll-ziehen*) vermochte.

Je nach dem, mit wem man verkehrt, imitiert man in seiner Rolle bis zu einem bestimmten Grad das Gegenüber. Das ist von der persönlichen Wertung, wie wichtig einem das Gegenüber scheint, abhängig. Imitation erfolgt seit den frühen Kindheitstagen - es ist unser allererster Lernprozess - und wird unseren "Erfahrungswerten" zugeordnet. Wir lernen, Gefühle mit physischem Ausdruck zu verknüpfen und leiten es in Empathie über. Das kleine Kind hat seinen Zugang zum Herzen noch offen und weiß, was der andere empfindet. Es interpretiert nicht. Später versuchen wir, Gefühle durch Mimik und Gestik zu interpretieren und vorzutäuschen. Die Rollenverhaftung hat begonnen. Sie ist ein strammes Korsett, welches uns dermaßen einengt, dass wir das Bauchgefühl nicht mehr vernehmen. Es hilft, sich selbst zu beobachten, um seine eigene Rolle bewusster zu gestalten - es bedarf einiger Kontrolle, um nicht zu vergessen und sich im "Schauspiel" zu verlieren und stattdessen seinen eigenen Part im Geschehen aus neutraler Sicht zu erkennen und bedachter im Sinne des Gesamtwohls zu handeln. Wer versucht, sich selbst von "oben" in seiner Handlung und damit *gleich-wertig* wie die übrigen Mitwirkenden zu betrachten, kann unpersönliches Empfinden trainieren. Das ist die Vorstufe zur Empathie. Wir wissen, dass ehrliche Gefühle wieder zählen und versuchen krampfhaft, sie vorzutäuschen.

Mit der „Ernsthaftigkeit" unserer Rollen resultierend aus dem Mangel seit der Erschaffung von Besitzansprüchen sind auch Falschheit und Unehrlichkeit ins Spiel gekommen. Wer mit herkömmlichen Methoden seine Ansprüche nicht sichern kann, muss Umstände und Gefühle vortäuschen, um seinem Ziel näher zu kommen.

Geschäftsmänner heucheln "*ehr*-liche" Gefühle, um Vertrautheit mit ihren Partnern aufzubauen. Je größer das Geschäft und die Summen, um die es sich dabei handelt, desto mehr Intimität wird vorgetäuscht - und das alles für Dinge, welche die Handelnden selbst gar nicht direkt betreffen - nur die Firma. Denn warum auch sollten jene Männer ernsthaft darüber erfreut sein, dass Firma X Firma Y als Kunden gewonnen hat? Hier geht es weniger um die Provisionen als um die Bestätigung, die sie für ihre angeeigneten Rollen erhalten haben. Sie nehmen diese Bestätigung persönlich, um ihren Selbst-Wert, der an sich unabhängig von einer Rolle ist, aufzubauen.

Hier sind wahrscheinlich *ehr*-liche Gefühle im Spiel, die jedoch mit Sicherheit nach einem immer höheren "Kick" verlangen, da bisher Erreichtes schnell zur *Selbst-verständlich*-keit werden. Der *Selbst-Wert* steigt und fällt mit der Resonanz, die der verkörperten Rolle entgegen gebracht wird und der Einzelne drängt nach Perfektion in seiner Rolle - letztlich auch durch die Imitation von Gefühlen, um ihr *Ehr*-lichkeit zu verleihen.

Ehr-lichkeit beinhaltet, dass man *Ehre* erhält, wenn man die Anforderungen erfüllt. Doch *Ehr*-lichkeit lässt sich kaum vortäuschen. Wer mit sich selbst und anderen *ehr*-lich ist, wird *Ehr*-lichkeit auch in seinem Umfeld erkennen. Die meisten unterliegen zeitlebens einer Ressourcenverschwendung, weil sie ihren Schwerpunkt auf die falschen Aspekte verlegen. Sie streben nach Ausdruck von gesellschaftlichen *Wert*-igkeiten oder selbst auferlegten Idealen oder flüchten in Scheinrealitäten, um dort zu leben, was im "Leben" nicht möglich scheint. Beide Gruppen manövrieren sich in eine Manifestations-Sackgasse. Ihr Fokus verschmilzt nicht mit ihren *ehr*-lichen Wünschen. Sie können nicht glaubhaft ausdrücken, wer sie sein möchten.

Die wahre Kraft des Selbst-Ausdrucks kann nur in der Authentizität liegen. Authentizität erzeugt Ausstrahlung und Ausstrahlung kann weder lügen noch gespielt werden. Wer selbst authentisch ist, kann sich in andere hineinversetzen und wird erkennen, dass es nicht nötig ist, ihm gegenüber eine Rolle einzunehmen, wo er dessen wahre Gefühle und Bedürfnisse erkennt. Wir sind alle verletzliche Wesen. Unsere jeweiligen Rollen bilden den Schutzwall, der das Innere behütet. Wer seinen wahren Kern nicht preisgibt, kann seinetwegen nicht abgelehnt werden. Wer jedoch seinen wahren Kern preisgibt, wird den wahren Kern seiner Mitmenschen als Geschenk bekommen und muss nicht in seine Rolle flüchten. Gleiches zieht Gleiches an. Empathie schafft *Ehr*-lichkeit und Ausstrahlung. Wer authentisch in seinem Selbst-Ausdruck bleibt, ist im Einklang mit seinen Wünschen und seiner Umgebung, da er in anderen anspricht, was er darstellt. Seine *Aus-Strahlung* wird in jeder Hinsicht bezaubernd sein. Wer *Ehr*-lichkeit sät, wird Ehre ernten.

Das Symbol:

Sein Thema ist es, das Innerste nach außen zu kehren.
Es ist völlig in Ordnung, sich von vielen, verschiedenen Seiten zu zeigen. Wir haben zahlreiche Facetten und müssen uns nicht für eine bestimmte Rolle oder Variante des Selbst-Ausdrucks entscheiden. Niemand ist immer gleich und niemand ist von Stimmungen unbeeinflusst. Wir sind viel-seitig.
Hier geht es um das Einfühlungsvermögen für die jeweilige Situation um in Resonanz mit ihr unseren wahren momentanen Ausdruck zu zeigen.
Wir wollen Ausstrahlung besitzen und nach Möglichkeit eine positive. Das Symbol unterstützt bei der Kräftigung der wahren Essenz, unterstützt Au-

thentizität und die *Ehr*-lichkeit der Gefühle. Es verhilft zum spielerischen Umgang mit seiner Rolle, ohne dem Umfeld ein Theater vorzugaukeln. Das Leben ist ein Spiel, das sollte niemals vergessen werden.

Nicht weniger darf es Anwendung vor einem Bühnenstück finden, um den Akteur in die *Selbst-emp-findung* seiner zeitweiligen Verkörperung zu führen.

Dieses Zeichen ist ideal für alle, die ihren Selbst-Ausdruck noch nicht gefunden haben und bietet sich an, mit anderen Symbolen kombiniert zu werden, um die Aufgabe zu konkretisieren.

Der perfekte Selbst-Ausdruck wird durch den Einklang auf allen Ebenen erzeugt, wodurch die Schöpferkraft in ihrer optimalsten Form aktiviert wird.

KARMA

"Das Ungeziemende unterlasse man
mehr aus Scheu vor unserer eigenen Einsicht
als aus Angst
vor der strengsten fremden Autorität."

Balthasar Gracian

Der Begriff "**Karma**" stammt aus dem Sanskrit und hat seine Abstammung von *"kamma"*, das in Pali "**Wirken, Tat**" bedeutet. Darunter versteht man "ein spirituelles Konzept, nach dem jede Handlung - physisch wie geistig - unweigerlich eine Folge hat." Untrennbar ist dieses Konzept mit dem **Kreislauf der Wiedergeburten** verbunden und damit an die Gültigkeit des "**Ursache und Wirkung**s-Prinzips". In den Religionen Hinduismus, Buddhismus und Jainismus ist **Karma** eine wichtige Grundlage.

Karma ist auch in unseren westlichen Kreisen nicht unbekannt. Es ist eine mögliche Bezeichnung für einen Vorgang, mit dem wir alle in jedem Moment unseres Daseins unentrinnbar verknüpft sind. Karma ist die Ursache unserer **Inkarnationen** und ist ein **Saldo**, der zwischen **Geben und Nehmen** entsteht, das auch im Sinne von energetischer **Eja- und Injakulation** verstanden werden kann. Daher wird **Karma** nicht nur durch die Tat an sich, sondern bereits durch die **Absicht**, die ein Resultat des **freien Willens** ist, geschaffen. Ausschlag gebend für das Maß des daraus entstehenden **Karmas** ist der **emotionale Impuls**, der mit der **Absicht** verbunden ist, der nicht zuletzt durch die persönliche **Werte-Skala** und deren Interpretationen zustande kommt.

Das karmische Prinzip hat wenig mit dem irdischen Rechtssystem - das ohnehin je nach Zivilisation, Kulturkreis und kollektivem Reifegrad variiert - gemein. Selten basiert unser Justizsystem auf altruistischen Regeln - der wahre Grund ist immer die Rettung der eigenen Haut und der imaginäre Selbst-Vergleich mit unangenehmen bis schädlichen Ereignissen.
Das karmische Prinzip folgt einer höheren Ordnung, obwohl es unmittelbar mit der Inkarnation und somit mit dem irdischen Leben verbunden ist, die entgegen der menschlichen Vorstellung davon wenig mit "Schuld" und "Sühne" zu tun hat. Im Sinne der Urquelle gibt es keine Sünde. Denn sie selbst hat alle Kräfte hervor gebracht, die gegen einander wirken - die konstruktiven wie die destruktiven. Keinem anderen zu schaden ist eine idealistische Grundregel, die einem sozialen Gefüge förderlich ist, letztlich

aber dem einzelnen Individuum selbst, da es kein Karma schafft. Die so genannte "Sünde", die von kleinen mentalen Disharmonien (gedankliche Diskrepanzen und der Absicht, der keine Tat folgt) bis hin zu Mord reicht, schaden im Sinne des dreidimensionalen, rationalen Denkens nur dem eigenen karmischen, also mental-energetischen Konto. Im Sinne des Großen und Ganzen ist es lediglich eine Energietransformation und jene ist immer vonnöten, um eine Stagnation zu vermeiden, welche eine Einzel-Erfahrung nicht ermöglichen würde. Es trifft niemals einen "Unschuldigen", weil Täter und Opfer immer zumindest auf Seelenebene kooperieren. Für das Ganze zu handeln, ist letztlich auch deshalb immer "egoistisch", da man selbst Teil des Ganzen ist und sich somit selbst nicht schadet. "Sünde" trennt das Selbst von anderen, weil man sich separat *wahr-nimmt*, womit man sich gegen andere auflehnt (durch die destruktive Handlung), wobei Karma geschaffen wird, das zusätzlich von der harmonischen Einheit trennt und die physische Illusion verstärkt. "Füge keinem anderen zu, was du selbst nicht zugefügt haben möchtest", heißt eigentlich: "Füge dir selbst keinen Schaden zu!". Die Urquelle kennt keinen Unterschied zwischen den Seelen und das impliziert **alle** Spezies und **alle** Phasen der Evolution und **alle** Bewusstseinslevel. Aus neutraler Sicht, die immer voraus setzt, das man selbst nicht in-*volviert* ist, werden Erfahrungen gesammelt, deren Werte nicht nach einem Richtmaß interpretiert werden. Nur der Beteiligte, Inkarnierte, In-*volvierte* kann durch die Selbst-*Wahrnehm*-ung und den Umstand, dass er alles persönlich nimmt, in Dimensionen von Opfern und Tätern denken. Das wiederum ist durch die lineare Vorstellung und jene von den kausalen Zusammenhängen der Ereignisse bedingt. Wer inmitten des Geschehens fühlt, was immer mit irgend einer Art von Ängsten verbunden ist, kann dem Geschehen gegenüber keine neutrale Position einnehmen. Jedoch erzeugt jeder emotionale Impuls automatisch Karma.

Das karmische Prinzip ist ein System der Bewusstseins-Level. Wir selbst sind das Maß unserer Angelegenheiten und nur wir selbst werden am Ende unser eigener Richter sein. Der Grad unseres individuellen Bewusstseins wird nach der Neutralisierung des Egos nach dem physischen "Tode" mit dem höheren Bewusstsein verglichen. Der Saldo ist der Indikator für das Potenzial, das für die nächsten Aufgaben in einer erneuten Inkarnation die Tendenz angeben wird. Je mehr Bewusstsein mithilfe der emotionalen Qualitäten erlangt wurde, desto weniger karmische Aufgaben werden zu lösen sein. Am Ende ist immer alles eine kosmische Gleichung und der Saldo des Karmas die Unbekannte, die uns auf die Probe stellt.

Das Ziel der karmischen Aufgaben ist es, den Fokus vom "Ich" zum "Wir" zu lenken, was nur durch Bewusstheit geschehen kann, die wiederum nur dann erlangt wird, wenn der Fokus von egoistischen Belangen abgewandt wird.

Die Suche nach dem Göttlichen, Heiligen entspringt aus dem menschlichen Nicht-Begreifen der höheren Zusammenhänge, des Gefühls der eigenen Ohnmacht ob der Umstände, mit denen er sich *schein-bar* schutzlos konfrontiert sieht. Der Mensch muss immer einen Schuldigen für alles haben, und sei es nur eine "Macht", die zur Ver-*antwort*-ung gezogen werden kann, wenn der Mensch nicht mehr weiter weiß. Alles, das die Ratio übersteigt und daher ängstigt, wird mystifiziert. Das Konzept von göttlicher Strafe und Gunst, von Sünde und Buße ist ein Schwarz-Weiß-Denken in menschlichen Strukturen, das auf das göttliche Konzept übertragen wird. Auch Esoteriker, die das gleiche Schema auf das Karma-Prinzip projizieren, sind keinen Schritt weiter. Karma ist keine Strafe und funktioniert nicht nach vorgefertigten Strukturen. Alles im Universum folgt denselben Prinzipien. Etwas, das so komplex, tiefschichtig, verworren und verwoben ist wie die menschliche Psyche, muss im Großen und Ganzen ebenso komplex aufgebaut sein. Denn jeder Gedanke erzeugt und erhält irgendwo im Universum Resonanz; jede kleinste Absicht, Regung oder der kleinste Impuls schafft eine Form, die im Sinne der Werterfüllung nach Ausgleich strebt. Dennoch liegt der Schlüssel, das Ganze zu begreifen, im Einfachen, da allem zwei entgegen wirkende Kräfte zugrunde liegen. Die Palette der unendlichen Möglichkeiten, die davon ausgeht, ist die Schöpferkraft von Allem, was ist. So "tragisch" die Dinge aus unserer in-*volvierten* Sicht auch scheinen, so sind sie doch nur Bestandteile einer immensen, un(er)fassbaren Einheit, in der sich alles immer ausgleicht.

Jeder von uns ist unzählige Male Täter genauso wie Opfer gewesen. Das alles dient dem Zweck, ein Ge-*wissen* (von Bewusstsein! - der Schluss, den wir aus unseren Erfahrungen ziehen, die Lektion die gelernt und verinnerlicht und zu *Wissen* wurde) zu bilden und die indivi-*duelle* Werte-Skala zu füllen um in diesem **dualen** Universum die Umstände und Faktoren voneinander unterscheiden zu können. Das können wir nur durch die daran gekoppelten emotionalen Impulse, die uns am eigenen Leib "gut" und "böse" im irdischen Sinn spürbar machen. Jegliche Erfahrung wäre nutzlos, würde sie nicht er-*fühlt* werden, also er-*fahren*. Nur unsere Emotionen können das Leben er-*leb*-bar machen, sind jedoch dafür Ausschlag gebend, womit wir uns in Resonanz befinden, was wiederum Karma schafft. So mächtig uns aus uneingeweihter Sicht die Dinge auch er-*scheinen* mögen, so einfach sind sie, wenn wir sie begriffen haben. Das hängt davon ab, wie tief wir in unseren Verkörperungen, den persönlichen Rollen, die wir angenommen haben, versunken sind und wie weit wir darin und dafür gehen. Glauben wir *wirk*-lich, zu sein, was wir darstellen? Oder möchten wir jemand sein, der wir noch nicht sind? Wie fühlen wir uns in Berufen, in denen man sich gegenseitig für "Ehre und Vaterland" umbringt? Wie fühlen wir uns als Richter über andere, zu denen wir keine Beziehung haben? Gehen wir über die sprichwörtlichen Leichen, um etwas aus unserer Perspektive Erstrebenswertes zu erreichen? Wir sehr sind wir dazu fähig, unsere *wahre* Identität zu vergessen? Ist uns bewusst, dass alles nur ein von Menschen erfundenes Spiel ist und dass dieses Spiel nur durch das kollektive Mit-*wirken* funktioniert und dass es in Wahrheit keine Instanz gibt, die höher wäre als wir selbst, weil alle anderen dieselbe Ausgangsbasis haben: Eine Rolle, die sie verkörpern? Wem diese Zusammenhänge allmählich bewusst werden, der vermag auch allmählich aus dem Spiel des Karmas, aus den Prinzipien von Ursache und Wirkung, die auch nur auf der linearen Ebene bestehen können und dem Wirken des dualen Universums aussteigen. Wie sehr sich jemand vergisst und in seine

Rolle verfällt, ist der Indikator für sein Bewusstsein, das ihm anzeigt, wie sehr er in der Ohnmacht seiner Inkarnation steckt und in welchen Graden er das karmische Spiel durchschauen kann. Jeder einzelne von uns trägt die Mitver-*antwort*-ung für jeden einzelnen, dem wir begegnen. Die spontane Karma-Verknüpfung hängt davon ab, wie sehr man sich beeinflussen, in-*volvieren* und manipulieren lässt (und umgekehrt) und wie sehr man sich dabei emotional engagiert. Jeder emotionale Impuls, der mit der kleinsten Unstimmigkeit interpretiert wird, schafft unweigerlich einen Saldo, der auszugleichen ist. Dass auch die so genannten "guten Taten" Karma erzeugen, heißt nicht, dass man künftig gar nichts mehr tun sollte. Der Saldo ergibt sich aus der Opferhaltung, die auch mit "guten Taten" einher geht. Jeder, der etwas gibt, oder tut, weil es sich so gehört, oder er glaubt, es tun zu müssen oder sollen, aus welchen Gründen auch immer, gibt nicht aus dem Herzen. Das Ego und der Intellekt sind dabei für sein Karma zuständig. Die reine Herzensenergie schafft keine Unstimmigkeit, die nach Ausgleich trachtet. Oft tragen wir durch unseren DNS-Code so manches Problem durch viele Inkarnationen hindurch mit uns, bis wir es endlich zustande bringen, die Aufgabe, die auf unserem Konto lastet, zu bewältigen. Das sollte auch die verklärte Ansicht von den "unschuldigen Kindern" berichtigen. Absolut niemand, der auf diese Ebene kommt, ist *wahr*-lich ohne Karma. Wir denken, dass etwas aus unserer Sicht "Schlimmes" immer eine Art von Strafe ist. Dem ist nicht so. Wir müssen das Gros der möglichen Erfahrungen zur Ge-*wissens*-bildung abdecken, auf welchem Weg auch immer. Welchen Weg wir dabei wählen, bestimmt der Reifegrad der Seele, die nach immer neuen Herausforderungen sucht. Aus höherer Sicht sind alle Erfahrungen neutral! Je einschneidender die Erfahrungen sind, die gemacht werden, desto mehr Chance auf Vorankommen besteht. Welche Schlüsse jemand woraus zieht, ist eine persönliche Angelegenheit. Wir können niemals den Weg einer anderen Seele vollkommen verstehen und sollten daher auch Interpretationen ihres "Schicksals" unterlassen. Jeder einzelne von uns muss nicht nur seinen Weg allein bewältigen, sondern ist auch der Bereiter seines Weges. Hören wir auf, mit Gott zu hadern, weil er all die schlimmen Dinge zulässt und zweifeln wir nicht an seiner Existenz, nur weil wir nicht sehen wollen, dass unser freier Wille die Welt schlecht macht. Warum sollte eine höhere Macht in etwas, das nach unserem Willen geschah, eingreifen?

Karma ist das Prinzip von Geben und Nehmen, das nach Ausgleich strebt. Wir sehr wir in unserem Leben empfinden, zuviel gegeben zu haben oder vermeinen, dass uns etwas genommen wurde, unterliegt der Interpretation des Intellekts, der durch das Ego seinen Ausdruck findet und dem Reifegrad der Seele. "Auge um Auge, Zahn um Zahn" ist nichts, das uns ereilt, sondern eine Variante, die wir gewählt haben. Wer es zustande brächte, alles, was er tut, ohne schlechtes Gewissen oder sonstige negative Emotionsimpulse zu vollbringen, würde Herr über sein Karma sein. Doch jemand, der diese Fertigkeit besitzt, würde die dazu gehörige Reife haben, diese Dinge nicht zu tun. Wir unterliegen dem kosmischen Grundgesetz, in dem Gleiches immer Gleiches anzieht und befinden uns unweigerlich in Resonanz mit unseren Taten, die dafür sorgen, dass uns ähnliches getan wird. Hier ist bereits die Absicht bestimmend, denn ob Tat oder lediglich gewollte Tat schafft keinen unterschiedlichen emotionalen Impuls. Die vermeintliche Strafe ist eine Prägung, wobei die Frage jene ist, wie wir damit umgehen. Wer locker mit allem umgeht, wird nichts als Strafe empfinden, schafft daher kein neues Karma und hat damit einen neuen Reifegrad erlangt. Prüfungen hören niemals auf - doch wie sehen wir jetzt frühere Schwierigkeiten? Aus heutiger Perspektive sind sie oft Kleinigkeiten, weil wir den damals zu bewältigenden Aufgaben längst entwachsen sind.
Jede Seele muss ungeachtet ihres erlangten Reifegrades in jeder Inkarnation den Weg durch **alle** Phasen (in komprimierter Form) erneut durchwandern. Das Kind kommt zwar mit den Prägungen und Tendenzen, die es in eine bestimmte Richtung weisen, zur Welt, dennoch hat es noch kein aktuelles Karma. Das bisherige ist nicht im Bewusstsein präsent, weil jeder in jeder einzelnen erneuten Inkarnation die Chance hat, wieder "bei Null" zu beginnen. Vor der physischen Geburt geht jede Wesenheit durch die

Schleier der Illusion, welche unverzüglich die Erinnerung an die gesamte kosmische Wahrheit und Herkunft vernebeln, bis sie in den ersten Jahren allmählich erlischt. Wie schnell die Wesenheit die Phasen und Lernprozesse durchläuft, ergibt sich aus dem Erfahrungsschatz, der den Reifegrad der Seele prägt. Die verschiedenen Phasen der Seelenalter repräsentieren sich im Kleinen in den Altersstufen, die der heranwachsende Mensch durchlebt. Wie alt eine Seele im kosmischen Sinne ist, ist daran erkennbar, mit welcher Phase sich jemand am deutlichsten identifiziert. Bleibt jemand ein Leben lang kindisch und verspielt? Oder ist jemand als Kind schon außergewöhnlich vernünftig oder altklug?

Jetzt, am Ende des polaren Universums durch die Schwingungserhöhung sind die Stufen bis zur Karma-Befreiung schneller und leichter zu absolvieren. In erster Linie sind reife Seelen inkarniert, von denen jede einzelne ihren Teil zur Anhebung des kollektiven Bewusstseins beiträgt. Junge Seelen oder jene, die nicht erwachen möchten, verlassen diese Ebene nun (das geschah in den letzten beiden Jahrzehnten vermehrt), da sie die Aufgaben der kommenden Zeit (noch) nicht bewältigen können. Für die Verbliebenen besteht die Chance zur Karma-Befreiung, wenn sie eine bestimmte erforderliche Bewusstseinsstufe erreicht haben. Dabei geht es ausdrücklich nicht darum, besonders spirituell zu sein, sondern ein bestimmtes Allgemeinverständnis erlangt zu haben und in welcher Art und Weise auch immer im Sinne des Ganzen zu handeln. Die durch den DNS-Code vorgegebenen Erfahrungs-Rahmen können durch die Neutralisierung des Implantats umgangen werden. Dies geschieht von Seiten der höheren Ebene, wenn der eindringliche Wunsch und die erforderliche Reife dazu bestehen und je nach vorgesehenem Lebensweg (dessen Erfüllung immer unserem freien Willen unterliegt!) eingewilligt wird. Wir stehen auf der Schwelle einer wunderbaren Zeit, in der wir kollektiv begreifen werden, dass keine Erfahrung, die wir bewusst oder unbewusst wählen, eine Strafe sondern eine Be-*reich*-erung ist.

Das Symbol:

Das Symbol zeigt die Ver-*sinn-bild*-lichung der Pfade des Karmas und deren Gegenpole und wie diese miteinander verflochten sind. Hier wird ersichtlich, dass Karma eine Gleichung zwischen Geben und Nehmen, Ursache und Wirkung ist. Es soll uns immer daran erinnern, dass sämtliche Erfahrungen auf dieser Ebene ein Spiel sind und dass einzig unser freier Wille für die Teilnahme daran ver-*antwort*-lich ist. So "tragisch" manches aus in-*volvierter* Sicht auch erscheinen mag, so sollten wir uns in unseren Rollen niemals vergessen und wieder lernen, den Gesamtprozess von oben zu sehen. Das Zeichen soll uns in liebe- und auch humorvoller Weise dazu anhalten, aus der derzeitigen Situation auszusteigen, um uns zu ent-*volvieren* um abschalten zu können und will uns die größeren Zusammenhänge wieder erkennbar machen. Es gibt keine Aufgaben, denen wir nicht gewachsen wären, denn was uns nicht entspricht, hätten wir nicht anziehen können. Das Symbol will uns den Weg erleichtern und kann beim Wunsch zur Karma-Befreiung hilfreich wirken; vorausgesetzt, dass der Wunsch von äquivalenten Taten und Absichten begleitet wird.

FOKUS-ERWEITERUNG

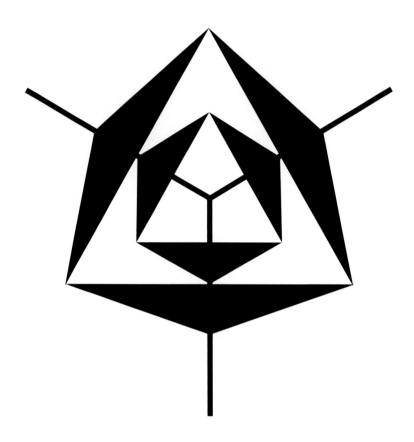

"Zu erkennen,
was direkt vor unserer Nase liegt, ist ein stetiger Kampf."

George Orwell

Der Begriff "**Fokus**" versteht sich einerseits als "**Brennpunkt**", andererseits aber auch als "Krankheitsherd". Wird etwas "**fokussiert**", wird "etwas auf einen Brennpunkt gerichtet", aber auch im wissenschaftlichen Sinne werden "Strahlen gesammelt", woraus sich aus beiden Bedeutungen das Substantiv "**Fokussierung**" ergibt.

Eine "**Erweiterung**" ist eine "räumliche wie gedankliche oder virtuelle Ausdehnung" und "**Weite**" wird mit "Breite, weiter Raum oder Umfang, weites offenes Feld" gleich gesetzt. Wenn etwas "**geweitet**" wird, wird es "vergrößert, ausgedehnt, entfaltet" und ist immer auch im Sinne eines Gewinns zu verstehen.

Unsere irdische Realität ist eine Illusion. Wir alle spielen das Spiel dieser Illusion mit und erzeugen durch die Verstrickung in mentale Systeme weiterhin imaginäre Konstrukte. Wir sehen nicht mehr.

Wir alle haben eingewilligt, das Spiel des Vergessens und der Blindheit mitzuspielen, um auf dem Spielplatz der physischen Ebene zu lernen. So lange, bis wir durch einen göttlichen Funken, einen Auslöser inmitten der illusorischen Welten zu Erkenntnis gelangen. Es handelt sich um jene Erkenntnis, die den Durchblick ermöglicht, alle Systeme der physischen und imaginären Nebel zu *durch-lichten.* Die Demaskierung all unserer Rollen und Werte-Skalen wird am Ende das Dunkel er-*leuchten* und das Verständnis für das Gesamte hervorbringen. Das setzt Selbst-Erkenntnis voraus. Wer seine eigenen illusorischen Muster *ent-larvt* hat, kann das ganze System *ent-tarnen.* Im Kollektiv ergibt das eine lichte, er-*leuchtete* Welt. Jeder Einzelne fördert das Kollektiv und erhebt die Gesamt-Frequenz.

Kaum jemand ist sich seiner "Blindheit" bewusst. Was für uns einen Normalzustand darstellt, fällt nicht auf. Erst ein Einbruch in gewohnte Muster oder eine kurzzeitige Be-*reich*-erung oder Er-*weit*-erung des Gewohnten lässt aufhorchen und den Wunsch verspüren, den Standard der *Wahrnehm*-ung zu erhöhen. Solch ein zumeist unbeabsichtigter Einbruch tritt in Extremsituationen auf, in Momenten, wo wir extremen Gefühlsregungen ausgesetzt sind. Das verschiebt den Fokus unwillkürlich und öffnet ein neues Fenster der *Wahr-nehm*-ung. Oft verbinden wir das dann mit einer unangenehmen Situation oder Gefühlsregung und blockieren dadurch den weiteren Zugang zu jenen Fenstern. Wir distanzieren uns unterbewusst von *Wahr-nehm*-ungen, die mit schmerzhaften Erinnerungen verbunden sind. Doch der Auslöser, der uns hinter die Kulissen der "normalen" Welt blicken lässt, ist nur eine Straße von vielen, die dort hin führt, nicht aber die Voraussetzung dazu. Es gilt, den Auslöser vom Einblick zu trennen und nur den Einblick zu fokussieren.

Unser alltäglicher Fokus ist fixiert auf Dinge, die wir als "wichtig" erachten. Dadurch sind unsere Wege vorgezeichnet und wir sehen das Ganze nicht mehr. Die illusorische *Wirk*-lichkeit, also die verschlüsselte Wirkung der Realität auf uns ist vom persönlichen Empfinden abhängig.

Nachdem wir lernen mussten, uns in dieser für uns anfangs unbequemen und un-*gewöhn*-lichen Welt (jene, an die wir noch nicht *gewöhnt* waren!) zurechtzufinden, haben wir uns ein psychisches Raster angefertigt, das jene Dinge, die für unser Leben nicht förderlich oder unbrauchbar schei-nen, ausgefiltert werden. Alles, worauf wir unseren Fokus nicht gerichtet haben, fällt durch das rationale Gitter. Es fällt uns nicht auf.

Unsere Welt besteht aus den Vorstellungen, die jeder einzelne von uns von ihr hat. Alle Vorstellungen, die mit denen anderer konform gehen, verstärken die Illusion. Weil wir glauben, dass diese Welt nun einmal so ist, wie sie uns er-*scheint* (die optische *Wahr-nehm*-ung, also alles, was wir **sehen**, hängt immer mit **Licht** zusammen - der *Schein* ist also immer auch gleichsam hell wie trügerisch!), wird Energie aufgewandt, sie weiter-hin so er-*scheinen* zu lassen. Unser Glaube erschafft, was wir sehen und was wir sehen, bestärkt uns in unserem Glauben.

Das vorgefertigte Raster der *Wahr-nehm*-ungen dient unserem Schutz. Je nach der Stufe und der Geschwindigkeit unserer Lernerfahrungen verän-dert es sich allmählich und lässt andere *Bewusst-seins*-eindrücke zu. Sämtliche Bewusstseinseindrücke sind nach ihrem Schock-Faktor selek-tiert worden, bevor wir sie zur oberbewussten Verarbeitung und Einordnung erhalten.

Unser reiner Geist kann sämtliche Bewusstseinseindrücke *wahr-nehmen*, also sämtliche existierende Frequenzen, denn er besteht aus dem Stoff des All-Einen. Unser Verstand filtert ein Gros aller Gesamteindrücke aus und lässt nur jene unsere Auf-*merk*-samkeit passieren, die primär für unser Überleben und unsere Orientierung vonnöten sind und lässt jene *Wahr-nehm*-ungen ins Meer des Unterbewussten sinken, die nicht unserer Ratio entsprechen. Der rationelle Filter entspricht unserem seelischen und geistigen Reifezustand. Neben uns könnte eine außerirdische Besatzung mitsamt fliegender Untertasse im Stadtpark stehen - doch der Verstand lässt sie uns nicht sehen, weil wir nicht sehen wollen, was unserer Meinung nach nicht sein kann oder darf. Wir sehen das, worauf wir unseren Fokus richten. Nur die wenigsten können die Scharen von Elementarwesen sehen, die um uns herum sind und genauso wenig hören wir die Infraschall-Frequenzen, in denen sich Nager vor unseren Ohren unterhalten oder sehen UV-Farben, die für andere Lebewesen eine Selbstverständlichkeit darstellen.

UV-Farben und Infraschall lassen sich mittlerweile mit technischen Messgeräten nachweisen, doch höher schwingende Frequenzbereiche können mit rein physischen Methoden nicht erfasst werden, weswegen sie von unserer Wissenschaft als "nicht existent" abgetan werden.

Jeder von uns kennt Situationen oder Momente, oft sogar ganze Zeiträume, die wir *schein-bar* im Traum durchlebt haben, die uns un-*wirk*-lich er-*scheinen* (*Wirk*-ung wie *Schein* können von der Ratio nicht zugeordnet werden, emotionale Impulse werden umgangen und dadurch keine Assoziations- und Identifikations-Werte geschaffen). Diese irrealen Momente wirken durch unsere *Dis-soziation* so. *Dis-soziation* wird immer durch einen Schock ausgelöst, der uns die Situation nicht in einer Weise erfahren lässt, die uns schaden würde. Daher distanziert sich der Intellekt vom Geschehen und in unserer bewussten *Wahr-nehm*-ung und Er-*inner*-ung (Ver-*inner*-lichung; jenes, das ins *Innere* dringen durfte) er-s*cheint* alles schwammig, wie in Watte gepackt.

Es beginnt damit, zu **beschließen**, unseren "Blick" neu auszurichten und Dinge und Wesenheiten *wahrzunehmen* und **anzunehmen**. Aber wir können unseren Fokus verändern, unsere all-umfassende Aufmerksamkeit trainieren und wieder lernen, jene Dinge zu be-*merken* (in einer Art und Weise ins Bewusstsein dringen zu lassen, die Auf-*merk*samkeit erlangt und vom rationalen Filter be-*merkt* wird, sodass die Informationen als bewusste *Wahr-nehm*-ungen für die äußeren Sinne übersetzt werden) die sich bisher außerhalb unseres Bewusstseinsfeldes befanden. Doch Fokus-Erweiterung bedeutet nicht nur, das dritte Auge zu öffnen und ätherische Wesen und "Über-Sinnliches" *wahr* zu *nehmen*, sondern auch, seinen Blick im Alltag umzuschulen und bisher Unbemerktes zu registrieren und Zusammenhänge zu erkennen.

Das Beispiel vom Maler zeigt unsere Irrtümer auf. Die meisten denken, dass, um ein guter Maler zu sein, die Kunstfertigkeit in den Fingern stecken müsse. Dem ist nicht so. Selbstverständlich muss ein guter Maler die Techniken beherrschen und eine ruhige Hand aufweisen - doch die eigentliche Kunst liegt in seinem Auge. An seiner Sicht der Dinge.
Sie beginnt im Auge des Betrachters, welches sieht und wiedergibt und endet im Auge des fremden Betrachters, der das ursprüngliche Objekt in dessen Abbildung wieder erkennt.
So ähnlich verhält es sich mit unserer *Wahr-nehm*-ung. Wir schulen die metaphorische Hand und nicht das Auge. Es ist wie Autofahren ohne Führerschein, wenn die Hand das Auto und die Fahrkunst das Auge des Malers ist. Der Weise sieht von außen auf die Dinge, denn wer in das Geschehen in-*volviert* ist, kann seinen eigenen Part in der Situation weder sehen noch verstehen. Der Karma-Befreite sieht die Dinge von oben.
Wer außerhalb des Geschehens steht, sieht wesentlich mehr als jener, der inmitten steht. Jedoch sieht er nicht alles, da er immer nur eine Perspektive nutzen kann und mit Gewissheit sieht jede Situation aus jeder möglichen Richtung anders aus. Wer außerhalb steht, befindet sich zusätzlich in einer neuen Situation, wenn er dieser auch noch so unpersönlich gegen-

über tritt. Auch in diesem Fall projiziert er auf diese Situation bezogene mentale Konstrukte, die wiederum ihre Resonanz erhalten werden.

Wer von oben sieht, sieht alles und ist in keiner Weise in-*volviert.* Er sieht alles unpersönlich und fühlt sich nicht angegriffen und hat kein Bedürfnis, sich mit seiner Sicht der Dinge zu schützen oder zu *recht-*fertigen. Wir schützen uns tagtäglich aus Angst, wir könnten etwas sehen, das uns in den Grundfesten unserer Glaubensmuster erschüttern könnte. Wir nehmen alles persönlich. Wir nehmen uns selbst zu wichtig. Wir sehen uns selbst nicht von außen, und sind nicht dazu imstande, objektiv zu sehen.

Das Unbekannte verliert seinen Schrecken, wenn wir es genauer betrachten. Wenn es uns vertraut wird. Wir brauchen den Wiedererkennungsfaktor, um uns wohl zu fühlen. Wir müssen alles in eine Kategorie bringen, um damit umgehen zu können. So entsteht unsere individuelle *Werte-*Skala. So sehr es auch in der esoterischen Welt kritisiert wird, so ist es dennoch unmöglich, nicht zu **wert-**en. Denn absolut alles, mit dem wir konfrontiert sind, löst eine *Emp-findung* aus. Und *Emp-findungen* unterliegen immer unserer persönlichen Wertung, weil die *emp-athische* Ein-*findung* in jegliches Geschehen immer primär dem unwillkürlichen Selbst-Vergleich gilt. Alles steht in einer Relation zu etwas, das immer irgend eine Art von Emotion in uns auslöst. Diese emotionale Wertung ist an sich neutral, *Aus-schlag gebend* (*Impuls gebend!*) ist die persönliche Interpretation - die Wertung des Gefühls, die erfolgt, weil der Schublade, in die wir das Gefühl stecken, ein Etikett angeheftet wird, mit dem wir jede Emotion mit "positiv" oder "negativ" versehen. Die allererste Wertung, die mit jedem Eindruck automatisch erfolgt, ist für unseren *Wieder-Erkennungs-Wert* erforderlich. Ohne die Bewertung von Gefühlen könnten wir sie nicht selektieren. Alle Sinneseindrücke wären ein Brei, in dem nichts hervorsticht und wir könnten uns weder orientieren noch eine Sache von einer anderen unterscheiden.

Daraus ergeben sich unsere *Erfahrungs-werte.* Der Erfahrungswert assoziiert bestimmte Umstände mit einem *wahr-schein-*lichen Ereignis. Das

Kind muss erst lernen, dass die Herdplatte heiß ist - wenn man es ihm sagt, kann es mit dieser Information nichts anfangen, weil es nicht weiß, wie sich das anfühlt. Selbst der aufgeschlossene Mensch wird aufgrund seiner Erfahrung "auf der Hut" sein.

Absolut alles, mit dem wir konfrontiert sind, muss vom Intellekt kategorisiert werden, um im Gehirn die entsprechenden Synapsen-Verbindungen knüpfen zu können. Wertungen sind also eine natürliche Begleiterscheinung unseres Daseins. Die einzige Herausforderung dabei ist, wie wir mit unseren Wertungen umgehen. Was eigentlich daran kritisiert wird, sind *Vor-Urteile*, die ihnen entwachsen. Die Wertung an sich unterliegt zwar der persönlichen Empfindung, ist aber im höheren Sinne nicht verwerflich. Man kann seine Empfindungen weder manipulieren noch unterdrücken.

Unsere persönliche Werte-Skala bildet das Raster unserer bewussten *Wahr-nehm*-ungen. Jeder kennt das Beispiel vom Aststück, das in der Dunkelheit mitten auf der Straße liegend im ersten Moment wie eine Schlange erscheint. Dieser erste Moment war die Ver-*sinn-bild*-lichung einer unserer Ur-Ängste, die über das eigentliche Bild projiziert wurde. Erst bei näherer Betrachtung entpuppte sich die vermeintliche Schlange als das für uns harmlose Hölzchen. Wir sehen, was wir er-*warten*.

Es gibt auch den umgekehrten Fall, in dem wir in eine düstere Ecke blicken und im allerersten Moment, noch ehe wir ihn *wirk*-lich (in seiner eigentlichen *Wirkung*) verarbeiten konnten, etwas sehen, das wir nicht einordnen können. Erst allmählich verwandelt sich das ungewöhnliche Bild in das von uns er-*wart*-ete Objekt. Hier handelt es sich um eine verschobene Wiedererkennung, die auch sehr deutlich symbolisiert, dass unsere Welt wandelbar ist und wir ihrer Illusion unterliegen - unserer eigenen Illusion von ihr.

Der Komponist Gottfried von Einem, der auch Jahre nach seinem Tod mit seiner auf Erden verbliebenen Ehefrau Lotte Ingrisch in Kontakt steht, übermittelte ihr: "Orte sind Codes!".

Wie ist das nun zu verstehen? Sämtliche von uns sichtbare Materie schwingt in unterschiedlichen Frequenzen. Diese Frequenzen sind nicht nur durch den schöpferischen Fokus, der das physische Endprodukt beabsichtigt, bedingt, sondern bilden auch im Kollektiv ein Gruppenbewusstsein. Zusätzlich speist jeder von uns seine persönlichen psychischen Frequenzen in die gesamte sichtbare Materie (Projektion). So haben z. B. Städte ein Karma, das von der Klimazone, in der sie sich befinden bis hin zur religiösen Orientierung ihrer Bewohner geprägt ist. Diese Codes, die nun in jeder sichtbaren Materie existieren, kann man sich in Form von geometrischen Konstruktionen vorstellen, die wie alles im Universum nach dem Gesetz der Resonanz funktionieren. Je nach der Ausrichtung des Betrachters des Objekts spricht er auf bestimmte Frequenzen an oder nicht und wandelt dadurch entsprechend seiner Orientierung das ursprünglich programmierte Objekt in sein persönliches Objekt. Er stülpt seinen ganz persönlichen Code darüber.

So kompliziert das vielleicht auch klingen mag, es ist dennoch eine Selbstverständlichkeit für uns, welche wir in jeder Minute unseres Daseins unbewusst ausleben.

Wenn wir unseren Fokus erweitern und uns vornehmen, nicht das Gewohnte und von uns Er-*wart*-ete zu sehen, können wir *wahr*-lich wundersame Entdeckungen machen. Wenn es uns gelingt, Dinge anzunehmen, bevor wir sie interpretieren, haben wir eine neue Welt vor uns - inmitten der herkömmlichen.

Das Symbol:

Dieses Symbol hat die Aufgabe, dem Betrachter der Welt dazu zu verhelfen, das Ganze zu erkennen. Er sollte den Illusionen nicht erliegen, sondern sie durchschauen.

Das ist nur möglich, wenn er seine Angst überwindet. Das Zeichen stimmt in Situationen, wo es darauf ankommt, zu *sehen*, auf die nötige Fokussierung ein und verhilft zur *Wahr-nehm*-ung der Primär-Impulse, bevor sie von der Ratio interpretiert werden, wodurch Er-*wart*-etes in den Hintergrund *gerückt* (aus der gewohnten Sichtlinie geschoben) und durch Überraschendes ersetzt werden kann.

FOKUS-VERSCHIEBUNG

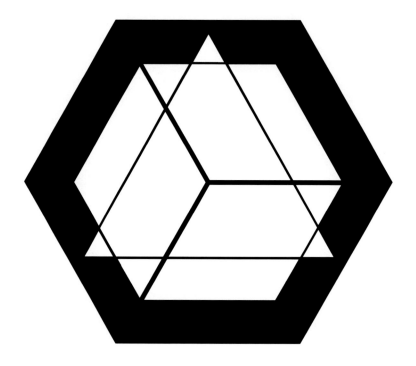

"Wichtig ist,
das Prinzip hinter der Form zu suchen."

Kumeka
(eine astrale Wesenheit)

In Carlos Castanedas "Die Kunst des Träumens" bekommt dieser von seinem Lehrer Don Juan Matus den menschlichen **Fokus** als "**Montage-punkt**" beschrieben, der die Art der jeweiligen *Wahr-nehm*-ung eines Individuums bestimmt. Dies beschreibt er folgendermaßen: *"Je größer die Verschiebung des **Montagepunkts** aus seiner gewohnten Position, desto ungewöhnlicher ist das daraus folgende Verhalten - und offenbar auch die daraus folgende Bewusstheit und Wahrnehmung."*

Wenn etwas "**verschoben**" wird, wird es "durch Druck bewegt" oder *"ver-rückt"*, woraus sich die zugrunde liegende Bedeutung eines Wortes ergibt, das wir wie so viele andere in einem Sinne gebrauchen, der sich aus Gewohnheit in eine andere Richtung *"ver-rückt"* oder "**verschoben**" hat.

In jeder Sekunde unseres Lebens filtert unser Verstand unermüdlich die ständig auf uns einregnenden Eindrücke. Er selektiert aus der unerschöpflichen Masse jene *Wahr-nehm*-ungen, die in unser *Bewusst-sein* dringen dürfen. Wir haben unseren Verstand programmiert. Unsere Glaubenssätze und Verhaltensmuster stellen das Sieb dar, das wir zu unserem Selbstschutz installiert haben. Wir nehmen lediglich einen geringen Anteil von sämtlichen Eindrücken, die in einer sprichwörtlichen Flut auf uns einstürzen, in unsere bewusste *Wahr-nehm*-ung auf. Der Verstand regelt unsere Sicht der Dinge, er ist der Türsteher, der nur geladenen Gästen Eintritt in unsere privaten Innenräume gewährt. Unsere eingeprägten Muster bilden das Raster, das nur *passende Informationen* (jene, die *passieren* dürfen) durchlässt. Wir wollen unsere Er-*wart*-ungen erfüllt sehen und werden sehen, was wir er-*warten*. Wir sind die Schöpfer unseres Universums. Wir stecken mittendrin und bestaunen das Karussell, das seine Bahn um uns zieht. Wir sehen nicht. **Wir forcieren unsere Sicht**. Und versinken in unseren Bildern, die wir von der Welt haben. Wir haben eine *Vor-stellung* (unsere Sicht der Dinge, die *vor* die eigentliche Realität *gestellt* wird und eine ganz individuelle *Vorstellung* auf unserer Lebensbühne gibt) davon, was sich gehört und bezeichnen Leute, die sich den Regeln nicht beugen oder nicht in dieses Schema passen, als *ver-rückt* oder *ex-zentrisch*. *Ver-rückt* ist jemand unserer Meinung nach, der seinen Fokus nicht auf die Dinge richtet, die der "Normale" sieht und *Ex-zentrik*-er sind nach Meinung der Allgemeinheit jene, die nicht in ihrer Mitte, also *ver-rückt* sind. Wir kennen noch die Möglichkeit, dass sich unser Fokus durch Drogenkonsum verändert, doch dass das keine Empfehlung ist, ist müßig, erwähnt zu werden.

Don Juan Matus half *Carlos Castaneda*, seinen Blick neu auszurichten, um ihm eine neue Sicht der Dinge zu ermöglichen, einen neuen Ereignisrahmen aufzutun und eine neue Art der *Wahr-nehm*-ung zu ver-*wirk*-lichen. Er verschob seinen Fokus.

Wir befinden uns in einer imaginären Welt. Wir unterliegen zeitlebens einer perfekten Illusion. Der Schein trügt. Wir leben in einem Hologramm, einer programmierten virtuellen Realität, in welcher wir jede Sekunde unseren Beitrag zur Aufrechterhaltung der Illusion leisten.

Wir kennen Ebenen und Perspektiven.

Die Ebenen entsprechen unserer Schwingungsfrequenz bzw. unserem Allgemeinzustand, unserem Wohlbefinden, unserer physischen, psychischen und mentalen Verfassung.

Unsere Schwingungsfrequenz bestimmt, zu welchen Seins-Ebenen wir Zugang erhalten. Das betrifft sowohl die Ebenen des Tagesbewusstseins wie die Welten, die sich uns im Schlafzustand eröffnen.

Die jeweilige Ebene enthält das ihr entsprechende Panorama der Perspektiven.

Wer sich krank und niedergeschlagen fühlt, wird keinen hohen Schwingungszustand erreichen können und wird *wahr-scheinlich* eine entsprechende Perspektive - also seine Sicht der Dinge - einnehmen.

Gelänge es ihm, seinen Fokus von der persönlichen Einstellung, dass es ihm schlecht geht, zu nehmen und ihn stattdessen auf die Aussicht der Genesung und Heilung zu verlegen, käme er wesentlich schneller aus seiner niedrig frequenten Ebene heraus.

Ebenen und Perspektiven sind wie in einem straffen Gewebe dicht miteinander verwoben.

Wenn jemand die Perspektive einnimmt, dass Schokolade dick macht und unreine Haut verursacht, werden ihm auf seiner Ebene *wahr-scheinlich* vor allem Leute begegnen, die seine Theorie bestätigen und zudem wird jedes Stück Schokolade genau die er-*wart*-eten Folgen auslösen. Dass es auch gegenteilige Beispiele gibt, wird die Person aus ihrer *Wahr-nehm*-ung selektieren, selbst wenn das Beispiel unmittelbar vor ihrer Nase gegeben wird. Sie hat sich ihr *Wahr-nehm*-ungsraster mit ihrer Perspektive geschaffen, welches ihre Ebene formt.

Worauf unser Fokus gerichtet wird, bestimmt unsere Erlebnisse, färbt jedoch auch die Illusion dieser Welt in seine Nuance. Anders ausgedrückt: Wir manifestieren ein Thema in die Matrix. Jeder kennt den "Ausnahmezustand" der Verliebtheit. Plötzlich sieht man die angebetete Person überall, obwohl sie es gar nicht ist. Es handelt sich dabei um eine Projektion, weil das Bild einer bestimmten Person durch die Kraft eines starken Gefühls projiziert wird, wohin der Blick auch gerichtet werden mag. So funktioniert das Gesetz der Tarnung, der illusorischen Imagination. Das ist ein Beispiel für die persönliche Färbung, da der Fokus ununterbrochen beim anderen weilt. Brächte man diesen Energieaufwand einher gehend mit dem positiven Gefühl der Verliebtheit auf, den Fokus auf Wünsche zu richten, hätte jeder von uns, was immer er möchte. Verliebtheit bringt die nötige Motivation auf, die eine Fokussierung voraussetzt. Kaum jemand absolviert diese Übung "einfach nur so". Weswegen wir in der Verschleierung sämtlicher illusorischer Nebel weiter existieren. Weder gestehen wir uns die Kraft zu, die Welt zu verändern noch haben wir Lust, sie zu durchschauen. Was uns noch davon abhält, ist der Umstand, dass unser Geist niemals "frei" ist. Ständig kreisen unser Gedanken um irgend etwas, niemals herrscht "Leere" oder "Stille", fortwährend befinden wir uns im inneren Dialog. Das lenkt den Fokus ab und verhindert, dass er auf außen Stehendes gerichtet wird.

In der Gedankenfreiheit - also im Zustand, der frei von allen Gedanken macht - wäre alles möglich. Allzu oft und allzu gerne lassen wir uns ablenken und haben unsere Gedanken nicht unter Kontrolle. Winzigkeiten bekommen riesige Auf-*merk*-samkeit und verschlucken die restliche Welt um uns herum - wir machen "aus Mücken Elefanten" und das öfter, als es uns bewusst ist. Etwas, das unser gesamtes Feld einnimmt, lässt anderen Umständen keinen Raum mehr. Unsere Gedanken sind zu einem hohen Prozentsatz für die Verschleierung unserer bewussten *Wahr-nehm*-ung mit ver-*antwort*-lich. Der Fokus ist *ver-haftet.*

Um wieder eine all-umfassendere Auf-*merk*-samkeit oder Weltsicht zu erlangen, empfiehlt sich das spielerische Experimentieren mit dem Erkennen von Zeichen. Jeder Tag hat ein Thema. Dieses Beispiel dient der vorerst unpersönlichen Übung im Fährtenlesen, wenn auch jene Spuren und Zeichen vom Betrachter abhängig sind. Mir fiel vor ein paar Jahren auf, dass bestimmte Themen oder Dinge immer wieder innerhalb eines Tages auftauchen und am nächsten Tag von einem anderen Thema abgelöst werden, auch wenn sie nichts mit dem Weltgeschehen zu tun haben. Ich nenne dieses Phänomen den "roten Faden des Tages". So dachte ich z. B. eines Tages an ein Buch, das ich in meiner Kindheit sehr geliebt hatte und fand einen Bericht im Fernsehen darüber, dass dieses Buch verfilmt werden sollte. Später las ich ein Interview einer Sängerin, die erzählte, dass ein Lied ihres neuen Albums genau von jenem Buch inspiriert wurde, das sie auch in ihrer Kindheit sehr gerne gelesen hatte.

Es gibt zahlreiche Beispiele für den roten Faden des Tages. Manchmal sehe ich einen Schauspieler, von dem man schon über zehn Jahre nichts mehr gehört hatte, an einem Tag auf drei verschiedenen Kanälen oder auf der Straße ein rosafarbenes Auto der Marke "Ente" und finde kurz darauf auf einer Wand unter anderem einen Aufkleber mit einer Zeichentrickente, die eine rosafarbene Masche um den Hals trägt und sehe im Park ein Mädchen mit einem rosa Spielzeugauto.

Es kann beispielsweise auch passieren, dass ich an einem Tag während des Frühstücks einen längst vergessenen Song aus den 80er Jahren im

Radio höre und dann unterwegs den Song noch einmal aus einem geöffneten Autofenster an der Ampel vernehme und abends in der Straßenbahn einen Jugendlichen sehe, der einen Button der Band, die den Song gecovert hat, auf seinem Rucksack trägt. Es gibt bestimmte Begriffe, die an einem Tag an jeder Ecke *schein*-bar *zu-fällig* zu hören sind, weil sie nichts mit dem eigentlichen Tagesgeschehen zu tun haben, also keine Schlagwörter aus den Nachrichten sind oder ähnliches.

Es gibt noch den *persönlichen* roten Faden, der all jene Dinge im Leben des Einzelnen erscheinen lässt, die in irgend einer Art und Weise gerade von Bedeutung sind. Das passiert absolut jedem, doch nur wenige sehen diese Wegweiser. Wenn es gelingt, vom Gedankenstrom abzulassen und mit etwas mehr Auf-*merk*-samkeit durch die Welt zu gehen, sollten jene Zeichen nicht im Verborgenen bleiben. Viele Psychologen und Wissenschaftler meinen zu diesem Phänomen, dass diese Dinge immer da gewesen sind und wir sie früher nur nicht bemerkt haben, doch das erklärt noch lange nicht, dass auf einem Amt jemand vor mir dran genommen wurde, obwohl er nicht auf der W a r t e l i s t e stand, ich kurz darauf einen Tarif laut L i s t e bezahlen musste und mir meine Nachbarin eine L i s t e mit Unterschriften gab, um mich gegen Tierversuche einzutragen. Diese Dinge waren früher nicht ständig innerhalb eines Tages da! Viel eher ist damit der so genannte "Tunnelblick" gemeint, der den Fokus nur auf ganz bestimmte Dinge richtet, die momentan von Belang sind.

Wer Zeichen erkennen kann, kann auch Illusionen besser durchschauen. Kann das System erkennen, in dem er verstrickt ist. Und das größere Ganze sehen, um die Prinzipien zu erkennen, denen er in seiner Rolle unterworfen ist. Es ist keine hohe Kunstfertigkeit vonnöten, um die Illusionen zu durchschauen. Nur der Blick auf andere Schwerpunkte als bisher.

Unsere *Wahr-nehm*-ungs-Selektion schützt uns vor dem Schock, *enttäuscht* zu werden.

Wir fürchten, der Vorhang unserer Illusionen könnte fallen, die mühsam aufgebauten Kulissen durch einen unliebsamen Faktor zerstört werden, der unsere gesamte bisherige Einstellung in ein neues Licht tauchen könnte. Wir wären dann nicht mehr der Regisseur in unserem Bühnenstück. Wer fürchtet nicht, nur eine Marionette zu sein? Obgleich nur wir die Fäden unserer Spielfiguren (die Rollen, die wir in den jeweiligen Akten einnehmen) in der Hand haben, fürchten wir den Kontrollverlust durch den Eintritt ungeplanter Ereignisse oder Faktoren im Schauspiel. Der Faktor X könnte alles zerstören, die Szenerie wäre nicht mehr überschaubar und das Happy End ungewiss. Daher klammern wir uns so verzweifelt an eine höhere Macht, um im Glauben daran auch den Faktor X eingrenzen zu können. Wenn er schon nicht begreiflich ist, so hat er wenigstens einen Namen. Wir können leichter mit Uner-*wart*-etem umgehen.

Der Erwachte versteht, dass er der Initiator aller Ereignisse ist. Sein Fokus bestimmt den Schauplatz.

Wer die Angst vor dem Unbekannten zu überwinden vermag, kann die gewohnte Umgebung mit völlig neuen Augen sehen und sogar die neugierige Sichtweise der Kinderjahre wieder erlangen. Wir benötigen den Gewöhnungseffekt, um einem Ereignis oder einem Objekt den Schock-Faktor zu nehmen. Wenn es uns gelingt, dem vermeintlich Neuen mit wachsamem Interesse entgegen zu treten, werden wir erkennen, dass die noch unbekannte Welt auch nur eine ge-*wöhn*-liche ist. Wir lernen nie aus!

Das Symbol:

Das Symbol verhilft uns dazu, den roten Faden in unserem Alltag zu erkennen. Es bestärkt uns, die Dinge zu sehen und die Zeichen zu erkennen, die uns unseren Weg weisen. Es bestärkt uns darin, mit unserer Auf-*merk*-samkeit zu experimentieren und eine neue Welt zu entdecken, die innerhalb der uns gewohnten existiert.

Wir verschieben tagtäglich unseren Fokus - im für uns kontraproduktiven Sinne. Kaum sind wir jemals im Moment - ständig sehen wir auf die Uhr und möchten, dass etwas vorüber wäre oder dass es schon morgen wäre oder aber wir trauern der Vergangenheit nach. Das Symbol begünstigt eine Verlagerung des Fokus auf positive Aussichten. Diese müssen *im Moment* geschaffen werden. Auch wer im Moment bleibt, kann seinen Fokus verschieben. Er wird neue Dinge *wahr-nehmen,* wenn er sich darauf einlässt und die Welt mit völlig neuen Augen sehen. Beginnen wir spielerisch, wie ein Kind alles zu bestaunen. Absolut nichts ist eine *Selbstverständlich*-keit! Wir können mit dem Symbol wieder die Details erkennen, wenn wir ihnen Einlass gewähren. Es verhilft uns auch dazu, sich in andere hineinzuversetzen. Wer möchte andere besser verstehen oder sehen, wie die Welt aus der Sicht seines Haustieres aussieht?

INNERE SINNE

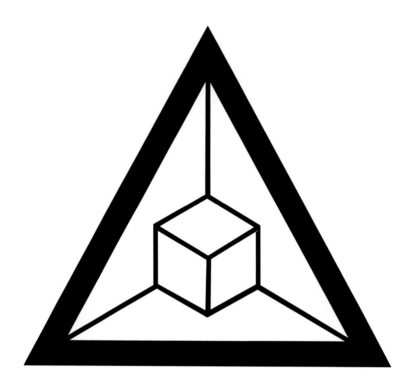

"Innen sind deine Augen Fenster
auf ein Land,
in dem ich in Klarheit stehe."

Ingeborg Bachmann

Unter dem Begriff "**Sinn**" versteht man "die Fähigkeit, Reize zu empfinden, Denken, Gedanken, **Gesinnung**, Gemüt, Verstand, geistiger Inhalt", das sich seit dem 9. Jahrhundert aus dem Wort *"sin"*, niederländisch *"zin"* entwickelte, woraus sich "**sinnen**" ergab. Verwandt ist der Ausdruck mit "**Gesinde**" und "**senden**", das "eine Richtung nehmen, gehen" und übertragen "empfinden, wahrnehmen" meint. "**Bei Sinnen**" ist jemand, der "Verstand" besitzt und wer "**nicht bei Sinn**" ist oder nicht "**alle Sinne beisammen hat**", muss erst "**zu Sinnen kommen**". Hat man "**einen Sinn für etwas**", dann beschreibt das eine "Lust, Neigung" und hat man "**etwas im Sinn**", wird "etwas beabsichtigt". Ist etwas "**sinnig**", ist es "durchdacht, überlegt" und "mit Vernunft begabt, verständig, erkennend, weise" und ab dem Jahr 1000 mit dem Wortlaut *"sinnec, sinnic"* sogar "verständig, besonnen, klug, sinnreich", woraus sich unweigerlich das Gegenteil mit "**widersinn**", "**sinnlos**" und "**unsinnig**" ergibt. Etwas oder jemand, das oder der "**sinnlich**" ist, ist "mit den Sinnen wahrnehmbar, körperlich, sexuellen Dingen leicht zugänglich" (noch im englischen Wort „sin" wird deutlich, das Sinnesfreuden unter Moralaposteln als „Sünde" galten!), das sich zu "**übersinnlich**" entwickelte, worunter "mit den Sinnen nicht wahrnehmbar, übernatürlich" zu verstehen ist.

Der moderne Mensch hat den bewussten Umgang mit seinen inneren Sinnen fast vollständig verlernt und sehr oft leugnet er sogar deren Existenz.
Wir kennen den Begriff "Intuition", deren Kraft zumeist unterschätzt wird. Und das zu Unrecht!
"Intuition" definiert sich als "Eingebung, ahnendes Erfassen" und stammt von lateinischen *"intuitio"*, das so viel wie "das Erscheinen des Bildes im Spiegel" und spätlateinisch "geistiges Schauen" bedeutet, woraus sich in der scholastischen Philosophie "durch Schauen (nicht durch Denken!) erworbene Kenntnis" bildete und zum lateinischen *"intueri"* - "genau auf etwas hinsehen, etwas geistig betrachten" wurde.
Wir alle kennen Beispiele für den Gebrauch der inneren Sinne, ohne sie ihnen direkt zuzuschreiben. Intuition oder Instinkt werden in der modernen

Gesellschaft wenig als gültiges Instrument anerkannt, Dinge wie Telepathie, Hellsehen, Vorahnung, Visionen, Zugang zu seinen Geistführern, Eingebung und Channeling werden in den Bereich des *Über-sinn*-lichen verdrängt, das meistens nur belächelt wird. Das alles sind existierende Dinge und was so gerne als *"über-sinnlich"* bezeichnet wird, sind eigentlich *"inner-sinn*-liche*"* Angelegenheiten. Verschwimmender sind die Grenzen bei unserem Orientierungs- und Gleichgewichtssinn. Wo würde der moderne Mensch diese zuordnen? Können sie als rein physische Phänomene abgetan werden? Ein weiteres Beispiel ist der Phantomschmerz, der noch lange Jahre nach der Amputation eines Körperglieds an der ursprünglichen Stelle auftreten kann. Wie ist das zu erklären? Hier verkündet der Astralkörper mithilfe der inneren Sinne, dass das fehlende Körperteil auf seiner Ebene noch vorhanden ist.

Wie verhält es sich, wenn wir keine Lust mehr auf etwas haben? Wie und wo genau spüren wir das? Den wenigsten ist bewusst, dass das unsere Bauchstimme ist, die sich zu Wort meldet.

Auch das bewusste Erleben unserer äußeren Sinneseindrücke, deren Grenzen mit denen der inneren Sinne verwachsen sind, ist uns entglitten. Wir unterschätzen den permanenten Wert und die Intensität unserer *Wahrnehm*-ungen.

Erst der Entzug auch nur von einem der Hauptsinne macht seine Bedeutung klar - und die daraus resultierenden immensen Einschränkungen, obwohl sie nur einen Teilverlust bedeuten.

Guantanamo- und Irak-Folter-Opfer, denen in grausamen Prozeduren jegliche äußere Sinneseindrücke entzogen wurden, gaben an, dass für sie der Entzug der äußeren Reize schlimmer erschien als es Schmerz oder Sinnesüberreizung hätten sein können. Ärzte bestätigten, dass nach einem Tag der absoluten Isolation äußerer Stimulanzien der Betroffene zu halluzinieren beginnt und nach zwei Tagen dem Wahnsinn verfällt und für jedwede Befragung unbrauchbar ist. Schlimmer noch, nach ungefähr vier Tagen könnten die Schäden irreversibel sein.

Ähnliches gilt für Schlafentzug über einen längeren Zeitraum. Der Betroffene kann der Sinnesüberreizung nicht entfliehen, entbehrt den Ausgleichszustand für die Informationsüberflutung, beginnt zu halluzinieren und verfällt langsam dem Wahnsinn.

Beide Extreme zeigen das Gewicht der *Wahr-nehm*-ungen auf.

Wem die Möglichkeit des Sich-Ausklinkens aus der äußeren, physischen Welt genommen wird, verliert seine Aufnahmefähigkeit und kann die Flut an Informationen, die jeden Sekundenbruchteil auf ihn einregnen, nicht mehr verarbeiten. Das äußere und das innere Bewusstsein wechseln einander im Normalfall ab, um bewusste und unbewusste *Wahr-nehm*-ungen zu filtern und als verarbeitete Information in den unterbewussten Speicher sickern zu lassen. Wird diese Möglichkeit genommen, verfällt der Proband dem Bombardement der gesamten Eindrücke und allmählich dem Wahnsinn.

Im umgekehrten Fall, im Falle des Entzugs jeglicher äußerer Eindrücke ist der Betreffende vollständig der Konfrontation mit seinem inneren Selbst ausgeliefert und das ohne Vorbereitung. Er sieht sich direkt in seinen inneren Dialog verstrickt und ihm fehlt die gesamte Palette der Orientierung auf die Art und Weise, in der er seit seiner Geburt geschult wurde. Die beginnenden Halluzinationen sind eine Kombination aus dem Manifest seiner Ängste und dem Schrei der inneren Sinne, die dem Verlust der äußeren entgegen zu wirken versuchen. Der absolute Entzug aller äußeren Reize zwingt zur Beschäftigung mit seinem innersten Selbst und lehrt die *Wahr-nehm*-ung mit den inneren Sinnen auf drastische Weise. Wer dabei nicht in seiner Mitte ist, verfällt ebenso dem Wahnsinn.

Unser Gehör dient der Orientierung, während wir sprechen, auch wenn das so gut wie niemandem bewusst ist. Obwohl das Gehör beim Sprechen ausschließlich der Vergangenheit gilt und dem Moment, in welchem die Sprache entsteht, nicht direkt dient, benötigen wir es zur Bestätigung. Es ist eine Überprüfung im Nachhinein, kann jedoch momentan nicht nützen. Es gibt uns Sicherheit. Ähnlich verhält es sich, wenn wir Musik hören. Der Genuss entsteht nach dem Vernehmen der Tonfolgen. Etwas, das so flüchtig wie Musik ist, die ohnehin nur in der Er-*inner*-ung ein *greif-bares*

Konstrukt ergibt, erfordert die inneren Sinne, um unsere aus dem Moment entstandenen Er-*wart*-ungen in ein Gefühl der Harmonie oder Disharmonie zu verwandeln. Alle äußeren Sinne hängen miteinander zusammen und bedingen sich gegenseitig durch ihre Verwobenheit mit dem Geflecht der inneren Sinne, die wiederum unsere Fähigkeit der Imagination ermöglichen. Ein abgeschwächtes Beispiel ist der Versuch, die Fähigkeit des Gehörs mit und ohne plötzliche Einschränkung der Sehkraft zu überprüfen. Bei der abrupten vorübergehenden Einbuße der Sehkraft ist anfangs auch das Gehör schwächer. Jeder kann dieses Experiment in verschiedenen Abstufungen mit Augenbinde und Sonnenbrillen nachvollziehen. Hier spielt uns die Suggestionskraft einen Streich. Die Angleichung der übrigen Sinne erfolgt nach dem Entzug oder der Einschränkung eines oder mehrerer Sinne erst später. Nahezu alles, was wir permanent *wahr-nehmen* und als äußerer Sinneseindruck ver-*merkt* wird, wird erst durch den Einsatz der inneren Sinne zu dem Ergebnis, das in uns Resonanz erhält und im Gedächtnis gespeichert wird. Wie verhält es sich, wenn wir ein Gesicht oder eine Gestalt betrachten? In Sekundenschnelle können wir das Gesehene als "attraktiv" oder "unattraktiv", "sympathisch" oder "unsympathisch" usw. einordnen. Dennoch handelt es sich nach nüchterner Betrachtung um nicht mehr als eine Anordnung von Körperteilen und -partien in einem bestimmten proportionalen Verhältnis, das wir nach unserem Harmonieempfinden beurteilen. Kaum bemerken wir anfangs die charakteristischen Details, die die Persönlichkeit der jeweiligen Person ausmachen. Bei näherer Betrachtung dieses Phänomens stellt sich die Frage, wie es eigentlich möglich ist, dass wir etwas als „schön" empfinden können, das nüchtern gesehen nicht mehr als eine Anhäufung und Kombination von Vorsprüngen und Vertiefungen ist. Wir erfassen ein Gesicht in seiner Gesamtheit durch die inneren Sinne, wodurch unsere Betrachtung Resonanz erhält und das lange bevor wir dazu imstande wären, die Einzelheiten auf ihr Verhältnis zueinander zu überprüfen um sie mit unserer individuellen rationalen Werte-Skala abzugleichen. Selbiges geschieht beim Lesen. Dass wir ganz zu Beginn unserer Praxis als Schriftkundige Buchstabe für Buchstabe und Silbe für Silbe entziffern und holprig *nach-voll-ziehen* mussten, ist längst vergessen. Wir bekamen allmählich ein Gespür, eine mentale und emotionale Verknüpfung und einen *Sinn* dafür. Längst fliegen wir über die Zeilen und erfassen die Worte in ihrer Gesamtheit in einer Schnelligkeit, die es uns nicht erlauben würde, Buchstabe für Buchstabe einzeln gedanklich abzuhandeln. Mentalisten sind sogar dazu imstande, Seite für Seite eines Buches innerhalb einer Zeitspanne mit dem Finger zu scannen, die längst nicht ausreichen würde, um sie zu lesen und danach deren Inhalt sinngemäß wieder geben zu können. Wenn letzteres Beispiel auch eine erweiterte Form der Alltagsbewusstheit darstellt, so wird doch alles, was uns bekannt ist, ähnlich behandelt. Wir leben in einer Welt, in der uns der Großteil unseres Handelns und die damit verbundenen Vorgänge nicht bewusst sind.

Der Idealzustand ist selbstverständlich die ausgewogene Mischung aus äußeren und inneren bewussten Sinneseindrücken - dies stellt eine Erweiterung des Bauch-/Kopfempfindens dar und als Mittler fungiert wiederum das Herz.

Jedem Chakra ist ein primärer innerer Sinn zugeordnet, aus welchem andere resultieren oder mit ihm kooperieren. Ähnlich den Gehirnsynapsen ist das von den Pfaden und Verknüpfungen abhängig, die wir uns im Laufe des Lebens geschaffen haben. Auch hier gibt es ein Idealmaß, dessen Pfade wir uns zurück erobern müssen.

Die Chakren des Körpers sind nach ihrer feinstofflichen und physischen Qualität und Funktion angeordnet. So könnte man das Kronenchakra als das "feinstofflichste", das Wurzelchakra hingegen als das "bodenständigste" bezeichnen. Dennoch ist im Kronenchakra der Basissitz - das Tor - des Verstandes, der seinerseits die Fähigkeit besitzt, auf eine sehr physische Art und Weise das gesamte System kontrollieren, steuern und blockieren zu können. Das fundamentale Wurzelchakra dient der Erdung, dem Festigungsgefühl der Seele im der körperlichen Hülle (Körpergefühl) und ist in seinem unverfälschten Empfindungspotenzial zu wahren Höhenflügen fähig.

So wird jedes Chakra in seiner physischen Funktion von den feinstofflichen Funktionen austariert. Das ist abhängig von der "Schwere" und "Dichte" des Zuständigkeitsbereichs, welcher mit der entsprechenden feinstofflichen Empfindungsfähigkeit entgegengesteuert wird.

Je mehr man zur Körpermitte hin gelangt, desto kleiner sind die Gegensätze zwischen physischer und feinstofflicher Fähigkeit. Herz bleibt Herz und Liebe bleibt Liebe - ob physisch oder feinstofflich.

Der scheinbare Gegensatz von feinstofflicher und stofflicher Fähigkeit der übrigen Chakren ist nur aus unserer linearen Perspektive ein wirklicher Gegensatz - alles ist in allem enthalten und das eine ist Ende und Anfang des anderen. Männlich und weiblich - negativ und positiv - gleichen sich aus und in diesem Sinne stellt das Herz unser androgynstes - ausgeglichenstes - Chakra dar.

So selbstverständlich uns der Gebrauch der äußeren Sinne auch erscheinen mag, so haben wir dennoch vergessen, dass auch sie erst geschult werden mussten. Wir haben sie programmiert und hatten den Umgang mit ihnen erst zu erlernen. Genauso können wir den Einsatz unserer inneren Sinne trainieren um sie zu einem verlässlichen und unentbehrlichen, bewusst gebrauchten Instrument zu machen.

Da innere und äußere Sinne eng miteinander verwoben sind und ihre Grenzen ineinander fließen, muss der Ungeübte mit Trainingsmethoden beginnen, die ihm vielleicht lapidar erscheinen. Es geht darum, zu erspüren, wann man z. B. wirklich satt ist; welcher Bissen der Bissen zu viel wäre - und das, bevor das Völlegefühl einsetzt. Naturgemäß tritt das Sättigungsgefühl etwa 20 Minuten nach dem Verzehr der Mahlzeiten ein - es geht also darum, auf die sprichwörtliche Bauchstimme zu hören, die sich meldet, wenn der richtige Zeitpunkt gekommen ist. Da wir visuell geschulte Menschen sind und davon auch unsere Autosuggestions-Vorgänge abhängen, meinen wir automatisch, dann satt zu sein, wenn der Teller leer ist. Doch hier geht es darum, einen Sinn dafür zu entwickeln, was der Körper unabhängig von unserem Kopf sagt. Daher empfiehlt es sich, Happen für Happen als eine Einheit zu betrachten anstatt eine volle Schüssel.

Eine geeignete Übung für das Gespür der inneren Sinne wäre auch, nach dem Verzehr verschiedenster Lebensmittel in sich hinein zu horchen, wie deren Wirkung auf unsere ganz persönliche Konstitution ist. Normalerweise entwickelt man recht schnell das Gefühl für die unterschiedlichen Energien, die Nahrungsmittel auf den eigenen Organismus haben - unabhängig von ihrem allgemeinen Ruf. Da jeder Mensch individuell veranlagt ist, reagiert auch jeder individuell auf Nahrungsinhaltsstoffe. Wir wissen so wenig von der Existenz der inneren Sinne, weil wir nicht auf sie achten! Wir sind während des Essens gedankenverloren und danach achten wir schon gar nicht mehr darauf, wie es sich in uns anfühlt. Wir bemerken nur, wenn wir zu viel gegessen haben oder uns etwas nicht bekommen ist. Wir nehmen erst die physische Eskalation wahr.

Erst wer diese einfachen, primär den Körper betreffenden Übungen beherrscht, kann sich auf ein umfassenderes Bauchgefühl verlassen. Entgegen der Er-*wart*-ungen haben Kleinkinder noch ein perfektes Gespür für Nahrungsmittel, die ihnen gut tun, wenn sie nicht von Erwachsenen durch ein begrenztes Angebot fehlgeleitet werden, wodurch ihnen ein Fehlmuster eingeprägt wird, das ihr gesamtes Leben ungünstig beeinflusst. In einer Versuchsreihe durften Kleinkinder aus einem breit gefächerten Angebot über einen bestimmten Zeitraum hinweg selbst entscheiden, was sie essen möchten. Und nur wenige griffen zu Süßigkeiten - die meisten von ihnen wählten gesunde und reichhaltige Nahrungsmittel.

Als Basis für ein erfülltes Leben ist ein perfektes Körpergefühl unerlässlich. Das bedeutet nicht, dass wir alle hervorragende Tänzer sein müssen. Doch die meisten Menschen haben ihren Fokus in bestimmte Körperregionen verlagert und nutzen je nach Persönlichkeit vorwiegend bestimmte Chakren. Daher sind sie selten in Balance. Der Gleichgewichtssinn ist kein anerkannter Hauptsinn, stellt jedoch eine Brücke zwischen äußeren und inneren Sinnen dar. Wer seine Mitte nicht spüren kann, sie eventuell nicht einmal auszumachen vermag, kann nicht aus seiner Mitte heraus wirken. Wie fühlt es sich an, sich mit inneren und äußeren Sinnen gleichzeitig zu erspüren?

Es empfiehlt sich, jeden Abend im Bett folgende Übung durchzuführen: Man legt sich in eine beliebige Position, die man als bequem zum Einschlafen empfindet und versucht von oben nach unten die einzelnen Körperpartien durchzugehen: Man stellt sich dabei vor, man sieht von oben auf seinen Körper herab und müsse seine genaue Lage beschreiben und das mit dem gleichzeitigen Gefühl, im Körper zu sein und jede Stelle, die man im Geiste nach zu zeichnen versucht, auch zu spüren. Wo berühren sich die einzelnen Körperteile? In welchem Winkel liegen sie zueinander? Sehr oft variieren hier die gefühlte und die nach-*voll-zogene* Position im Geiste. Am Anfang ist die Übung bei Weitem nicht so einfach, wie sie vielleicht klingen mag und es werden einfachere Körperpositionen bevorzugt. Das Beherrschen dieser Übung erfordert den Einklang von äußeren und inneren Sinnen.

Wie gut man seinen Körper kennt, kann man auch testen, in dem man im Geiste verschiedene Punkte wählt und sich vorzustellen versucht, wie sich dieser oder jene Punkt durch leichte Druckausübung mit dem Finger anfühlen würde. Und welcher Punkt des gewählten der Gegenpunkt am Körper wäre. Man kann das erforschen. Denn kein einziger Punkt fühlt sich an wie ein Punkt, der einen halben Zentimeter daneben liegt. Je nach Chakrenzuordnung ergeben die Punkte von oben nach unten helle bis dumpfe Empfindungsnuancen. Nicht umsonst wird die Gesamtheit der Hauptchakren auch als Chakren-Orgel bezeichnet. Die Erweiterung der beschriebenen Übung stellt ein Experimentieren mit verschiedenen Berührungsarten dar. Wie fühlt sich nicht nur der Fingerdruck, sondern ein Streicheln oder die Berührung mit spitzen oder kalten Gegenständen an? Wo liegt die Grenze zwischen angenehmem Empfinden und Schmerz? Und in welcher psychischen Verfassung ist diese verschieden zu ziehen? Wie groß ist die Rolle, die unsere Vorstellungskraft dabei spielt: Würde sich dieselbe ausgeführte Berührung genau so anfühlen, würde sie von einer anderen Person ausgeführt? Diese Übungen stellen eine perfekte Basis dafür dar, den eigenen Körper in der Kombination von inneren und äußeren Sinnen besser kennen zu lernen und für feinstoffliche Bereiche zu öffnen.

Der Fortgeschrittene möge suggerieren, wie welche Blume riecht, wie eine bestimmte Speise schmeckt oder sich welches Material anfühlt. Wie sieht welche Farbe aus? Wie viele verschiedene Abstufungen davon kann man sich vorstellen? Was ist deren Komplementärfarbe? Kann ein Objekt oder eine Nuance so detailgetreu wie möglich im Geiste nachgezeichnet werden? Wer dies erfolgreich in einer Qualität vermag, als wäre das betreffende Objekt wirklich im Spiel, der vermag seine inneren Sinne einzusetzen. Diese letzten Übungen sind das Fundament für vorteilhafte Manifestationen, die sich im Einklang mit unseren Wünschen befinden. Wir manifestieren immer erfolgreich, aber nur der geübte und vor allem bewusste Schöpfer kann innere und äußere Sinne gezielt vereinen. Deren Synthese ist die Voraussetzung für ein zufrieden stellendes Ergebnis.

Wer ein Gespür dafür entwickelt, wo schlechte Stimmung vorherrscht, welcher Platz energetisch ungünstig ist oder mit welchen Personen man sich anscheinend unbegründet nicht wohl fühlt, ist auf dem besten Wege. Wer zusätzlich noch bestimmen kann, warum das so ist, hat den Dreh heraus.

Auch bisher Ungeschulte vermochten die Stimme der inneren Sinne zu vernehmen: Liebe auf den ersten Blick, Sympathie und Antipathie, jemanden nicht riechen können etc. sind Beispiele für ihren den täglichen unbewussten Gebrauch.

Die Wissenschaft begründet die Partnerwahl mit dem passenden Immunsystem. Demnach ziehen sich potentielle Partner an oder lehnen sich aufgrund des Immunsystems des Gegenübers ab, das idealerweise ein entgegen gesetztes Muster zum eigenen aufweist, um für die Fortpflanzung ein kräftiges Immunsystem des Kindes zu gewährleisten. Doch die karmische Blaupause fragt nicht nach Immunsystemprägungen. Hinter unserer Partnerwahl steckt zweifelsfrei mehr als die körperliche Konstitution des Gegenübers. Auch wissen wir alle von den Pheromonen, die für Anziehung oder Ablehnung verantwortlich sind. Diese Pheromone werden

entgegen der wissenschaftlichen Erklärungen für körperliche und hormo-
nelle Vorgänge vor allem mit den von ihr wenig anerkannten inneren
Sinnen wahrgenommen.

Um den bewussten Gebrauch der inneren Sinne praktizieren zu können,
muss man sich spüren können. Wer dies mit zunehmender Übung beherrscht, dem stehen alle (inneren) Türen offen!

Das Symbol:

Das Symbol lädt ein, sich auf die inneren Sinne zu be-*sinnen*, sich in Ruhe
und Entspannung auf ihre Schwingung einzulassen. Was erzählen sie
uns?

Es verhilft zu einem stärkeren Gespür und damit zu einer adäquaten Balance des physischen Körpers auf allen Ebenen. Das Zeichen unterstützt
den Ausgleich der Chakren wie die Fokussierung auf unsere innere Orientierung. Es fördert unsere Feinfühligkeit und stimmt auf alle Situationen, in
denen unser Gespür oder unsere Intuition gefragt sind, ein.

RUHE

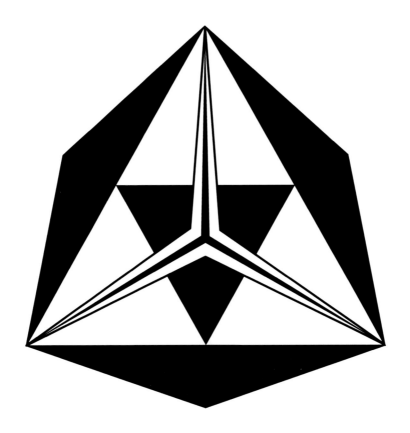

"Ihr Kinder des Friedens,
wendet eure Ohren
weg vom Geschrei der Welt
und gebt sie hin
und lauschet der Stille des Geistes,
der in euch spricht."

Elisabeth von Schönau

Unter "**Ruhe**" versteht man im allgemeinen "**Stille**, Untätigkeit, Entspannung". Das Wort, das sich um das Jahr 800 entwickelt hatte, stammt von *"ruowa"*, das zu *"rou(we)"* wurde, ab und ist vergleichbar mit dem germanischen *"airime"*, das "still, ruhig sitzend" bedeutet und mit dem griechischen *"eroe"*, das mit "das Aufhören, Ruhe, Rast" gleich zu setzen ist und mit *"eroein"* zu "ruhen, rasten, nachlassen" und "ruhig, mild, langsam" wird. Wer oder was "**ruht**", wird oder will also "Entspannung finden, still liegen, rasten, auf etwas fest liegen, stehen" und wer "**ruhelos**" ist, ist "**unruhig**" und hat Probleme, sich zur "**Ruhestatt**" zu begeben und findet am Ende seine letzte "**Ruhestätte**". In unserer heutigen Zeit sollten wir öfters "**zur Ruhe kommen**", uns "**beruhigen**", um "ruhig, besänftigt und zufrieden gestellt" werden zu können.

Das Adjektiv "**still**" definiert sich mit "ohne Bewegung, lautlos, **ruhig**, leise, verborgen, geheim" und wurde um das 8. Jahrhundert aus dem angelsächsischen *"stilli"* geprägt, woraus sich später auch die Abstammungen "**Stall, Stiel, stellen**" im Sinne von "stellen, aufstellen; stehend, unbeweglich, steif; Ständer, Pfosten, Stamm" ergab. Die Bedeutung "verborgen, geheim, heimlich" bezieht sich auf einen "stillen, heimlich, im verborgenen gehegten Wunsch" und die "**Stille**" wird als "Bewegungslosigkeit, Lautlosigkeit, Ruhe, Verborgenheit, Heimlichkeit" verstanden, woraus sich "**stillen**" im Sinne von "beruhigen, zum Schweigen bringen, befriedigen" und "verstummen, nachlassen" ergibt, das eigentlich "durch Nahrung beruhigen" meint. In der Kunst zeigt das "**Stillleben**" die "bildliche Darstellung alltäglicher Gegenstände in künstlerischer Anordnung", das sich aus "still liegende Sachen" entlehnt.

Stille kann Angst machen. Ständig muss der Mensch kompensieren, ablenken, sich zerstreuen, unterhalten und fürchtet die Langeweile. Denn er befürchtet, die Stille könnte nicht genug Abwechslung bieten, um kurzweilig zu erscheinen. Doch das würde sie, wäre man selbst im Zustand der Stille - bei sich! Wir sind daran gewöhnt, unseren Tagesablauf von Musik, die wir unterwegs direkt am Ohr tragen, untermalen zu lassen. Und egal, wo wir uns auch befinden, zerreißt mindestens alle paar Minuten irgendein Klingelton eines Mobiltelefons die Atmosphäre. Zusätzlich zum dröhnenden Lärm von Baustellen und dem stetigen Rauschen des Straßenverkehrs erzeugen diese Geräusche eine ernsthafte Beeinträchtigung des Hörvermögens und eine ziemlich unterschätzte psychische Belastung. Stille wird kaum mehr ausgehalten, ist oft sogar peinlich. Nicht einmal ein Spaziergang in der Natur kann ohne Handy oder Discman etc. auskommen. Damit beraubt man sich einer Erfahrungsqualität, die jederzeit zur Verfügung stünde und vermindert noch zusätzlich seinen Orientierungssinn, der zu einem wesentlichen Teil durch das Gehör funktioniert. Die ganztägige Musikbeschallung lässt unser Gehirn vor dem Einschlafen nicht mehr abschalten, der Ohrwurm schlängelt sich weiter durch die Gedankengänge. Die permanente akustische Stimulation verfälscht die gesamte *Wahr-nehm*-ung vom Naturerlebnis bis hin zum Geschmack des Essens. Wer in einem Nachtlokal Alkohol konsumiert, weiß, dass die Kombination mit lauter Musik den Großteil der Gesamtatmosphäre ausmacht. Wo wäre die Stimmung, gäbe es plötzlich einen Stromausfall? Kein Film wäre mehr ohne musikalische Unterstreichung der Szenen denkbar, denn zu groß ist ihre emotionale Wirkung. Danach kann man unbemerkt süchtig werden! Zwischen „**Stimulation**" und „**Simulation**" ist nur ein Buchstabe Unterschied - musikalische oder geräuschvolle Stimulation simuliert ein völlig verzerrtes Er-Leben!

Wer eine bestimmte Musikrichtung oder Band bevorzugt und stundenlang hört, projiziert ein Färbung über seinen gesamten Alltag, auch noch lange nachdem die Musik abgestellt wurde. Das ist vergleichbar mit einer in ihren Geschmacksrichtungen abgestimmten Mahlzeit, die am Ende mit einem Kraut gewürzt wird, das geschmacklich dominiert.

Die Wirkung einer andauernden Geräuschkulisse ist auf das Unterbewusstsein enorm. Depressionen und Aggressionen können so verstärkt werden und im umgekehrten Sinne kann positiv motivierende Musik die Leistung steigern. Dennoch schafft dieses Verhalten, wenn es zur Sucht geworden ist, *Dis-soziation*.

Ruhe und Stille können nur im Moment stattfinden. Jemand, der in diesem Moment nicht in seiner Mitte ist, kann Ruhe und Stille und sämtliche daraus hervor gehende Eigenschaften weder ertragen, noch er-*leben* und erfahren.

In der Stille ist Leben, in der Ruhe liegt die Kraft. Aus dem Zustand von Ruhe und Stille kann das Lebendige generiert werden (Wachstum und Keimphasen) und sich re-*generieren* (Genesung). Die Stille ist wie die Farbe Weiß, wenn Schwarz die Gesamtheit aller Töne ist. Auch im absoluten Gegenteil sind alle Geräusche in ihrem Grundpotenzial enthalten. So ist alles Potenzial in der Stille; ruhend, bis seine Zeit, sich zu regen, gekommen ist. Jeder, der *wahr*-lich lauscht, kann alles, worauf er hin gerichtet ist, vernehmen - und nicht nur Laute bringt die Stille hervor - sie birgt Farben, Düfte und Emotionen, die im Geschrei der Welt und im Gewühl der Gedanken untergehen. Wir kennen die sprichwörtliche "Ruhe vor dem Sturm". Als Gott die Erde schuf, war es dunkel. Vor der Schöpfung liegt die Ruhe. Vor dem Frühling ruhen die Lebenssäfte. Obgleich alles immer da ist - denn was nicht schon ist, kann niemals werden. Die ganze Pflanze mit all den Samen, die sie irgendwann hervorbringt, die wiederum ganze Pflanzen hervorbringen werden, ist bereits im ruhenden Saatkorn. Alles, was ist, ist in seinem gesamten Potenzial vorhanden und harrt mit ruhenden Kräften auf den Impuls, der zum Wachstum ruft; wartet auf den Zeitpunkt der Generation.

In Ruhe und Stille kann man mit dem Rest der Welt, mit Allem, was ist, eins sein.

Wer in sich ruht, kann überall Ruhe finden. Mit zunehmender Übung lässt sich auch ansteigender Lärm ignorieren. Wer sich *schein-bar* vor der äußeren Welt verschließt, öffnet sich innerlich für die ganze Welt. Autisten tun das, aber wir verstehen sie nicht, weil wir ihnen innen nicht lauschen können und äußerlich Interaktion erwarten. Wir hören aneinander vorbei. Wir hören sie nicht und denken, dass sie uns nicht hören. Ruhe ist das Gegenteil von Hektik. Wer beschließt, endlich wieder hin zu hören anstatt im Trubel des Alltags zu versinken und mit noch mehr Geschrei zu versuchen, den Lärm zu übertönen, dem wird sich ein neues Universum eröffnen. Zarte und ätherische Wesenheiten sind fernab von unserem Getöse angesiedelt. Eine wunderbare Welt in neuen Farben und Formen wartet darauf, erschlossen zu werden, wenn wir uns von den Wirren der lauten Oberfläche abwenden.

Gehörlose zeigen uns, welches Potenzial in der Stille liegt. Ihre Welt ist genau so wenig still wie die unsere, sie benutzen lediglich ihre inneren Sinne, deren Zugang sich öffnet, sobald ihnen Auf-*merk*-samkeit geschenkt wird. Mit den inneren Sinnen können Gehörlose Musik nicht minder *wahr-nehmen*, als wir das können. Doch der seit der Geburt an das Hören gewöhnte Mensch denkt, das Maß der Dinge zu sein und nur seine Variante des "Hörens" wäre die qualitativ hochwertige. Das obliegt wiederum der individuellen Werte-Skala, welche nach den vorherrschenden Möglichkeiten geschaffen wird. Nur Bekanntes kann eingeordnet werden.

"Reden ist Silber, Schweigen ist Gold" ist ein bewährtes Sprichwort. Manche buddhistischen Mönche schweigen ein Leben lang und auch in unseren westlichen Klöstern sind Schweigegelübde nicht unbekannt. Hermann Hesse und Thomas Mann berichteten in ihren indischen Erzählungen vom Schatz der Stille und auch die Erfahrungen, die uns zu Teil werden sind Prüfungen, in denen es vordergründig darum geht, dass wir unabhängig von ihrem Schwierigkeitsgrad Ruhe bewahren um keine emotionalen Impulse zu erzeugen, die weitere äquivalente Situationen schaffen oder ähnliche Umstände anziehen. Die reife Seele ist zur Ruhe gekommen und lässt sich auch durch widrige Umstände nicht aus ihr herausreißen. Ruhe ist nicht nur das Abhandensein von Lärm, sie ist auch Gemächlichkeit und Stete. Nur in der Nachtruhe oder abseits der Hektik können wir unsere Batterien wieder aufladen und Kraft schöpfen. Wir sind daran gewöhnt, durch unsere Tage zu hasten und kennen Kontrolle als ein nützliches Instrument, um das beunruhigende Soll zu bewältigen. Chronische Unrast und Nervosität sind eindeutige Phänomene unserer modernen und hektischen Zeit. Unsere Kinder haben bereits in den ersten Grundschuljahren oder sogar schon davor mit ADS (Aufmerksamkeitsdefizitsyndrom) und ADHS (AD- u. Hyperaktivitätssyndrom) zu kämpfen und werden mit pharmazeutischen Produkten "ruhig gestellt", damit sie weiterhin durch den Stress gehetzt und mit dem immensen Druck, der auf ihnen lastet, fertig werden können. Diesen Kindern wird das Recht auf ein Grundbedürfnis entzogen - ein Umfeld, in dem sie entspannen können - wodurch ihnen ein gesundes Wachstum verwehrt und ihnen der Weg in eine problematische Zukunft geebnet wird.

Ruhe ist Balance und Gleichklang. Etwas, das immer da ist, wird kaum *wahr-genommen*. Ruhe und Stille sind immer da, auch inmitten aller Hektik. Wäre sie nicht schon vorhanden, könnten wir nicht zu ihr finden. Doch wie sollten wir etwas bemerken, dass nicht mit dem Rest um die Wette schreit? Auch die Stille ist niemals *wirk*-lich still. Wer sich abends hinlegt, wird feststellen, dass da ein ganz feiner Ton im Ohr ist. Ich nenne das meinen "Dauerfrequenzton", da er mich von außen auf verschiedene Frequenzen einstimmt, die meinen Körper zusätzlich regulieren. Wenn ich den Ton abseits des Lärms vernehme, beruhigt er mich; je nach Bedarf und Stresspotenzial setzt er sanft oder energisch dagegen. Mitunter ist seine Frequenz etwas zu hoch für die jeweilige Situation, in der mir bei gestanden wird und kann auch unangenehm sein. Meistens genügt dann schon eine gedankliche Kommunikation, um eine mildere Nuance zu erbitten. Er ist vor dem Einschlafen eine Art Wiegenlied und wenn ich tagsüber gestresst bin, schafft er einen wohltuenden Ausgleich in Sekundenschnelle. Oder er macht mich aufmerksam, wenn es eine Botschaft "von oben" oder "außerhalb" für mich gibt und wenn ich sie auch nicht immer klar entschlüsseln kann, so erfreut mich die Tatsache, dass ich kontaktiert wurde und bestärkt mich in dem Bewusstsein, immer Begleiter und Beschützer an meiner Seite zu haben. Manche nennen es Tinnitus. Dann ist dieser Ton zur Unerträglichkeit angeschwollen, weil irgendetwas in ihrem Leben radikal aus der Bahn geraten ist. Jeder hat diesen Ton in sich. Die meisten hören ihn nicht. Wir sind mit unserer Aura an das energetische Gitternetz, das die Erde ummantelt, angeschlossen. Das ermöglicht es uns, mit dem Aufstieg der Erde in lichtere Dimensionen gleichermaßen mit auf zu steigen. Wir sind im Kollektiv eins mit unserer Mutter Erde und gleichen uns wechselseitig an neue Bedingungen an. In diesen Zeiten, in denen sich die Dualität aufzulösen beginnt, bäumen sich auch die Gegensätze ein letztes Mal auf. Menschen, die markante Einschnitte benötigen, um umzudenken, können schon mal durch einen "Tinnitus" dazu gezwungen werden, endlich hinzuhören. Natürlich ist es die Perspektive des Einzelnen, der dem Ton die Vorherrschaft im Leben einräumt und ihn laut oder leise, als Qual oder Wohltat vernehmen lässt. Durch das Erdgitternetz sind wir auch mit jenen Wesenheiten verbunden, die vor uns aufgestiegen sind und bei diesem Prozess, den wir momentan durchlaufen, in Scharen helfend eingreifen. Jeder von uns ist mit mindestens zwei solcher Wesenheiten, die uns zur Seite stehen, zumindest auf Seelenebene bewusst in Kontakt. Durch das Verschmelzen der Dimensionen miteinander werden diese Vorgänge auch für erklärte Rationalisten transparenter und viele von ihnen sind durch plötzliche markante Einschnitte in ihr gewohntes Leben praktisch über Nacht zu einem völlig neuen Menschen geworden.

Mit zunehmender Schwingungserhöhung werden Menschen, die sich diesen Frequenzen anpassen, auch immer lärmempfindlicher. Das ist keine Marotte, sondern ernsthafter Schmerz. Alle Sinne werden empfindsamer, man wird "hellhöriger", was nicht zuletzt durch den geöffneten Zugang zu den inneren Sinnen bedingt wird. Die Übergangsphase zur erhöhten Sensibilität ist schwierig, weil jedes Geräusch, das aus der Norm fällt, störend und beeinflussend wirkt. Dieser Effekt ist auch bei psychisch erkrankten Menschen bekannt - beispielsweise bei jenen, die an einem Burn-Out-Syndrom leiden. Dennoch ist die Schwingungserhöhung das Gegenteil davon - sie ist eine Öffnung auf vielen Ebenen und kein Zustand der Beengung. Wer offen ist, vernimmt auch leise Stimmen. Laute und eindringliche Geräusche können in Sekundenschnelle die Aura zerstören und damit unseren energetischen Schutzmantel, der Gesundheit und Wohlbefinden gewährleistet. Dauerhafter Lärm macht krank. Bei lang anhaltender oder plötzlicher intensiver Lärmbelästigung möchten wir dagegen anschreien, um Widerstand zu leisten, der das Gefühl des Zermaltwerdens neutralisiert. Die Zeit der extremen Überempfindlichkeit pendelt sich wieder ein, doch wer für Sensibilität geöffnet ist, bleibt es auch. Es ist ein Ordnung, Verursacher von Lärm, vor allem unbedachtsame, auf ihr störendes (zerstörerisches) Tun aufmerksam zu machen, bevor man selbst Schaden nimmt und völlig aus der Balance gerät. Lärmbelästigung ist nicht umsonst eine gefürchtete Foltermethode. Sehr laute und geräuschvolle Menschen sind selbst aus der Balance und spüren sich nicht richtig. Sie sind verschlossen (auf allen Ebenen) und nehmen ihr Handeln nicht in dessen Ausmaß für die Umwelt wahr. Aber auch ihre Zeit der Empfindsamkeit wird einmal kommen.

Die Stille hat, wie alles, was ist, Ebenen. Es ist an uns, für welche wir uns öffnen können oder wollen.

Auch wenn Stille das Gegenteil von Öffnung zu sein scheint, so bedingen auch sie sich gegenseitig. Inmitten des Trubels verschließt man sich. Wer seine äußeren Ohren verschließt, öffnet sich innerlich. Wer Stille erfahren oder auch ertragen können möchte, muss mit sich selbst allein sein können. Allein mit seinen Gedanken, seinem inneren Dialog, seinen Ängsten, Zweifeln und Problemen - allein mit seiner *Wahr-nehm*-ung, seinen Assoziationen und seiner Sicht der Dinge. Ohne die Möglichkeit zur Kompensation, ohne jemanden, der die eigene Meinung teilt und ohne Bestätigung von außen. Wer in der Stille ist, kann die Welt anhalten, der Zeit entrinnen und der Hektik entfliehen.

- Ruhe ist ein reiner, ein steriler Zustand. In der Mitte jeder Aufruhr liegt die Ruhe wie ein Schwerpunkt, wie das Auge im Orkan.

- Ruhe ist Balance, aus der Stärke, Vertrauen und Zuversicht wachsen.

- Ruhe ist Be-*sinn*-ung und Heilung.

- Ruhe ist Verbundenheit.

- Ruhe ist Klarheit und Kreativität.

Jede Idylle ist mit Stille gesegnet und wer in Ruhe verharrt, kann seinen Frieden finden.

Das Symbol:

In unserem lauten Alltag und der immer schneller werdenden Welt, die dem Ende der Polarität entgegen rast, benötigen wir zumindest einen imaginären Ort der Ruhe und Stille, der abseits von Lärm, Trubel, Mühsal und Pflichten liegt. Dieser Ort kann in uns liegen, wenn wir es vermögen, unsere äußeren Ohren zu verschließen und in unsere Mitte finden. Dann können wir selbst für andere ein Ruhepol inmitten der lauten Welt werden. Das Symbol verhilft dazu. Nach einigen Minuten der Betrachtung können wir leichter all das los lassen, was uns beunruhigt oder laute Gedanken zum Verstummen bringen. Das Zeichen unterstützt Regeneration und lässt die Qualität des Mit-Sich-Alleine-Seins erkennen. Es kann einerseits die Therapie von ADS/ADHS-Kindern begleiten und sollte die medikamentöse Behandlung ersetzen, voraus gesetzt, das betroffene Kind erhält die Aufmerksamkeit, die es vom Umfeld benötigt und die Bedingungen, um zur Ruhe kommen zu können und nicht zuletzt die Geduld der Erwachsenen, da natürliche Heilungsprozesse ihre Zeit brauchen. Des weiteren kann das Zeichen auf die richtigen Frequenzen einstimmen, um unangenehmen "Tinnitus" zu besänftigen - in diesem Falle sollte aber unbedingt auch nach der Ursache der "Ver-rückung" und Öffnung des "falschen Kanals" geforscht und daran gearbeitet werden - und andererseits kann es die Stille in uns bereiten, um den hilfreichen "Dauerfrequenzton" wieder zu vernehmen und alle übrigen Überraschungen, die sich uns in jenen kostbaren Momenten des "Abschaltens" eröffnen.

ÖFFNUNG

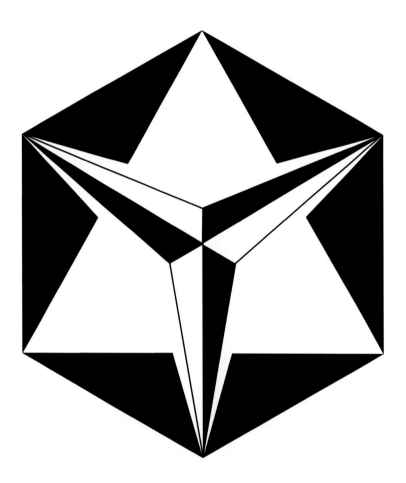

"Nichts auf der Welt ist mächtiger
als eine Idee,
deren Zeit gekommen ist."

Victor Hugo

Klarheit

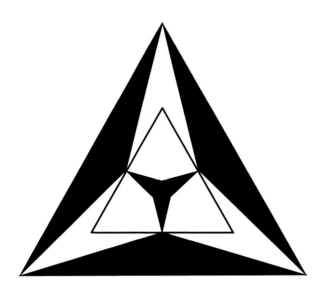

Geistige Mitte

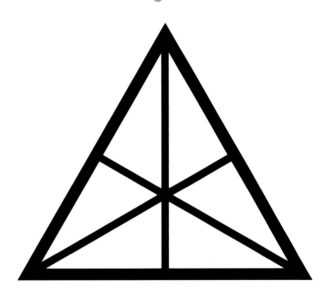

Neutralisierung

Der Begriff **"Öffnung"** definiert sich als "das **(Sich) Öffnen,** offene Stelle" aber auch als **"Offenbarung,** Erleuchtung, Erklärung", das seit dem 8. Jahrhundert aus *"offenunge",* das "Öffnung, Erscheinung, Verdeutlichung, Offenbarung, Erleuchtung, Weistum" bedeutete, entwickelte. Das Adjektiv **"offen"** wird mit "nicht verschlossen, nicht bedeckt" und im übertragenen Sinne mit "frei, unbegrenzt, unbesetzt, aufrichtig, unverhohlen, **geöffnet, offenbar,** klar, einleuchtend, **öffentlich"** gleich gesetzt. Das Wort entwickelte sich seit dem 8. Jahrhundert aus dem angelsächsischen *"opan",* dessen Verwandtschaft mit dem englischen *"open"* unübersehbar ist und wurde später zu *"offan"* und das Verb **"öffnen"** meint "einen Verschluss lösen, aufmachen" und übertragen "sich aufgeschlossen zeigen, sich erschließen, offenbaren, kundtun". Wenn etwas **"offenbar"** ist, ist es "klar ersichtlich, eindeutig, feierlich, augenscheinlich" und wer etwas **"offenbart"**, will etwas "offen zeigen, zu erkennen geben, bekennen, **veröffentlichen"**, woraus sich die **"Offenheit"** als "ehrliche, aufgeschlossene Wesensart" ergibt.

Als Gegenteil von Öffnung verstehen wir Verschlossenheit, Grenzen, Beschränkung(en), Verstocktheit, Verklemmtheit, Introvertiertheit, Rückzug, Unklarheit, Ominöses und Diffuses, Geheimniskrämerei, Privates, Nicht-Vertrauen, Intoleranz, Angst, Ängstlichkeit.

Öffnung ist ein Prinzip, auf das der gesamte **Schöpfungsvorgang** und mit ihm jener der **Bewusstwerdung**, der **Transformation** und der **Werterfüllung** aufgebaut ist. Jede Wesenheit kann nur wachsen, wenn sie sich für die Energien, die sie dafür benötigt, **öffnet**. Jede Wesenheit kann nur das werden und erreichen, wofür sie sich zu **öffnen** weiß. Jede Wesenheit kann nur das sein, was sie von außen in sich aufzunehmen versteht. Jede Form der Interaktion mit anderen, jede Form des sozialen Miteinanders obliegt der Fähigkeit des Einzelnen, sich zu **öffnen**. Jede Lernerfahrung, jede Be-*reich*-erung und jede Information kann nur von jemandem, der dafür **offen** ist, aufgenommen werden. Und nur mit **offenen Sinnen** lässt sich die Welt erfahren, das Sein *er-leben*.

Wir leben in einer Zeit, in der es darauf ankommt, auf welchen und für welche Ebenen wir uns öffnen können. Gerade deshalb nehmen Erkrankungen zu, die auf der Unfähigkeit, sich Ventile und Kanäle zu öffnen, basieren. Das betrifft vor allem jene Erkrankungen, die gemeinhin als psychische Störungen bekannt sind. Diese Kategorie wird den Tatsachen bei genauerer Betrachtung jedoch nicht gerecht, da es sich in den meisten Fällen um eine vorwiegend emotionale Ursache handelt. Letztendlich findet jede Krankheit ihren Auslöser in einer energetischen Blockade, die das Gegenteil eines offenen Kanals ist. Entscheidend ist immer der Impuls, der die betroffene Ebene primär betrifft. Zumeist werden die diagnostizierten Symptome in oberflächliche Kategorien gesteckt, die den eigentlichen Ursachen nicht entsprechen. So sind die meisten auffälligen körperlichen Manifestationen eigentlich "psychische" Erkrankungen, da ein bestimmtes mentales Muster dem Körper so lange energetische Fehlfunktionen suggeriert hat,- fast immer auch sekundär mit emotionalen Blockaden einher gehend - bis dieser den Mustern entsprechende Prägungen ausbildete. Die als "psychische" Erkrankungen eingestuften sind meist "emotionale", weil ein wiederholt aktivierter emotionaler Impulsstrom, der kein geeignetes Ventil findet, Verhaltensnormen prägt.

Die Botschaft der Hopi-Indianer besagte bereits vor etwa 200 Jahren, dass in jener Zeit des Wandels die so genannten "Geisteskrankheiten" zunehmen werden. Durch die Erhöhung der körpereigenen Frequenzen werden auch verborgene und bisher vage Empfindungen verstärkt *wahr-genommen* und bisher Unterbewusstes dringt an die Oberfläche. Wer sich keinen Kanal dafür schaffen kann, leidet an einer innerlichen Zerissenheit und befördert auf anderen Wegen diese Energien aus seinem Feld, oftmals in eruptiven Anfällen. So häuft sich die Zahl der von Epilepsie und Tourette-Syndrom (TS) Betroffenen. Letzteres gibt der Medizin noch viele Rätsel auf.

Die Betroffenen tragen enorme emotionale Lasten mit sich, um die sich der mentale Fokus vorwiegend dreht - der innere Dialog endet nie, es kann kein Ausgleich geschaffen werden. Gefühlsleben und Psyche sind untrennbar von einander; der an TS Erkrankte schwelgt zumeist in der Vergangenheit, wobei die Konzentration den unangenehmen Dingen gilt, die auch durch verschiedenste Umstände im gegenwärtigen Geschehen wieder ausgelöst werden. Dabei spielt Scham eine große Rolle. Scham ist zumindest latent der Auslöser für viele Dissonanzen. Dabei geht es immer um etwas, das vor anderen verborgen werden sollte, weil dadurch ein Bild entstehen könnte, das nicht der Vorstellung anderer oder der eigenen Vorstellung oder dem Wunschbild von sich selbst oder einem Verhalten, das von sich selbst oder anderen erwartet wird, entspricht. Psyche und

Gefühlswelten sind unmittelbar miteinander verbunden. Durch das Schwelgen in vergangenen unangenehmen Ereignissen folgt jedem Impuls, der Scham signalisiert, ein Reflex, der unkontrollierbar an die physische Oberfläche dringt: der Tick. Bei einem typischen "Tick" passiert nicht viel mehr als in jedem von uns - entscheidend ist dabei lediglich das Ausmaß der empfundenen Scham und der Umstand, dass Dinge, die bei den meisten auf gedanklicher Ebene absolviert und transformiert werden können, bei TS-Personen an die Oberfläche transportiert werden. Jeder von uns kennt das: Wir denken an eine unangenehme oder ärgerliche Situation und sprechen plötzlich laut unseren Reflex-Impuls auf das Nacherlebte aus. Dabei haben wir vergessen, dass wir mitten auf der Straße sind. Inmitten einer Aktion fehlt die Fähigkeit zur Kompensation, wodurch sich der Betroffene in seine Rolle während des "Ausfalls" vertieft und steigert, weil er darin die einzige Möglichkeit zur *Dis-soziation* vor der eigenen Scham sieht und vor der Konfrontation mit der Außenwelt, die die Persönlichkeit und nicht die Rolle anprangert. TS-Ticks passieren nicht unbewusst, sie werden lediglich ob der Unkontrollierbarkeit der emotionalen Reflexe und der folgenden wiederholten Scham-Impulse auf eine Meta-Ebene gehoben. Durch die Bewusstheit ist der weitere Verlauf von Scham, Reflex und Vertiefung in den Tick und *Dis-soziation* in der Rolle vor-*programm*-iert. Der Betroffene stagniert dem Anschein nach in sich selbst. Er kann sich nicht öffnen und möchte auch seinen gedanklichen Inhalt nicht preis geben, da er aber kein Ventil für das Quälende hat, erfolgt die Eruption unkontrollierbar, drang- und zwanghaft - ähnlich dem Dampfkessel-Prinzip. Der Tick ist ähnlich der Hyperaktivität, die auch sehr oft in Ticks und zwanghafte Gestik mündet - unkontrollierbar. Die feinstofflichen Körper der Person sind völlig aus der Balance geraten, die Person selbst, die aufgrund des energetischen Überschusses am liebsten "aus der Haut fahren" möchte, muss jedoch "in sich" bleiben, fühlt sich an den Körper gefesselt, der unter Druck steht. Das Ergebnis ist ein innerliches Rotieren, der Druck muss sich gewaltsam seinen Weg nach draußen bahnen und entlädt sich in einem Tick, der primär jene körperlichen Stellen betrifft, die dem Chakra, in dem der Überdruck entstand, entsprechen. Nicht selten wird das Syndrom von Zwangsneurosen begleitet, die zu einen gewissen Grad ein Ventil darstellen. Verlagert man sich, um die Krankheit verstehen zu wollen, auf die Erforschung der psychischen Ebene, wird man die Wurzel des Problems nicht finden können.

Exaltiertes Benehmen - in abgeschwächten Graden bis hin zur Eskalation - ist das Gegenteil von Öffnung, auch wenn das auf den ersten Blick unsinnig erscheint.

Der Autist öffnet sich seiner inneren Welt; ihn ängstigt die äußere, die nur aus Schein besteht, weil sie nicht ausdrückt, was sie innerlich birgt.

Sich zu öffnen oder offen zu sein, bedeutet, auf Empfang eingestellt zu sein - mit allen oder zumindest einer unserer Ebenen, die immer an die anderen direkt oder verschlüsselt übermittelt. Krankhaftes und *dis-soziatives* Verhalten lassen sich auf einen Faktor reduzieren: Den Betroffenen ist es nicht möglich, auf ein Geschehen zu re-*agieren*, in das sie nicht in-*volviert* sind.

Wenn wir uns in einem größeren oder kleineren Kollektiv - einer Gruppe - befinden, setzen wir voraus, dass die in-*volvierten* Personen immer empfangsbereit; bereit zur Interaktion sind.

Das ist vor allem durch unser Misstrauen bedingt. Wir sind auf-*merk*-sam und erwarten das auch von den anderen. Auf-*merk*-samkeit ist entweder eine Vorsichtsmaßnahme oder unter Personen, die einander noch nicht sehr vertraut sind, eine Höflichkeitsgeste. Je vertrauter sich die Menschen innerhalb einer Gruppe sind, desto weniger öffnen sie sich dem allgemeinen Geschehen. In einer eingespielten Partnerschaft hört man dem anderen nicht mehr zu. Während des Unterrichts in der Schule schweift der Blick träumerisch aus dem Fenster. Während der gemeinsamen Mahlzeit in der Familie wird mitunter gedankenverloren im Essen gestochert. Beim Treffen mit guten Freunden wird mit anderen telefoniert. Ganz anders sähen die Szenarien in der Kennlernphase aus: Bei den ersten Rendezvous wird auf-*merk*-sam dem anderen gelauscht, der andere in seiner

Gestik imitiert; innerhalb einer fremden Seminargruppe wird weitestgehend dem Geschehen gefolgt; bei sich gerade anbahnenden Freundschaften wird während der Zusammenkunft garantiert nicht lange mit Außenstehenden telefoniert.

Der gegenseitige Respekt schwindet mit dem Grad der Vertrautheit. Selten geschieht Respekt aus purer Herzenswärme. Dennoch erwarten wir ein bestimmtes Benehmen, versuchen gesellschaftliche Gepflogenheiten zu erfüllen und wollen bestimmte Formen des Umgangs von anderen erfüllt sehen. Im sozialen Miteinander wissen die meisten, "was sich gehört". Die feinstofflichen Antennen sind auf Empfang ausgerichtet, vor allem im öffentlichen Leben, unter Fremden.

Menschen mit *dis-soziativen* Störungen grenzen sich vom Außen ab, weil die innere Welt mehr Auf-*merk*-samkeit von ihnen erfordert. Sie operieren nicht hauptsächlich über das limbische System, das uns ermahnt, stets die Auf-*merk*-samkeit auf die Interaktion zu richten und gewisse Normen des sozialen Lebens zu erfüllen. Um nach zu *voll-ziehen*, was sich gehört, muss ein Gespür dafür entwickelt werden. Doch wissen wir, was sich in asiatischen Kulturen gehört, wenn wir unser bisheriges Leben in Mitteleuropa verbracht haben? Wir können uns dafür nicht öffnen, so lange unsere Impuls-Reflexe den Welten gelten, die Signale senden, mit denen wir uns in Resonanz befinden. Die Abkapselung bestimmter Personen von dem, was wir als "wichtig" erachten, hat nichts mit Unhöflichkeit, mangelndem Respekt oder geringem Selbstwert zu tun. Sie öffnen sich den Welten, deren Signale für sie stärker zu vernehmen sind. Auch wir sind den Elementarwesen gegenüber nicht unhöflich, weil wir ihnen so wenig Auf-*merk*-samkeit schenken!

Schüchterne, verschlossene, gehemmte und verklemmte Menschen können sich hingegen nicht öffnen, weil sie ein verzerrtes Bild von sich haben und an mangelndem Selbstwert leiden. Sie sind der Meinung, dass das, was sie zu bieten haben, im Sinne der anderen nicht interessant oder wertvoll genug wäre - oder aber dass die anderen sie nicht verstehen würden und gehen daher nicht "aus sich heraus". Viele, die behaupten, nicht tanzen zu können, haben einfach nicht den Mut, sich gehen zu lassen oder die Kontrolle in einem Maße aufzugeben, das erforderlich wäre, um sich in den Rhythmus einzufühlen und mit der Frequenz der Musik zu schwingen. Öffnung geschieht bei solchen Personen oft in Extremsituationen oder unter Alkoholeinfluss, welcher den Fokus verschiebt und es vergessen wird, sich kontrolliert zu verhalten. Menschen, die sich von ihrem Umfeld verstanden fühlen, fällt es leichter, sich zu öffnen. Öffnung ist immer auch Vertrauenssache oder wandelt sich unter dem Gefühl, nichts mehr zu verlieren zu haben, zur Offenbarung.

Das Gegenteil jener verschlossenen, leisen Menschen scheinen jene zu sein, die sehr laut, schrill und oft auch tollpatschig auftreten. Diese sind jedoch genau so verschlossen - sie sind ziemlich aus der Balance geraten und haben durch ihrer "verschobene" Perspektive nicht nur ihr Gespür, sondern ganz allgemein die Feinfühligkeit all ihrer Sinne verloren, weil diese Kanäle verstopft sind. Sie schreien gegen die Welt an, hören anderen nicht richtig zu. Unter ihnen gibt es einige "Kämpfernaturen", weil ihnen das Einfühlungsvermögen für Diplomatie fehlt. Ihnen fehlt die Fähigkeit zur *Emp*-athie, also das Nach-*Emp-finden*. Nicht selten leiden Personen mit lautem Sprechorgan an "Tinnitus". Hier versucht sich Energie eindringlich Zugang zu verschaffen; den Kanal von außen zu öffnen.

Im Grunde wird derjenige, der sich öffnet, immer verstanden. Denn er lädt in seine Welt ein; bietet ein Stück seiner in seinen Bereich in-*volvierten* Perspektive. Öffnung verbindet. Wer seine Gefühle, Gedanken und Visionen nicht unter Verschluss hält, wird viel eher Toleranz ernten als jener, der sich absondert und sich dazu gezwungen sieht, im schlimmsten Fall geheime Neigungen und destruktive Gefühle zu Krankheiten, Trieben, Zwängen und Süchten ausarten zu lassen, die bis in die Kriminalität und ins moralische Abseits führen können.

Verklemmtheit ist eine Hemmung, Hemmung ist eine Blockade und Blockade erzeugt Stauungen, die Krankheiten und Fehlverhalten verursachen. Diese einfache Gleichung muss nicht durch Komplexität verkompliziert werden - ihr Prinzip ist allumfassend und sollte verstanden werden.

Das ist deshalb so wichtig, weil jede Form der Erkrankung immer die Folge einer Stauung in einer der Köperebenen ist, und jene ist das Gegenteil eines offenen Kanals, durch den die Energie ungehindert fließen kann. Auch in der ganz alltäglichen Form der Verschlossenheit liegen die Tücken, die immense Ausmaße annehmen können. Die Art der Verschlossenheit der meisten wird durch deren Sicherheitsbedürfnis er-*zeug*-t. Schüchterne können nicht aus ihrer Haut heraus und derjenige, der sich überwiegend durch seinen persönlichen Raum definiert, kann aus diesem nicht heraus. Jeder Mensch betrachtet die Bereiche seines Lebens, die er für sich *er-schlossen* (das Gegenteil von *ver-schlossen*, dennoch handelt es sich dabei um einen abgetrennten, privaten Bereich, der für die Außenwelt verschlossen bleibt) hat, als etwas Konstantes und Stabiles, das ihm Sicherheit gibt. Viele können dabei nicht über den sprichwörtlichen Tellerrand hinausblicken und agieren beinahe *aus-schließlich* (!) in den ihnen bekannten, vertrauten Kreisen und besitzen wenig Fähigkeit zu Flexibilität und Spontaneität. Bereits kleine Unstimmigkeiten oder Abweichungen vom Plan oder Programm (Er-*wart*-ungsrahmen!) können große Schwierigkeiten hervorrufen und das Gleichgewicht der Person empfindlich stören. Die meisten merken nicht, dass sie sich in ein Gefängnis manövriert haben, das aus Örtlichkeiten, Umständen, Perspektiven, vor allem aber Gewohnheiten besteht, die wiederum Glaubenssätze und Verhaltensmuster prägen und damit den Aktionsrahmen einschränken. Die vermeintliche Stabilität ist ein Kartenhaus, das im Wesentlichen auf Besitzansprüchen aufgebaut ist und immer die Mitwirkung aller Beteiligten und In-*volvierten* voraussetzt; denn bereits das Schwanken nur einer "Karte" kann das gesamte Konstrukt zum Einstürzen bringen. Die Vorstellung von den stabilen Umständen, in welche man sich eingebunden versteht, reicht so weit, dass Menschen, die einen entscheidenden Faktor davon verlieren, sich aufgrund ihrer Unflexibilität vor den Trümmern ihrer Existenz, vor dem Nichts oder Aus stehen sehen. Nach einer Ehescheidung muss zumindest einer der Beteiligten durch den Verlust des gemeinsamen Heims bei Null beginnen; sieht sich selbst als ruiniert. Dabei ist eigentlich nichts weiter geschehen, als dass ein Umzug ansteht. Doch das ganze Streben, der gesamte Fokus wurde in den Er-*wart*-ungsrahmen der Be-*zieh*-ung verlagert und investiert und der Entzug des Faktors bedingt gleichermaßen den Entzug der bisherigen Lebensgrundlage und verursacht damit den Verlust des Selbstwertempfindens. Wie viele Menschen zwingen sich seit Jahren, tagtäglich einer ungeliebten Arbeit nach zu gehen, wobei sie sogar Mobbing in Kauf nehmen, aus Angst, den Job zu verlieren, weil sie damit im Endeffekt den Verlust des Eigenheims assoziieren und sich in Gedanken schon auf der Parkbank schlafen sehen. Der Er-*wart*-ungsrahmen gilt hier nur einer einzigen Möglichkeit. Mit verzweifelter Kraft wird an der derzeitigen Situation fest gehalten, weil kein anderer Weg sichtbar, geschweige denn vorstellbar ist. Ähnliches geschieht mit Menschen, die sich nicht nur durch ihren Job, sondern auch noch eine bestimmte Firma definieren oder in der Familie oder einem einzigen Menschen ihren einzigen Wert oder zumindest den Großteil des Lebenssinns sehen. Die Definition des Selbstwerts und des Sinns durch die vorhandenen Umstände reicht so weit, dass Menschen dazu bereit sind, zu morden, um den Bereich zu sichern und die Grundfesten ihrer Stabilität zu wahren, anstatt diesen Bereich oder den Partner zu verlassen und sich neuen Möglichkeiten zu öffnen. Die meisten Menschen erkennen ihre verstrickte Situation nicht einmal. Verschlossenheit und Unflexibilität bedeuten Stagnation. Eine Entwicklung ist abgeschlossen und Neues kann innerhalb der altbekannten Umstände nicht *er-schlossen* werden. Das schließt den Faktor des Unvorhersehbaren weitestgehend aus, wodurch eine abrupte Veränderung innerhalb des *schein-bar* Berechenbaren einen Schock auslöst, der bis zur Affekthandlung reichen kann.

Doch Wachstum und Streben setzen Veränderung voraus; diese ist unumgänglich. Entweder muss diese innerhalb eines abgesteckten (*er-schlossenen*) Bereichs vonstatten gehen, wobei man sich neuen Ideen öffnen muss, um eine Stagnation und Eskalation zu vermeiden (z. B. Langeweile im Eheleben) oder es erfordert, seinen Fokus auch nach außen zu richten, um seinen Selbstwert zu erkennen, der sich nicht nur durch das private

Umfeld, in dem die Bestätigung erfahrungsgemäß allmählich abflaut - definiert.

Wer offen und spontan ist und Selbstbewusstsein besitzt, fühlt sich durch den Verlust eines Stabilitätsfaktors nicht persönlich entwurzelt. Wer offen und spontan ist, findet überall ein Zuhause. Das hängt wiederum mit den Persönlichkeitsanteilen zusammen, die schnell mit Neuem in Resonanz kommen, weil überall etwas von sich selbst vorhanden ist, wenn man dazu bereit ist, es zu sehen und jene Dinge für sich zu *er-schließen*. Wer sich öffnet, kann erkennen, dass *aus-schließlich* er selbst die Umstände herbei geführt hat, um seine bisherige Situation zu verändern oder zu beenden. Wer sich öffnet, kann die Zeichen - seinen persönlichen roten Faden - erkennen, die ihm neue Möglichkeiten und Perspektiven *er-öffnen*.

Wir müssen uns zeitlebens neuen Tatsachen, Ideen, Konzepten, Vorstellungen, Trends, Strömungen und Energien öffnen. Neue Dinge betreffen immer die Massen und niemals nur einen Einzelnen oder kleine Gruppen. Auch innerhalb großer Gruppen, in denen sich nur vereinzelte Personen einer neuen Idee öffnen, bilden diese eine neue Gruppe mit vereinzelten Gleichgesinnten anderer Gesellschaftsgruppen, wobei räumliche Trennung nebensächlich ist, weil der Geist immer vereint. So hat jedes Kollektiv - im Großen wie im Kleinen - ein Karma und dem entsprechend zu lösende Aufgaben, die nach der Bewältigung das Kollektiv um eine Stufe erhöhen und in neue Lernprozesse geleiten. Das betrifft primär das Kollektiv der Gleichgesinnten - jener, die in gleicher Frequenz schwingen - aber auch das Gesamtkollektiv, das durch die Einzelnen eine neue Strömung erhält, die allmählich ein Umdenken in großem Rahmen herbeiführen können. Dies geschieht permanent. Das kollektive Umweltbewusstsein ist im Vergleich zu vor 10 oder 20 Jahren deutlich gestiegen. Die Auslöser für die Bewusstwerdung sind zumeist sehr drastisch, um ein Umdenken zu bewirken. Auch ist es oft die Angst, das Nicht-Vertrauen, das eine Auf-*merk*-samkeits-Welle, ein Sich-Öffnen für neue Konzepte nach sich zieht. Wurde ein Weg einmal beschritten, steigen auch Verständnis und Gespür für die neue Richtung oder das neue Thema. Das Bewusstsein für etwas wird entwickelt. Zuvor wurde über diese Dinge entweder einfach nicht nachgedacht oder sie wurden durch ihren persönlichen oder allgemeinen Schock-Faktor erfolgreich ausgeblendet, weil man sich (noch) nicht davon betroffen und deshalb auch nicht dafür ver-*antwort*-lich gefühlt hatte. Ver-*antwort*-ung benötigt einen Lernprozess.

Auch Dummheit oder Intelligenz - besser gesagt: Unverständnis oder Verstand -obliegen ausschließlich der Fähigkeit, sich öffnen zu können. Da Alles, was ist letztlich Energie und Information ist, ist auch alles für jeden prinzipiell erreich- und *er-schließ*-bar. Die Bewusstseinsanteile des Einzelnen bestimmen, wofür er eine Tendenz oder Neigung zeigt und die Fähigkeit, sich zu öffnen bestimmt den Grad der Aufnahme und Integration (Begreifen!) neuer Informationen. Der Begriff "Lernblockade" spricht ebenso für sich wie "*unter-bewusst*" und "*nicht bewusst*". Ob eine Sache fad oder interessant, ein Stoff oder ein Thema trocken oder fesselnd ist, ist vom Vorstellungsvermögen, der Aufgeschlossenheit und den Assoziationswegen, die bisher geknüpft wurden, ab-*häng*-ig. Wurden erst wenige gedankliche Pfade *er-schlossen*, kann mit dem Gehörten nichts *ver-bunden* werden, weshalb es durch das *Wahr-nehm*-ungsraster fällt und langweilig erscheint, weil nichts von dem *hängen bleibt*, das in der jeweiligen Welt als Beschäftigung dient. Man kann etwas so oft hören und lesen, wie man will - wenn es auch verstanden wurde - und wird es dennoch nicht in seinen Bewusstseinsspeicher aufnehmen, wenn man in seinem Innersten mit den neuen Informationen nicht konform geht. Neue Dinge unterliegen immer dem Gewöhnungseffekt. Öffnung vollzieht sich schrittweise, auch hier zieht Gleiches immer Gleiches an.

Und alles im Leben ist ein Lernprozess. Wer sich verschließt, möchte (noch) nicht verstehen. Daher kommt es immer auf die Art, wie jemandem etwas bei- oder entgegengebracht wird, an. Druck und Zwang erreichen lediglich Ablehnung und ein Verschließen. Motivation und ein Näher-Bringen bewirken Interesse. Wer es vermag, neue Prinzipien so zu vermitteln, dass sich der Einzelne berührt, in-*volviert* und ver-*antwort*-lich fühlt, weil er sich selbst einfühlen und etwas nach-*voll-ziehen* kann, ist ein erfolgreicher Lehrer und Vermittler. Die Menschen benötigen das direkte Beispiel, um sich dafür zu öffnen und damit in *Ver-bindung* bringen zu können. Wer sein Stück Fleisch, das er verzehrt, immer erst zu sehen bekommt, wenn es bereits auf dem Teller liegt, weiß zwar, dass es einmal ein lebendiges Wesen war, hat jedoch keinen Bezug dazu. Wer jedoch einem Viehtransport oder einer Schlachtung beiwohnt, wird früher oder später umdenken. Wer selbst keinen Asylanten kennt, kann leicht über solche Menschen urteilen und sich vor einem Miteinander verschließen. Wer jedoch die Geschichte der Betroffenen zu hören bekommt, kann mitfühlen und nach-*vollziehen* - kann Toleranz üben. Wer nur von den unzähligen Öltankerunfällen im Atlantik hört, weiß zwar, dass das schlimm ist, wendet sich aber wieder seinem Alltag zu und verschwendet keinen Gedanken mehr daran. Wer jedoch die Bilder der ölverklebten Vögel und Meeresbewohner und ihr qualvolles Sterben sieht, wird zumindest darüber nachdenken und zukünftig nicht zögern, Petitionen zu unterschreiben, zu spenden oder gar seine Heizanlage zu erneuern. So verhält es sich mit allem, das noch nicht direkt in unsere persönlichen Kreise eindringt: Den hungernden Kindern in Afrika, dem Artensterben von Tier und Pflanze, der Nachbarin, der man sich noch nie vorgestellt hat. Die meisten kennen auch nach Jahren ihren Briefträger oder die Leute, die vor ihrer Tür den Rasen mähen oder den Hausflur reinigen noch nicht. "Das geht mich nichts an" ist ein ausgeprägter Reflex für vermeintlichen Selbstschutz. Wer sich öffnet, wird bemerken, dass er nichts zu verlieren hat, sondern etwas dazu gewinnt. Sei es Freundschaft, Erfahrung, Gefühl, Information oder Erkenntnis, welche letztlich immer die Quintessenz von allem ist. Und Er-*kennt-nis* (das Wort vereint die Bedeutungen "erkennen", "Kenntnis" und "kennen", das nicht zuletzt mit "können" verwandt ist - genauso ist *"Ver-mögen"* im Sinne von "haben", "können" und einer Bereitschaft zu verstehen!) ist Be-*reich*-erung.

Mit der Öffnung für bisher Unbekanntes, Fremdes verhält es sich so ähnlich wie mit dem Berg, der zum Propheten kommen muss, wenn der Prophet nicht zu ihm finden möchte. Einer muss den ersten Schritt tun, um eine Welt der Gemeinsamkeit und des Verständnisses zu schaffen. Wenn ein Kollektiv Einzelne ausgrenzt, muss der Einzelne den Mut finden, um seine Geschichte preis zu geben. Oder mutige Vertreter neuer Ideen, die Pioniere der Reform. Öffnung ist also immer die Überwindung einer Form von latenter oder präsenter Angst. Alles hat seine Zeit. Auch die Öffnung des Einzelnen und der Gesellschaft für neue Themen. Oft versperrt in erster Linie der Stolz die neuen Wege des Miteinanders. Wieder muss das Beispiel der Verliebtheit dienen: Wie schnell lassen sich Vorurteile in diesem Zustand beseitigen! Verliebtheit ist keine Sache, die einfach "passiert" - sie ist reine Einstellungssache, die davon ab-*hängt*, wie offen man für das, worauf man seinen Fokus gerichtet hat, ist. Öffnung geschieht immer zuerst mit dem Herzen.

Wer sich öffnet, kann neue Ideen und Prinzipien annehmen, verstehen und begreifen. Er wird sich selbst verändern. Wer sich nach und nach öffnet, wird nach und nach in Resonanz mit seiner Umgebung schwingen und entsprechend weniger Karma er-*zeug*-en, sich also Situationen manifestieren, die ihn wieder und wieder mit seinen Blockaden, Problemen und Ängsten konfrontieren. Er fühlt sich nicht bedroht, hat keinen Grund, sich zu verschließen. Je mehr Aspekte durch Offenheit integriert werden, desto besser kann er seine Frequenzen an die Umwelt anpassen und neue Aufgaben lösen.

Wer sein Herz öffnet, dem werden andere ihr Herz öffnen. Die Welt wird ihn mit offenen Armen empfangen.

- Öffnung ist Akzeptanz und die Bereitschaft, sich dem Unbekannten und Uner-*wart*-eten zu stellen. Öffnung ist Überwindung.
- Öffnung ist Empfangs- und Aufnahmebereitschaft und die Bereitschaft, etwas von sich zu geben.
- Öffnung ist Liebe.
- Öffnung ist Respekt, schafft Toleranz und verbindet.
- Öffnung ist Auf-*merk*-samkeit.
- Öffnung schafft Verständnis.

- Öffnung ist Verstand, Intelligenz und Bewusstsein, Bewusstseinsbildung und Bewusstwerdung.
- Öffnung ist Wachstum.
- Öffnung ist ein Prozess; ist Lernen; ist ein Lernprozess.
- Öffnung ist Hinhören und Hinsehen. Öffnung ist Fühlen und Gefühl und Gespür zu entwickeln.
- Öffnung ist ein Akt des Sich-In-*volvieren*-s.
- Öffnung ist Anpassungsfähigkeit, Integration und Vertrauenssache.
- Öffnung ist Ver-*antwort*-ung.
- Öffnung ist Spontaneität.

Die Symbole:

Öffnung

Dieses Zeichen begünstigt Öffnung auf allen Ebenen. Es sollte bei Lernblockaden unterstützend wirken, ebenso wie bei Blockaden jeder Art, die ein Begreifen oder Umdenken erschweren. Es verstärkt die Bereitschaft, sich Situationen und Personen zu öffnen, ohne vorher zu wissen, was davon zu er-*wart*-en ist. Wer den Mut findet, sich dem Unberechenbaren aufzutun, wird die neue Welt mit ihren Wundern erkennen. Die Fähigkeit zur Spontaneität ist die Basis für die Manifestation uner-*wart*-eter Glücksmomente.

Klarheit

Das Symbol für Klarheit lichtet bereits durch seine Betrachtung die mentalen Nebel, die unseren "Durchblick" allzu oft verschleiern. Es fördert die Konzentration, wodurch es beim Lernen und bei verschiedenen Arbeiten sehr hilfreich sein kann. Es fördert das klare Sehen in verschiedenen Situationen und rückt unseren Fokus wieder zurecht, um das Wesentliche zu erkennen; um die Entscheidung, wofür es sich lohnt, sich zu öffnen, zu begünstigen. Mit offenem Herzen und offenen Kanälen - mit unserer Empfangsbereitschaft für Informationen und Energien - ist ein klarer Geist gefordert.

Geistige Mitte

Das Zeichen für geistige Mitte zeigt die einander diametral entgegen gesetzte Ausrichtung der beiden Gehirnhälften, durchkreuzt von der mittigen
Scheitellinie, die unseren Fokus in seinem Idealfall darstellt, wenn wir
empfangsbereit für Energien und Informationen sind. Um diesen Zustand
zu begünstigen, verhilft das Symbol zur Abstellung des inneren Dialogs
und dazu, störende Gedanken vorbei ziehen zu lassen, ohne ihnen große
Auf-*merk*-samkeit zu schenken und im Gegensatz dazu jene Bilder, Worte,
Symbole oder Gefühle zu vernehmen, die von Bedeutung sind. In erster
Linie betrifft das Situationen wie Meditation, Prophetie und Channeling, im
ferneren Sinne kann das aber durchaus auch für Personen unterstützend
sein, die allzu oft gedanklich abschweifen, wenn ihre Konzentration oder
Auf-*merk*-samkeit gefordert ist oder auch jene, die prinzipiell Probleme
damit haben, anderen zuzuhören oder immer an ihnen vorbeireden. In
letzteren Fällen sollte das Symbol unbedingt mit dem der Öffnung oder der
Konzentration kombiniert werden und mit einem, das die Ursache des
Problems primär behandelt.

Neutralisierung

In diesem Falle zeigt jede der drei Seiten des Symbols das Gefäß unseres
Bewusstseins, das mit einer Teilsperre versehen ist, die unerwünschten
Gedanken den Zugang verwehrt und in der Ableitung zur Mitte hin neutralisiert. Alle drei Ebenen ergeben in der Vereinigung unsere mentale, energetische und physische Ebene, die in dieser Reihenfolge betroffen sind,
wenn wir destruktiven Gedanken Einlass in unsere Kreise gewähren. Täglich geschehen Gedankengänge und unbewusste mentale Reflexe oder
unbedachte Formulierungen, die nicht unbedingt unserer Herzensenergie
entspringen und die uns nachhaltig beeinflussen, weil sie in Ärger, Frust
oder Unwohlsein ausarten. Wie oft haben wir uns schon gewünscht, Worte
ungeschehen machen zu können? Nun, jedes falsche Wort beginnt mit
falschen Gedanken. Diese können durch die Konzentration auf dieses
Symbol neutralisiert werden. Dadurch wird ihnen die negative Macht entzogen und ihre energetischen Ausläufer können nicht in unser Körper-

energiefeld dringen um dort ihre Spuren zu hinterlassen. Diese Aufgabe beginnt jedoch mit der bewussten Beobachtung, wie oft wir ungünstige Gedanken hegen. Nach jedem Mal, wo wir uns dabei ertappen und uns um deren Neutralisierung kümmern, sollten wir abschließend eine positive, motivierende Aussage formulieren.

"Rationalismus, Materialismus, Positivismus.
Die Energie fiel, wie bei schlechter Musik,
in den Keller -
unser Herz wurde traurig.
Das dritte Auge wuchs langsam zu."

Lotte Ingrisch

Das "**dritte Auge**" entspricht dem Stirnchakra und ist oberhalb der Nasenwurzel angesiedelt. Wenn wir von ihm sprechen, verbinden wir das in erster Linie mit "**Hellsicht(igkeit)**, **Prophetie**" und des Weiteren mit der "**Wahrsagekunst**".

Der Begriff "**Prophetie**" leitet sich von "**Prophet**" ab, der ein "**Verkünder und Deuter des göttlichen Willens, Seher, Mahner**" aber auch ein "**Verkünder der Zukunft**" ist. Das Wort entlehnt sich aus dem kirchenlateinischen *"propheta, prophetes"* und wird zu "**Weissager, Magier**". Das im griechischen gleich lautende Wort wird hier mit "Deuter des Orakels, Weissager, öffentlicher Verkünder, Sänger" gleich gesetzt und wird mit *"prophanai"* zu "vorher sagen, verkünden" und eigentlich "wohl für einen anderen sprechen", woraus auch die Verbindung zur "**Prophylaxe**" deutlich wird. Der "**Prophet**" ist auch aus biblischen Schriften nicht weg zu denken, seit jeher haftet ihm eine mystische Faszination an.

Die Definition für "**Hellseher**" lautet "wer hell sehen kann", welche vor dem 19. Jahrhundert "scharfsinnige, klarsichtige, tiefere Zusammenhänge verstehende Person" bedeutete und im Verb "**hellsehen**" zu "räumlich und zeitlich entfernte Person, Gegenstände und Ereignisse angeblich ohne Vermittlung von Sinnesorganen wahrnehmen, Zukünftiges vorhersehen" wird.

Das dritte Auge ist direkt mit den astralen Ebenen verbunden. Es ist das erste Chakra der Loslösung vom dreidimensionalen Fokus, von der Rationalität, vom Alltagsbewusstsein. Es ist der Mittler zwischen den Welten, in denen wir uns befinden, das Tor zu den Träumen und die Schleuse zum Unbekannten. Es unterliegt nicht mehr den starren Strukturen der physischen Gesetze und richtet sich folglich in den höheren Dimensionen nicht mehr nach dem linearen Zeitgefüge.

Der venezolanische geübte Seancen-Teilnehmer Leon Chirino sagte zu diesem Phänomen: "Die spiritistische Zeit ist eine Zeit des Gleichgewichts, die weder Traum noch Wirklichkeit ist. Und dennoch existiert sie." Und weiters: "Die Vergangenheit hat keine zeitliche Abfolge. Das Heute kann

mit dem Gestern verbunden werden, mit lange vergangenen Ereignissen."
Zwar unterliegen die *Wahr-nehm*-ungen durch das dritte Auge auch noch
den Prägungen des Intellekts, doch Geübte können allmählich dieses
Wirk-lichkeitsraster los lassen und mehr von der wahren Essenz der Dinge
erhaschen, wenn sie es zustande bringen, das Ego fallen zu lassen. Latente Ängste lösen immer noch die so genannte "Mimikry"- oder Tarnfunk-
tion aus, jene Illusion, der wir zeitlebens unterliegen. Welche Gestalt etwas, das wir *wahr-nehmen*, annimmt, ist von unseren *Über-zeug*-ungen
und Glaubensmustern abhängig, die sich im Laufe der Inkarnation angesammelt haben und die unweigerlich auf alle an sich neutralen Sinnesim-
pulse projiziert werden, wodurch sie vom Intellekt in einer bestimmten
Form interpretiert werden. Kinder besitzen noch die Reinheit der nicht
manipulierten *Wahr-nehm*-ung, die langsam mit der Prägung durch das
Umfeld verschwindet. Nur wenige hatten das Glück einer Erziehung, die
jene Fähigkeiten unterstützt und fördert. Allseits bekannt sind die "Fanta-
siefreunde" von Kindern in den ersten Lebensjahren und auch das "Monster" unter dem Bett ist eine Erscheinung, mit der wir fast alle fertig werden
mussten. Leider werden diese Begegnungen von Psychologen meist fehl-
interpretiert und dem Kind wird eingetrichtert, es würde sich diese Ge-
schöpfe nur ein-*bild*-en. Dennoch sind sie real. Wenige Kinder erfinden
den unsichtbaren Freund, um mit anderen mithalten zu können oder Auf-
merk-samkeit zu erlangen; dennoch ist die Schöpferkraft des frisch Inkarnierten noch dermaßen intakt und unbeeinflusst, dass sogar die aus eige-
nem Antrieb hervor gegangene Kreation zur Realität geworden ist. Im
Regelfall handelt es sich aber um astrale Wesenheiten und Energieformen
im Allgemeinen oder so genannte Elementale, worunter man jene Konstrukte versteht, die durch die Einspeisung von Angstenergie an Gestalt
und Einflussvermögen zunehmen, was ohne Frage ängstigend für ein Kind
ist und es auch für uns Erwachsene noch wäre, könnten wir sie *wahr-nehmen*. Nicht selten sind Verstorbene an der Seite eines jungen Erdenbür-
gers oder die Schutz-Beauftragten der geistigen Welt und jene, die eine
tiefe seelische Verbindung zum Kinde haben, wie beispielsweise Mitglieder

der Seelenfamilie, die durchaus für uns fremdartig anmutende Wesenheiten sein können. Diese seit jeher *wahr-genommenen* Wesenheiten werden gemeinhin als "Engel" bezeichnet. So bedauernswert der Umstand ist, dass seit jeher die Erwachsenen dafür ver-*antwort*-lich waren, dass den Kindern ihre "Sicht" abhanden kam, so kommen dennoch die Kinder der heutigen Zeit auf diese Ebene zurück, um ihrerseits den Eltern wieder die Augen zu öffnen. Diese Kinder schwingen bereits in der Energiefrequenz der neuen Zeit und da sie kein Karma mehr abzubauen haben, sind sie auf ihrem Weg, die Helfer des Übergangs zu sein, unbeirrbar. Sie wissen, was sie sehen und müssen nicht **glauben**. Im Vergleich zu uns kennen sie klar ihren Auftrag. Sie besitzen 12 DNS-Stränge, die von den Forschern mittlerweile entdeckt und als Licht-DNS bezeichnet wurde.

Dass wir unseren Fokus in einer bestimmten Sichtweise verankert haben, liegt in erster Linie an der Fülle der Ablenkungsmöglichkeiten, die das feinstoffliche Sehen verhindern. Erst abends, wenn wir zur Ruhe gekommen sind, bemerken wir im Augenwinkel die flüchtigen Schatten, die durch unser Blickfeld huschen. Dem direkten Blick entziehen sie sich und so tun wir sie als „Ein-*bild*-ung" ab oder versuchen, eine rationale Erklärung für diese Er-*schein*-ungen zu finden. Im Grunde gibt es in dem Sinne, der gebräuchlich ist, keine Halluzinationen. Absolut alles, was *wahr-genommen* werden kann, ist auf irgendeiner Existenzebene real. Die Auf-*merk*-samkeit, die einer *Wahr-nehm*-ung entgegengebracht wird, entscheidet über das Gewicht, das sie erhält und ihre Form, die sie annimmt. Letztlich ist sie sogar dafür *Ausschlag gebend*, ob ein primär mentales Konstrukt durch uns Energie erhält und weiterhin bestehen kann. So geschieht das mit sämtlichen „Fantasiegebilden" und Figuren, die in den Bereich von Schizophrenie-Betroffenen fallen. Jedes Objekt oder Subjekt, das psycho-energetische Kraft erhält, wird durch diesen Vorgang lebendig. Alles, was in der Welt geschieht, entsprang einem **Gedanken**, jegliche Form der Schöpfung begann als **mentales Konstrukt**. Unser Fokus bestimmt, in welcher Ebene wir etwas *wahr-nehmen* können. Selbst mentale Ge-*bild*-e können aus in-*volvierter* Perspektive nicht weniger real *er-scheinen* als solche der „festen Welt". Allzu leichtfertig tun wir so vieles, das wir weder verstehen noch sehen können, als krankhafte Ein-*bild*-ung ab.

Wir können uns mit den Schatten im Augenwinkel arrangieren. Wenn wir anerkennen, dass mit uns auch Hausgeister im gemeinsamen Haushalt leben und ihnen Raum geben und Auf-*merk*-samkeit zollen - beispielsweise, indem wir ihnen ein Schälchen mit Honig oder einen Kristall hinlegen - können wir langsam Freundschaft schließen und die Schatten werden häufiger zu vernehmen sein. Irgendwann zeigen sie sich vielleicht in ihrer wahren Gestalt - doch das ist von uns und unserem Fokus ab-*häng*-ig.

Jeder einzelne von uns, so rational und von Intellekt, Ego und Glaubenssätzen er auch gesteuert sein mag, entschwindet Nacht für Nacht in die "andere Welt" um dort, befreit von den Zwängen der Dichte, sein "anderes Leben" zu führen, das ihm vertrauter ist als die vermeintlich sicheren und festen Umstände, an denen er *schein-bar* so *hängt*. Dadurch bringen es diese Menschen auch zustande, ihr Alltagsbewusstsein klar von der astralen Auf-*merk*-samkeit zu trennen und was sie von "drüben" mitnehmen, wird allerhöchstens als "Traum" eingestuft.

Traumbilder, die nach dem Aufwachen im Bewusstsein zurückbleiben, sind verkörperte Energie, die sich in unserem perspektivischen Fokus-Feld manifestiert hat.

Wir reisen während des Schlafs durch verschiedene Frequenzbereiche und *nehmen* Entitäten und Energieformen in Bildern *wahr*, die unserem Vorstellungsraster entsprechen.

Prinzipiell trifft das auf alle unsere Bereiche zu - unabhängig vom jeweiligen Zustand - doch im "Traum" sind diese Reisen und Begegnungen transparenter und die eigentliche Essenz hinter den Masken, die vor allem von unserem Ratio-Filter übergestülpt werden, bleibt zurück; hinter weniger Schichten verborgen als in der Alltags-*wahr-nehm*-ung.

Wachen wir aus einem "Traum" auf und erinnern wir uns an eine bestimmte Begegnung, fällt es uns leichter, die Energie hinter der Ver-*körper*-ung, die jeweilige Klangfarbe der Persönlichkeit, den Frequenzton der Entität festzustellen. Im Gedächtnis bleibt diese ganz individuelle unver-wechsel- und unverkennbare Note zurück. Und man *weiß*, dass man sich *wirk*-lich begegnet ist, dass es sich nicht nur um ein Traumbild, welches die Wissenschaft als vom Gehirn zusammen gesponnen bezeichnet, ge-handelt hat, sondern um eine *wahr-haftig* statt gefundene Begegnung auf einer aus physischer Sicht nicht-physischen Ebene. Diese Fähigkeit müssten wir immer besitzen - eine Person unabhängig von unserem Bild, das wir uns von ihr gemacht haben, an ihrer ganz individuellen Frequenz erkennen bzw. sie aufgrund dessen zuordnen zu können.

Mit dem dritten Auge zu sehen, bedeutet nicht nur, die Aura oder Aura-Farben einer Wesenheit *wahr-nehmen* zu können.

Das ist lediglich eine Variante und wäre gleich zu setzen mit dem Gebrauch eines der Hauptsinne. Wir *nehmen* jedoch alles um uns herum mit allen uns zur Verfügung stehenden Sinnen *wahr* und jeder einzelne davon fügt eine ganz bedeutende Perspektive der Identifikation eines Subjekts oder Objekts hinzu, das die Vollständigkeit unseres Bildes von jemandem oder etwas dienlich ist. Nun gibt es wesentlich mehr innere als äußere Sinne, deren Grenzen verwischter sind als die der äußeren, wel-che unweigerlich mit ersteren verbunden sind. Die inneren Sinne sind in ihren Eigenschaften transparenter als die äußeren und benötigen keine intellektuelle und rationale Interpretation, die durch das *Wahr-nehm*-ungs-raster gefiltert wird und letztlich durch die Instanz der individuellen Werte-Skala muss. Zwar können sie vom Verstand überdeckt werden, da sie subtiler sind; dennoch sind sie *ein-deut*-iger (sie lassen nur eine Deutung zu im Vergleich zur breiten Palette der möglichen Interpretationen) in ihrer Treffsicherheit und daher *un-trüg*-licher (Was wir für *wahr nehmen*, ist oft illusionär, trügerisch, weil es von Ego und Intellekt gefärbt wird).

Sie ergänzen sich in feineren Nuancen als die körperlichen Sinne und jeder einzelne von ihnen bildet eine Oktave auf der gesamten Tonleiter. Jedes Gefühl, jedes Bild, jeder Klang und jede Frequenz, die durch sie vernommen wird, hat also einen sicheren Platz in einer bestimmten Kategorie. Alle diese Oktaven jener Klangfolge bedingen sich gegenseitig und durch ihre Gewissheit und Unfehlbarkeit im Einzelnen kann von jedem klar auf die entsprechenden Gegenstücke geschlossen werden, wodurch der Gebrauch von einer bestimmten Sinnesgruppe ein Ergebnis hervor bringt, das auf die analoge Qualität innerhalb der übrigen Sinnesgruppen schließen lässt.

Wird jemand oder etwas auf eine bestimmte Art und Weise registriert, so lässt sich untrüglich daraus schließen, wie es sich in einer anderen Variante darstellen würde. Im Anschluss daran setzt sich dieses Prinzip durch unsere persönliche Werte-Skala fort, die als die oberste Schicht der inneren Sinne gesehen werden kann.

Es gibt verschiedene Arten der inner- oder „über"-sinnlichen *Wahr-neh-mung*, wovon das Erkennen von Aura-Farben nur eine Kategorie bildet. Manche hören Stimmen, andere haben ein Gespür oder Emotionen, die die *Wahr-nehmung* der Situation oder des Umstandes, Objekts oder Subjekts in Klarheit beschreiben und wieder andere **wissen** einfach mithilfe der inneren Sinne, wie es um den energetischen Zustand einer Wesenheit steht. Jede einzelne Form der *Wahr-nehm*-ung ist für sich gültig und gibt aufgrund der Verwobenheit mit den übrigen inneren Sinnen (und den äußeren) ganz klar die Identität und entsprechende Qualität in einer anderen Form der *Wahr-nehm*-ung preis. Die inneren Sinne dienen der Erkenntnis (dem Erkennen, Identifizieren), die äußeren Sinne der Interpretation. Durch die inneren Sinne lässt sich etwas ganz klar in seiner Essenz erkennen, durch die äußeren wird es zugeordnet.

Wer eine Rose *sieht,* **weiß**, wie sie *riecht.* Wer ein Gesicht *sieht,* **weiß**, wie sich die Person dahinter *fühlt.* Wer etwas *spürt,* **weiß**, wie es *aussieht.*

Diese Dinge funktionieren im Alltag durch die Zusammenarbeit und Verbundenheit der physischen mit den inneren Sinnen, allein auf Basis der inneren Sinne jedoch transparenter und dadurch klarer, unbeirrbarer. Wie könnte man also einem Kind absprechen, was es **gesehen** hat? Die Gesamtheit der innersinnlichen *Wahr-nehmung* ist das Einsatzgebiet des dritten Auges. Auch wenn hier das Sehen, das wir in erster Linie mit dem Sehen der physischen Augen gleich setzen, die nahe liegendste Interpretation und Zuordnung zu diesem Bereich ist, so ist doch alles, was *erkannt* (weil wir es kennen und daher *wissen*!) wird, auf welche Art und Weise auch immer, **sehen**.

Erkennen ist sehen, sehen ist wissen.

Das Symbol:

Das Symbol ver-*sinn-bild*-licht das dritte Auge. Unweigerlich berührt sein Anblick unser innerstes, kosmisches Wissen, das in jedem der Sinne liegt und öffnet eine Schleuse. In welchem Energiekreis das geschieht, ist von der Einstellung (jener Perspektive, auf die der Fokus gerichtet ist), abhängig. Durch die stetige Anwendung wird auch der Rationalist feinfühliger, empfänglicher. Die Sensibilisierung erfolgt automatisch. Wer gleich er-*wartet*, die Welt plötzlich in Aura-Farben erstrahlen zu sehen, überfordert sich selbst. Hier geht es um das Erkennen der Essenz der Dinge, die sich in mannigfaltiger Gestalt zeigen kann. Ein vorgefertigtes Bildnis, eine zu erfüllende Er-*wart*-ung wäre ein Rahmen, der einerseits vielleicht den Dingen nicht entspricht und andererseits auf jeden Fall blockiert. Um zu sehen, muss man sich öffnen können. Das Zeichen für das dritte Auge öffnet langsam und schrittweise für die *Wahr-nehm*-ung der anderen Art, für eine neue Sicht der Dinge und für das Loslassen der sicheren Strukturen. Es begünstigt auch für Geübte die Einstimmung auf spiritistisches und prophetisches Arbeiten (z. B. Kartenlegen) und fördert durchaus auch die Kreativität. Eine Kombination mit einem der Fokus-Symbole ist für "Neulinge" empfehlenswert.

HARMONIE

"Dies alles sind Aspekte von einer Realität...
Atome sind Töne.
Ihr hört sie nicht..."

SETH
(gechannelt von Jane Roberts)

Der Begriff "**Harmonie**" wird gleich gesetzt mit "Wohlklang, Übereinstim-mung, innere Geschlossenheit, Ebenmaß" und wurde aus dem lateini-schen und griechischen *"harmonia"* geprägt, das "Zusammenfügung, Verbindung, Bund, passendes Verhältnis, (allgemeine) Übereinstimmung, Einklang, Eintracht, Melodie" bedeutete. Der zunächst musikalische Ter-minus ("**Harmonik**" = die Zusammenfügung perfekter Akkorde) wird auf Ar-rangements und Konstellationen übertragen, die auch in anderen Wahr-nehmungsbereichen als wohltuend und angenehm empfunden werden, so dass er im 18. Jahrhundert eine große Verwendungsbreite in Kunst, Na-turwissenschaft und Psychologie erreicht. Durch Boethius kennen wir auf dem musikalischen Konzept aufbauend die Theorie der drei verschiede-nen Arten von "Musik": *"musica mundana"*, die die kosmischen Maß-verhältnisse beschreibt, *"musica humana"*, worunter man die Harmonie der Seele, des Körpers und jene zwischen beiden versteht und *"musica in-strumentalis"*, die das harmonische Maßverhältnis des instrumentalisierten Musizierens meint. Kepler erkannte mit *"harmonice mundi"* die "Sphä-renharmonie", welche Zusammenhänge zwischen Planetenbewegung und dem harmonischen Verhältnis beschreibt, das auch in Musik und Geomet-rie erkennbar ist und schon durch Heraklit lyrischen Ausdruck fand. In der zwischenmenschlichen Kommunikation beschreibt "**Harmonie**" einen "Gleichklang der Gedanken und Gefühle". In der Regel wird "**Harmonie**" dort verwendet, wo man neben einer bestimmten Regelmäßigkeit in der Anordnung einzelner Objekte bzw. ihrer Teile noch einen Sinn, eine Wert-bezogenheit anzumerken glaubt. In der Naturwissenschaft beschreibt "**Harmonie**" eine "Symmetrie, Ganzheit, System, Strukturgesetz etc." und bedeutet "Gestalt und Funktion aller Teile eines Ganzen so abzustimmen, dass die Funktion der jeweils anderen Teile und vor allem die Funktion des Ganzen maximal befruchtet werden." Wenn etwas "**harmonisch**" ist, so ist es "wohlklingend, gut abgestimmt, organisch" und "**harmonieren**" bezieht sich auf "eine Einheit, Geschlossenheit bilden, organisch zusammenpas-sen", woraus sich "**harmonisieren**" im Sinne von "in Einklang bringen, aufeinander abstimmen" ergibt.

Die Vorstellung von **Harmonie** scheint unweigerlich mit "**Symmetrie**" verbunden zu sein, ein Konzept, das alleine schon durch das duale Universum seine Berechtigung hat, denn ohne die **symmetrische Anordnung** zweier Hälften kann keine **Harmonie** entstehen.

"**Symmetrie**" leitet sich vom altgriechischen *"symmetria"* ab und bedeutet "Ebenmaß, spiegelbildliche Gleichheit, richtiges Verhältnis", das aus *"symmetros"*, das "gemeinschaftliches Maß habend, im Maß zueinander passend, angemessen, verhältnis-, gleichmäßig" bedeutet, entlehnt wurde. Ein Objekt wird als "**symmetrisch**" bezeichnet, wenn es gegenüber bestimmten Transformationen unverändert (invariant) bleibt und "ebenmäßig, in gleichförmiger Anordnung stehend, ausgewogen, proportioniert, harmonisch, spiegelgleich" ist. Aus dem griechischen *"metron"* im Sinne von "das rechte, volle Maß, Ziel, Länge, Größe, Silben- oder Versmaß" ergibt sich das "**Metrum**", das Ausdruck der bildenden Kunst, besonders der Architektur im Sinne einer "**harmonischen Übereinstimmung** der einzelnen Teile eines Ganzen" und "gleichmäßigen, **harmonischen Anordnung** zweier oder mehrerer Gegenstände oder Teile im Hinblick auf eine (gedachte) gemeinsame Mittellinie, spiegelbildliche Deckungsgleichheit" ist, das seit dem 18. Jahrhundert für "Gleichgewicht, Ausgleich" übertragen wurde.

Jede Wesenheit, die sich im dualen Universum befindet und damit den Gesetzen der Polarität unterworfen ist, strebt wissentlich oder unbewusst nach Harmonie, nach Ausgleich auf allen Ebenen im Sinne der Werterfüllung. Da die Urquelle allen Seins Harmonie und Ausgeglichenheit in ihrer reinsten Form ist, ist die Sehnsucht nach diesem Zustand, der durch die kosmische Herkunft eine Selbstverständlichkeit für jedes Individuum ist, welche im Zellgedächtnis gespeichert bleibt, immer präsent. Harmonie und Symmetrie ziehen uns magisch an - unmittelbar erzeugt Asymmetrie Unbehagen und Disharmonie - und die gesamte Schöpfung ist nach diesen Prinzipien aufgebaut, bis hin zur Anordnung der Moleküle. Obgleich kein Subjekt und kein Objekt vollkommen symmetrisch ist, muss dennoch ein bestimmtes Maß an Ausgewogenheit existieren, um die physische Schöpfung zu gewährleisten. Alles, was ist, formiert sich nach den Codes, die energetisch vorhanden sind, welche nicht zuletzt eine mathematische Gleichung darstellen. Jedes Prinzip hat ein Gegenprinzip, das es unaufhörlich sucht und welches durch den entsprechenden Impuls aktiviert wird. Da alles, was jemals er-*schlossen* (wir gelangen durch die *Schlüsse*, die wir ziehen, zur Erkenntnis und müssen uns *ent-schließen*, einen Weg zu gehen, auf dem wir Dinge begreifen, für die wir *auf-geschlossen* sind!) und erfahren werden kann, bereits seit jeher vorhanden ist, kann dieses Spiel, in dem jede Regung unverzüglich ihr Pendant sucht, ewig aufrecht erhalten werden - im Sinne einer linearen Vorstellung. Denn Alles was ist, war immer und wird immer sein, denn die kausalen Zusammenhänge der dreidimensionalen Ebene existieren außerhalb dieser nicht, wodurch es an sich keinen Zeitpunkt, an dem etwas statt findet gibt und infolgedessen ist alles nach Ausgleich Strebende im selben Moment auch gleichermaßen bereits vollkommen, weshalb sich der Saldo auch durch das individuell *wahr-genommene*, illusionäre Zeitgefüge ergibt. Jemand, der insgesamt ausgeglichener ist, wird weniger *Lange-weile* empfinden! Die Sehnsucht nach Harmonie erhält das Gesetz der Resonanz aufrecht, bedingt dadurch unser Karma und drängt uns zur Werterfüllung. Jede Befindlichkeit, die nicht dem allerhöchsten Zustand des absoluten Wohlbefindens entspricht, verlangt danach, nach Höherem zu streben oder sich am höchsten Punkt innerhalb einer Linie zu transformieren, um eine völlig neue Richtung einzuschlagen, die aufgrund bestimmter psycho-energetischer Mängel einer Wesenheit erfahren werden möchte. Der Grad an Vollkommenheit, Balance und Harmonie oder die *Wahr-nehm*-ung davon sind für die persönliche Zufriedenheit Ausschlag gebend. Durch die unermessliche Zahl der verschiedenen Anteile, die uns ausmachen, ist es ein langer Weg durch mühsame Inkarnationsprozesse, um die Essenz dessen, womit man sich *wahr*-lich identifiziert, zu erkennen. Am Ende wartet die Erkenntnis, dass uns all das aus der Palette der Möglichkeiten ausmacht, das seinen Gegenpol gefunden hat und ausbalanciert ist, aber auch jenes, das noch nach Ausgleich strebt, und daher mit einem Drang verbunden ist. Je höher und weiter wir also streben, mit umso mehr Dingen, Faktoren und Umständen können wir uns durch die Fähigkeit, Ausgleich zu schaffen, identifizieren, weil wir sie weder separat von uns *wahr-nehmen* noch uns deshalb durch sie bedroht fühlen. Das Empfinden eines harmonischen Allgemeinzustandes obliegt also der Gabe, sämtliche Lebensumstände auszugleichen, um in emotional-energetischer und daraus resultierender psychischer, physischer und sozialer Balance zu bleiben. Den Zustand der Harmonie kann nur derjenige erreichen, der in seine Mitte zu finden weiß und gelernt hat, mit seiner persönlichen Werte-Skala umzugehen. Vorschnelle Interpretationen, die unsere Glaubens- und Verhaltensmuster prägen (und umgekehrt - alles bedingt sich gegenseitig!) und dadurch projizierte Er-*wart*-ungsrahmen schaffen Disharmonien. Jede Schöpfung kann sich nur in einem manipulierten Raumfeld ver-*wirk*-lichen. Im dualen Universum der Gegensätze ist das manipulierte Raumfeld bereits so konzipiert, dass beide einander entgegen gesetzten Möglichkeiten spontan abrufbereit sind und unweigerlich jene von ihnen in Kraft tritt, mit der man durch einen unbewussten, jähen Impuls in Resonanz getreten ist. Wer seine Gedanken und Gefühle nicht in einer Art und Weise unter Kontrolle hat, die es ihm erlaubt, ver-*antwort*-ungsvoll damit um zu gehen, darf sich über unerwünschte Schöpfungen nicht wundern, die ihn an der Erlangung eines harmonischen Allgemeinbefindens hindern. Er wird genau die Antwort auf jene Impulse bekommen, die er unbewusst ausgelöst hat.

"Disharmonie" oder Ungleichgewicht ist die Ursache für die Schöpfung. Etwas, das sich in allen seinen Einzelheiten ausgleicht, kann sich innerhalb der einzelnen Teile nicht als indivi-*duelle* (*duale*!) Einheit *wahr-nehmen*. Das Ganze ist mehr als die Summe seiner einzelnen Teile, da es in Einheit durch die Ausgewogenheit der Anteile die Möglichkeit zur endlosen Ausdehnung - Expansion - besitzt. In seinem absoluten Gegenteil - in der Disharmonie durch das Fehlen nur eines Details oder dessen Abweichung von der Norm (Ungleichgewicht) ergibt sich die Möglichkeit zur unendlichen Reproduktion, die durch das kontinuierliche Ausbalancieren nach dem Perpetuum-mobile-Prinzip einen unendlichen Transformationsprozess auslöst: Die Schöpfung. J.R.R. Tolkien hat in seinem "Silmarillion" den Gesang der Ainur, eines Chors, beschrieben, der in himmlischen Gefilden in absoluter Harmonie ertönte. Durch eine einzige Stimme, die sich durch ihren freien Willen hervor tat, um sich als Indivi-*duum* zu ver-*wirk*-lichen, wurde die Harmonie zerstört und der Prozess der Schöpfung (gleich zu setzen mit dem Fall des Engels in die Materie) wurde in Gang gesetzt, denn durch das Gesetz der Resonanz musste unverzüglich darauf re-*agiert* werden. Das "Wort" bekam mehr Gewicht und wurde stofflich, wodurch auch sein Gegenpol sich verlagerte usw. Damit war die Kontinuität des ewigen Vorgangs gewährleistet. Doch alles, was ist, ist noch komplexer, als wir uns das mit den begrenzten Mitteln des Intellekts und einem vereinfachten Darstellungsmodell vorzustellen vermögen. Denn der Stoff, der all dies antreibt, ist die kosmische Liebe. Nichts in all diesen Vorgängen ist ein starres Konstrukt und nichts ist jemals vorgegeben und kein Ablauf und keine Wendung gewiss, obgleich alle Zustände, die es zu erlangen gibt und gilt, bereits immer simultan neben- und ineinander existieren. Das ist wiederum nur durch die Einheit, welche ewig ist, möglich. Etwas, das nicht schon immer da gewesen wäre, könnte nicht erreicht werden. Hier treffen alle Zeitgefüge zusammen und bilden aus unserer linearen Vorstellung nur eine einzige Linie innerhalb einer unaufhörlich expandierenden Kugel, die simultan in ihrem eigenen Zentrum als Punkt existiert, wodurch auch innerhalb dieser *schein-bar* geraden Linie alle Zeit-*Wahr-nehm*-ungen in einem Kreislauf ineinander schmelzen. Weil an jenen Punkten, an denen die imaginäre Linie innerhalb des Kugelmodells, in dem sie einen Radius bilden würde, das ursprüngliche Kugelkonstrukt in einer Art und Weise in Äquivalente übergeht, welche nur um Bruchteile verschoben in allen möglichen Richtungen ineinander geschachtelt sind, sodass sich daraus eine Expansion ins Unendliche ergibt, **muss** innerhalb dieser die ursprüngliche Linie zum Ring werden und auch der Punkt im Zentrum kann an jeder anderen beliebigen Stelle innerhalb des Kugelvolumens ein neues Zentrum bilden, ohne ein oszillierendes Modell zu schaffen, weil durch die gleichmäßige Ausdehnung **jeder mögliche Punkt** das Zentrum einer Kugel innerhalb der Kugel ist. Das ist das Gesetz der Harmonie, dass alles, was ist, im Großen wie im Kleinen; Mikro- wie Makrokosmos sich gegenseitig bedingt. Das findet seine verdeutlichte Ausdrucksform in **Fraktalen** (vom griechischen *"fractus"* = "gebrochen"), die uns ein faszinierendes Universum eröffnen: Die Welt der Selbstähnlichkeit oder Skalen-Invarenz, wodurch sie ein hohes Harmoniepotenzial besitzen und damit die Perfektion der Natur widerspiegeln, welche uns die Mathematik näher bringt. Fraktale Dimensionen sind nicht genau zu ermessen, ähnlich einem 3D-Bild oder dem Hologramm-Effekt besitzen sie dennoch mehr *Wirk*-lichkeit, als die oberflächliche Betrachtung zu konstatieren vermag; ein Objekt besteht aus mehreren verkleinerten Kopien seiner selbst, wobei Teile der Struktur dem großen Ganzen ähnlich sehen. In ihnen sind periodische Zahlenfolgen zur Form geworden. Sie sind die Ver-*sinn-bild*-lichung davon, dass alles in allem enthalten ist und sich ins Unendliche und Unermessliche fort zu setzen vermag. Sie erinnern uns an die Galaxien, die von unseren Blutkörperchen gebildet werden und von denen wir genauso wenig wissen wie vom Lauf der Gestirne um uns. Was in uns und was außerhalb von uns ist, scheint unerreichbar zu sein, solange wir mit begrenztem Denken die Grenzen aufrecht erhalten. Grenzen hindern uns am harmonischen Miteinander.

Dass sich jedes existierende Grundprinzip in jede mögliche Richtung unendlich fort setzt, ermöglicht uns, harmonische Strukturen zu schaffen, wenn diese Prinzipien in ihrer Wahrheit erkannt werden. Sie bedeutet, dass wir entweder einen einzigen Punkt in einem unermesslichen Kreislauf manipulieren können, um uns abzugrenzen oder uns für die Möglichkeit der Vereinigung öffnen und die Welt als Geschenk erhalten. Ohne Toleranz als Schlüssel kann der Zustand der Harmonie nicht erreicht werden. Um Toleranz zu erreichen, müssen Ängste beseitigt werden. Um jene zu bezwingen, muss begriffen werden, dass man selbst untrennbarer Teil des Ganzen ist - nur das Ego, das sich bedroht fühlt, kann Disharmonie schaffen. Und dennoch geschieht jede Diskrepanz in einem Bewusstsein, das sich getrennt *wahr-nimmt*, in Harmonie mit dem großen Ganzen.

Wenn wir uns im Sinne der Einheit fügen, fügen sich die Umstände harmonischer. Wenn wir versuchen, sie zu manipulieren, um uns zu schützen, manipulieren wir damit unser Gleichgewicht. Alle Aspekte in unserem Leben - die erwünschten wie die unliebsamen - bedingen sich wechselseitig. Toleranz beginnt bei sich selbst und eine veränderte Perspektive auf alles, das wir als "Wahrheit" annehmen, kann durch den verschobenen Fokuspunkt ein völlig neues Universum erschließen, weil wir in eine neue Richtung expandieren.

Gleich dem Gesetz des Karmas schafft positive Resonanz Harmonie, die in uns spürbar wird, wenn etwas in unserer Frequenz schwingt und sich mit uns auf gleicher Wellenlänge befindet! Im Einklang mit sich und der Welt lässt sich leichter eine stetige Zufriedenheit erlangen.

Das Symbol:

Durch seine Betrachtung schafft das Symbol Harmonie in unserem Inneren. Das beginnt durch die Harmonisierung der feinstofflichen Körper, die im Perpetuum-mobile-Prinzip ihrerseits Resonanz auslösen. Ganz allgemein bringt uns dieses Zeichen leichter in Resonanz, um einen Sinn für die Anordnung von Gegenständen und Umständen in unserem Leben zu bekommen, welche die Balance und nicht zuletzt die Toleranz fördern. Es lässt uns leichter zur Ruhe kommen und wirkt unterstützend bei Heilungsprozessen. Auch kann es hilfreich in Räumen wirken, in denen Stress und Unmut vorprogrammiert sind und begünstigt die Klärung des energetischen Raumklimas nach Auseinandersetzungen, in Krankenzimmern und allgemein in Räumen oder an Plätzen mit schlechter Energie.

RESONANZ

"Sich zeugend wissen,
dennoch empfänglich bleiben -
heißt der Welt Urtrieb leben."

Laotse

Spiegel

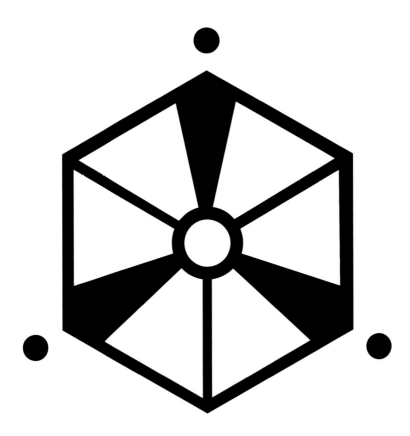

Unter dem Begriff "**Resonanz**" versteht man "Nachklang, Klangverstär-
kung, Klangverfeinerung durch Mitschwingung in den Obertönen, durch
Schallwellen gleicher Schwingungszahl angeregtes Mitschwingen, Mittö-
nen eines anderen Körpers", der seit Anfang des 15. Jahrhunderts aus
dem lateinischen *"resonantia"* im Sinne von "Widerhall, Widerschall,
Echo" entlehnt wurde. Über *"resonare"*, das "widerhallen" bedeutet,
ergibt sich die Verbindung zu *"sonare"* als "(er)tönen, (er)schallen,
klingen", woraus sich die Ableitung als "Anklang, Verständnis, Interesse,

Wirkung" definiert.

Das Gesetz der Resonanz ist von unserem Karma abhängig und ver-*ant-wort*-lich für alle unsere Erfahrungen, die ihrerseits Karma erzeugen. In einem polaren Universum findet jeder Aspekt seinen Gegenaspekt um im Streben nach Ausgleich, Harmonie und damit nach Werterfüllung die *Gleich*-ung zu vervollständigen. Jeder Gedanke, jede Emotion ist ein Impuls, der reine Schwingung ist, die immer ein Echo auslöst. Da alles in allem bis ins mikrokosmische vorhanden ist, strebt jedes noch so kleinste Teilchen, das von einem Impuls, der seiner Frequenz entspricht, durch Schwingung berührt wurde, nach Vereinigung mit Seines-*gleich*-en. Jenes Prinzip zeigt sich uns beispielsweise im Kreislauf des Wassers. Auch der kleinste Tropfen strebt durch alle Mühlen seiner Transformation hindurch nach Wiedervereinigung mit seiner Art. Die einzelne, vom Sonnenstrahl verdunstete Tauträne steigt auf, sammelt sich mit anderen, bildet Wolken, regnet herab, sickert in Böden, tritt als Quelle hervor, nimmt Rinnsale auf, schwellt zu Bächen, Flüssen und Strömen an, die alle ihren Weg ins Meer suchen. So verhält es sich mit allen Dingen, in welcher Form sie auch verkörpert sein mögen. Die Urschwingung, welche seine Indivi-*dual*-ität bestimmt, möchte immer mit jenem Teil, der es vervollständigt, vereint werden. Unbeirrbar findet alles, was zusammen gehört, inmitten all der Aspekte, die sich von ihnen unterscheiden, zusammen. Am Ende strebt jeder Aspekt nach Vereinigung mit **allen** übrigen, weil nach jeder Vereinigung im Kleinen eine Station der Werterfüllung erreicht wurde und er sich dadurch am höchsten Punkt des zu erlangenden Wertes nach Transformation sehnt, wobei er nach Vereinigung mit bisher differenten Schwingungsfrequenzen trachtet. Durch jede Erhöhung eines bisherigen Levels, der durch jede Form der Vereinigung, die immer eine Be-*reich*-erung ist, stattfindet, schwingt man mit zunehmend mehr Anteilen dessen, das man als getrennt von sich betrachtet, gleich. Ein Beispiel dafür ist die Energie der Edel- und Heilsteine, die uns jahrtausendelang eine be-*reich*-ernde Unterstützung war. Durch unsere kollektive Schwingungserhöhung gemeinsam mit Mutter Gaia wird diese Energie nicht mehr so dringend benötigt, weil wir selbst uns allmählich den Frequenzen, die die Steine uns boten, angleichen. Die Wesenheit mit der jeweiligen Schwingung ist der Klangkörper, die kristalline Struktur des Minerals der Resonanzgeber, der die jeweiligen Eigenschaften im Körper anklingen lässt bzw. verstärkt. Heilung kann geschehen, weil nur positive Eigenschaften in der Kristallstruktur Resonanz finden und nur jene verstärkt und gefördert werden, wodurch die negativen "übertönt" und neutralisiert werden.

Man kann nur mit jenen Aspekten der Schöpfung in Resonanz sein, die man selbst in sich birgt, die in das eigene Feld aufgenommen wurden, für die man sich öffnet, wobei es keine Beschränkung gibt. Hierfür genügt die Absicht, die ihr Ziel durch die Kraft der reinen (ungetrübten, unbeeinflussten) Imagination findet. Ein suggerierter Aspekt ist *gleich-wertig* dem emotionalen oder physischen, weil alle möglichen Ausdrucksvarianten in ihrer Essenz immer Information sind und das mentale Konstrukt, das bereits durch die Ver-*sinn-bild*-lichung (das gedankliche Bild, das durch die Informationen, die es beinhaltet, seinen Impuls, seinen Wert und seinen Sinn erhält) der Imagination entsteht, immer die Basis jeglicher Schöpfung ist. Wie sich jemand an welchen Orten, Situationen oder Umständen fühlt, ist bedingt durch die Gegebenheiten der vorhandenen Zustände, die in Resonanz mit den Anteilen des darin in-*volvierten* Individuums treten. Bei spärlicher Übereinstimmung der Impuls-Werte fühlen wir uns unwohl, weil die Umgebung differente Frequenzen aufweist als man selbst. Dadurch empfinden wir uns als ein vom Ganzen getrennter Teil, der sich fremd fühlt, was vom Empfinden von Einsamkeit über Unbehagen bis hin zum Schmerz reichen kann. In einer Umgebung, die mit unseren Aussendungen resoniert, fühlen wir uns angenommen und gut aufgehoben, wodurch wir uns als integriert *wahr-nehmen*, weil Gleiches miteinander verschmilzt. Wie schnell oder leicht wir mit vorherrschenden Umständen oder Gegebenheiten in Resonanz treten können, ist von unserer Einstellung abhängig. Wenn wir uns auf einem Camping-Urlaub befinden und nur begrenzten Proviant zur Verfügung haben, fällt es uns leichter, sich den ganzen Tag auf eine Abendmahlzeit zu freuen, von der man weiß, dass sie im Gepäck ist, auch wenn es sich dabei um etwas handelt, worauf wir uns zu Hause nicht unbedingt freuen würden. Wer sich sehr gegen den Urlaub sträubt, wird aller Voraussicht nach ständig von Essen träumen, das momentan nicht in Reichweite ist.

Wir erhalten immer Resonanz durch unser Umfeld, das bestätigt und antwortet, weshalb wir auch die alleinige Ver-*antwort*-ung für unsere Gedanken, Absichten und Taten tragen. Die Seele wird durch Resonanz geprägt und erlangt dadurch allmählich ihre Reife. Für sich allein und ohne Re-*aktion* würde jeder nur auf sich selbst fixiert bleiben und ohne Inter-*aktion* geistig verkümmern. Erst durch das Miteinander, durch ein soziales Gefüge können wir letztendlich überleben, weshalb wir auch ständig, bewusst oder nicht, nach Bestätigung heischen. Unser Umfeld ist der Indikator für unser Verhalten und dessen Aus-*wirk*-ungen. Selbstbild und Fremdbild sollten im bestmöglichen Einklang sein, um eine Absicht gezielt steuern und Klarheit über die eigene Befindlichkeit erlangen zu können. Je mehr verschiedene Personen mit uns auf gleicher Wellenlänge schwingen, desto neutraler ist unser Verhalten und umgekehrt. Das Prinzip des sozialen Gefüges setzt sich in unseren feinstofflichen Bereichen fort. Vom physischen Umgang bis hin zur mentalen Ebene funktioniert das Gesetz der Resonanz nach denselben uneingeschränkten Regeln. Da alles im Universum - unabhängig von seiner Ausdrucksform - Information ist, kann es keine Abweichung von dieser Norm geben, weil die Verkörperung nur die endgültige Expression der jeweiligen Informationsessenz ist.

Materie zu schaffen bedeutet, einen Teil seiner selbst als eigenständige Entität zu betrachten und sich selbst zu überlassen. Dabei wird Energie vom eigenen System abgekoppelt und beginnt in selbständiger Frequenz zu zirkulieren - noch verbunden mit dem ursprünglichen System durch den schöpferischen Fokus und den zelleigenen kollektiven Über-Fokus, der beide Systeme in seiner Funktion leitet. Das Einende trennt dabei und das Trennende vereint wiederum im alten und in einem völlig neuen Kontext. Materie kann nur dann er-*zeug*-t werden, wenn die Wesenheit gelernt hat, ihren Fokus lange und/oder intensiv genug auf etwas zu richten, dann jedoch - und das ist das Ent-*scheidende* des gesamten Vorganges - los zu lassen. Was nicht los gelassen wird, kann sich nicht eigenständig und unabhängig vom eigenen Feld entwickeln und würde daher als Schöpfung innerhalb der Wesenheit existieren, niemals jedoch als etwas, wovon man profitieren könnte, es sei denn, man genügte sich selbst und seinen Imaginationen. Erst durch das getrennte Bestehen zweier Felder kann zwischen ihnen Resonanz erzeugt werden. Dieser Prozess, in dem die Absicht zur physischen Form wird, ist kein Vorgang, der ausschließlich Alchimisten im stillen Kämmerchen des dunklen Mittelalters vorbehalten war; dieser Prozess begleitet jeden von uns ein Leben lang. Wir wissen nur nicht, wie wir dabei vorgehen, weil wir uns unserer Schöpfungsvorgänge nicht bewusst sind. Das Ziel ist es, Bewusstsein in unserem Tun und Denken zu erlangen, um das Gesetz der Resonanz zu einem nützlichen Instrument machen zu können.

Resonanz findet in jedem Moment statt. Wer sich nicht in den stattfindenden Moment einfühlen kann, sondern nach später strebt, vergleicht den Status Quo mit dem ersehnten Zustand. Jener daraus resultierende Vergleich schafft automatisch einen Wert, der durch die Interpretation des Egos Resonanz erzeugt. Wer also etwas Erwünschtes anziehen möchte, darf sich niemals auf den Umstand, dass es noch nicht eingetreten ist, konzentrieren, da er sich so nur mit dem Mangel und dessen negativen Emotionsimpulsen in Resonanz bringt. Der Impuls ist eine Re-*aktion* innerhalb einer nicht erfassbaren Zeitspanne. Dennoch ist er durch *Selbst-Bewusstsein* kontrollierbar. So schnell der Impuls Resonanz auslöst, so unverzüglich tun das auch die Bilder, die mit den Interpretationen unserer emotionalen Erfahrungs-Werte verknüpft sind. Da ein Bild kein Film ist, aus dem kausale Zusammenhänge ersichtlich werden, ist es mit einem in Sekundenbruchteilen statt findenden Impuls zu vergleichen, der von Umstand, wie lange dieses Bild betrachtet werden kann, unabhängig ist. Ein Bild ist eine Momentaufnahme. Es enthält genau jene Informationen, die zum Zeitpunkt eines gesandten Impulses be-*deutend* (in eine Richtung deutend, eine Tendenz anzeigend) waren. Das Bild spricht unmittelbar für sich und liefert durch seine unpersönlichen Werte in seiner Aussagekraft sämtliche Informationen, die weder der Erklärung noch der Interpretation bedürfen. Es besitzt eine neutrale und absolute Gültigkeit und Wirksamkeit. Mit genau den Informationen, die es beinhaltet, befindet sich der Aussender des Gedankenbildes in Resonanz und er erhält als Antwort auf seinen Impuls die Bestätigung, welche das Pendant dazu darstellt und durch die Interpretation der Werte, die dieses in sich birgt, oft das Gegenteil seines ursprünglich erwünschten Zustandes oder Umstandes. Dieser Vorgang wird durch einen unkontrollierten Impuls oder ein "Negativ-Bild" ausgelöst, das unbewusst gesendet wird. Es liegt in der menschlichen Natur und in der Ursache seiner Inkarnationszyklen, dass des Menschen wahrer Wille kaum mit den Wünschen des Egos kooperiert - eine Dissonanz, die nur durch Selbst-Bewusstsein behoben werden kann. *Sub-limi*nalbotschaften (unterhalb der Bewusstseinsgrenze) wirken deshalb so gut, weil sie direkt im Unterbewusstsein einen Resonanz-Wert erzeugen, der vom Intellekt nicht interpretiert und daher vom Ego nicht manipuliert werden kann. Weil wir im Alltag niemals den Kopf frei haben, bemerken wir die Masse an Gedankenimpulsen, die wir unablässig in unsere Umgebung senden, nicht. Wir senden die meiste Zeit auf zwei parallelen Ebenen einander in ihrer Frequenz entgegengesetzte Informationsimpulse, von denen der stärkere, dessen Stärke seine *Ein-deut*-igkeit ausmacht, Antwort erhält. Dass es sich dabei immer um einen destruktiven und einen konstruktiven Aspekt handelt, liegt an der Tatsache, dass wir uns einen bestimmten Umstand wünschen, dessen Bildnis schwach in uns keimt und parallel dazu das mit eindeutigen Impulsen versehene Bild hegen, das der Angst, diesen Zustand nicht zu erlangen, entspringt. Angst ist immer der stärkste Impuls und was vermag wohl in Konkurrenz dazu ein vager Wunsch auszulösen? Wie stark dieser Wunsch auch sein mag, so ist doch die Angst, die ihm entgegen tritt, immer stärker. Denn etwas, das uns **wichtig** ist, ist immer von einer Angst begleitet. Das geschieht durch den vorgefertigten Er-*wart*-ungsrahmen, der das Raumfeld, in dem sich die möglichen Umstände ver-*wirk*-lichen sollen, vorab durch Zweifel und Ängste manipuliert. Es ist eine Kunstfertigkeit, Dinge neutral zu behandeln. Zumindest in dem Sinne, dass wir sie nicht mit unkontrollierten emotionalen Impulsen versehen. Dass ein ausgesandtes Bild immer nur neutral ist, sollte durch folgendes Beispiel verdeutlicht werden: Tiere können die Bilder, die wir wissentlich oder unkontrolliert an sie senden, direkt empfangen. Da dies ihre Art der nonverbalen und uneingeschränkten Kommunikation, die keine Grenzen durch die Verschiedenheit der Spezies kennt, ist, re-*agieren* sie unverzüglich auf die "Anfrage", die sie von uns erhalten. Jemand, der Angst vor Hunden hat und bei einem Besuch beim Öffnen der Tür befürchtet, zur Begrüßung vom Haushund angesprungen zu werden, möchte dies zwar auch ausdrücklich nicht, sendet aber als Resultat der Befürchtung, dass dies geschehen könnte, genau dieses Bild. Weil die Angst stärker ist als alles andere, konnte sich dieses Bild durch den emotionalen Impuls im Geist formen. Der Hund erhält es unmittelbar. Für ihn ist es ein neutrales Bild, das lediglich die Information des Hundes, der dem Gast entgegenspringt, enthält - und genau darauf re-*agiert* er - für den Hund ist das empfangene Bild eine Aufforderung. Das Ziel all unserer Lernprozesse ist es, unsere Schöpfungen bewusster zu gestalten. Denn bereits unsere Gedanken erzeugen Karma, das sich nach dem Gesetz der Resonanz ver-*wirk*-licht. Man kann es auch das Prinzip von Ursache und *Wirkung* nennen. Wie die Dinge auf uns *wirken*, obliegt unserer persönlichen Werte-Skala. Wer Werte interpretiert, erzeugt dadurch Bilder...

Durch Resonanz kann eine Art Wurmloch zwischen ähnlichen Ereignissen und Umständen geschaffen werden. Das verdeutlicht sich unter anderem im Urlaub. Kommt man erneut an einen geliebten Ort, obgleich eventuell Jahrzehnte zwischen den beiden Aufenthalten vergangen sind, fühlt man sich dennoch, als wäre man immer hier gewesen. Es wird unvorstellbar, dass es anders war. Das ist in Situationen möglich, die eine hohe Übereinstimmung mit unseren Resonanz-Aspekten aufweisen und wird durch die Anpassungsfähigkeit der Seele bewirkt. Auch wenn die erlebten Phasen im Vergleich zum Alltagsleben vergleichbar kurz - besonders verstärkt durch die "*Kurz-weil-*igkeit" angenehmer Erlebnisse - sind, sind sie *wahrhaftig*, weil sie einen in den Moment des Er-Lebens bringen, wodurch der Rest ausgeklammert wird und in Resonanz mit den vorherrschenden Umständen günstige zukünftige Umstände manifestiert werden. Umgekehrt weiß jemand, der kaum im Moment ist, Dinge immer erst dann zu schätzen, wenn er sie nicht mehr hat. Sein stärkster Resonanzgeber ist der Impuls des Mangels.

Ich hatte oft genug Gelegenheit, meine eigenen Re-*aktion*-simpulse während eines zu Boden fallenden zerbrechlichen Gegenstandes zu erforschen und zu beobachten. Da diese Dinge jäh und *schein-bar* uner-*wart*-et passieren (sie sind die Antwort auf frühere unbewusst Impulse), ist es kaum möglich, seine gedanklichen Impulse dabei unter Kontrolle zu halten. Es hängt vom Überraschungs-Effekt ab, wie dieser Vorfall ausgeht. Der Schrecken ist der sicherste und stärkste Impuls, dem unmittelbar die Er-*wart*-ung des klirrenden Geräuschs, ausgelöst durch den berstenden Gegenstand folgt. Das Ergebnis wird unverzüglich genau dieses plötzliche und daher in seinen Informationen unverfälschte gedankliche Bild bestätigen. Wird man jedoch vom fallenden Objekt in einer Art und Weise überrascht, dass man nicht mehr dazu kommt, ein er-*wart*-etes Ergebnis zu suggerieren, geht der Sturz auch meist glimpflich aus. Es ist immer wieder erstaunlich, wie durch diese Vorgänge Keramik auf dem Steinboden keinen Schaden nahm und ein massives Glasgefäß auf dem Teppich zersprang. Im Grunde dürfte mit diesen Beispielen alles erklärt sein. Resonanz wird immer momentan erzeugt, wobei die Reinheit des Impulses Ausschlag gebend ist. Der unkontrollierte, jähe Impuls ist immer jener, der aus dem Einklang von Ego (emotionaler Interpretationswert) und Willen resultiert. Der Einklang von Ego und Willenskraft bewirkt unmittelbar Schöpfung.

Die Symbole:

Resonanz
Das Symbol für Resonanz erinnert an das wunderbare Geopiktogramm

vom englischen Barbury Castle, das am 17. Juli 1991 dort "über Nacht" in einem Kornfeld auftauchte. Bereits damals kündigte es das Kommen einer großen Zeit an, in der wir uns in zunehmendem Maße in Resonanz mit den neuen Schwingungsfrequenzen bringen mussten. Das Zeichen in diesem Buch soll uns im bestmöglichen Umfang auf das Ende dieser Übergangs-phase und den Beginn der "neuen Welt" einstimmen. Es soll uns bewuss-ter in unseren Re-*aktionen* und spontanen Impuls-Schöpfungen werden lassen, genauso, wie es uns auf die Integration in bisher eher widrige Um-stände vorbereiten möchte. In diesem Zusammenhang verhilft es zu einer neuen Einstellung, um verschüttete Resonanz-Aspekte in uns wieder zu beleben, die uns als untrennbaren Teil des großen Ganzen identifizieren.

Spiegel

Dieses Zeichen ist für unseren Schutz gedacht. Tagtäglich bringen wir uns unwissentlich in Resonanz mit so genannten unliebsamen Aspekten der Schöpfung und sind oftmals energetischen Angriffen schutzlos ausgelie-fert, deren Herkunft wir nicht genau einordnen können. Des Weiteren wis-sen wir uns gegen gezielte Attacken oft nicht zur Wehr zu setzen. Das Spiegel-Symbol sollte hier zu einem unsichtbaren Schutzschirm verhelfen, ähnlich den zahlreichen Affirmations-Übungen, die es zur Aura-Verstär-kung gibt. Doch diese sind nicht jedermanns Sache. Jemand, der sich insgesamt nicht bewusst schützen kann, vermag auch keinen wirksamen Schutzschild zu suggerieren. Das Symbol stärkt, als Essenz eingenom-men, von innen und kräftigt die Aura auf diesem Wege. Seine eigentliche Aufgabe ist es, die Angriffe, mit denen wir konfrontiert sind, von uns ab-prallen zu lassen und auf dem direkten Wege wieder zum Angreifer zurück zu schicken. Der Spiegel lässt jene Aspekte, die man am Anderen nicht mag, in sich selbst erkennbar werden, womit auch an der Ursache der Angriffe gearbeitet werden kann. Je nach Vorliebe kann man es auch an der Brust (mit dem Symbol nach vorne, um den Spiegel-Effekt zu verstär-ken) unter der Kleidung tragen oder an Orten, wo vermehrt Konflikte aus-getragen werden, sichtbar anbringen.

BALANCE

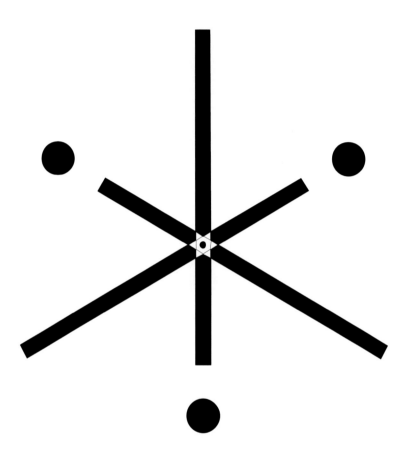

*"Es gibt kaum etwas im Leben,
bei dem wir nicht davon profitieren,
es langsamer zu tun."*

Robert Parry

Leichtigkeit

Der Begriff "**Balance**" umschreibt ein **Gleichgewicht** von entgegen wirkenden Kräften oder Aspekten oder einen Zustand der Ausgewogenheit.

Er stammt vom spätlateinischen *"bilanx"* ab, das die **Waage mit zwei Waagschalen** beschreibt (*"bi"* = zwei; *"lanx"* (von *"lancis"*) steht für Schüssel oder Schale), was auf *"bilancia"* zurückgeht, das im italienischen *"bilanciare"* heißt, das für "(gegeneinander) abwägen, prüfen, entschlossen sein" steht. Daher stammt die postverbale Ableitung *"bilancio"* ("**Bilanz**") oder kaufmännisch *"Balanz"*, das so viel wie "Rechnungsabschluss" bedeutet. Im Französischen ergibt sich daraus *"Balance"* für "Waage, Gleichgewicht, Bilanz". Der Begriff "**Balance**" ist verwandt mit dem spätlateinischen *"balläre"*, das für "tanzen" steht, das nicht zuletzt auf den Seiltänzer, der seine Balance mit Hilfe einer Stange, mit der er gemeinsam die "**Waage**" bildet, zurück zu führen ist.

In **Balance** zu sein, bedeutet für uns vor allem, aus unserer **Mitte** heraus zu handeln. Wir sind wie ein Gefäß, in dem alles **gegeneinander abgewogen** wird, um in **Ausgewogenheit** neben- und miteinander existieren zu können. Wir müssen **Bilanz ziehen.**

Das **Gleichgewicht** ist das Prinzip in unserem **dualen Universum**, das durch das Vorhandensein der **polaren Kräfte** immer und überall Thema ist.

Alle unsere Körperebenen sollten idealerweise in Balance sein, genauso wie Mikro- und Makrokosmos. Die universelle Ordnung sorgt immer für eine Ausgewogenheit der gesamten in ihm wirkenden Kräfte, wenn das auch für uns Menschen oft nicht erkennbar ist. Die Extreme, die unser Universum ausmachen, sorgen für die nötige Veränderung, die niemals still steht und die dennoch eine Balance innerhalb der Gesamtheit der Gegensätze herstellt. Wenn auch der Eindruck entsteht, dass in einem Land, in dem seit Jahrhunderten Krieg und Unruhe herrschen, niemals ein Gleichgewicht der Kräfte herrsche, so wird dieses durch ein Land, in dem seit Jahrhunderten Frieden herrscht, hergestellt. Der Sinn ergibt sich aus dem kompletten System, in dem alle Geschehnisse in energetischer Interaktion mit den übrigen sind. So verhält es sich auch im Menschen mit seinen Körperebenen, Kräften, Chakren und Organen.

In unserer schnelllebigen Zeit des hektischen Alltags treffen wir nur wenige ausgeglichene Menschen.

Niemand kann immer in seiner absoluten Mitte sein. Es geht darum, den perfekten Ausgleich für uns zu schaffen.

Aus der Balance zu geraten bedeutet die Unterbrechung unserer Kontinuität. Wir geraten dann aus dem Fluss, sei es unser energetischer, der unserer Gedanken, unserer Arbeit oder unserer emotionalen und psychischen Stabilität. Wir geraten ins Stocken. Wie enervierend dieser Vorgang ist, zeigt das Beispiel vom schlechten Empfang. Kaum etwas bringt mehr psychischen Stress als schlechter Empfang beim Fernsehen oder Telefonieren. Mit der schlechten Verbindung erleidet die Kontinuität der Unterhaltung oder des Gesprächs, worin wir psychisch in-*volviert* sind, Einbußen; der Informationsfluss ist unterbrochen. Dadurch unterbricht auch unser Energiefluss - er wird durch unangenehme emotionale Affekt-Impulse gestört. Das ist ein plakatives Beispiel für Vorgänge, mit denen wir ständig konfrontiert sind. Es genügen Kleinigkeiten, um unseren Energiefluss zu stören und unsere Kontinuität zu unterbrechen. Meistens sind wir uns dessen nicht bewusst, weshalb wir auch nur dann sehen oder zugeben, dass wir aus der Balance sind, wenn eine Eskalation bevor steht oder bereits geschehen ist.

Dis-harmonien - Unterbrechungen in unserem Lebensfluss - zerstören unsere Aura, erzeugen Blockaden, die sich zu einem Problem auswachsen können. Innen wie außen.

Jede Blockade oder Stauung im äußeren Leben schafft allmählich ihr Pendant im Körper auf der entsprechenden Ebene. Wir unterschätzen die Wirkung von äußeren Reizen auf unsere Konstitution. Nicht umsonst ist die Sinnesüberreizung eine wirksame Foltermethode. Tagtäglich sind wir mit unsichtbaren oder unterschätzten schädlichen Energien konfrontiert, die uns ins Ungleichgewicht bringen. Die Palette reicht von elektromagnetischen Störungen über Elektrosmog bis hin zu negativ beein-*fluss*-enden (der fremde Fluss, der den eigenen stört) psychischen Energien oder Stress.

Wir alle leben meistens in Extremen. Ganz oder gar nicht. Wir sind dünn oder übergewichtig. Unser Prinzip lautet: "Jetzt habe ich über die Stränge geschlagen, jetzt ist es auch schon egal!". Wir sind Raucher oder Nichtraucher. Selten raucht jemand über einen längeren Zeitraum nur ab und zu oder täglich nur 1 bis 2 Zigaretten.

Wir machen täglich Sport oder gar keinen. Kaum jemand betätigt sich aus reiner Lust ohne einen festgesetzten Plan zwei- oder dreimal wöchentlich sportlich.

Wir sind undiszipliniert. Wir brauchen die Routine, um unsere Disziplin beizubehalten um die Dinge zu tun, die uns angeblich guttun.

Disziplin ist das Gegenteil von Balance. Balance setzt Gefühl und Gespür voraus. Wer Disziplin benötigt, hat sein Gespür für zumindest bestimmte Bereiche verloren.

Wer nicht in Balance ist, fühlt nicht; wer nicht fühlt, kann seine Mitte nicht finden. Disziplin kann den Weg weisen, ist aber kein Ersatz für die innere Stimme.

Disziplin ist anfangs vonnöten, um sich auf das noch Ungeliebte einzustimmen. Das kann nur dann erfolgreich sein, wenn man während seiner geplanten Betätigungen im Moment ist. Wer danach strebt, es "hinter sich zu bringen", wird sich nie auf das neue Gefühl, das er als Lohn erhalten würde, einpendeln können.

Wir sind zumeist daran gewöhnt, jedem *schein-bar* körperlichen Impuls sofort nach zu gehen um vermeintliche Bedürfnisse zu stillen. Doch hier handelt es sich meist nicht um wahre körperliche Bedürfnisse, sondern um Aussendungen unserer Psyche, die sich im ständigen inneren Dialog befindet und um emotionale Löcher, die nach Kompensation und Auf-*merk*-samkeit schreien. Es verhält sich wie mit den mittlerweile verbotenen Subliminalbotschaften in einem Film. Das Unterbewusstsein *nimmt* das Emblem einer Fast-Food-Kette oder eines Getränkeherstellers *wahr,* das für Sekunden-Bruchteile und von der bewussten *Wahr-nehm-*ung unbemerkt über den Bildschirm oder die Leinwand geflackert ist, und unsere Psyche verlangt nach dem entsprechenden Produkt, obwohl es sich nicht um ein körperliches Bedürfnis gehandelt hatte. Unser ebenso meist unbewusst ablaufender innerer Dialog aktiviert Assoziationen, die meist mit bestimmten Bedürfnissen in Verbindung gebracht werden, die wir dem Körper zuschreiben. Jedoch hören wir die wahre innere Stimme der körperlichen Bedürfnisse hingegen kaum - erst, wenn wir gähnen oder der Magen knurrt -, wodurch Blockaden vorprogrammiert sind. Auch hängt unsere Balance davon ab, wie sehr wir uns auf unseren verschiedenen Ebenen öffnen können.

Wer sich sein ganzes bisheriges Leben oder über einen längeren Zeitraum hinweg falsch ernährt hat und mit den Folgeerscheinungen konfrontiert ist, benötigt anfangs ein bestimmtes Maß an Disziplin, um eine Ernährungsumstellung erfolgreich durch zu setzen. Zuerst mag es dem Betreffenden als Qual erscheinen, doch mit dem zurückkehrenden Gespür und der inneren Stimme, die wieder vernommen werden wird, wird der neue Lebensstil zunehmend als Wohltat empfunden werden. Die Balance auf allen Körperebenen wird (zurück) erlangt. Dass Diäten kontraproduktiv sind, sollte nicht extra erwähnt werden müssen. Der allseits bekannte "Jo-Jo-Effekt" ist ein drastisches Beispiel für das Ungleichgewicht, in dem wir uns verlieren, weil uns beide angewandten Methoden des Unmaßes mehr und mehr von unserer Mitte trennen. Der Körper rebelliert und findet durch die ständigen Irritationen immer schwerer zu seiner Balance.

Ebenso verhält es sich mit Sport und Bewegung oder ähnlichen Dingen, die eine radikale Umstellung erfordern, nachdem man allzu lange den falschen Weg des Fehlverhaltens gegangen ist, das immer weiter aus der eigenen Mitte gedrängt hatte. Wenn das Gefühl für das neue Leben erlangt wurde, ist es leicht, die Balance bei zu behalten. Die Bedürfnisse des Körpers werden nach Bedarf gestillt anstatt nach Plan oder als Kompensation für emotionale Mängel. Die Ernährungswissenschaft hatte in den letzten Jahren das Konzept vertreten, dass fünf kleinere Mahlzeiten täglich ideal für den Organismus wären. Mittlerweile wurde diese Meinung revidiert, da nicht nachgewiesen werden konnte, dass eine solche Vorgangsweise wirklich gesünder ist als andere Gewohnheiten. Bei fünf täglichen Mahlzeiten ist der Körper unablässig mit dem Verdauen der Kost beschäftigt, was einen enormen Energieaufwand abverlangt. 60% der gesamten Körperenergie werden für den Verdauungsvorgang aufgewendet. Den meisten Menschen ist es ohnehin zu viel, fünfmal täglich zu essen, wenn es sich dabei auch nur um kleine Portionen handelt. Unser Körper ist entgegengesetzt programmiert, da wir ihn seit jeher dann genährt haben, wenn Nahrung vorhanden war. Er ist darauf eingestellt, längere Phasen ohne Nahrung auszukommen. Auch dieses Verhalten stellte eine Balance dar, die sich über längere Zeiträume hinweg ergeben hatte. Der Mensch war daran gewöhnt und dieses Ernährungsmuster ist in unseren Zellen gespeichert. Erst in unserer Zeit des Überflusses gelangten die natürlichen Intervalle, die mit einem gesunden Körpergefühl einhergingen, aus der Balance. Der Unterschied zu diesem in unserer Evolution vorgesehenen Verhalten zu unserem heutigen Diätwahn liegt in der Empfindung, die wir beim jeweiligen Ernährungsmuster haben. Während einer Diät durchleben wir eine Zeit der Entbehrungen und befinden uns in einem Dauerzustand des er-lebten Mangels. Unabhängig von den wenig wertvollen Mahlzeiten entbehren wir das natürliche Gefühl der Befriedigung nach einer Mahlzeit, das für unse-ren Blutzuckerspiegel mit verantwortlich ist. Ein Mensch, der Zugang zu seinen inneren Sinnen hat, wird sich immer richtig ernähren, weil er weiß, wann und was der Körper zu essen verlangt. Man sollte dann essen, wenn man hungrig ist und nicht, wenn der Zeitplan es erlaubt. Alle Dinge, die in Ruhe und Bedachtsamkeit geschehen, behalten uns und unseren Fokus in der Mitte.

Nichts liegt so sehr im Auge des Betrachters wie Schönheit oder Hässlich-keit. Sie unterliegen sogar dem Zeitgeist und der sozialen und kulturellen Prägung.
Derjenige, der in seiner Balance ist, ist immer schön, unabhängig von Äußerlichkeiten. Er strahlt seine wahre Essenz in aller Schönheit aus. Schönheit kommt von innen, verändert jedoch das Äußere. Nuancen sind dafür Ausschlag gebend, ob jemand unabhängig von seiner Physiognomie als schön oder hässlich *wahr-genommen* wird. Der Betrachter, der Schön-heit oder Hässlichkeit bei unausbalancierten Personen sieht, sieht vor allem seinen Spiegel und *re-agiert* auf die eigenen Frequenzen, die er im

anderen bestätigt findet.

Jemand, der in Balance ist, erhält Resonanz von allen, weil trotz seiner Einzigartigkeit alles in ihm ist und nicht nur von jenen, die auf sein jeweiliges Muster ansprechen. Das gilt in allen Bereichen.

Unser Ziel ist es, in allen Lebensbereichen unser Mittelmaß zu finden. Das kann variieren und ist eine absolut individuelle Sache. Wer sich nur kasteit und nach strengem Plan lebt, wird ebenso wenig glücklich sein, wie jener, der kontinuierlich über die Stränge schlägt, weil er "nur einmal lebt" und mit seinem Verhalten vor allem emotionale Löcher stopft.

Die Samanas in Herman Hesses "Siddhartha" lebten ein langes Leben der Askese und waren am Ende noch immer kein Stück weiter als am Anfang. Der Weg der Entbehrungen wie der seines absoluten Gegenteils ist ein Weg des Mangels und Mangel lässt uns nicht glücklich sein.

Wer sein Leben abrupt ändert, wird anfangs ein anderes Mittelmaß haben als später, wenn er sich auf die neuen Umstände eingependelt hat. Wer tagtäglich arbeitet, um seinen Lebensunterhalt zu verdienen, wird sich diesem vorgegebenen Plan zwar anpassen müssen, kann aber dennoch für Ausgleich sorgen, wenn er seine Freizeit nicht auch schon verplant hat. Für Ausgleich zu sorgen ist eine spontane Sache, denn Körper und Seele sprechen im Moment zu uns und fordern nach Auf-*merk*-samkeit. Das kann morgen etwas anderes sein als etwas, das ich mir letzte Woche gönnen wollte. Der Indikator dafür, ob wir unser Mittelmaß, unsere Balance gefunden haben, ist die Häufigkeit der Glücksmomente, die unser Leben bereichern.

Eine effektive Übung verhilft zu mehr innerer und äußerer Balance: Man stellt sich in einen Türrahmen, platziert die Hände beidseitig in Schulterhöhe links und rechts am Rahmen und stellt beide Fußsohlen in gleichem Abstand flach auf den Boden. Durch Druckausübung auf Hände und Füße versucht man seinen Fokus auf die Körpermitte zu richten. Diese Übung kann man mehrmals täglich ausführen, wo auch immer man sich gerade befinden mag, um zu seiner Mitte zu gelangen, sobald man sich aus der Balance fühlt oder etwas Erdung benötigt. Wer allmählich lernt, in seine Mitte zurück zu finden, kann aus ihr schöpfen. Aus der Mitte heraus findet man ein perfektes Gespür für die restlichen Körperregionen und ihre einzelnen Punkte.

Ziehen wir doch regelmäßig Bilanz über unser Leben um alle Körperebenen in eine befriedigende Balance bringen zu können! Lernen wir, unser Mittelmaß nicht zu berechnen, sondern zu erspüren. Werden wir bewusster in unseren Handlungen, die in Summe unsere Persönlichkeit und unser Wohlbefinden ausmachen. Schaffen wir uns den nötigen Ausgleich, um unsere innere Stimme zu finden, die wir nur aus unserer Mitte vernehmen können.

Die Symbole:

Balance
Die Abbildung zeigt Balance und Ausgeglichenheit in ihrer Leichtigkeit und Selbstverständlichkeit.
Wer seine Mitte erspüren kann, wird niemals ins Strudeln geraten; wer seine innere Stimme vernehmen kann, wird niemals aus dem Gleichgewicht kommen.
Das Symbol stimmt auf die mentale, emotionale und körperliche Mitte ein. Es vermittelt Leichtigkeit und Einfachheit in unserer komplexen Welt und inspiriert zu körperlicher Betätigung und kreativem Ausdruck, welche die physische und seelische Balance mit dem Einsatz der inneren Sinne fördern.

Leichtigkeit
Dieses Zeichen sollte eine „Er-*leicht*-erung" auf allen möglichen Ebenen und für alle erdenklichen Einsatzgebiete darstellen. Geht es dabei nun um schwierige Aufgaben, ein schwer zu bewältigendes Schicksal oder um eine bestimmte körperliche „Schwerfälligkeit". Denn an manchen Tagen

oder in bestimmten Phasen unseres Lebens fühlen wir uns wie „gerädert" und wir quälen uns durch unser zu bewältigendes Soll.

Zusätzlich können sich kleinere Probleme und Schwierigkeiten durch die rasant voran schreitende universelle Schwingungserhöhung ergeben, die jene Körperpartien oder psycho-energetischen Bereiche betreffen, die sich (noch) nicht in Resonanz mit der neuen Energie befinden. Das Symbol für Leichtigkeit möchte die Integration in die neue Energie (und umgekehrt) erleichtern. Es stimmt mit Sanftheit auf einen Zustand ein, in dem wir unsere Flügel wieder ausbreiten und abheben können, um die neuen Sphären der lichtvollen Ebenen zu erschließen.

Genauso ist das Zeichen eine Unterstützung für Astralreisende, um den Loslösungsprozess zu begünstigen und nicht zuletzt kann es eine schwierige Geburt unterstützen oder einen mühsamen Sterbeprozess erleichtern.

In erster Linie sollte das Symbol als Essenz seine Anwendung finden, um gleichsam mit der Betrachtung seines Bildes auf dem bestmöglichen Weg im physischen Körper (es empfiehlt sich auch eine äußere Einreibung von betroffenen Körperstellen!) seine Anwendung finden zu können.

Wird es im Schlafbereich sichtbar angebracht, kann es komplett neue Traumerfahrungen ermöglichen.

VOLLKOMMENHEIT

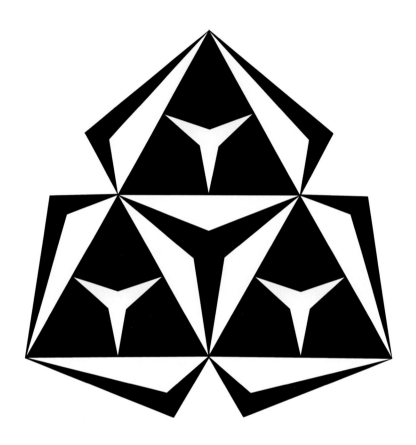

"Höchste Vollkommenheit ist gleich wie Wasser.
Tränkend alle Dinge durchdrängt es sie.
Nie meidet es Niederstes."

"Das Sichtbare bildet die Form eines Werkes.
Das Nicht-Sichtbare macht seinen Wert aus."

Laotse

Mit dem Begriff der "**Vollkommenheit**" wird etwas gleich gesetzt, das "**vollständig**, ganz", also "aus allen zugehörigen Teilen bestehend", "**vollendet**, unübertrefflich" ist.

Das seit dem 12. Jahrhundert geprägte Wort *"volkomen, volkumen"* meint "zu einem Ziel gelangen, hinkommen, gelingen", das sich aus der Bedeutung "ausgebildet, herangewachsen" entwickelt hatte, woraus sich aus beiden Stämmen die vereinte Bedeutung von "zum Ende, zum Ziele kommen, ausgeführt werden, sich ereignen" bildete.

Unter der Definition "**Wert**" versteht man "Geltung, Bedeutung (habend)" und das Adjektiv "**wert**" umschreibt "angesehen, geschätzt, kostbar, lieb, teuer", das sich seit dem 9. Jahrhundert aus dem angelsächsischen *"wert"* oder *"werd"* (im Sinne von *"*werden", wodurch sich die erste Assoziation zur **Vollkommenheit** ergibt) herausbildete, das in fast allen Sprachen ähnliche Abstammungen hat, bis hin zu *"versus"* in der Anlehnung zu "**gegen**", das als *"wert"* im Sinne von "wohin, gegen etwas gewandt, zugewandt" verstanden werden kann, woraus sich die Weiterentwicklung zu "**einen Gegenwert habend**" ergab. Die ähnliche Bedeutungsentwicklung beim lateinischen *"pretium"*, das "**Preis**, **Wert**" meint, spricht für sich selbst. Es ist verwandt mit dem altindischen *"prati"*, das "zu, zu etwas hin, gegen, wider, auf" beschreibt, das im griechischen "*proti*" zu "überdies, dazu, von irgendwo her, bei, an, zu etwas hin" wird. Im altslawischen sowie russischen *"protiv"* meint der Begriff "gegen" im Sinne von "als Äquivalent gegenüberstehend".

Heute ist *"wert"* als Substantiv gebräuchlich, das "**Preis**, Geltung, **Wertschätzung**" meint und des weiteren "**Kaufpreis, Wertsache**, Ware, Standesehre, Ansehen, Würdigkeit, Herrlichkeit".

Der *"*Preis" als **Wert** steht für einen Rang, den er einnimmt oder den es zu erreichen gilt. Bezeichnen wir etwas als "**preiswert**", dann ist es entweder seinen **Preis wert** oder aber es ist im Vergleich zu seinem **Wert** unerwartet günstig. Ist etwas "**preisgekrönt**", dann möchte damit ein hoher **Preis**, **Wert** oder Rang ausgedrückt werden und wird etwas "**gepriesen**", dann versucht man damit einen nicht zu vergleichenden Rang oder **Wert** zu versinnbildlichen. Wird etwas "**preis gegeben**", dann verrät man entweder den wahren **Wert** einer Sache oder aber etwas, was einen bestimmten persönlichen **Wert** besitzt.

Unweigerlich ergibt sich daraus das "**Werten**", womit "den **Wert** festsetzen, einschätzen (das von "Schatz" stammt)" gemeint ist, das seit dem 8. Jahrhundert aus *"werdon"*, das zu *"werden"* wurde, entstand, worunter man "schätzen, **für wert halten**, würdigen, verherrlichen" und vereinzelt auch "kaufen, **den Wert vergüten**" verstand. Die Pendants dazu sind "**abwerten**" und "**entwerten**" und unter "**bewerten**" versteht man sinngemäß "**den Wert festlegen**, benoten, einschätzen". Als "**gleichwertig**" bezeichnet man etwas, das "**von gleichem Wert**" ist.

Unter dem Begriff "**Gleichgültigkeit**" jedoch versteht man neben "teilnahmslos, belanglos, unwesentlich" auch "gleichwertig, gleichbedeutend", das auch im Sinne von "Balance, Ausgeglichenheit" zu verstehen ist. Ein anderer Ausdruck dafür ist "**Egalität**" (vom französischen *"egal"* als "gleich, gleichartig", vom lateinischen *"aequalis"*, woraus sich das "**Äquivalent**" ergibt und mit dem englischen *"equal"* und dem spanischen *"igual"* verwandt ist), der zugleich die Bedeutungen "Belanglosigkeit" und "**Gleichstellung, Gleichheit**" in sich vereint - im Vergleich zur "**Indifferenz**", das verdeutlicht, dass es keine **Differenz** zwischen Dingen oder Umständen gibt, die zu bemerken wäre; nichts, wodurch sich etwas von etwas anderem unterscheiden würde.

Vollkommenheit ist in diesem Kontext Ausgeglichenheit sowie Komplexität, die am Ende einer langen Reise des Strebens das Resultat ergeben.

Werte werden von jeder Wesenheit mit Bewusstsein angesammelt - eine Kollektion, die in ihrer Gesamtheit die persönliche **Werte-Skala** ergibt.

Die **Werterfüllung** ist der natürliche evolutionäre Rahmen, der im Streben einer Wesenheit nach **Vollkommenheit** immer und unter allem Umständen erfüllt werden möchte, sie ist das Verlangen, eine begonnene Sache zu vollenden, einen eingeschlagenen Weg weiter zu gehen, das Bedürfnis, einen Schritt nach dem anderen zu tun, wenn dies bedeutet, allmählich eine Steigerung zu erlangen; immer Neues im Herkömmlichen zu erfahren. Wird das angestrebte Ziel zum erkorenen Ideal, schafft dies einen zu erfüllenden Rahmen, der vom Ego konstruiert wurde und in dem das Scheitern vorprogrammiert ist. Denn **Werte** sind an sich neutral, Ideale erzeugen jedoch Vorurteile.

Jedes inkarnierte und jedes nicht inkarnierte Wesen strebt automatisch nach Vollkommenheit oder Vervollkommnung in den Anteilen, die es ausmachen und damit nach Werterfüllung. Wachstum und Streben innerhalb verschiedener Rahmen sind die natürlichen Gesetze des Lebens und der Bewusstheit, woraus sich die Evolution und die niemals endende Transformation im Großen wie im Kleinen ergibt, die wiederum das Leben an sich erst ermöglicht, das seinerseits die Rahmen schafft, innerhalb derer sich ein Bewusstsein ver-*wirk*-lichen kann. Jeder Zustand von Voll-*end*-ung in einer beliebigen Richtung ist zugleich der niedrigste Punkt in eine andere evolutionäre Richtung und somit an sich ein neutraler Zustand, der dennoch niemals Stillstand bedeutet. Auch zwischen Ein- und Ausatmen gibt es keinen Stillstand. Die beiden entgegen gesetzten Richtungen, denen das Streben gilt, bedingen sich gegenseitig und sind an dem Punkt, wo sie aufeinander treffen, der jedoch weder örtlich noch zeitlich existiert, Alles und Nichts zugleich - in beidem liegt das Potenzial der Unendlichkeit. Alles, was von einem Bewusstsein erfasst und von einer Wesenheit er-*lebt* werden kann, ist bereits vorhanden. Auf der langen Reise der Inkarnationen, deren Sinn und Ziel es ist, Erfahrungen zu sammeln, müssen sämtliche Dinge und Begebenheiten "be-*wert*-et" werden, um erfahren bzw. begriffen und als *ge-lebte* Erfahrung eingestuft werden zu können. Ohne das Vorhandensein der individuellen Werte-Skala könnte weder ein Ding vom anderen unterschieden noch das Bewusstsein für die Gegensätzlichkeit des Erlebten entwickelt werden. Da dies ein duales Universum ist, ist "*wert*-en" unerlässlich.

Ohne die Polarität, die Gegensätze des Seins, die Unterscheidung der Dinge und Werte voneinander könnte man sie nicht *wahr-nehmen*. Durch die *wah-nehm*-bare Verschiedenheit - die Relation - erfolgt die *Wert*-ung automatisch, da alles, was ist, von einem Individuum (in der Indivi-*dualität* steckt bereits die *Dualität*!) auf einer *Wah-nehm*-ungs-Skala automatisierten *Wert*-ung ins Bewusstsein dringt. Alles, das nicht dem absoluten *Gleich*-klang mit sich selbst, welcher be-*wirk*-en würde, dass man sich selbst als Individuum (also *duales* Wesen!) nicht mehr *wah-nehmen* könnte, unterliegt, ist ein *Wert*. Die Werte-Skala der individuellen *Wahr-nehm*-ung ist von der persönlichen Urteils-Skala zu unterscheiden, welche niemals zu umgehen ist, solange man sich als Individuum *wah-nimmt*. Solange man sich in seiner Persönlichkeit als Selbst, als Ego empfindet, bedingt dies, sich vom Rest der Welt zu unterscheiden. Das ist wiederum der untrügliche Beweis für die eigene Unvollkommenheit im Sinne des Ganzen. Alles, was ist, ist in uns, doch so lange wir nicht restlos in das uns umgebende Alles, was ist übergehen, setzt dies voraus, dass sich in uns als Individuum eine Unausgewogenheit befindet. Wären wir mit allen Anteilen, die uns ausmachen in vollkommener Balance, würden wir in das endlose Universum übergehen; uns im Nirwana befinden, wo wir uns als Individuum nicht mehr *wah-nehmen* könnten. Wir wären dann grenzenloses Bewusstsein. Bis wir diesen Zustand der absoluten Göttlichkeit erreicht haben, sammeln wir weiterhin Wert um Wert um am Ende die vervollständigte Skala als das Ganze nicht mehr *wahr* zu *nehmen*. Dass wir nämlich etwas im Vergleich zu etwas anderem (als) *wahr nehmen*, bedeutet, dass noch nicht Alles, was ist, in das Feld unserer persönlichen Wahrheit übergegangen ist. Die der Dualität unterworfene Wesenheit kennt die eine große kosmische Wahrheit, die durch die vollkommene Balance ihrer sie ausmachenden Anteile immer neutral ist, noch nicht. Sie wählt ihre ganz persönliche(n) Wahrheit(en), die aus jenen Fakten besteht, die durch ihr *Wah-nehm*-ungsraster passieren dürfen. Diese Fakten ergeben automatisch *Werte*. *Wah-nehm*-ung und *Werte* gehen mit einer Selbstverständlichkeit nebeneinander her, wie Nacht und Dunkelheit, die (aus unserer irdischen Sicht noch) nicht voneinander zu trennen sind. Jede Form der Werterfüllung ist für sich gültig - unvollkommen erscheint sie erst in einem differenten Zusammenhang und aus einer neuen Perspektive, welche andere Ansprüche an die Erfüllung eines Wertes stellen. Da auch der Weg immer das Ziel ist, ist man bereits an jeder Station zur absoluten Vollkommenheit angekommen, weil man sich am höchsten Punkt der bisherigen Wertung befindet.

Der seit Äonen hinterfragte Sinn des Lebens ist es, sich zu erfahren und auf diesem Weg irgendwann zu lernen, in einer Art und Weise im Moment der Erfahrungen zu sein, die es ermöglicht, den bestmöglichen *Wert* daraus zu ziehen. Dadurch erübrigt sich die Frage nach dem Sinn, da alles, was man tut, auch Sinn macht.

Der Zweck jeder Beschäftigung und Zerstreuung ist es, den Geist zu unterhalten und zu füttern. Der Geist sammelt unermüdlich Informationen. Das ist in verschiedenen Graden mit emotionalem Er-*Leben* gekoppelt. Die schönen Künste wie Musik, Malerei oder Lyrik und andere Formen der ästhetischen Labung dienen direkt dem emotionalen Genuss; anderes wie banale Betätigung oder Spiel ist vor allem durch den Gefallen daran oder die Unlust mit Emotionen verknüpft. In der Mitte sitzt der Intellekt, der die Emotionen mit Werten versieht und sie mit Bildern der Art der *Wahr-nehm*-ung des Er-*leb*-ten assoziiert, die dem Grad des emotionalen Empfindens entsprechen und speichert.

Der Geist langweilt sich so lange nicht, bis er einer Sache entwachsen ist, wofür wiederum das analoge emotionale Empfinden den Ausschlag gibt. Der Geist ist ewig und elastisch.

Am Ende - nach linearem, rationalem Maß - existiert nur noch der Geist und alles, das jemals erfahren wurde; sei es physisch, psychisch oder emotional. Sämtliche im Laufe des individuellen Seins gesammelten Werte verbleiben in ihrer Essenz als verarbeitete Informationen im Geist, der in seiner Gesamtheit die reine spirituelle Entität ausmacht.

Wir sammeln so lange Erfahrungs-Werte bis wir in all der Komplexität am Ende den Schlüssel, der im Einfachen liegt, erkennen, daraus unseren endgültigen Schluss ziehen.

Alles Kategorisieren und Be-*wert*-en hat nur dann seinen Zweck erfüllt, wenn irgendwann aus all der Fülle an sortierten Informationen die Quintessenz erkennbar wird, die allen Dingen und Gruppierungen - und seien sie noch so verschieden - innewohnt, bis wir den Kern der Sache, der die Verbindung zur Einheit in der Gesamtheit bildet, erkennen. Die Werte-Skala ist ein Hilfsmittel, ein Werkzeug um zur Erkenntnis zu gelangen; um die Quelle des vereinenden Bewusstseins zu erschließen.

Jeder einzelne Wert - und sei er im Kollektiv auch noch so sehr als Ideal versinnbildlicht -, ist immer individuell zu verstehen und kann nicht verallgemeinert werden.

Die persönliche Bilanz (also Balance) ist für die *Wert*-ung, also Zuordnung von Fakten, Eindrücken und *Wahr-nehm*-ungen Ausschlag gebend. Was den Einen glücklich macht, ist unbedeutend für den Anderen; die Qual des Einen ist dem Anderen eine Leichtigkeit und des Einen Lieblingsmusik ist stressiges Geklimper im Ohr des Anderen. So unendlich die Vielfalt der Werte ist, so unendlich ist auch die Vielfalt der Kontraste. Was dem Einen unbehaglich bis unbekömmlich ist, ist immer eine Wohltat für einen Anderen. Wir kennen Heil-, Nutz- und Unkraut, schädliche und nützliche Insekten, die ihren Wert durch den Umstand, dass sie als „Schädlinge" bewertete Insekten vernichten, von uns erhalten. Das eine Kraut war früher eine unter den warmblütigen Menschen weit verbreitete Heilpflanze; für Kaltblütler ist sie jedoch giftig. Dennoch ist es nur eine Pflanze, die an sich und für sich *wert-los* (im Sinne von *wert-frei*) ist und lediglich ihre Anteile des großen Ganzen in bestimmten Relationen zueinander in sich birgt. Welche Anteile daraus für und auf wen wie wirken, ist abhängig von den Anteilen, die der Einzelne selbst beherbergt, die wiederum für die Werte, die er aufgrund seiner emotionalen Impulse bei einer Konfrontation assoziiert und speichert, ver-*antwort*-lich sind. Auch so genannte Giftpflanzen und „Schädlinge" gehören zum biologischen Gleichgewicht; doch der egoistische Mensch bewertet nur nach seinen persönlichen Belangen und so lange ihm die Aus-*wirk*-ungen seines Tuns nicht sintflutartig ereilen, fühlt er sich nicht ver-*antwort*-lich. Die Welt ausschließlich nach „Schädlichkeit" und „Nützlichkeit" zu unterteilen ist eine engstirnige Sichtweise, die neben der Egozentrik keinen Raum für Freundschaft, im Sinne eines uneigennützigen, friedlichen Nebeneinan-ders, lässt.

Immer muss sich alles lohnen, rechnen, etwas **wert** sein, weil wir nicht den Preis dafür zahlen wollen, etwas zu geben, ohne im Gegenzug dazu etwas zu erhalten. Wir möchten uns nicht „verausgaben". Wir propagieren ethische Werte, weil wir wissen, dass wir dafür Anerkennung oder Unbeschadetheit ernten werden. Je geringer die Reibungsfläche, die wir bieten, ist, desto geringer sind auch die Schwierigkeiten. Kein Wert, der jemals erhoben wurde, diente ausschließlich dem großen Ganzen. Denn unweigerlich fällt alles auf das Selbst zurück - solange man sich in-*volviert* und daher betroffen sieht. Der nicht In-*volvierte* (der keine andere Sichtweise, welche von seiner Einstellung abhängig wäre, hat) erhält seinen Lohn durch die Freude am Geben, die der In-*volvierte* als Ausgabe verbuchen würde.

Es ist eine absurde Welt von perspektivischen Werten, die *wahr*-lich nur innerhalb eines sehr begrenzten Rahmens ihre Gültigkeit haben können.

Dass eher stumpfe Farben als "Naturtöne" eingestuft werden, ist ein Wert, den nur jene entwickeln konnten, die im Winter morndes Schilfgras betrachtet und die Natur in ihrer Pracht und Fähigkeit, alle existierenden Farben hervor zu bringen noch nicht bemerkt haben.

Dass manche Kleintierarten zu den "Mäuseartigen" gezählt werden, liegt am Umstand, dass zuerst die Mäuse entdeckt wurden und daher das Maß bildeten, an dem später entdeckte Tierrassen gemessen wurden. Dass Hasen und Kaninchen in Fachkreisen nicht zu den "Nagern" gezählt werden, ist eine perspektivische Be-*wert*-ung, die den Betreffenden wenig zuträglich ist. Dass aufgrund des menschlichen Einfühlungsvermögens durch den imaginären Selbstvergleich endlich ein Gesetz erlassen wurde, das es verbietet, Kaninchen, Hasen, Meerschweinchen, Ratten & Co. alleine zu halten, ist ein Wert, der diesen Haustieren zugute kommt. Dass endlich eingegriffen wird, wenn in entlegenen Gebieten aus Katzenfell und Hundetalg Produkte erzeugt werden, ist ein Wert, der auch diesen Tieren nützt. Dass vom Menschen als "Nutztiere" eingestufte Wesenheiten im

Vergleich zu den als "Haustieren" be-*wert*-eten Arten bestialisch und rücksichtslos getötet und ausgebeutet werden, weil sie aus unserer Sicht nur eine Sache sind, ist ein Wert, der in der kosmischen Ordnung keine Berechtigung hat.

Alles Werten dient dem Aufbau der Fähigkeit, Dinge nach zu vollziehen und Einfühlungsvermögen für alles, das man *schein-bar* nicht selbst ist, zu entwickeln.

Der noch ziemlich *wert-freie* junge Mensch beginnt mit Imitation, um Gefühlen Ausdrucksformen zuzuordnen; er lernt durch Imitation allmählich Empathie.

Unterbewusst sind wir so sehr auf Imitation fixiert, dass wir auf als unangenehm be-*wert*-ete Dinge auch als neutraler Beobachter selbst re-*agieren* müssen. Das Beobachten einer Person, die beispielsweise lange die Stirn runzelt, tut uns selbst beinahe körperlich weh - wir ertragen es kaum. Vorausgesetzt, wir haben auf unserem Weg zur Vollkommenheit ein hohes Maß der entsprechenden Werte, die die Unannehmlichkeit der Situation repräsentiert, gesammelt und im persönlichen Feld gespeichert. Wir meinen doch, nicht zusehen zu können, wenn andere Schmerz empfinden. Oder wir äffen jemanden nach. Wir zittern kollektiv im Kino, obwohl wir wissen, dass es sich nur um einen Film anstatt um eine *wahr*-lich gelebte Erfahrung der Akteure handelt. Aber mit Gewissheit lassen uns diese Dinge niemals *wirk*-lich kalt, sind uns nicht *egal*, nicht *gleichgültig*. Seit frühester Kindheit haben wir unser Umfeld imitiert, sodass wir heute nicht mehr mit Bestimmtheit sagen können, welche Eigenschaften unserer wahren Natur entspringen und welche anerzogen oder angewöhnt wurden. Wir unterschätzen das Maß an Prägung durch unsere Umwelt und erinnern uns kaum an die Impulse, die bestimmte Verhaltensmuster oder *schein-bar* für uns Charakteristisches auslösen. Wir übernehmen sogar die Meinung von anderen, denn selten gelangt jemand durch reines Nachdenken zu seinen Glaubenssätzen. Unsere Assoziationen und die daraus resultierenden Werte werden durch die Fakten, die wir zur Be-*wert*-ung zur Verfügung haben, geprägt. Das Bild mit dem dazu gehörigen emotionalen Impuls bestimmt den Grad der Zuordnung im Vergleich zur Selbst-*Wahr-nehm*-ung, der im Groben über Sympathie und Antipathie entscheidet. Auch spielt dabei Gewohnheit eine entscheidende Rolle. Alles, woran wir gewöhnt sind, geht allmählich ins persönliche Feld über und wird nicht mehr als etwas Fremdes, das sich wesentlich von uns unterscheidet, be-*wert*-et. Aufgrund der Einzelheiten, aus denen sich ein Wert zusammensetzt, wird in der Analyse mit den eigenen Einzelheiten verglichen und etwas spontan angenommen oder abgelehnt. Was uns fremd erscheint, will nicht zu uns passen. Je mehr Anteile des ursprünglich Fremden zur Gewohnheit geworden sind, desto mehr Vertrauen entsteht, umso weniger unterschwellige Angst macht das Unbekannte. Seit den ersten Tagen der Inkarnation haben wir gelernt, Mimik und Gestik mit Emotion zu verbinden und daraus Werte zu bilden. Sehen wir jemanden an, wissen wir, wie er sich fühlt. Sehen wir die charakteristischen Züge eines Gesichts, können wir uns die Stimme der Person dazu vorstellen. Das alles können wir, weil wir einen großen Erfahrungsschatz - unsere Werte-Skala - besitzen. Weil wir etwas kennen, wissen wir, wie jemand in seiner Gesamtheit ist und auf uns wirkt. In der Art und Weise, in der wir uns an ihn gewöhnt haben, *nehmen* wir ihn *wahr* und ziehen daraus neue Schlüsse die der Bewertung weiterer Personen zugute kommt, denn die übereinstimmenden Eigenschaften bilden die Basis, um die ergänzenden Fakten Schluss zu folgern. Da dies alles mit einer Selbstverständlichkeit in uns übergegangen ist, wissen wir nicht mehr, welche Fähigkeiten der Interpretation und Zuordnung unserer Intuition, unserem inneren Wissen entsprechen und welche fremdgeprägt sind. Ein interessantes Beispiel dafür sind amerikanische TV-Serien. Bestimmte Schauspieler, die uns mittlerweile sehr vertraut sind, haben auch in unterschiedlichen Produktionen immer dieselbe Synchronstimme. Diese Stimme wird automatisch mit dem Gesicht, dem Wesen und dem Charakter des Schauspielers assoziiert. Aufgrund dieser Werte schließen wir automatisch bei einer Person mit ähnlichem Aussehen oder markanten übereinstimmenden Details auf den Klang ihrer Stimme. Hören wir plötzlich die Originalstimme des Schauspielers, löst das mitunter einen Schock aus und die gesamte Werte-Kategorie stimmt nicht mehr. Wir beginnen an unserer Intuition zu zweifeln, weil wir uns so sicher waren, dass zu einer bestimmten Art des Aussehens genau diese Stimme gehört, die wir uns dazu eingeprägt haben. Doch diese Prägung hat nichts mit unserem inneren Wissen zu tun. Sie war ein projizierter Wert, der fälschlich interpretiert wurde. Diese Art des Wertens schafft jene Vorurteile, von denen so oft die Rede ist.

In unserer heutigen Zeit, da immer wieder bestimmte Werte propagiert werden und zeitgleich auch ermahnt wird, das Werten zu unterlassen, ist auch der Ruf zur Gleichbehandlung aller Menschen klar und deutlich zu vernehmen. Doch auch das ist nicht so einfach, wie es klingen mag. Selbstverständlich sollten alle Menschen die gleichen Rechte haben, doch eine absolute Gleichbehandlung würde bedeuten, dass auf individuelle Bedürfnisse nicht eingegangen wird. Sieht man z. B. über die Tatsache, dass jemand aus einem anderen Land kommt, total hinweg, beachtet man auch nicht, dass er eventuell eine andere Sprache spricht oder ein anderes kulturelles Verständnis als man selbst hat, wodurch man ihm nicht unbedingt entgegen kommt. Vorurteile nicht aufkommen zu lassen bedeutet nicht, die Besonderheiten des Einzelnen zu ignorieren. Menschen wollen in ihrer Indivi-*dual*-ität *wahr-genommen*, jedoch lediglich nicht diskriminiert werden. Für die meisten ist es durch eine gewisse Befangenheit nicht einfach, den Mittelweg zu finden. Auch hier ist die persönliche Werte-Skala, die nach und nach mehr Einfühlungsvermögen in das jeweilige Gegenüber oder die Situation schafft, von Vorteil.

Be-*wert*-ungen unterliegen immer der persönlichen Perspektive oder dem Kontext, in dem sie vom Kollektiv gebraucht werden, wobei die Selbstverständlichkeit seiner gebräuchlichen Bedeutung reine Gewohnheitssache ist. Was wir weitläufig als "Werte" bezeichnen, sind idealistische Interpretationen von an sich neutralen emotionalen Impulsen, die ihren aus menschlicher Perspektive hohen Bedeutungs-Wert durch ihre Notwendigkeit erlangen. Dadurch schafft das Kollektiv eine Über-Kategorie, ein projiziertes Raster, welche über den eigentlichen Impuls-Wert einen Er-*wart*-ungsrahmen stülpt, der einerseits eine völlig neue Bemessungsgrundlage darstellt und andererseits allmählich das Bewusstsein der Gesamtzivilisation anhebt, weil das Streben, das als Selbstverständlichkeit angesehen wird, eine neue Stufe erlangt. Auch dieser Vorgang ist eine Form der Werterfüllung. So gibt es neben der Fülle an Modeerscheinungen endlich auch den Trend zur Weltverbesserung. Unsere menschliche Sicht von Vollkommenheit meint in erster Linie idealisierte Werte.

Je mehr Faktoren für die individuelle Werte-Skala gesammelt werden, in desto feineren Nuancen lässt sich ein Ding vom anderen unterscheiden und zuordnen.

Eine *reich*-lich ge-*füll*-te Werte-Skala (hieraus wird ersichtlich, dass Reichtum und Fülle von den Werten, mit denen sie assoziiert werden, abhängen!) zeugt von einer erfahrenen, reifen Persönlichkeit. Je mehr Fähigkeit zur Assoziation, desto mehr schöpferisches Potenzial ist vorhanden. Denn auch die Schöpferkraft be-*zieht* sich (*zieht an!*) auf Dinge, mit denen wir in Resonanz sind, die wir also kennen und begriffen haben und in uns bergen. Jemand, der von Geburt an gehörlos ist, kann sich eventuell besser in das Geräusch eines auf der Wasseroberfläche auftreffenden Tropfens, wovon er nur das Bild kennt, hinein versetzen als jemand, der dies zu hören vermag. Der Gehörlose besitzt mehr Vermögen, sich tief ins Geschehen zu fühlen, sodass er aufgrund seiner persönlichen Werte-Skala durch sein Gespür für die Situation auch das Gespür für die dazu gehörigen Laute besitzt; etwas, das der nur an der Oberfläche *Wahr-nehm*-ende nicht entwickelt hat, weil er dem vertraut, was er kennt und ihm daher wenig Achtung schenkt.

Ein noch unerfahrener Mensch weiß zwar, dass sich sein Kopf anders anfühlt als seine Füße, doch weiß er auch ohne jegliche Berührung, wie sich welcher Punkt an seinem Körper anfühlt? Kann er es geistig nachvollziehen? Dies kann nur jemand, der die Palette der verschiedenen Werte bereits erfahren, begriffen und gespeichert hat.

Eine junge Seele kennt wahrscheinlich Freude und Trauer schon, aber kennt sie die verschiedenen Facetten davon? Wie sich welche Freude oder Trauer worüber anfühlt? Und warum das so ist? Ein Kleinkind kann süß und sauer unterscheiden, doch vermag es die Süße von Honig von jener des Zuckers zu unterscheiden? Der Laie erkennt billigen und teuren Wein eventuell an der Verpackung, aber nur der Kenner vermag ihn bereits am Geruch zu unterscheiden. Für den unkundigen Stadtmenschen sehen alle Schafe auf einer Weide relativ gleich aus - doch der Schäfer kennt jedes einzelne von ihnen von weitem. Der uneingeweihte Konsument kann verschiedene Textilien auch durch Anfassen nicht nach Qualität unterscheiden, der erfahrene Verkäufer benötigt lediglich einen Blick dafür. Der Musikkenner kann nicht nur bei der Vorführung desselben Stücks verschiedene Orchester an ihrer Einzigartigkeit unterscheiden, er kann sich auch in den Dirigenten hinein versetzen.

Das alles ist nur möglich, wenn die entsprechenden Kategorien und Werte in uns bereits vorhanden sind. Etwas, das wir noch nicht kennen, können wir nicht assoziieren. Gleiches will zu Gleichem, das ist ein kosmisches Gesetz. Alles ist bereits vorhanden, doch wie viel davon haben wir bereits für uns erschlossen?

Erst der, der einiges kennt, kann daraus Schlüsse ziehen.

Erst der, der vieles kennt, kann sich das, was er noch nicht kennt, vorstellen.

Erst der, der ziemlich alles kennt, kann die Quintessenz erkennen, kann den vereinenden Keim in der Verschiedenheit **sehen**.

Dass alles in allem ist, weiß nur der, der alles begriffen hat.

Da absolut alles, was ist, in Relation zu allem anderen steht, bildet es für sich einen Wert.

Vollkommenheit bedeutet nicht, alles, was ist, in sich zu bergen, sondern mit allem, was man in sich birgt, im Einklang zu sein.

Welche Werte machen mich aus; aus welchen Be-*wert*-ungen setzt sich meine individuelle *Wahr-nehm*-ung zusammen?

Trennt mich meine persönliche Werte-Skala eher vom Rest der Welt oder sehe ich in dieser Kollektion vor allem jene Werte, die mich mit Allem, was ist vereinen?

<u>Das Symbol:</u>

Das Symbol zeigt eine mögliche Variante von Vollkommenheit, doch jene Variante bringt uns in Resonanz, um uns mit dem, was wir als unvollkommen bezeichnen, zu versöhnen. Vollkommenheit ist ein Zustand, der immer existiert, wenn man sich auf ihn einlässt und jene Dinge in der jeweiligen Situation sieht, die mit den persönlichen Werten oder auch Idealen konform gehen. Wichtig ist, zu erkennen, dass jeder Schritt auf dem angestrebten Weg bereits ein kleines Ziel ist. Dieses Zeichen will uns auch nicht in der Selbstverständlichkeit, mit der wir *wert*-en, ermahnen sondern uns dazu inspirieren, tiefer in jene Werte, die wir hoch halten, hinein zu fühlen und die daraus resultierenden Interpretationen zu hinterfragen. Es möchte Intoleranz durch den Weg des Verständnisses für sich und andere neutralisieren und verhilft zu einer neuen Perspektive - auch im Sinne von kollektiven Projektions-Rahmen.

WEISHEIT

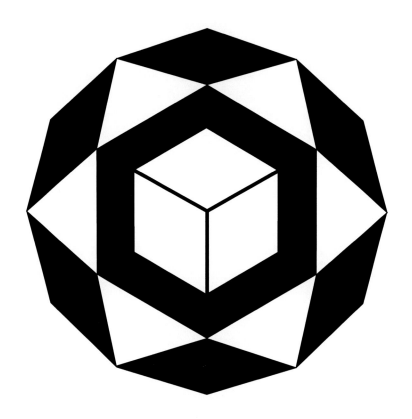

"So wie der Pfad des Adlers in der Luft
und der Pfad der Schlange
ist auch der Pfad des Weisen unsichtbar."

Buddha

Der Begriff "**Weisheit**" umschreibt ein im Laufe des Lebens gewonnenes **Wissen**, Erfahrung, Einsicht. Jemand, der "**weise**" ist, wird als "**wissend,** (lebens)erfahren, klug" und in der Erweiterung davon als "verständig, kundig, gelehrt" und als "intelligent, verstandesmäßig begabt" angesehen. Das Wort entlehnt sich aus *"vedas"* (hier wird der Bezug zu den altindischen **Veden** erkennbar), das sich als "Kenntnis, Einsicht" erklären lässt. Die "**Weissagung**" entstammt dem Wort *"wizago"*, das so viel wie "**Prophet**", der als "**Wissender**" galt, bedeutet. Wollen wir jemandem etwas "**weismachen**", so wollen wir ihm etwas **Unwahres** vermitteln.

Was wir als "**Wahrheit**" empfinden, ist "**wirklich**, echt, real, gewiss, recht" , hat aber auch im altslawischen *"vera"* die Bedeutung von "Glaube, Zuversicht, Vertrauen" und entwickelt sich zu "vertrauenswert". "**Wahrheit**" als "das **Wahre**, Wirkliche" erweitert sich zur "**Wahrhaftigkeit**" im Sinne von "aufrichtig" und "**wahrlich**". Daraus entwickelt sich wiederum der "**Wahrsager**", der "Prophet". "**Wahrscheinlichkeit**" lässt die "Wahrheit durchscheinen."

Etwas zu "**wissen**" ist etwas, das "gelernt, erkannt, erfahren" wurde und "im Gedächtnis" ist. Es stammt vom angelsächsischen *"witan"* , das sich zu "**wetten**" entwickelte.

Hier wird wieder alles auf *"veda"* zurückgeführt, das "**weiß**, **kennt**" bedeutet und zum altpreußischen *"waist"* mit der Bedeutung "**gesehen haben und daher wissen**" führt. Es wird zu "erblicken, sehen" und schließlich zum lateinischen *"visere"* in Form von "besichtigen, besuchen" im Sinne von "zu sehen wünschen". Das "**Wissen**" umfasst daher "durch Forschung und Erfahrung erworbene Kenntnisse und geistige Erkenntnis" und die "**Wissenschaft**" meint eine "(organisierte) Form der Erforschung, Sammlung und Auswertung von Kenntnissen" aber auch "Kenntnis, Kunde" und "**wissenschaftlich**" grenzt sich zu "die **Wissenschaft** betreffend, den Gesetzen der **Wissenschaft** folgend" und "**Wissenheit**" als "Einsicht, Wissen, Bewusstsein" ein. Wenn wir "**Beweise**" fordern, schließt sich wieder der Kreis zur "**Weisheit**".

Wer die Wahrheit nicht kennt, muss glauben. Glaube ist Nicht-Wissen. Jeder Gläubige fordert irgendwann Be-*weis*-e, weil Vertrauen allein keine Basis für Wissen darstellt. Auch unsere "Gläubiger" haben finanzielle "Forderungen" an uns.

Es gibt kaum etwas Schlimmeres, als wenn jemandem nicht geglaubt wird. Wir wollen keine Lügner sein, wir wollen ernst- und *wahr-genommen* werden! Wir sind darauf versessen, die Wahrheit zu finden oder aufzudecken. Der Anspruch auf "Wahrheit" ist *Rechthaberei*. Der Wahrheitsanspruch benötigt immer eine zweite Position. Eine Person oder ein Umstand für sich allein ist für die Wahrheitsfindung nutzlos. Erst unsere illusorische Welt erzeugt den Drang nach Wahrheitsfindung. Wer die Wahrheit nicht kennt, muss glauben.

Wahrheit oder Lüge setzen wir immer mit Schuld oder Unschuld in Verbindung. Selten stehen wir ihnen neutral gegenüber. Wenn wir von "Wahrheit" sprechen, meinen wir damit vor allem die Beleuchtung der Tatsachen - der "kalten" Fakten - ohne das Miteinbeziehen von Emotionen und persönlichem Empfinden.

Doch genau das ist eine oberflächliche Behandlung der Dinge. Die "Wahrheit" bringt erst die Analyse unter Berücksichtigung aller Komponenten und Emotionen der Beteiligten, die den Impuls für die Beweggründe darstellten, zutage. Erst dann erscheint Wahrheit in einem komplett anderen Licht, da die Suche nach dem "Schuldigen" unwesentlich wird bzw. "Schuld" eine andere Perspektive erhält. Das Zusammenspiel der energetischen Level aller Beteiligten, also die zum Zeitpunkt des Geschehens vorherrschenden Emotionen, bringt Wahrheit an die Oberfläche. "Schuld" wird dadurch irrelevant, weil sich aufgrund der Gegebenheiten die Situation **nur so und nicht anders** zutragen und entwickeln konnte und immer unter der zumeist überbewussten Ein-*will*-igung aller Beteiligten geschah. Es gibt immer so viele Wahrheiten wie Beteiligte an einer Situation. Die Situation an sich besitzt keine Wahrheit, weil der Moment immer neutral ist. Erst das individuelle emotionale *Er-Leben* erzeugt eine Wertung, mit der eine Wahrheit assoziiert wird.

Nach jedem größeren Unglück, das vor allem unbe-*greif*-lich scheint, wird nach den/dem Ver-*antwort*-lichen, den/dem Schuldigen gesucht. Die Menschen mögen das Unbekannte nicht. Es nimmt ihnen die vermeintliche Kontrolle aus der Hand. Der Intellekt möchte die Oberhand behalten. Handelt es sich nicht um reine Naturkatastrophen, für die eine "höhere Macht" ver-*antwort*-lich gemacht wird, wird verzweifelt nach jemandem geahndet, der mit der Sache in Verbindung gebracht werden kann und sei der Zusammenhang auch noch so forciert oder abwegig. Sollte nach einem Seilbahnunglück *wirk*-lich die vor 30 Jahren engagierte Baufirma ver-*antwort*-lich gemacht werden - oder gar der Architekt, der vielleicht schon einen Fehler bei der Planung gemacht hat? Es beruhigt die Massen, das für den Verstand uner-*klär*-liche (das nicht *klar* werdende) Phänomen jemandem zuzuschreiben. In der kollektiven Schuldzuweisung beruhigen sich die Gemüter, die mit diesem Verhalten die eigene Angst vor uner-*wart*-eten Schicksalsschlägen kompensieren und mit dem Zur-Ver-*antwort*-ung-Ziehen und Strafen Einzelner nach dem Ausschlussverfahren die Möglichkeit weiterer menschlicher Fehler oder Verfehlungen eingrenzen wollen, wodurch die Kontrolle wieder erlangt scheint. Sogar bei ausschließlichen Naturkatastrophen wird noch nach "Schuldigen" gesucht, die keine rechtzeitige Vorsorge getroffen haben. Wen kümmert es schon, was hinter den Fassaden der menschlichen Inkarnation abläuft? Wie machtlos würde sich der Einzelne fühlen, *wüsste* er von karmischen Verstrickungen, die jene, die für die Erfahrung vorgesehen sind, zu einem bestimmten Zeitpunkt an einem bestimmten Ort zusammentreffen lassen, an dem eine für die Ratio nicht er-*klär*-bare energetische Transformation oder eine Fremdenergie dafür sorgt, dass sich ein materielles "Unglück" ereignet. Jedes Gefühl, das die so genannten "Opfer" zur Zeit des Geschehens hatten, war *Ausschlag gebend* dafür, ob sie "wie durch Geisterhand" mit dem sprichwörtlichen "blauen Auge" davonkamen oder ihre Inkarnation beendeten. Selbst der Umstand, dass jeder Betroffene nicht einfach jäh aus dem Leben gerissen wird, sondern auf höherer Ebene dem Geschehen einge-*will*-igt hat, ist für die Ratio beunruhigend, da das Gefühl der Ohnmacht bezüglich der

Vorgänge auf eigener Seelenebene entsteht.

Es gibt keine absolute Wahrheit. Nur Perspektiven. Wahrheit ist immer eine Interpretationssache, die im Auge des Betrachters liegt und von dessen emotionalem Spiegel und der daraus resultierenden Resonanz abhängt.

Das Tierreich kennt keine Lüge. Die Rolle, in die jeder Mensch in der Interaktion mit anderen schlüpft, ermöglicht unsere zivilisierte Welt, den *schein-bar* respektvollen Umgang miteinander.
Tiere re-*agieren* sofort auf emotionale Impulse - sie machen sich nichts vor. Sie "riechen" (*wittern* - kommt von "wissen"!) die Wahrheit. Deshalb fallen Rivalen sofort über einander her. Hier geht es um die reine Essenz der Emotionen. Menschen machen das genauso, aber subtiler. Nur an der Oberfläche lächeln sie.
Wir sind die besseren Schauspieler. Entdecken wir eine völlig neue Seite an jemandem, sprechen wir davon, sein "wahres Gesicht" entdeckt zu haben, auch wenn es das eigentlich nicht gibt. Es gibt lediglich zahlreiche Facetten jedes Einzelnen, wenn er auch bewusst (eine) ganz bestimmte Seite(n) präsentiert. Wir triumphieren, wenn wir etwas "aufgedeckt" haben, etwas bislang Verborgenes aus anderen hervorholen und jemanden dazu bringen konnten, seine Kontrolle aufzugeben. Wir sind dann befriedigt, weil wir wissen, dass jeder auch noch eine andere Wahrheit in sich birgt, als jene, die er an der Oberfläche als die ihm eigene verkauft.
Das Erkennen von Wahrheit setzt Selbst-Erkenntnis voraus. Wahrheit bedingt Ver-*antwort*-ung. Lüge ist ein Zeichen des Nicht-Vertrauens. Wer lügt, fühlt sich ungeliebt. Selbst Lüge kann zur Wahrheit werden, weil sie eine Schöpfung ist. Jede Schöpfung ist real.
Was wir als "real", als "wahr" empfinden, ist für uns "*Wirk*-lichkeit", welche uns aufzeigt, wie Dinge oder Fakten auf uns *wirken, einwirken*, sich *auswirken* oder etwas *bewirken*. Wodurch klar wird, wie sehr uns der Verstand unsere *Wirk*-lichkeit suggeriert und unsere *Wahr*-heit, die immer von unse-

rer Reife abhängt und sich im Laufe des Lebens oft ändert, eine Sache der perspektivischen Interpretation ist. Solange der Mensch verkörpert ist, ist er *neu-gierig* (gierig nach Neuem) und dürstet nach Wissen. Er lernt niemals aus und was er weiß, bildet eine neue Version seiner persönlichen Wahrheit.

Wissen ist Macht. Wissen schafft Klarheit.
Wissen kann Erfahrung nicht ersetzen, doch begünstigen und beschleunigen. Erfahrung schafft **emotionale Verknüpfungen.** **Wissen schafft Muster und gedankliche Verknüpfungen - wir ziehen Schlüsse,** die unseren geistigen und den daraus resultierenden energetischen Level fortwährend erhöhen. Wir ordnen leichter zu.
Assoziationen und Kategorien begünstigen den Wiedererkennungswert. Wenn man etwas *weiß*, erscheinen Fakten und Zeichen *signi-*fikanter (*sign, Signum, Signet* = Symbol, Zeichen), logischer, klarer.
"Unwissenheit schützt vor Strafe nicht" - ist eine bekannte Aussage mit Sinn. Wer nicht weiß, dass er bei roter Ampel nicht über die Straße gehen sollte und trotz aller Unwissenheit und "Unschuld" von einem Auto erfasst wird, wird das Beispiel verdeutlichen.

Man sieht Wahrheit als eine Sache des Geistes an, jedoch ist jeder von uns in der Lage, alles durch seine Intuition zu wissen. Der Verstand biegt aber die Fakten so lange, bis sie uns eher zusagen oder behagen.
Ähnliches geschieht in der Wissenschaft. Die Regeln der Wissenschaft entsprechen stets dem Zeitgeist. Fakten, die die Grenzen der kollektiven Ratio übersteigen, werden nicht anerkannt. Das liegt weniger an den Meß-Methoden und Forschungsinstrumenten, die in früherer Zeit noch recht primitiv waren (immer am Status Quo gemessen) als an der Einstellung des Forschers und (Er-) *Finders* (alles ist bereits vorhanden - was entdeckt wird, ist vom individuellen Bewusstsein abhängig) und der des gesellschaftlichen Kollektivs. Welch ein mühsamer Weg war es doch bis zur An-*erkennung* vom geozentrischen zum heliozentrischen Weltsystem! Den-

noch konnte schon Jahrtausende zuvor mit noch einfacheren Mitteln das heliozentrische Weltsystem nachgewiesen werden, wie die Bauten und Monumente aller Hochkulturen beweisen (z. B. Megalithe, Pyramiden etc.). Damals war das Bewusstsein der Gesamtzivilisation deutlich erhöht, musste aber nach dem Untergang der Hochkulturen den mittelalterlichen (Welt-) Vorstellungen weichen.

Ist ein bestimmter kollektiver Stand des Wissens erreicht, ist es auch mit primitiven Methoden möglich, die Ergebnisse nachzuweisen. Erst etwas, das be-*griffen* wurde, kann in das Bewusstsein der Allgemeinheit einflie-ßen. Die Entwicklung immer komplizierterer Instrumente zur Wahrheitsfin-dung ist eine Suche im Außen, die vom eigentlichen Geschehen mehr ablenkt als es ihm zuträglich wäre. Noch in unserer heutigen *schein-bar* aufgeschlossenen Zeit, in der Wissenschaftler und Entdecker ("Wer su-chet, der findet und er-*findet!*") nicht mehr verfolgt werden und um ihr Le-ben fürchten müssen, werden dennoch nur "Fakten" an-*erkannt*, die dem (Ver-) Stand des Kollektivs entsprechen und von der Ratio nach deren "Schock-Faktor" gefiltert werden. Wissenschaft ist seit jeher eine Sache der Ratio und alles, das nicht (be-)greifbar scheint, wird ausgeklammert und/oder dementiert. Außerirdische oder andersartige Wesenheiten pas-sen immer noch nicht in das kollektive Verstandesmodell, weshalb die Fakten *zurecht ("zu Recht!")* gebogen werden, um z. B. Kornkreise zu erklären. Werden dann die Berichte von Betroffenen, die vermehrt an die Öffentlichkeit gehen, immer zahlreicher, so wird die "Angst-Maschinerie" in Gang gesetzt und alles, was nicht verstanden werden kann, als negativ dargestellt. Das Fremde und Andersartige wird automatisch mit "dem Bö-sen" assoziiert und die homogene Xenophobie geschürt. Die Wissenschaft vermag immer nur an der Oberfläche zu kratzen und Aus-*wirk*-ungen, je-doch nicht die energetischen Ursachen zu untersuchen. Die Wissenschaft gilt der Materie, der letzten Emanation der Urenergie. Auch hier sind die Muster im Endstadium abzulesen, die bereits im energetischen Urzustand vorhanden waren, jedoch verzerrt sind.

Der Schlüssel, der im Einfachen liegt, der die Universalfrequenz des Universums darstellt, ist nichts anderes als die antiperspektivische Eigenschaft der Dinge in ihrer Uressenz - ihrem wahrhaftigen, inneren Kern.

Jeder birgt die kosmische Weisheit in sich.

Ein weiser Mensch ruht immer in seiner Mitte. Oder wäre es vorstellbar, dass eine weise Person hyperaktiv und nervös ist? Jemand mit diesen Eigenschaften kann intelligent sein, doch Weisheit be-*ruht* auf der ge-*lebten* Intelligenz, dem umgesetzten Wissen. Wer weise ist, ist *wahr-haftig* (an der Wahrheit haftend). Der Narr ist *wahr-haftiger* als der Intellektuelle, weil er ausdrückt, was er empfindet. Der Narr ist im Moment, der Intellektuelle hat seinen Fokus in die Kopfregion verlagert, wodurch er von seinem *Er-Leben* abgetrennt ist.

Das Symbol:

Das Symbol birgt den Schlüssel für die individuelle Wahrheit in sich. Es kann den Ausgang in schwierigen Situationen, die der Wahrheitsfindung dient, zum Wohle der *Ehr*-lichkeit begünstigen und Lüge leichter entlarven. Es ist ein Zeichen der *Wahr-haft*-igkeit und verhilft zum Identifizieren von Wahrheit(en), die einem Problem zugrunde liegen bzw. lagen.

Vor allem ist es aber ein Zeichen des Wissens und der universellen Weisheit. Es führt in innere Welten und kann Pforten auftun, die der jeweilige Betrachter öffnen möchte. Es kann die Geschichte des Universums wie jene des individuellen Inkarnationsweges erzählen. Die Möglichkeiten sind so vielfältig wie die Fragen, die im "Alles, was ist" existieren.

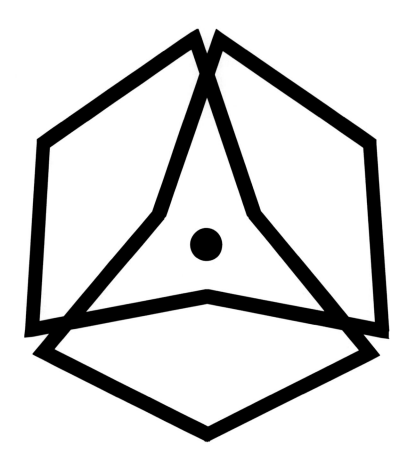

"Kein Mensch kann finden, wo er war.
Oder leiblich folgen der Spur des Selbsts.
Oder es einsperren.
Bei geschlossenen Türen geht das Selbst
durch Holz und Stein."

Jane Roberts

"**Freiheit**" ist ein großes Wort. In ihrem Namen wurden zahlreiche Kriege geführt und zahllose Leben geopfert.

Der Begriff umschreibt "Unabhängigkeit" und "Unbeschränktheit". Dem Adjektiv "**frei**" wurden die Assoziationen "gern haben, schonen, friedlich-frohe Gesinnung" wie auch "eigen, lieb, erfreut, ergötzt, ermuntert, findet Gefallen an etwas, genießt, begünstigt, wohlgesinnt sein" entlehnt, wodurch sich aus dem Wortstamm "**Freund**" sowie "**freien**" und "**Frieden**" und des weiteren "**froh**" ergaben. Die sich nur im Germanischen und Keltischen vollziehende Entwicklung von "**lieb**" zu "frei, unabhängig" erklärt sich aus der Vorstellung "zu denen gehörig, die man gern hat und schont", also den Freunden, den Stammesgenossen (im Gegensatz zu den stammesfremden "Unfreien" und Kriegsgefangenen).

"**Befreien**" meint "unabhängig machen, erlösen und "**freien**" "frei machen, Entledigung von Verbindlichkeiten". Im Sinne von "ehelichen, heiraten wollen, werben, zur Frau nehmen, heiraten" ist es verwandt mit seiner ursprünglichen Bedeutung "**lieb**". Die Verben sind entweder direkte Entsprechungen vom gotischen *"frijon",* vom angelsächsischen *"friohon"* und vom nordischen *"frjä",* das "lieben" bedeutet. Auch der Name der Göttin *Fria (**Freia**)* entlehnt sich der Bedeutung "Gattin und Geliebte" Wodans oder Odins, woraus sich der **Freitag**, der Tag des Planeten Venus, der Göttin der Liebe ergibt.

Freiheit hat also in jeder Hinsicht direkten Bezug zur **Liebe**, weshalb wir uns auch schnell bei ungeliebten, ein-*engen*-den ("Enge" kommt von "Angst") Situationen **unfrei** und gefangen fühlen. Daher steht **Freiheit** in diesem Kapitel vor allem für "**Weite**" und "**Entfaltung**", für das Ziel unserer **Befreiung** von alten Mustern und Zwängen auf allen Ebenen.

Die Gegenteile von Freiheit sind Angst (als das direkte Gegenteil von Liebe), die uns lähmt und gefangen hält und aus der alle anderen ungünstigen Eigenschaften in diesem Kontext resultieren; Beklemmung, Verschlossenheit, Egoismus, Intoleranz, (Vor-) Urteile, Diskriminierung und Ausgrenzung, Unflexibilität, Beschränkung, Verpflichtung, (Ver-) Bindung,

Versprechung, Schuldbewusstsein, Forderung, Kontrolle, Zwang, Sucht und Abhängigkeit, Dominanz, Bestimmung, Diktatur, Entmachtung und Entrechtung, Unterdrückung, Druck, Bedrängnis, Manipulation, Mühsal, Plage, Erschwernis, Märtyrertum und Opferhaltung. Diese Eigenschaften bilden wiederum die Überkategorien für alle übrigen emotionalen Entartungen. Nicht umsonst fühlen wir uns "erleichtert" oder "frei" nachdem uns der sprichwörtliche "Stein vom Herzen" gefallen ist, der eine Belastung jeglicher Art sein kann; etwas, das uns einschränkt.

Jeder Mangel, jede Unzulänglichkeit macht uns unfrei. "Unfreiheit" ist eine mentale Blockade, die mit unseren Er-*wart*-ungen zusammen-*hängt*.

Es ist eine große Palette von mehr oder minder als "Angst" *wahr-genommenen* Ängsten, die uns be-*engen* (be-*äng*-stigen) und unfrei machen.
In welcher Form sie auch auftreten mögen, so werden sie von uns zumeist unterschätzt, weil sie auf den Grund unseres Alltagsbewusstseins gesunken sind, von wo aus sie ihre Nesselfäden in uns haken, jedoch subtil keimen und sich hinter Ursachen verbergen, für die wir meist eine Begründung oder *Recht*-fertigung parat haben, weshalb die Existenz dieser oder jener "Angst" in unserem Leben eigentlich eine Sache der Vernunft ist.
Wir unterschätzen die permanent lähmende Wirkung, die auch subtile Ängste auf unseren Organismus haben. Ein Schauspieler, der gefragt wurde, wie er denn "Sterbensangst" darstelle, antwortete: "Angst hat etwas mit Atem zu tun."

Wir haben für nahezu alle Ereignisse in unserem Leben - und seien diese noch so klein - einen Rahmen vorgesehen, der erfüllt werden muss oder sollte. Dadurch sind *Ent-täuschungen* (*Des-Illusionen* - jede Er-*wart*-ung ist eine Vision; durch latente Ängste, die mitschwingen, wird diese zur Illusion) vor-*programm*-iert (der Rahmen dient dem er-*wart*-eten Programm!), sind ein steter Begleiter, weil jede Er-*wart*-ung einen Rahmen schafft. Diese Rahmen sind keine Schöpfung, die sich ver-*wirk*-licht, sondern lediglich das manipulierte Raumfeld für die jeweils er-*wart*-ete Sache. Da aber von Beginn an Zweifel an deren Erfüllung mitschwingen, werden sogleich die negativen Energien mit eingespeist, die von sich aus wirken; lange bevor der Plan erfüllt werden kann. So sind wir einerseits nie im Moment (der Sache), weil wir danach trachten, den Plan zu erfüllen - es ist zu einem Zwang geworden - und haben andererseits der prinzipiell möglichen Entwicklung vorab die Chance durch die destruktiven Mentalkonstrukte entzogen. Alles entwickelt sich wie befürchtet. Wir hören dann erst recht nicht auf, noch verbissener bei nächster Gelegenheit die Entwicklung in unseren vorgefertigten Rahmen drängen zu wollen, weil wir uns und anderen beweisen müssen, dies erreichen zu können. Dadurch werden wir immer unfreier und zwanghafter, erkennen diese Verhaltensmuster aber nicht als Ursachen für viele unserer Probleme an.

Grundsätzlich ist jedes Wesen mit allem, was es liebt, automatisch in Resonanz. Bei unseren "Liebesbeziehungen" ist die Sache komplizierter, weil es sich dabei nie nur um die reine Liebe handelt. Diese würde sich selbst genügen. Wir haben aber bei jeder neuen Liebe zahlreiche Zweifel, die wir nicht hätten, ginge es uns nur darum, jemanden bedingungslos zu lieben. Unsere Zweifel resultieren aus der Angst, nicht widergeliebt zu werden. Wir wollen also etwas für unsere Liebe; zumindest die gleiche Liebe, die wir geben.

Bei Be-*zieh*-ungen ist das Manifestieren schwieriger, weil auch noch die zweite Person ihre ganz indivi-*duellen* Zweifel und Ängste mit einbringt, die den Rahmen, den es zu erfüllen gilt, betreffen. Diese sich überschneidenden Aussendungen erhalten dann vom jeweils Anderen Resonanz. Gemeinsame Er-*wart*-ungen schaffen den "Über-Rahmen" für das manipulierte Raumfeld der zu erfüllenden Be-*zieh*-ung . (Wir be-*ziehen* uns auf jemanden, in den wir emotional investiert haben oder auf etwas, das wir ausgesandt haben; versuchen, etwas anzu-*ziehen!* Die Bezeichnung "Be-*zieh*-ung" spricht bereits für sich allein und macht deutlich, dass sie im Gegensatz zu einer frei gelebten Liebe ein Rahmen ist, der erfüllt werden soll.)

Aufgrund der kosmischen Bestimmung der beiden Beteiligten, ihre Probleme bestmöglich miteinander zu lösen, hatte die Be-*zieh*-ung unabhängig vom Rahmen, der geschaffen wurde, von Anfang an auch noch eine karmische Blaupause, die ihren Teil der Erfüllung fordert. Diese ist kein starres Konstrukt, sondern eine Aussendung der Egos der Betreffenden aufgrund früherer Zwiespälte, die einen zu erfüllenden Rahmen betrafen, der seine Energien in die Zukunft projiziert hatte. Wer unbewusst an jene Dinge herangeht, verheddert sich leicht in seinen eigenen karmischen Fallstricken, hadert dank seiner Unkenntnis daraufhin mit dem Schicksal und hört durch sein unbewusstes Handeln nie damit auf, neue zu erzeugen.

Es ist schwierig, in einem vorgefertigten Rahmen seine Hoffnungen und Wünsche erfolgreich zu manifestieren (ungeachtet der negativen Energien, die destruktiv wirken), sobald eine zweite Person betroffen ist. Denn auf einen Ausgang nach seiner eigenen Vorstellung zu beharren - und sei es mit den noch so besten Absichten - würde eine Manipulation der anderen Person bedeuten. Auch macht man sich vom potenziellen Partner vorab ein Bild, welches großteils den eigenen Vorstellungen und nur am Rande der Realität entspricht, aus dem die Er-*wart*-ungen resultieren, deren Erfüllung aber alleine schon durch die Verzerrung nicht vom anderen gewährleistet werden kann. Des weiteren hängt das Gefühl der Unfreiheit von diesen Bildern ab, die vom jeweils anderen bestehen, weil wir je nach Typus entweder dem Fremdbild zwanghaft entsprechen oder den anderen nach unseren Vorstellungen formen wollen. Jenes Bild, das für uns anfangs so "perfekt" schien, weil es vor allem unserer Träumerei und nicht der Realität entsprach, raubt uns letztendlich den Atem und die Freiheit.

Nur die reine, von Zweifeln unvergällte Liebe, die dem Moment und nicht den Er-*wart*-ungen gilt, kann den günstigen Ausgang garantieren. Jegliche andere Form des Handelns projiziert kontraproduktive Energien in zukünftige Ereignisse - er-*zeug*-t kontraproduktive zukünftige Ereignisse (Karma) - und auf die zweite Person, die dadurch misstrauisch wird und ihrerseits

Äquivalentes zurück projiziert. Den Argwohn solcher Situationen kann man im ganz alltäglichen Be-*zieh*-ungs-Wahnsinn allerorts beobachten. Das daraus entstandene "Wissen" projiziert wiederum Misstrauen und wir sind verstrickt in unseren karmischen Schöpfungen und wähnen uns ihnen ausgeliefert. Der "vom Schicksal Geplagte" hört daher niemals auf, Rahmen zu schaffen, die er erfüllt wissen möchte und wird immer schlechtere Energien aufgrund seines "Erfahrungsschatzes" in dieses manipulierte Raumfeld einspeisen.

Aus diesem Beispiel wird ersichtlich, wie sehr Freiheit etwas mit "Liebe" zu tun hat. Mit der Freiheit, lieben zu können und durch Liebe, die nicht fordert, frei werden zu können. Auch sollten wir uns dessen bewusst sein, in wie weit wir unsere Partnerschaften als Ver-*bind*-ungen ansehen möchten. Denn *ge-bunden* zu sein macht äußerst unfrei und "*ver-bunden* zu sein" schafft einen neuen Rahmen, in dem Ent-*täusch*-ungen vorprogrammiert sind. Die markanteste Form eines Rahmens sind Versprechen, die wir gegeben haben. Der Druck, dass etwas von uns gefordert wird, lastet auf uns. Oder wir verpflichten uns, weil wir denken, dass das dazu gehören würde. Viele haben beispielsweise noch das Muster in sich, dass der Mann eine Frau versorgen müsse. Wer sich also bei den ersten zarten Annäherungsversuchen bereits verpflichtet fühlt oder den Druck, den offensichtlichen Er-*wart*-ungen des anderen entsprechen zu müssen, verspürt, wird schnell in Be-*zieh*-ungen in Atemnot geraten, wobei die Gesellschaft mit ihren moralischen Geboten zusätzlich eine große Rolle spielt. Auch gibt es heutzutage immer noch zahlreiche Frauen die oft nach jahrzehntelanger kaputter Ehe daran festhalten, weil sie sich nicht selbst versorgen können. Die *Bind*-ung ist hier zur lebenslänglichen Angelegenheit geworden und der dadurch auf den Personen lastende Druck weist mit Bestimmtheit den Weg für die Aufgaben in einer erneuten Inkarnation.

Die gesellschaftlichen Konventionen sind der Nährboden für Ängste, *Bind*-ungen und Verpflichtungen, die wir eingehen, weil sich das "so gehört". Aussagen wie "Blut ist dicker als Wasser" sollen uns, ohne die Be-*zieh*-ung zu hinterfragen, an unsere Verwandtschaft **binden**. Diese Aussage ist jedoch ziemlich irrsinnig, weil niemand Wasser in seinen Adern fließen hat und die einzige Grundlage für eine *Bind*-ung die *Frei-will*-igkeit sein sollte, deren Basis die Freundschaft ist. Zudem ist physische Verwandtschaft etwas, das sich mit jeder erneuten Inkarnation ändert, wodurch eine „Bluts-Bindung" einer seelischen Verbundenheit, die oft durch den gesamten Inkarnationszyklus hindurch bestehen bleibt, längst nicht standhalten kann.

Unsere Rahmen bekommen wir bereits mit unserer Geburt fremdauferlegt. Zur Taufe bekommen wir oft einen Bausparvertrag, der für das Studium oder die erste eigene Wohnung bestimmt ist. Wir sollen später Akademiker werden, ein Beschluss der Beziehungsberechtigten, der manchmal schon vor der Einschulung existiert. Jedes Kindergartenjahr und jedes Schuljahr ist ein Rahmen, der erfüllt werden muss, einher gehend mit dem immensen Druck, das Ziel erreichen zu müssen und innerhalb dieses Rahmens existiert der Druck, mit den Mitschülern gemessen zu werden, der wenig mit motiviertem und pädagogisch wertvollen Wettbewerb zu tun hat. Von Kindheit an ist dieser Erfolgsdruck ein ständiger Begleiter. Wir planen früh, was wir werden wollen und müssen uns am Ende der Pflichtschule für den weiteren Weg der nächsten Jahre entscheiden. Auch im Kleinen, im täglichen Ablauf geschieht fast alles nach Plan. Was wir als "Alltagsritual" empfinden, ist ein Rahmen, der nach Erfüllung schreit. Unser Tag ist akribisch eingeteilt, um alles unterzubringen, um das Pensum zu erfüllen. Wie könnte man so im Moment sein? Wir hetzen den Dingen hinterher. Dieses Verhalten geht in Fleisch und Blut über und ist daher später schwierig zu durchschauen, geschweige denn, abzustellen. Wie sehr uns das Selbstverständliche jedoch einschränkt, wird uns bewusst, wenn wir den Wecker auf eine bestimmte Uhrzeit gestellt haben. Wir schlafen dann nicht ganz so entspannt, wie wir das könnten, hätten wir ihn nicht gestellt, selbst wenn wir erfahrungsgemäß gar nicht so lange schlafen würden, dass das Rasseln uns wecken könnte. Viele leiden abends unter Einschlafschwierigkeiten, die vor allem darauf zurück zu führen sind, dass sie wissen, dass sie um eine bestimmte Zeit wieder aufstehen müssen. Dadurch geraten sie sogar beim einzigen wirklich entspannenden Vorgang des gesamten Tages unter Termindruck. Den Druck, einschlafen zu müssen, um genügend Schlaf zu bekommen. Wer kann sich mit diesem Verhalten frei fühlen? Freiheit kann nur fernab vom Druck, etwas erreichen zu müssen, er-*lebt* werden. Mit Druck gehen Versagens-Ängste einher. Würden wir weniger fürchten, etwas nicht zu können, und uns stattdessen darauf konzentrieren, dass wir wissen, dass wir es können, würden wir es können. Nach Jahren oder Jahrzehnten ohne Praxis können wir noch immer Radfahren oder Schwimmen, weil wir **wissen** bzw. darauf **vertrauen**, dass wir es können. Im Vergleich zum Anfänger, der vielleicht keine schlechteren Voraussetzungen hat als wir sie nach all der langen Zeit haben, haben wir die Angst zu Scheitern, die Vorstellung davon, es nicht erreichen zu können, durch Ge-*wiss*-heit ersetzt.

Egal, um welche Dinge es im Leben geht, sobald eine Er-*wart*-ung existiert, wurde ein Rahmen geschaffen, in den Ängste einfließen, das Er-*wart*-ete nicht erreichen zu können und jeder Rahmen fordert etwas. Wer etwas fordert, etwas haben möchte, stellt Besitzansprüche. Wer Ansprüche stellt, fühlt sich *ge-bunden*. Alle Dinge sind im Einzelnen das Gegenteil von Freiheit. Er-*wart*-ungen können nur dann zielführend sein, wenn sie mit konstruktiven Gefühlen einher gehen. Das bedeutet, dass im Grunde kein Rahmen geschaffen wird, dessen Nicht-Erfüllung uns ent-*täuschen* könnte, sondern durch die freudvolle Emotion, die den Ausgang begünstigt, das momentane Geschehen, das Erleben der Emotion den gesamten Ereignisrahmen darstellt. Etwas, das nur für den Moment relevant ist, kann später auch nicht ent-*täuscht* werden. Das Gesetz der Schöpferkraft kann immer nur im Moment *wirk-sam* (*Wirk*-lichkeit!) werden, um zukünftige analoge Momente zu schaffen. Wer im Gegensatz dazu an etwas *hängt,* wodurch er sich *bindet*, ist gleichzeitig mit der Verlustangst konfrontiert - eine weitere Ursache, die uns latent unfrei macht. Die meisten Probleme in unserem Leben gehen in irgendeiner Art und Weise mit Verlustangst einher. Dabei geht es vordergründig um Dinge, von denen wir wissen, dass sie uns eigentlich nicht gehören, denn etwas, das zu uns gehört, muss nicht fest gehalten oder erkämpft werden und wir müssen nicht andauernd hinterfragen, ob wir es wert sind, mit diesem oder jenem unser Leben zu be-*reich*-ern. Wir wollen etwas *kriegen*, also führen wir offen oder verdeckt "Krieg" und "er-*kriegen*" uns das Gewünschte. Selbst wenn ursprünglich ein Anspruch darauf bestanden hätte, ist die gewaltsame Erbeutung keine *gerecht*-fertigte Methode. Dinge, die *wahr*-lich zu uns gehören, werden unabhängig von noch so widrigen Umständen immer zu uns finden. Auch wenn wir "reich" an materiellen Gütern oder glücklichen Gefühlen aufgrund bestimmter Umstände sind, ist die dazugehörige, meist unterschwellige Angst, Einbußen zu erleiden, präsent. Entweder befinden wir uns in einem Zustand des Mangels, weil uns immer irgendetwas "fehlt" oder wir fürchten um den Verlust von Dingen oder Zuständen, die wir erkämpfen mussten. Wie sollte man sich in diesen Situationen, egal ob nun "arm" oder "reich", frei fühlen?

Freiheit kann nicht er-*lebt* werden, wo Glück von äußeren Faktoren ab-*häng*-ig gemacht wird. Dazu gehört auch das lebenslange Suchen nach der einzigen, der großen Liebe, wovon man sich das wahre Glück verspricht.

Freiheit und Liebe, wovon eines das andere bedingt, setzten Vollkommenheit voraus. Vollkommenheit ist kein äußerer Umstand, den es zu erreichen gilt, sondern ein Zustand der Balance, der für jeden individuell ist. Davon sind die meisten weit entfernt, den Alltag bestimmen üblicherweise Sorge, Beunruhigung, Besitzdenken, Ansprüche, Pflichten und Forderungen.

Wir hängen an so Vielem und haben eigentlich keine Ahnung davon. Wir fühlen uns nicht einmal *wirk*-lich unfrei, weil wir das Gefühl der vollkommenen Loslösung, der *Ent-bindung* von allen Lasten, wozu auch die vermeintlich "schönen Dinge" gehören, gar nicht kennen. Wer inmitten seiner karmischen Konstrukten steckt, kann seine eigenen Verhaltensmuster nicht erkennen. Er ist in-*volviert*. Wie "frei" sich jemand fühlt, ist immer von seiner jeweiligen Lage ab-*häng*-ig, von den Relationen, die sein Empfinden ausmachen. Der Goldfisch, der in der Tierhandlung geboren wurde, fühlt sich *wahr-scheinlich* frei, wenn er aus seiner engen (be-*äng*-stigenden) Behausung, die das Glas darstellte, in die Badewanne entlassen wird. Der Fisch, der in einem großen Aquarium aufwuchs, freut sich über die Freiheit des Gartenteichs. Sie wissen nichts von See und Fluss, die ihren Artgenossen eine Selbstverständlichkeit sind und empfinden das Maß ihrer Freiheit nach den Relationen, die sie kennen gelernt haben. So schwimmt der Mensch in seinem Gewirr aus Ängsten, immer mehr verstrickt in den destruktiven Konstrukten, die ihn mehr und mehr fesseln, weil er nicht los zu lassen vermag und wähnt sich frei, weil er um die Freiheit des freien Willens weiß, jedoch nicht erkennt, dass das, was er *wahr*-lich will, nichts mit den Wünschen des Egos gemein hat. Je unfreier wir uns latent fühlen, desto mehr Extreme benötigen wir in unserem Selbstausdruck, unserer Selbst-Ver-*wirk*-lichung und in den Besitzansprüchen um uns in der Relation zum Rest unseres Lebens insgesamt freier zu wähnen.

Da alles, was *wahr*-lich zu uns ge-*hört* (es *hört* auf unseren Ruf), auch zu uns findet und solange wir in dieser Frequenz schwingen, auch bei uns bleibt, hängen wir nur an Dingen, mit denen wir (noch) nicht in Resonanz sind. Alles, wovon wir uns Glück versprechen, das wir noch nicht empfinden, sehen wir als etwas "Höheres" an und als etwas, das mit uns und dem bisher Erreichten nicht *gleich-wertig* ist, wodurch sein Wert von uns höher eingestuft wird und wir uns als noch nicht wert genug empfinden, es in unserem Leben zu haben. Das gilt auch für Dinge, die wir bereits haben, um die wir aber fürchten. Be-*sitz*-Denken ist zwanghaft, hat etwas mit dem Geld zu tun, auf dem manche sprichwörtlich *sitzen*, aus Angst, es könne ihnen verloren gehen. Dabei muss es sich selbstverständlich nicht nur um materielle Dinge handeln; allem, vom dem wir fürchten, es verlieren zu können, gilt dieses Verhalten.

Wenn wir auch klar zwischen materiellem Be-*sitz* und Gefühlen oder gar Gedanken unter-*scheiden*, so bleibt das Prinzip dasselbe, das sich durch alle Ebenen zieht. Dass Materie nur der letzte Ausdruck einer energetischen Schwingung ist, setzen wir trotzdem nicht mit den Vorgängen in uns, die dieses Beispiel anschaulich verdeutlichen, gleich.

Hängen wir an einer stofflichen Sache, so ist das mit einem bestimmten Gefühl *ver-bunden* und mit beunruhigenden Gedanken, die darum kreisen. Hängen wir an einer Person, so werden gemischte Gefühle unser ständiger Begleiter sein, einhergehend mit einem passenden inneren Dialog im Geiste und beide Bereiche werden sich auf unseren physischen Ausdruck aus-*wirk*-en.

Kreisen in erster Linie unsere Gedanken ständig um eine bestimmte Sache, so werden sich unsere Emotionen entsprechend anschließen und es wird wiederum unsere körperliche Ausstrahlung darunter leiden. So ist also die stoffliche Form des **bewussten** Gegenstandes nebensächlich, weil er lediglich die primäre Ebene bildet, die aber immer alle übrigen in-*volviert*.

Freiheit bedeutet sich "frei machen" von belastenden Gedanken und Emotionen, die vordergründig Gegenstände oder aber nur Gedanken und Emotionen betreffen. Lernen wir, Ver-*antwort*-ung (unsere Antwort auf das, was wir begehren und aussenden!) für die Dinge, die wir beanspruchen, zu übernehmen, damit wir das Gefühl haben, sie zu verdienen. Auch dieser Vorgang ist uns nicht bewusst. Folgendes Beispiel sollte mehr Klarheit schaffen: Einerseits meint der Mensch, sich alles, was er begehrt, aneignen zu können, andrerseits ist er unterschwellig der Meinung, die meisten Dinge nicht wert zu sein. Die Erde, die an sich niemandem gehört, jedoch für alle gleichsam Lebensraum und Fülle schafft, wurde rücksichtslos ausgebeutet und Besitzansprüche, die keine Rechtfertigung hatten, wurden erhoben. Jeder beanspruchte seinen Teil vom Ganzen, wollte mehr als der andere und verlangte einen teuren Preis für Ressourcen, die für alle bestimmt sind. Ressourcen, die frei zur Verfügung stünden. Dieses Konzept gibt es nicht mehr. Nicht genug damit, dass Völker Ländergrenzen zogen, endlose Kriege führten, Ressourcen und Schwächere ausbeuteten, sie begannen sämtliches Leben, das nur sich selbst gehört, zu zerstören und an sich zu reißen. Es wurden die Meere und sogar das ewige Eis nach Gebietsansprüchen zugeteilt, es wurde den letzten Naturvölkern der Lebensraum genommen, Tiere wie selbstverständlich getötet und zahlreiche Rassen für immer ausgerottet, Wälder gerodet, die letzten für die Menschheit entlegenen Gebiete mit Atomtests verseucht und mittlerweile finden wir es romantisch, wenn uns jemand einen Stern schenkt oder ein Prominenter seiner Liebsten zur Hochzeit eine Insel schenkt. All dies gehört in Wahrheit niemandem, doch wir sind seit Jahrtausenden dermaßen in dieses Spiel verstrickt, dass das unbegreiflich scheint. Der Mensch hat alles rücksichtslos an sich gerissen, ohne Ver-*antwort*-ung zu übernehmen. Dass er dabei unterbewusst ständig fühlt, alles nicht wert zu sein, ist kein Wunder. Mittlerweile überlegt sich die Wissenschaft in aller Ernsthaftigkeit ihrer rationalen Gemüter, welche Planeten sie mit "Terra-Forming" zurechtmachen könnte, wenn die Erde restlos ausgebeutet und vernichtet ist, sodass sie für die Menschheit unbewohnbar wird. Kein Gedanke wird daran verschwendet, dass wir die Verantwortung haben, für die Regeneration der Erde zu sorgen; kein Gedanke gilt der Frage, ob wir überhaupt das Recht haben, uns einen zweiten Planeten an zu eignen und kein Gedanke stoppt die Visionen, dass der Anfang auf einem neuen Planeten zugleich dessen systematische Zerstörung und verheerender Eingriff in seine Biologie bedeutet. Ganz davon abgesehen, dass dieses Konzept nicht ver-*wirk*-licht werden kann, da es der linearen Vorstellung von physischer Fortpflanzung entspricht. Aus höherer Sicht würde jedoch jede neue Seele, die sich zur Inkarnation entschließt, eine parallele Zeitebene in einem Erden-Hologramm, das noch intakt ist, wählen. Der Mensch weiß nicht einmal, dass nur die Erde jene Bedingungen schaffen kann, die er für sein physisches Überleben benötigt, weil seine Aura direkt an das Erdgitternetz angeschlossen ist, welches ihn durch die Silberschnur - jene feinstoffliche Nabelschnur, die wir mit jeder erneuten Verkörperung erhalten - energetisch nährt. Die Erde ist ein geschaffener Aktions-Rahmen, der uns ermöglicht, unsere Erfahrungen zu machen. Jeder andere Planet ist für unsere Spezies nicht vorgesehen, wir selbst haben uns vor langer Zeit auf Seelenebene dazu entschlossen, auf und mit Mutter Gaia den Aufstieg in die 5. Dimension zu vollziehen.

Dieses drastische Beispiel setzt sich in seinem Prinzip fort bis auf die ganz kleinen Dinge, an denen wir **hängen**, für die wir jedoch keine Ver-*antwort*-

ung übernehmen wollen, was sich wiederum auf unser Selbst-Wert-Empfinden auswirkt, das uns unfrei macht. Woran wir hängen, wird zu unserem unbemerkten Ver-*häng*-nis. Wir mögen es nicht, Ver-*antwort*-ung zu übernehmen, weil wir denken, dass uns das unfrei machen würde. Dass erst jetzt allmählich damit begonnen wird, sich Konzepte für die Rettung der Meere und die Gletscher zu überlegen, liegt daran, dass wir uns bisher nie dafür ver-*antwort*-lich gefühlt haben. Was ging uns bislang Leben an, dem wir nie begegnet sind? Erst jetzt, wo ein globaler Klimawandel droht, die schier unendlichen Wassermassen der Meere langsam leergefischt sind und das Algenwachstum groteske Ausmaße annimmt und die schmelzenden Gletscher Überschwemmungen ankündigen, erst jetzt fühlen wir uns ver-*antwort*-lich. Denn bevor uns die Katastrophe nicht *antwortete*, fühlten wir uns nicht betroffen. Jedenfalls unsere Egos nicht. Unsere Zellen sind aus demselben Stoff wie Meere, Gletscher und der Rest des Universums. Unsere Zellen fühlten seit jeher das Leid und sandten rücksichtslos ihre Resonanz an unsere Egos, die mit verletztem Selbst-Wert reagierten.

Mittlerweile hängen wir an Dingen, mit denen wir noch vor kurzer Zeit mühelos auskamen. Doch sobald wir an einen bestimmten Standard gewöhnt sind, fällt es uns schwer, darauf zu verzichten, ungeachtet dessen, dass wir sie früher nicht kannten und daher nicht brauchten. Das betrifft in erster Linie alle Dinge, die für Bequemlichkeit in unserem Leben sorgen. Sie werden völlig in ihrer Gefahr und ihrem Ab-*häng*-igkeitsfaktor unterschätzt. Wer kommt heutzutage noch ohne Handy aus? Erinnern wir uns noch, wie das früher war? Wir hatten teilweise nicht einmal Anrufbeantworter und waren oft nur wenige Stunden abends erreichbar und kamen trotzdem gut mit diesem System der Kommunikation aus. Heute haben bereits Siebenjährige ein Handy und Kleinkinder können mühelos ihre Playstation bedienen. Trotz der unverkennbaren Vorteile unseres multimedialen Zeitalters ist es eine Katastrophe, in die wir uns kollektiv hinein manövrieren. Ein Artikel in einer Obdachlosenzeitschrift beschrieb, dass Handys heutzutage die einzige Visitenkarte - schlimmer noch: Der Identitätsgeber - seien, die Menschen auf der Straße hätten und unbedingt bräuchten. Waren wir vor zehn Jahren noch skeptisch, was die Benutzung des Internets betraf, so gibt es heute kaum mehr jemanden, der keinen Anschluss zu Hause hat - zugleich mit der günstigen Flatrate für Mobiltelefon und Satellitenfernsehen. Die offensichtlichen Gefahren sind die zahlreichen Stunden, die wir vor einem dieser Geräte verbringen, die früher keine Bedeutung für uns hatten und die weniger offensichtlichen sind der Elektrosmog und die krank machende Strahlung mit denen wir uns umgeben und die unsere Zellen mutieren lassen und die Kontrolle, der wir durch unsere Ab-*häng*igkeit unterliegen. Selbst neuere Studien haben bereits ergeben, dass Handystrahlung krank macht und es wird empfohlen, mit einem Head-Set, das es ermöglicht, Abstand vom Gerät zu bekommen, zu telefonieren. Je näher es am Kopf ist, desto gefährlicher ist es. Wer kann sich da nicht vorstellen, welche Auswirkungen es für jene haben wird, die schlimmstenfalls ganztägig mit dem Knopf im Ohr herum laufen? Es handelt sich um geschickt ausgeworfene Fallen von jenen, die unsere Schwingungserhöhung unterdrücken wollen. Wir haben keine Ahnung von den Vorgängen, in die wir durch *schein-bar* harmlose Vergnügungen und Bequemlichkeiten in-*volviert* sind. Wer kann schon behaupten, seine Vitalität erhöhe sich mit den Stunden, die er mit einem jener Geräte verbringt und das ungeachtet des Elektrosmogs, der die Zellen systematisch zerstört? Diese Dinge versklaven uns in mehr Hinsichten, als wir ihnen zugestehen. Hier geht es ganz eindeutig um die Bequemlichkeit im Leben und nicht um dessen Erleichterung. Das sollte klar unterschieden werden. Hier geht es nicht um Elektrogeräte wie Waschmaschine und Staubsauger, die kaum mehr wegzudenken sind. Die Bequemlichkeit beginnt beim Geschirrspüler für einen Singlehaushalt und endet bei der Brotschneidemaschine. Ist es *wirk*-lich zu umständlich, das Brot per Hand mit dem Messer zu schneiden? Muss dafür ein eigenes Gerät her, das natürlich nur mit Stromversorgung seinen Nutzen erfüllt? Langsam und allmählich schleichen sich diese Dinge mit einer Selbstverständlichkeit in unser Leben ein. Mittlerweile kennen wir Apparaturen, die unsere Muskeln trainieren, während wir vor dem Fernseher liegen und Thermo-Gürtel, die unser Fett "wegschmelzen".

Leider können Sport und Bewegung nicht durch Ruhephasen, in denen wir ans Stromnetz angeschlossen sind, ersetzt werden. Uns ist die Schädlichkeit dieser Vorgänge nicht bewusst! Entspannung und Stressabbau können nicht inmitten eines elektrischen Feldes *passieren* (die wohligen Energien können nicht durch den Elektrosmog hindurch; können also nicht *passieren*). Auch kann eine Muskelstimulation durch elektrische Impulse nicht die selbe Wirkung erzielen wie *ge-lebte* Bewegung, genauso wenig, wie Pillen frisches Obst und Gemüse ersetzen können. Ist das nicht offensichtlich? Warum fällt es uns so schwer, die Fehler in unseren Verhaltensweisen zu erkennen? Warum lassen wir uns von elektrischen Geräten versklaven? Auf dem Gipfel dieses Treibens werden Computerspiele erfunden, die die Menschen dazu ermutigen sollen, wieder mehr Bewegung in ihren Alltag zu bringen und das, ohne den gewohnten Bereich verlassen zu müssen. Nur leider ist ein simulierter Widerstand für das motorische Training nicht mit den gebräuchlichen Varianten zu vergleichen. Hinter all diesen Dingen steckt ein ausgeklügeltes System, das wir nicht erkennen können bzw. anerkennen wollen. Wem die vollautomatisierte Muskelstimulation immer noch nicht absurd genug erscheint, dem sei mit folgendem Beispiel gedient: Auf der Spitze der Bequemlichkeit sind der neueste Trend subkutane Implantate, die dazu dienen, per Scan in bestimmten Lokalen seine Zeche bezahlen zu können, um selbst den bisher üblichen bargeldlosen Zahlungsverkehr zu umgehen. Dieses Implantat ist zusätzlich der Zutritts-Code für das Lokal, in dem man unter sich bleiben möchte. Wer trendy sein und unbedingt dazu gehören will, lässt sich einen Chip verpassen! Und das in einer Zeit, wo gegen den so genannten "gläsernen Menschen" rebelliert wird und es Proteste gegen den Chip im Reisepass gibt. Übrigens leiden auch Haustiere unter Chips und Implantaten, weil sie systematisch ihre Aura zerstören und ihren natürlichen Orientierungssinn aus dem Gleichgewicht bringen. Unzählige Wale stranden aufgrund von Desorientierung, die durch U-Boot-Signale und anderen meeresfremden Lärm ausgelöst wird und wir gehen in einer sorglosen Art und Weise mit allem um, was wir *schein-bar* nicht sehen können, obwohl vor unseren

Augen alles plakativ eskaliert.

Weshalb wir *lieber* vor dem Fernseher liegen und uns stattdessen von Geräten bearbeiten lassen, hängt wiederum davon ab, dass wir uns zwar den Rahmen gesetzt haben, etwas für unseren Körper zu tun, aber keine Lust dazu haben, weil Sport zu den un-*lieb*-samen Dingen gehört. Wenn wir etwas gerne tun, machen wir es auch. *Frei-willig*. Was uns nicht behagt, schränkt uns ein. Also versuchen wir, bequeme Alternativen zu finden. Ein zusätzlicher Druck ist dabei, dass uns die Gesellschaft diktiert, welche Art von körperlicher Ertüchtigung gerade "in" ist oder welche Varianten von Bewegung die einzig effektiven zu sein scheinen. Das ändert sich im Laufe der Jahre immer wieder, was jedoch im Moment dem Zeitgeist entspricht, fließt mit einer Selbstverständlichkeit ins kollektive Bewusstsein ein, die das jeweilige Maß der Dinge darstellt. Jede Tätigkeit hat nur Sinn, wenn sie mit Freude ausgeübt wird. Nur dann kann das Er-*leb*-nis befriedigend sein. Bewegung, die als Qual empfunden wird, ist auch dem Körper nicht zuträglich. Jeder findet seine Variante der sportlichen Betätigung, wenn er das gesellschaftliche Diktat außer Acht lässt. Warum joggen, wenn es Walking auch tut? Warum ausgerechnet mit Stöcken, wenn es auch ohne geht? Ich persönlich fühle mich befreit, weil ich bei meinen Walking-Runden mit keinen behindernden Stöcken zu manövrieren habe. Das ist meine Art, die mir Spaß macht. Joggen gehört nicht dazu. Auch konnte ich an Sit-Ups und Crunches für die effektive Bauchmuskelformung nie so rechten Gefallen finden; es war jedes Mal eine Überwindung für mich. Als ich die grinsende Menge unbeachtet ließ und mir einen Hula-Hoop-Reifen zulegte, fand ich Freude am täglichen Training, das nicht wir zuvor ein Bewältigen des Soll, sondern immer eine neue Herausforderung für mich ist, den alten Rekord an Ausdauer zu brechen. Es macht Spaß und ich mache es *frei-willig!*

Die Umstellung sollte sich nur anfangs schwieriger gestalten, doch nach und nach wird die wieder gewonnene Freiheit auch erkannt werden. Es genügen Kleinigkeiten, um die Vitalität zu steigern. Es ist bereits effektiv, nicht mehr den ganzen Tag mit dem Handy herum zu laufen, vor allem aber in der Nacht darauf zu verzichten, es auch noch neben dem Bett zu platzieren und die Mikrowelle sollte komplett aus dem Haushalt verbannt werden. Und sogar das Haar wird dankbar sein, wenn es zwischendurch luftgetrocknet anstatt geföhnt wird.

Wir unterschätzen das Suchtpotenzial solcher Geräte. Wir unfrei sind wir durch die Palette an verschiedenen Süchten, in denen wir alle gefangen sind! Wir wissen nicht einmal davon. Weil die "Süchtigen" die anderen sind und "Sucht" als solche erst dann erkannt wird, wenn sie nach einer Eskalation zu einem anerkannten Problem geworden ist. Von den großen bekannten Süchten bis hin zu den kleinen Alltagsgewohnheiten ist jeder Einzelne von uns damit konfrontiert. Um welche Süchte es sich handelt, ist von der Energie des Jeweiligen ab-*häng*-ig.

Viele mögen vielleicht dem Alkohol, den Drogen und Medikamenten oder dem Rauchen verfallen sein; jenen Süchten, die wir plakativ anprangern. Auf dem zweiten Rang sind Essstörungen und auch Computer-, Spiel- und Sex-Sucht wurden mittlerweile zum anerkannten Problem. Die vielen kleinen schädigenden Verhaltensweisen, denen wir verfallen sind, werden bagatellisiert. Wir sind "Workaholics" bis zum "Burn out" oder haben einen Putzfimmel, der meistens mit einer Phobie einhergeht, andere haben ein ausgeprägtes "Helfersyndrom". Diese Manien und Phobien werden oft liebevoll belächelt, doch die Palette der Süchte reicht weiter bis zur Streit- und Geltungssucht. Jede einzelne dieser zwanghaften Gewohnheiten birgt ihren Teil der Gefahr in sich und bindet uns; ob erkannt oder anerkannt oder nicht und jede Sucht ist unzweifelhaft mit einer - wenn auch unterschwelligen - Angst verbunden.

Das alles wollen wir nicht. Wir wollen frei sein auf allen unseren Ebenen.
Wir wollen Entscheidungsfreiheit, Gedankenfreiheit, Meinungsfreiheit, Religionsfreiheit, Pressefreiheit bis hin zur sexuellen Befreiung.
Wir wollen "freischaffend" sein. Und doch sind wir selbst es, die uns versklaven.
Freiheit ist Spontaneität. Freiheit bedeutet, niemandem seinen Willen

aufzuzwingen und sich von niemandem dessen Willen aufzwingen zu lassen. Freiheit ist Entfaltung, die nur unab-*häng*-ig von Fremdbildern und vorgefertigten Idealen existieren kann, deren Grundlage die Selbstliebe ist, die wiederum Toleranz für andere schafft.

Prinzipiell machen wir Freiheit von äußeren Umständen ab-*häng*-ig, von Faktoren und Situationen, die uns unsere freie Entfaltung nicht ermöglichen. Der Extremfall ist die körperliche Gefangenschaft, in die wir uns gezwungen sehen. Und dennoch sind immer wir der Hauptinitiator unserer Situation. Wir baden unsere Schöpfungen aus, so sehr wir auch andere dafür ver-*antwort*-lich machen wollen. Unsere Einstellung bestimmt den Lauf unseres Schicksals. Solange wir in Mustern von Schuld, Sühne und Rache denken, werden wir nicht frei sein können. Dies beginnt mit unserer Intoleranz, deren Wirkung wir unterschätzen. Intoleranz ist *Eng*-*stirn*-igkeit, die klar die Angst hinter der Stirn beschreibt.

Im Beispiel von Juden und Palästinensern, die sich schon so lange bekriegen, dass es längst nicht mehr um den eigentlichen Kern der ursprünglichen Sache geht, wird die befreiende Macht der persönlichen Toleranz ersichtlich: Inmitten all der Wirren, in denen die eine Gruppe die andere für ihr Leid, ihre Probleme und ihre Unfreiheit ver-*antwort*-lich macht, gibt es Camps und Schulen, in denen Jugendliche beider Volksgruppen den Respekt voreinander als Person und nicht als Angehörige einer Religion oder Rasse wieder erlernen.

Toleranz beginnt bei der Frage, was denn der andere, den wir nicht respektieren, eigentlich ist. Was ist ein Palästinenser? Was ist ein Jude? Ist es ein Mensch der jüdischen Rasse, ist es ein Anhänger der jüdischen Religion oder jemand, der aus Israel stammt? Oder ist es ein Mensch mit den gleichen Hoffnungen, Träumen und Ängsten, die auch alle anderen haben. Mit welchem Teil seiner von uns *wahr*-*genommenen* Identität haben wir Probleme? Und welche unserer ungelösten Ängste ist der Auslöser dafür? Oft ist die Ursache längst überholt, das Muster aber noch als Reflex-Impuls vorhanden. Nur die Auseinandersetzung mit dem "Feindbild" und der eigenen Intoleranz kann persönliche Freiheit und Freiheit im Umgang mit anderen schaffen.

An einem Strand in Israel, gar nicht fern von den kriegerischen Aktivitäten, verbringen Juden, Palästinenser und Touristen in Eintracht ihre Freizeit miteinander.

Eine Frau, die vor Ort von einem Reporter dazu befragt wurde, sagte: "Es ist ein Strand - keine Synagoge, keine Moschee, keine Kirche."

Versuchen wir, "Freigeister" zu werden!

Das Symbol:

Das Bild zeigt den Inbegriff von Freiheit, Weite und Entfaltung. Bereits bei seiner Betrachtung fühlen wir, wie wir innerlich freier und gelöster werden und dass es uns ein freies Durchatmen ermöglicht. Es verhilft zum Loslassen von kleineren und großen Sorgen, begünstigt die individuelle Entfaltung fernab von Konventionen und Richtlinien und unterstützt bei der Lösung von un-*lieb*-samen *Bind*-ungen. Es stärkt in der Absicht, Ab-*häng*-igkeiten los zu lassen und sich von Süchten leichter zu befreien. Das Zeichen steht für Unab-*häng*-igkeit in allen Lebensbereichen und kann daher beliebig eingesetzt werden. Es kräftigt vor allem den Mut zur Unab-*häng*-igkeit, um wieder *frei-willig* Ver-*antwort*-ung übernehmen zu können.

Freiheit bedeutet, die Fesseln der Dualität abzustreifen, das Belastende los zu lassen. Entfaltung ist die Ver-*wirk*-lichung des wahren Seelenplans und meint damit den Inbegriff der persönlichen Evolution.

Des Weiteren inspiriert das Symbol zu Kreativität, deren Urgrund immer die Freiheit des Ausdrucks ist und zu Spontaneität, die nur fernab von *Bind*-ung gelebt werden kann.

Das Symbol verhilft zu mehr Toleranz und zum Verständnis von eigenen Mustern, die Unverständnis in anderen auslösen, um deren Intoleranz besser verstehen zu können.

Hier geht es um die Liebe zu allen Dingen und die Freiheit, sie **leben** zu können.

SEXUALITÄT

*"Sich selbst zu lieben
ist der Beginn
einer lebenslangen Romanze."*

Oscar Wilde

Unter dem Begriff "**Sexualität**" versteht man "**Geschlechtlichkeit** und daraus resultierende Verhaltensweisen bei Mensch und Tier, **sexuelle Betätigung, geschlechtliche Anziehungskraft**", aber auch "Gesamtheit des Geschlechtslebens und seiner Erscheinungen, Geschlechtstrieb" und unter "**Sex**" die "geschlechtliche Anziehungskraft, Ausstrahlung, Betätigung, Potenz". Der im 19. Jahrhundert geprägte Wortlaut "*sexual*" wurde in der Mitte des 20. Jahrhunderts zu *"sexy"*, das "geschlechtsbetont, körperlich anziehend, erregend, erotisch attraktiv" und "**geschlechtlich, auf das Geschlecht bezogen, zum Geschlecht gehörig**" beschreibt und eine Ableitung von *"Sexus"* ist, was mit "(natürliches) Geschlecht, (der Fortpflanzung und Arterhaltung dienender) Geschlechtstrieb" meint und seit dem Beginn des 18. Jahrhunderts meist fachsprachlich verwendet wird. Im lateinischen bezieht sich *"sexus"* auf "das männliche und weibliche Geschlecht" und weist damit die Verbindung zu *"secus"*, dem die "**Zwei**" innewohnt, auf, das "die beiden Geschlechter, die beiden Teile, Hälften" meint und im lateinischen *"secare"* zu "schneiden, trennen, unterscheiden" wird.

Kaum ein Thema löst so viel Aufregung aus wie die Sexualität. Trotz der Selbstverständlichkeit, mit der sie zu uns gehört, erschöpfen sich die Wirren darum nie.
Sexualität ist ein untrennbarer Teil des Menschseins und jeder ist damit unweigerlich konfrontiert - ob er sie nun auslebt oder leugnet.
Sexuelles *Er-Leben* ist so viel mehr als nur der Geschlechtsakt, auf den es immer reduziert wird. Sexualität ist die Anerkennung der eigenen Geschlechtsrollenidentität genauso wie die daraus resultierende Interaktion mit anderen in diesem Bewusstsein und die Gesamtheit des sinnlichen *Er-Lebens*.
Jeder Mensch ist ein sexuelles Wesen und das unabhängig von seiner geschlechtlichen Aktivität. Jeder Sinneseindruck ist eine Stimulation, welche Resonanz im Wurzelchakra erzeugt - auch wenn davon nur ein Minimum *wahr-genommen* oder als sexuelle Empfindung eingeordnet wird.

Das Wurzelchakra ist primär für den Austausch von Energien ver-*antwort*-lich - auf die stofflichste Art, die im feinstofflichen Bereich möglich ist.

Es kann neues Leben generieren, also ist es unser "fleischlichstes" Chakra. Es ist dafür zuständig, Lebensenergie, die durch das Nabelchakra hereinströmt, weiter zu leiten und aufzunehmen, was den eigentlichen Vorgang beim sexuellen Akt - die Injakulation - darstellt. Auch ist es dafür zuständig, überschüssige oder unbrauchbare Energie abzuleiten - Ejakulation.

Aus diesem Grund strömen psychische und emotionale Energien unablässig auch in unser Wurzelchakra, wo es Resonanz erzeugt, bevor sie ejakuliert werden. Deshalb prägen frühkindliche Erlebnisse unser späteres Sexualverhalten. Unterbewusst assoziiert der Erwachsene ein bestimmtes wieder kehrendes Ereignis, das einen Impuls beinhaltet, mit einem Ereignis aus der Kindheit (meist ursprünglich negativer Art), das darauf hin ein Gefühl im Wurzelchakra erzeugt hat. Die Verbindung zu einer sexuellen Vorliebe wurde geknüpft. Später wird der frühkindliche Impuls, der mit einem bestimmten Bild oder einer Emotion konform geht, bei einer ähnlichen Situation zum Auslöser für ein "Lustgefühl". Da gerade dieses Chakra zur Ableitung von negativen Energien zuständig ist, ist das sexuelle Lustempfinden, das unabhängig von einer Liebeserfahrung zu sehen ist, fast immer mit Scham oder Strafe verbunden. In den meisten Fällen natürlich unwissentlich. Wir körperlich auch immer der gesamte sexuelle Akt zu sein scheint - Sex ist ein psychischer Vorgang. Erregung ist kopfgesteuert, die Psyche wiederum ein Produkt des Egos. Wo zwei Egos zusammentreffen, prallen sie aufeinander, was sich auf sexueller Ebene auswirkt. Verborgene Gefühle werden hier verkörperlicht, steuern das Spiel. Jede extreme Energieform hat unzählige Nuancen und Oktaven - vom Schmerz zur Lust. Unser Intellekt wandelt sie zur jeweiligen Verkörperung. So hat jeder seine Nuance und in einem geringen oder hohen Ausmaß Heilung in seinem Sexualchakra nötig. Wer dies vordergründig auf dem Weg der häufigen körperlichen Erfahrung sucht, wird sehr langsam ans Ziel kommen. Die Gefahr dabei ist Abstumpfung und die Schaffung neuer Probleme, die Mutationen der ursprünglichen sind.

Die Lösung kann nur einzig und allein Liebe sein. Gelebte sexuelle Liebe oder eine ganzheitliche Heilung auf allen Ebenen, die den primären Auslöser in seinem Kern löst.

Ein weiteres latentes Problem, das uns im Zellgedächtnis haftet, sind die Rollen von Mann und Frau, die auf sexueller Basis in einem Machtverhältnis ausgelebt werden, das nur durch die reine Liebe aufzuheben ist. Seit jeher ist der Mann Jäger und Bezwinger der Frau, was sich bei ihm generell in Versagens-Ängsten ausdrückt und die Frau die Unterdrückte und Unterworfene, die diesen Teil des Problems mit sich umher schleppt. Immer noch kennen wir die "Missionarsstellung", die klar ver-*sinn-bild*-licht, dass der Mann über die Frau kommt und sie "missioniert". Seit jeher hatten Missionare den Auftrag der Bezwingung. Wiederum hat jedoch die Frau die geheime sexuelle Macht über den Mann, denn nur in diesen Bereich des Lebens hat sie in allen Zeiten, die vor ihrer Emanzipierung lagen, die Macht der Verweigerung, die immer mit einem "Liebesentzug" auf allen Ebenen gleichgesetzt wurde, genutzt. Auf diesem Wege wurde stets ein Ausgleich der aufeinander prallenden bipolaren Kräfte, die in ihrer Urkraft wenig mit Liebe zu tun haben, geschaffen, der jedoch mit Sicherheit die Machtspiele auf eine neue Ebene hob. "Sadomasochismus" ist also etwas, das uns alle betrifft, etwas, das in unserem System durch das Ur-Prinzip seit der Trennung der Geschlechter vor-*programm*-iert ist. Hier geht es um den Grad des Empfindens und um den Grad, in dem es resultierend aus der Empfindung ausgelebt wird. Dominanz und Unterwerfung - Forderung und Hingabe - sind immer die Themen in der Sexualität und im Leben ist es stets Thema, ob wir uns unterzwungen oder Ton angebend fühlen, was sich wiederum auf unser sexuelles *Er-Leben* auswirkt. Im Großen und Ganzen reduziert sich alles auf Geben und Nehmen, auf das Spiel der karmischen Gesetze und den Ausgleich der Kräfte - so lange, bis wir zumindest innerlich wieder zu androgynen Wesenheiten geworden sind.

Prinzipiell ist der Mann der gebende - ejakulierende - und die Frau der empfangende - injakulierende - Part. In der Wechselbeziehung zehrt der Mann noch lange von der Frau, deren Energie er durch die feinstoffliche Verankerung der Samenzellen - die auch trotz der verschiedenen Arten von Verhütungsmitteln stattfindet - saugt, wodurch die Rollen vertauscht sind. Alles gleicht sich immer aus. Mann und Frau generieren in diesen Funktionen aus verschiedenen Chakren. Die Frauen durch den Gebärmutter-Bereich im Milz- oder Nabelchakra, der Mann im ersten Chakra. Ejakulation findet im untersten, Injakulation im oberen Chakra statt. Das ist bei Mann und Frau gleich. Beide müssen lernen, den Ausgleich in den Rollen zu finden und ihre (sexuellen) Energien zu regulieren. Wir lechzen nach Ejakulation, um sämtlichen Ballast los zu werden anstatt zu injakulieren, wozu Sexualität eigentlich dient. Die Ejakulation gilt dem Geben des Partners, doch damit sind nicht Stress und negative Energien, sondern Liebe gemeint. Den meisten Menschen geht es beim sexuellen Akt vor allem um den eigenen Lustgewinn und die Ejakulation der aufgestauten Energien. Dadurch wird viel von der eigenen Lebensenergie ejakuliert und der Gewinn ist am Ende nur spärlich. Die Folge davon ist, dass immer mehr sexuelles Verlangen aufkommt, das nach Erfüllung trachtet. Wer ständig ejakuliert und alles auf ein Chakra reduziert, fühlt sich leer, sucht nach neuem Input und wird süchtig nach Sex.

Sexualität ist der Spielplatz der unerfüllten Träume. Alles, was für uns erotisch und anziehend ist, wird vom Gehirn erzeugt. Das Seltene, Fremde, Exotische übt Faszination und Reiz auf uns aus, wobei es sich vor allem um optische Reize handelt, die von den inneren Sinnen mit einem emotionalen Impuls versehen weiter geleitet werden. Dabei geht es ganz klar um jene Aspekte im anderen, die uns selbst fehlen oder die wir noch nicht ausgeglichen haben. Alles, was auf uns sexuell stimulierend wirkt, ist ganz eindeutig etwas, das wir als von uns getrennt *wahr-nehmen*. In einem Land, das beispielsweise seit Jahrzehnten von der Hungersnot geplagt wird, ist es nicht außergewöhnlich, dass rundliche Formen zum kollektiven Lustobjekt erhoben werden oder umgekehrt in einer Gesellschaft des Überflusses überschlanke Staturen als Ideal angesehen werden. Der Einzelne entscheidet aufgrund seiner individuellen Prägung, die zur Neigung wird, auf welche Reize er anspricht. Durch wiederholten Geschlechtsverkehr werden diese Aspekte nach und nach aufgenommen, gehen ins eigene Energiefeld über, wodurch langsam auch die Lust an der Sexualität in festen Beziehungen abebbt. Das liegt nicht nur an der Gewohnheit und Selbstverständlichkeit des Geschlechtsakts, sondern an der Einheit, die allmählich von den Partnern gebildet wird, welche sich im Sinne der Werterfüllung auf dem Weg der Vollendung innerhalb einer möglichen Richtung befinden, wodurch das Streben der Beteiligten wieder in eine neue Richtung, die mit derselben Person nicht mehr erfüllbar scheint, gerichtet wird.

Sexuelles *Er-Leben* ist Kommunikation in ihrer reinsten und ihrer ehrlichsten Form. Vielleicht kann der Körper noch schauspielern, doch das, was er gibt und nimmt, nicht. Am Ende bleibt als Resultat der energetische Level, der unsere Gefühle ausmacht und der Körper reagiert, wenn die Gleichung nicht stimmt. Wir sehen nur, wovon wir in einer sexuellen Ver-*bindung* profitieren können und schaffen daher einen Rahmen, die Be-*zieh*-ung, um uns in Abhängigkeit zu begeben und alles läuft völlig verkehrt. Hier geht es nicht um Liebe und das sexuelle *Er-Leben* als ihr Resultat, hier geht es um Be-*zieh*-ungen, die wie die meisten innerhalb eines Rahmens einen bestimmten Zweck verfolgen. Wo wir am verletzlichsten sind, verpflichten wir uns auch emotional und wo Regeln nicht mehr wirken, wirkt die Angst, enttäuscht zu werden, immer noch: Die Angst, zu versagen, die Angst, in seiner Verletzlichkeit nicht anerkannt und geliebt zu werden. Der Erwartungsdruck wird wiederum auf sexueller Basis zum gelebten Problem und Selbstwertstörungen die Folge davon. Sexueller Ausdruck ist ebenso erlernbar wie ein Instrument zu spielen. Doch ohne die dazu gehörige Liebe ertönt die Melodie im Kopf nicht. Zwang und Drang regieren weiterhin latent oder offensichtlich in unseren Betten.

Noch nie zuvor gab es so viele Frauen, die an Brust- und Gebärmutterhalskrebs erkranken und Männer, die mit den physischen Auswirkungen ihrer Versagens-Ängste konfrontiert sind. Alle Prinzipien der Sexualität definieren sich durch den eigenen Selbstwert und das Empfinden der eigenen (Geschlechtsrollen-) Identität, die sich auf allen Ebenen des Seins abzeichnen, deren Probleme, die dort dadurch erzeugt wurden, sich wiederum auf das Sexualverhalten auswirken.

Dass gefährliche, unheilbare Krankheiten gerade durch Geschlechtsverkehr übertragen werden können, ist keine "Strafe Gottes" ob des "sündigen Treibens", sondern die Quintessenz des Problems, dass sich alles, was Krankheit verursacht, im sexuellen Bereich konzentriert und widerspiegelt. Dort, wo neues Blut (Leben) erschaffen werden kann, geht ein bestimmtes Problem ins Blut über um sich von dort aus in jenen Chakren aus zu drücken (Zellmutation), wo das Problem primär bestand. Im Wesentlichen ist keine Krankheit unheilbar, wenn auch die von der Schulmedizin anerkannten Methoden bislang keinen Erfolg brachten. So lange die Schwingung der Grundprobleme im Körper bestehen bleiben, wird auch die Krankheit nicht davon los gelassen werden können; so lange diese Resonanz erhält, ist ihr ein geeigneter Nistboden gegeben. Die Lösung wäre hier eine grundlegende Veränderung der Schwingungsmuster, der Frequenzfarbe, deren Anlassgeber nur eine psychische Heilung des seit langem bestehenden Problems sein kann, das *wahr-schein*-lich in der Erkrankung oder in vergangenen Inkarnationen seinen Auslöser erhalten hatte. Das Grundmuster für sexuelle Probleme haben wir einerseits in unserer DNA durch die Last, die den Geschlechtsrollen auferlegt werden, gespeichert. Andererseits schleppen sich Stauungen im sexuellen Bereich oft durch zahlreiche Inkarnationen hindurch, da in keinem Zeitalter angemessen mit dem Thema Sexualität umgegangen wurde. Auch wir beginnen erst heute offen darüber zu sprechen und haben dennoch noch lange nicht alle Altlasten heilsam behandelt. Sexuelle Probleme, die ihren Ursprung stets in einem anderen Bereich haben und durch die Geschlechtlichkeit Resonanz erhalten, sind immer der Spiegel der Gesellschaft, in der sie entstehen. Seien es nun die Epoche, die Religion oder die jeweilige

Kultur mit ihren Wert- und Moralvorstellungen, die den Rahmen dafür bieten.

Starre Regeln, Gebote und Verbote können das Problem, das vor allem auf der sexuellen Ebene sichtbar wird, nicht lösen. Das Problem existiert ausschließlich in uns.

Jede Vorschrift verhindert die Aufarbeitung. Der Hauptgrund, warum alle diese Gebote in erster Linie bei Moralisten existieren, ist nicht, wie fälschlicherweise angenommen, der gerne als Vorwand dienende Umstand, dass durch den Geschlechtsakt eine Schwangerschaft entstehen könnte, sondern der Umstand, dass mit Sexualität Lustgefühle verbunden sind. Wäre das Ganze ein steriler Vorgang, der zwar Schwangerschaften entstehen ließe, ansonsten aber keine damit verbundenen Gefühle hervorriefe, würde längst nicht so viel Aufsehen darum gemacht werden. Erst das Vorhandensein von Lustgefühlen ruft Entartungen verschiedener Stufen hervor, die Anlass zum Anprangern des Sexualverhaltens geben. Gefühle machen verletzlich. Lustgefühle rufen Scham hervor. Der Moralist sieht sich mit seiner eigenen Scham konfrontiert, die er durch vorgetäuschte Asexualität leugnet oder durch engstirnige Gebote unter Kontrolle bringen möchte. Wer sich zur sexuellen Enthaltsamkeit zwingen muss, wird seine Dissonanzen verstärken. Hier geht es ganz klar nicht um jene Personen, die enthaltsam leben, weil ihr Geschlechtstrieb (phasenweise) nicht sehr stark ausgeprägt ist, sondern eindeutig um ein Verhalten, das den Zwang und damit den Drang auf allen Ebenen verstärkt und in ein psycho-energetisches Krankheitsbild mündet. Sämtliche Probleme der menschlichen Existenz konzentrieren sich im sexuellen Bereich. Die angeprangerte „Abartigkeit" der Lust ist infolge dessen die Abartigkeit der menschlichen psychischen Abgründe, die man nicht ausgelebt sehen möchte, weil sie unweigerlich mit der eigenen Abartigkeit assoziiert werden. Diese Wahrheit steckt in jedem, der sie erkennt oder anerkennt und mit Scham reflektiert oder mit äquivalenten Ambitionen kompensiert und darauf drängt, sie auszuleben. Was uns erregt, ist mit Scham verbunden und Erregung an sich ist wieder mit Scham verbunden, weil sie ein unkontrollierbares Ereignis ist. Ansonsten haben wir alles stets unter Kontrolle. Aber genau da, wo wir am empfindsamsten, also verletzlichsten sind, entgleitet uns die Kontrolle. Um uns fallen zu lassen, müssen wir sie abgeben. Da es hier um offensichtliche Gefühle geht, schämen wir uns als Draufgabe auch noch, sie zu zeigen. Wo Scham ist, wird Schmutz propagiert. Scham und Schmutz steigern wiederum die Erregung. Das Programm erhält sich selbst.

Das Gegenteil von angeprangerter oder verleugneter Sexualität ist ihre exzessiv ausgelebte Form. Ihre Verkörperung liegt am anderen Ende der Skala, ihre Begründung jedoch findet sich auf derselben Linie. Immer wieder wird dem aufmerksamen Beobachter klar, dass Menschen, die exzessiv mit ihrer Sexualität umgehen, nicht weniger Scham empfinden als jene, die sich zu asexuellen Moralaposteln erheben. Beide Gruppen können trotz der anschaulichen und plakativen Art und Weise, mit der sie mit dem Thema umgehen, nicht vollkommen offen darüber sprechen. Ihre Scham ob ihrer unkontrollierbaren Erregung hindert sie daran. Beide bedürfen der Heilung von fremdprojizierter sexueller Prägung und frühkindlichen Ereignissen und der Aussöhnung mit ihrer Geschlechtsrollenidentität.

Bestimmte sexuelle Praktiken und Formen der geschlechtlichen Liebe werden so lange vom gesellschaftlichen Kollektiv als abartig und die Betreffenden als Perverse bezeichnet werden, so lange diese Dinge im stillen Kämmerchen verborgen bleiben und schamhaft in einen Bereich der Tabus verdr-*ängt (-engt)* werden. Auf der anderen Seite werden für diese Zielgruppe von der Porno-Industrie die einschlägigen Angebote in einer Art und Weise in der Öffentlichkeit dargestellt, die die Scham der Betreffenden und die Abscheu der restlichen Gesellschaft zumindest nach außen hin schürt. Wer offen mit seinen Neigungen umgeht und selbst bei gefährdendem Verhalten - sich selbst, vor allem aber anderen gegenüber - keine Angst haben muss, Hilfe anzunehmen, dem wird auch die Bevölkerung offener gegenüber treten. Dadurch könnte eine Straftat vermieden und so genannten „Trieb-Tätern" vor dem zwanghaften Ausleben eines Dranges geholfen werden. Alles ist eine Sache der Resonanz, die von der jeweiligen Präsentation abhängt. In unserer Zeit sind wir an reißerische Verkaufsangebote gewöhnt, geht es nun um Produkte, Schlagzeilen oder Tatsachen. Allzu leicht fällt es uns, den Finger auf andere zu richten, um vom eigenen Innenleben abzulenken. Weil Sexualität immer schon mit Anrüchigkeit assoziiert wurde, war die gestörte Beziehung zum eigenen Körper von Anfang an Programm.

Da wir daher alle der Heilung bedürfen, sollte auch mehr Verständnis für jene geschaffen werden, die mit ihrem Verhalten vom Kollektiv kriminalisiert werden. Hier geht es ganz klar nicht um die Förderung von Verhalten, an dem nicht alle Beteiligten freiwillig mitwirken, sondern um mehr Verständnis für die Muster, die Dränge und Zwänge verursachen und um mehr Verständnis für die Betroffenen, um ihnen den Ausweg aus ihrer Situation zu erleichtern anstatt sie immer weiter in ihr einwegiges Handeln zu treiben.

Solange sexuelle Entartungen tabuisiert werden, wird auch der Reiz daran geschürt, aber vor allem die Verzweiflung bei Opfern und Tätern durch die kollektive Ignoranz oder Verurteilung.

Wer versteht, warum diese Dinge geschehen, wird Heilung erleichtern, und das gilt für die Betroffenen genauso wie für jene, die sie verdammen. Wir sehen immer nur die Spitze des Eisberges und gieren nach Abartigkeiten, ohne zu verstehen, dass sie nur die letzte Verkörperung einer Linie sind, die wir alle in uns tragen. Es geht lediglich um die Form des Ausdrucks, der bei einigen kaum vorhanden ist und bei letzteren in ihrer mutierten Form nach außen projiziert wird. Niemand ist aus purer Lust "Triebtäter" oder Anhänger tabuisierter sexueller Praktiken. Wir alle unterliegen der frühkindlichen Prägung und projizieren auf unser Sexualverhalten, was wir erlebt haben - in welcher Form auch immer. Davon unabhängig ist bereits in unserem karmischen Code eine Tendenz vorgegeben, die eine bestimmte Lernerfahrung durch aus menschlicher Sicht positive wie negative Neigungen ermöglichen soll. Die karmische Erfahrung verdammt nicht nach irdischer Moral - sie ist die Quintessenz des Wissens, das wir durch Erfahren erlangen durften.

In unserer *schein-bar* aufgeschlossenen Gesellschaft wird sogar Homosexualität noch immer diskriminiert. Auch hier ist es wichtig, wie die Betreffenden damit umgehen, was wiederum von deren Selbstwertempfinden abhängig ist. Wer in einer Selbstverständlichkeit seine Art zu lieben lebt, wird weit weniger Anstoß erregen, als jemand, der seine Neigung entweder verheimlicht (womit ein großer innerer Zwiespalt einhergeht) oder jemand, der sie in einer provokanten Art und Weise demonstriert. Wer selbst nichts Anstoß Erregendes an seiner Sexualität sieht, und das unabhängig von der Gesellschaft, in der er lebt, wird das auch ausstrahlen und entsprechende Resonanz erhalten. Er kann durch sein Beispiel dazu beitragen, die Gesellschaft zu verändern. Homosexualität ist ein Thema, um das sich die Mythen rankten. Abgesehen von den vielen negativen und homophoben Assoziationen wird seit langer Zeit versucht, sie zu erklären. Weder ist sie medizinisch und psychotherapeutisch behandelbar noch ist sie eine Krankheit. Das letzte Rätsel stellt immer noch die Frage um ihren Ursprung dar. Ist sie vererbbar? Oder ist die Beziehung zur Mutter daran schuld? Oder gab es ein traumatisches Erlebnis, das der Auslöser dafür gewesen sein könnte? Die Antwort ist vielleicht für viele schockierend. Denn Homosexualität bzw. Bisexualität ist etwas, das uns alle betrifft. Der ursprüngliche Mensch war androgyn und er kannte nur Liebe, in der nicht nach Geschlechtern unterschieden wurde. Zwar gab es die Sexualität in unserem herkömmlichen Sinne noch nicht, da Fortpflanzung nicht durch die Vereinigung von Körpern stattfand, doch die Anlage ist in uns allen vorhanden. Wir alle sehnen uns nach dem Ausgleich der Kräfte, der Prinzipien und worauf wir ausgerichtet sind, kann sich im Laufe des Lebens einige Male ändern. Homosexuelle behaupten oft, sie wären es schon immer gewesen, doch erst nach 30 Ehejahren oder länger hätten sie den Auslöser erlebt, der ihnen das bewusst werden ließ. Wahrscheinlich wünschen sich das die meisten, die endlich zu ihrer angemessenen Form der Sexualität gefunden haben, doch die Wahrheit dahinter ist nicht so einfach. Je nachdem, welcher Teil unserer Persönlichkeit dominiert, der männliche oder der weibliche, suchen wir unseren Gegenpart in einem männlichen oder weiblichen Wesen. Das kann eine Frau mit überwiegend männlichen Anteilen genauso wie ein Mann mit überwiegend weiblichen Anteilen sein und das unabhängig von unserem physischen Geschlecht. Da mit dem Ausgleich, der in jeder Ver-*bind*-ung geschaffen wird, wieder ein anderer Teil in uns die Vorherrschaft erlangt, kann sich auch diese Ausrichtung wieder ändern. Das heißt, dass die Ehe mit einer Frau, die der Homosexuelle lange Zeit geführt hat, mit Sicherheit auch ihren Beitrag dazu geleistet hat, den Anteil der eigenen Geschlechtsrollenidentität in eine Richtung zu formen, die später nach einem anderen Ausgleich strebte. Niemand bleibt lange Jahre in einer Be-*zieh*-ung, ohne in irgend einer Form davon zu profitieren. Wir spielen so lange das Spiel mit der Verschiedenheit der Geschlechter, bis wir in unsere individuelle Balance gefunden haben und uns als sexuelles Wesen empfinden, das abseits von Geschlechtsrollenidentität und der eines Partners Sinnlichkeit er-*leben* möchte, die unabhängig von einem Geschlechtsakt stattfinden kann. Diese Tendenz entspricht wiederum unserem jeweiligen Lebensstatus. Die Anlage zur Bisexualität besitzt also jeder Mensch. In seinem karmischen Code ist vorgegeben, ob eine homosexuelle Erfahrung für die jeweilige Inkarnation erwünscht ist, um z. B. die Homophobie eines früheren Lebens zu heilen. Des Weiteren spielen auch hier frühkindliche Prägungen und Erlebnisse im Positiven wie im Negativen eine Rolle und der jeweilige Lebensabschnitt, in dem sich eine Neigung ändern kann. Homosexualität ist also keine Erkrankung, sondern eine Erfahrung, die in unserem natürlichen Möglichkeitsbereich liegt und die jeder in irgend einer Variation irgendwann auszuleben hat.

Wir alle sind im Laufe unserer Inkarnationen viele Male Mann und Frau gewesen und wohnen dennoch stets derselben Seele inne. Genauso lieben wir bestimmte Seelen, die uns in männlichen und weiblichen Verkörperungen begegnen - und das ungeachtet unserer jeweiligen geschlechtlichen Identität. Wir alle sind Seelen mit beiden Anteilen und es ist nebensächlich, ob wir nach außen hin nun hetero- oder homosexuell auftreten, denn es ist nicht außergewöhnlich, dass in einer nach außen hin heterosexuellen Partnerschaft die beiden Personen von ihren geschlechtlichen Anteilen her "gleichgeschlechtlicher" sind als ein körperlich homosexuelles Paar. Sehr oft variieren unsere geschlechtliche Identität und unsere Rolle, in die wir verkörpert sind, doch meist fügen wir uns dem *schein-bar* nicht zu Änderndem, woraus sich oft eine lebenslängliche Diskrepanz ergibt, die sich auf allen Ebenen und nicht zuletzt auf unsere Sexualität auswirkt.

Den meisten Menschen ist nicht bewusst, wie sie sich in ihrem gefühlten Geschlecht definieren würden, weil sie mit einer Selbstverständlichkeit ihre physisch zugeteilte Geschlechtsrollenidentität annehmen, wobei die Dissonanz unterbewusst bestehen bleibt. Auch diese ändert sich mit den Lernerfahrungen und den Anteilen, die sich auf Seelenebene ausgleichen. Wir unterschätzen die Macht der uns anerzogenen Geschlechterrollen, die heutzutage endlich in eine neutralere Erziehung zu münden beginnen. Durch diese Projektionen wird selten das innewohnende Gefühl hinterfragt und mit der **gelebten Rolle** verglichen, weil wir meinen, das zu sein, wozu wir fremdprojiziert wurden. Wir denken, da wir einem bestimmten Geschlecht angehören, würde es sich auch so anfühlen, in dieser Rolle zu stecken. Doch unsere Seelen sind formbar und können sich je nach Ausrichtung in viele Formen *ein-leben* oder -fügen. Wissen wir, unabhängig von unserer uns durch den Körper auferlegten Rolle eigentlich, wie es sich *wahr-lich* anfühlt, Mann oder Frau zu sein? Wie fühlt sich ein Kind? Es ist bis zu seiner Pubertät an sich ein androgynes Wesen, in seinem Empfinden jedoch in eine bestimmte Richtung fremdbeeinflusst. Würde das grundlegend anders praktiziert werden, gäbe es auch im Kampf zwischen den Geschlechtern nicht so viele Probleme und das Einfühlungsvermögen in das jeweils andere Geschlecht würde viele Grenzen aufheben, an denen wir bisher aneinander prallten. Wir würden uns ungeachtet unserer physischen Identität als Seelen mit verschiedenen Anteilen empfinden und andere nicht aufgrund deren geschlechtlicher Ausdrucksform diskriminieren oder kategorisieren. Man verstünde sich auf Seelenebene und würde die gesamte Person nicht nach ihren körperlichen Merkmalen oder ihrer sexuellen Orientierung beurteilen.

Gerade durch die Nährung der männlichen von der weiblichen Energie schaffen sexuelle Be-*zieh*-ungen Kontrolle und Abhängigkeit. Das ist unumgänglich. Natürlich lässt sich die Kompliziertheit sexueller Verhältnisse nicht auf den energetischen Austausch von Mann und Frau reduzieren, weil das Geschlecht dabei an sich keine Rolle spielt. Egal, ob es sich nun um hetero- oder homosexuelle Be-*zieh*-ungen handelt, der wesentliche Kern der Sache ist immer der Ausgleich von männlichen und weiblichen Prinzipien.

Die Schwierigkeiten der heutigen Zeit liegen (noch) in den letzten Kämpfen der jahrtausendelangen Unterdrückung der Frau, in den Forderungen der leistungsorientierten Gesellschaft und der Überrepräsentation des gesamten Themas der Sexualität. Auf der einen Seite schreit immer noch die Frauenbewegung Jahrzehnte nach der sexuellen Befreiung ob der sexuellen Ausbeutung der Frau und auf der anderen Seite möchte die moderne Frau trotz aller Emanzipation mit allen Sinnen in ihrer Sexualität ohne Diskriminierung *wahr-genommen* werden. Jugendliche der modernen Zeit haben ihre Schwierigkeiten, in ihre Rollen zu finden und mit einem Thema, das gerade in der Pubertät Orientierungslosigkeit schafft, in einer Art und Weise umzugehen, die Einfühlungsvermögen erfordert. Auf der einen Seite fühlen sie einen Druck durch das Bombardement von pornografischen Darstellungen, der in einer Zeit, in der der junge Mensch seine Lebensperspektive noch nicht gefunden hat, Relevanz erhält, weil die mangelnde Erfahrung falsche Vorstellungen von Sexualität aufkommen lässt und auf der anderen Seite sollen Jugendliche umschalten, wenn sie eine kulturelle Veranstaltung besuchen (das ist Kultur, da denken wir nicht sexuell!), wo es gang und gäbe geworden ist, nackt auf der Bühne zu stehen und wo mitunter die Grenzen zur Pornografie verschwimmen. Durch das Aufflammen von spirituellen Werten und deren Übergang ins kollektive Bewusstsein werden im Gegenzug dazu auch ein letztes Mal die rein körperbezogenen Aktivitäten und Verhaltensweisen in einem Übermaß angeboten, ein Umstand, der wiederum die Moralapostel aktiviert, die ebenso jenseits vom ethischen Bewusstsein angesiedelt sind wie jene, die sie verdammen. Mit einem gesunden Selbst- und Körperbewusstsein lässt sich auch das nötige Einfühlungsvermögen und die Akzeptanz für die Situation und die Verkörperung anderer schaffen, um nicht nur auf sexueller Ebene ein harmonisches Miteinander erreichen zu können, das allmählich die Kluft zwischen den vermeintlichen Geschlechtern und die Waage zwischen den Extremen ins Lot bringen wird, um von einem Zeitalter der Trennung weg und zu einer Zeit der Gemeinsamkeiten hin zu kommen.

Da Sexualität ein unweigerliches Produkt der Liebe - und in erster Linie der Liebe zu sich selbst - ist, ist sie ganz klar mit *Frei-will-*igkeit verbunden. Sie kann nur dann ihre zufrieden stellende Erfüllung finden, wenn aus dem tiefsten Inneren - dem Selbstwert - geschöpft und gegeben wird. Wer gibt, wird im Gegenzug dazu erhalten.

Das Symbol:

Das Symbol steht für die jeweils empfundene sexuelle Rolle und den Ausgleich ihrer Anteile, der keine Definition benötigt und nicht nach einer Entscheidung verlangt. Es verstärkt den bestmöglichen (*wahr-haftigen*!) Ausdruck - der immer auf Akzeptanz stößt, weil er (für) *wahr genommen* wird - der individuellen sexuellen Identifikation.

Es versinnbildlicht die Summe aller psychischen und emotionalen Aspekte, die auf sexueller Ebene sichtbar werden. Daher ist das Zeichen vor allem für die Heilung des Sexualchakras gedacht. Es kann universal angewandt werden und sollte vor allem in problematischen (sexuellen) Be-*zieh*-ungen hilfreich wirken und sollte eine klarere Kommunikation ermöglichen und nicht zuletzt mehr Einfühlungsvermögen in den jeweils anderen und seine Rolle schaffen, wodurch auch die allgemeine Kluft zwischen den (dargestellten) Geschlechtern verringert werden sollte.

Weiters verstärkt die Kraft des Zeichens auch die Libido.

GLÜCK

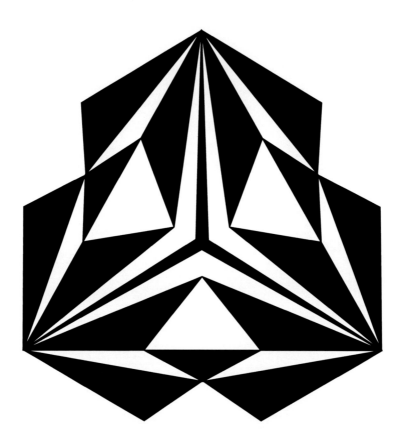

"Jeder hat gerade soviel Glück
oder Unglück
als er Verstand
oder Dummheit besitzt."

Balthasar Gracian

Als "**Glück**" bezeichnen wir meistens etwas, das uns unverhofft trifft; eine spontan eintretende Situation; etwas, das wir nicht er-*wartet* haben.

Das Wort beschreibt ein "zufälliges, überraschendes Zusammentreffen günstiger Umstände; Schicksal; Gemütszustand innerer Befriedigung".

Der Begriff "**Glück**" hatte anfangs "Schicksal, Geschick, Ausgang eines Geschehens oder einer Angelegenheit (sowohl zum Positiven als auch zum Negativen)" bedeutet und entwickelte sich zur Bezeichnung des "wünschenswerten Zustandes innerer Befriedigung und Freude". Im 14. Jahrhundert nimmt "**Glück**" auch die Bedeutung von "Beruf, Lebensunterhalt" an, woraus sich der "**Glückspilz**" im Sinne des Emporkömmlings, der "wie ein Pilz plötzlich aus dem Nichts aufschießt" ergibt. Ein "**Glücksritter**" ist jemand, der sich in seinem Handeln sorglos auf sein Glück verlässt und stammt vom mittelalterlichen "Ritter, der auf **Glück** auszieht", ab. Die Herkunft des erst relativ spät auftretenden Wortes ist nicht geklärt. Verbindungen zu "**glucksen**" (vor Freude) und zur "**Glucke**", die vor **Mutterglück** strotzt, sind nicht ausgeschlossen.

Schon das Wort "**Glück**" strotzt vor Wonne, ist satt, fett, triefend, kurzweilig, flüchtig, kaum greifbar und vergänglich. Das Aussprechen gibt seine Bedeutung wider. Es ist wie ein Tropfen, der in der Sonne glitzernd jäh ins Wasser fällt und sich auflöst. Es ist wie das Geräusch des Tropfens, der auf der Wasseroberfläche auftrifft.

Dennoch ist **Glück** eine **Gelegenheit**, ein **spontan eingetretener Manifestationsmoment** oder ein *Er-Leben* in Reinform.

Die Enttäuschungen können immer nur so groß wie die Er-*wart*-ungen sein. "Glück" ist für uns etwas eher seltenes, "unglücklich sein" kennen wir meistens jedoch gut.

Die Definition von Glück bezieht sich vor allem auf Dinge, die als unerreichbar, als "sehr hoch" eingestuft werden oder aber auf *schein-bar* uner-*wart*-et eingetroffene kleinere Dinge oder auf "vergessene", spontan eingetroffene ältere Sehnsüchte, die erfüllt wurden.

Von dauerhaftem Glück kann nur dann gesprochen werden, wenn ein konstanter Zustand nicht als selbstverständlich angesehen wird und es innerhalb dieses Zustandes erneute Höhepunkte, also "Kicks" gibt, die zumindest durch die Bewusstwerdung des empfundenen Vorteils in der Psyche erzeugt werden, wenn auch nicht immer durch den Umstand selbst.

Die Voraussetzung für Glück ist die Fähigkeit, Freude zu empfinden.

Wir sind süchtig nach dem "Kick", ein Gefühl, dem jegliches materielle Streben gilt. Egal, wie negativ oder destruktiv jemand eingestellt ist, das Streben nach dem eigenen höchsten Wohlbefinden eint alle Lebewesen. Hierin ist die Macht des Lichts über die Dunkelheit erkennbar, auch wenn beide Kräfte im Kontrast zueinander stehen.

Durch unser permanentes Heischen nach Glücksmomenten werden wir alle in die Sucht getrieben. So individuell die Menschen sind, so individuell ist auch ihr Streben nach dem "Kick" und die jeweilige Sucht, die zuerst jene Glücksmomente verspricht, nach deren Abflauen jedoch vor allem das Nicht-Vorhandensein von Glück kompensiert.

Von allem materiellen Reichtum lässt sich nicht mehr als lediglich ein Gefühl mitnehmen. Von allen Dingen verbleibt als Resümee nur eine Emotion.

Absolut nichts lässt sich wirklich festhalten oder besitzen, weil wir es uns nicht "einverleiben" können. Vielleicht ist daher für viele Menschen Essen ein vermeintliches Glück, das jedoch auch nur für kurze Momente er-*leb*-bar ist. Davon bleibt fast unweigerlich ein Gefühl der Reue oder zumindest der Übersättigung zurück, gefolgt von einer Leere, die erneut nach Er-*füll*-ung trachtet.

Derjenige, der ein wertvolles Gemälde sein eigen nennt, kann sich im Endeffekt nicht mehr davon zurück behalten als derjenige, der das Kunstwerk in einem Museum betrachtet.

Vielleicht erzeugt das Bewusstsein, dass einem etwas gehört, ein weiteres Glücksgefühl, das jedoch naturgemäß nur von kurzer Dauer ist - so lange der Zustand noch nicht *wahr*-lich begriffen wurde, er keine Selbstverständlichkeit ist - und automatisch mit einer Sorge oder Belastung - z. B. der des möglichen Verlustes - einher geht.

Menschen, die bewusst mit allen Sinnen (er-) *leben*, sind insgesamt glücklicher.

Sie vermögen mehr von all den Wundern und der Schönheit um sich herum aufzunehmen; wissen die Dinge mehr zu schätzen, weil sie mehr aus ihnen für sich hervor holen können und mehr darin **sehen**. Sie erkennen den gleichen Wert in kleinen wie in großen Dingen - wobei die "Größe" der Dinge wiederum von der individuellen Werte-Skala ab-*hängt*, da immer nur die Emotion - die der Befriedigung - zurück bleibt. Menschen, die mit ihren ganzen Sinnen er-*leben*, haben mehr Möglichkeit zu deren Befriedigung. Sie sind weder auf bestimmte Dinge fixiert noch von bestimmten Dingen ab-*häng*-ig, wodurch sie sich auch nicht für den Rest der Schönheiten, die das Leben zu bieten hat, verschließen. Sie erfahren den Moment anstatt einem Ziel nachzueifern, von dem sie sich Glück versprechen.

Der Ästhet findet überall sein Glück. Glücklich-Sein ist eine Fähigkeit. Es ist die Kunst des Sich-Öffnens für Faktoren oder Umstände, die bereits vorhanden sind. Es ist die Kunst des Er-*Lebens* und *Er-kennens*; die Kunst, jene Zeichen, die die Gelegenheiten, welche es zu erhaschen gilt, um etwas, das uns glücklich machen würde, rechtzeitig ins Leben holen zu können, zu erkennen. Wer seine Sinne verschließt, verschließt sich vor der Möglichkeit, das Glück zu er-*leben*. Er rennt zumeist utopischen Vorstellungen von Glück hinterher, die sich selten ver-*wirk*-lichen werden.

Als Glück können nur Umstände angesehen werden, die für uns nicht selbstverständlich sind. Was wir als selbstverständlich ansehen, ist abhängig von der Verschiedenheit der Erfahrungen, die wir gemacht haben, vom Quantum unserer inneren Kategorien, die die persönliche Werte-Skala bilden. Wer den Mangel kennt, weiß die Fülle zu schätzen, auch jene, die nicht mehr auffällt, weil sie zur täglichen Selbstverständlichkeit geworden ist. Die Anzahl der verschiedenen Dinge, die wir erlebt haben, ist ver-*antwort*-lich für das Maß unseres Einfühlungsvermögens in alle übrigen Dinge. Durch unsere Werte-Skala kann eine Verbindung vom Erlebten zum noch nicht Erlebtem durch imaginäres Nach-*voll-ziehen* hergestellt werden, um das Glück im *schein-bar* Selbstverständlichen er-*messen* zu können; um die Sicht der Dinge - den Fokus - zu verschieben. Was man schätzt und was nicht, ist ein Zustand, den nur die reifere Seele durch Denken erlangen kann.

Das Selbstverständliche ist, was es ist, weil es uns vertraut ist. Was vertraut ist, benötigt keine größere Auf-*merk*-samkeit. Es ist wie das angenehme Gefühl von Kleidung auf der Haut, das wir nicht mehr *wahr-nehmen*, das uns erst bewusst wird, wenn sich etwas an unserer Kleidung unangenehm anfühlt. Glück und Angst liegen gewissermaßen auf derselben Linie. Dinge, die uns Angst machen, erhalten unsere volle Auf-*merk*-samkeit. Glück ist Glück, weil es nicht selbstverständlich ist. Es wird *wahrgenommen*, weil es nicht vertraut ist. Es ist das Gegenteil von Angst, weil es sonst nicht als Glück nach unserer Werte-Skala, die uns sagt, dass etwas mehr wert ist als etwas anderes, eingestuft werden könnte. Glück ist überwundene Angst. Glück ist etwas, das unseren Mut erfordert hat. Dinge, vor denen wir uns eigentlich fürchten, verlangen unseren Mut ab. Glück ist auch etwas, das anstatt des Be-*fürcht*-eten eingetroffen ist, auch wenn das unbewusst geschieht. Auch das Unerwartete, das Monotone, das bereits vertraut ist, ist eine unbewusste Befürchtung, *weil sie kein Glück auslöst*. Glück ist eine Form der Erleichterung und des Danks. Wird das Muster geändert, folgt die allmähliche Zufriedenheit. Glück ist etwas, das erst aus einem bisherigen Zustand entsteht, was impliziert, dass man Mut zu neuen Dingen haben muss, um das Glück, das einem dort begegnet, zu erhaschen. Viele scheuen das Unbekannte und bevorzugen den Alltagstrott, auch wenn sie vom Glück, das anderswo wartet, träumen. Sie wählen das Altbekannte, weil sie wissen, was es ihnen bringt. Selbst das noch so sicher scheinende Glück unter anderen Umständen wird aus Bequemlichkeit abgelehnt. In ausgetretenen Schuhen läuft es sich besser. Manche sind daher sogar aus freier Wahl unglücklich. Sie kennen es gut und haben ihren Zustand gewissermaßen lieben gelernt, sich damit arrangiert. Das Vertraute gibt Sicherheit und sei es nur das "Unglück". Meist gibt auch dieses viel her, weil man sich damit tarnt oder einen bestimmten Zweck - z. B. Auf-*merk*-samkeit zu erzielen - damit verfolgt. "Glück" würde Ver-*antwort*-ung bedeuten. Das Glück vermögen nur jene zu er-*leben*, die damit in Resonanz sind.

Zu bestimmten Zeitpunkten, die vom seelischen Rhythmus abhängen, gibt es Manifestationsperioden, die alte Träume und Sehnsüchte *wirk*-lich werden lassen können, wenn die jeweilige Person die Gelegenheit ergreift. Dass man die große Chance nur einmal erhält, ist ein Mythos. Man erhält sie so oft, wie man sie herbei zu rufen, zu manifestieren vermag. Ob man sie nutzt, ist eine Sache des persönlichen Mutes zur Veränderung. Es gibt immer wieder bestimmte Intervalle von Gelegenheiten, die darauf warten, dass wir mit ihnen in Resonanz treten.

Um diese Gelegenheiten nicht ungenutzt verstreichen zu lassen, muss man die Fähigkeit trainieren, die Zeichen zu erkennen. Die Zeichen sind der persönliche "rote Faden", der den Weg durchs Leben weist. Nicht umsonst wird eine Folge von glücklichen Gelegenheiten als "Glückssträhne" bezeichnet. Um nach dem Erkennen der Zeichen das "Zupacken" zu lernen, benötigt man abgesehen vom Mut zu neuen, meist unbekannten Schritten das gesunde Maß an Selbst-Wert, der maßgebend für die individuelle Werte-Skala ist.

Glück ist auch die Fähigkeit der Autosuggestion. Warum macht mich etwas im Vergleich zu etwas anderem glücklich? Worin liegt der ent-*scheidende* Unterschied? Warum sind wir beispielsweise im Urlaub insgesamt glücklicher bzw. legen jedes Detail auf die Goldwaage, weil wir er-*warten*, dass die Dinge dort unserem Anspruch auf "Urlaubsglück" genügen?

Unsere jeweilige Vorstellung vom Glück variiert mit unseren Lebensphasen, Lernerfahrungen und unserem seelischen Wachstum. Manche Dinge können uns nichts mehr geben, weil wir ihnen entwachsen sind. Sie bedeuten nicht mehr dasselbe wie früher, weil sich unser Reifegrad und damit unser Anspruch erhöht hat, ist Glück eine absolut individuelle Angelegenheit. Je nach unserer geistigen und emotionalen Entwicklungsphase streben wir nach anderen Dingen, die nach unserem Ermessen unser Glück ausmachen. Glück ist daher flüchtig, weil es im Gegensatz zur Zufriedenheit nicht konstant sein kann. Glück ist eine spontane Erscheinung; eine momentane Ausdrucksform; eine manifestierte plötzliche Gelegenheit, die einem Wunsch folgte. Glück ist ein vom jeweiligen Individuum positiv empfundener Resonanzmoment. Glück ist eine zeitweilige Erhöhung von oder Erhebung aus einem bisherigen energetischen - emotionalen, psychischen, physischen oder mentalen - Zustand, weshalb Glück auch stets mit Gesundheit gleich gesetzt wird.

Wie viele Kicks benötigen wir? Dieser Umstand ist wiederum ein Indikator für unsere innere Balance - die Waage, die nach Ausgleich verlangt; die Bilanz, die wir ziehen. Trachten wir nach dem großen Glück oder brauchen wir in bestimmten Abständen mehrere kleinere Kicks, um unser Reservoir aufzufüllen? Oder sind wir gar gerne unglücklich?

Die Reinheit, der Güte-Grad des von uns empfundenen Glücks resultiert einerseits aus unserer Aufnahmebereitschaft, entspricht andererseits aber der Qualität des Auslösers im Sinne seiner Echtheit. Eine Tonbandaufnahme mit Vogelgezwitscher, die wir zur Entspannung hören, wird nicht die Gefühle auslösen können, die wir in der freien Natur empfänden.

Eine ehrlich gemeinte Geste der Zuneigung wird mehr Freude auslösen als der teure Diamantring, der aus Traditions- oder Pflichtbewusstsein geschenkt wurde, wenn damit keine *wirk*-liche Liebe verbunden ist. Auch wenn das oberflächlich anders scheint und der Diamantring etwas ist, das auf der persönlichen Werte-Skala der/des Beschenkten hoch oben steht, so weiß sie/er dennoch intuitiv, dass das Geschenk nicht von Herzen kam und fühlt im Gegenzug dazu, etwas schuldig zu sein, sofern sie/er selbst in erster Linie eine Absicht verfolgt, die wenig mit Herzensbindung zu tun hat und sich auf den Handel einlässt. Der Umstand, dass teurer Schmuck in der Werte-Skala hoch angesiedelt ist, ist eindeutig ein Kompensationsverhalten. Diese Person wird nicht *wahr*-lich glücklich sein können, weil sie nicht in Balance ist. Vom teuren Ring lässt sich nicht mehr mitnehmen als das Bewusstsein, dass es sich dabei im menschlichen Ermessen um etwas sehr Teures handelt und das "Glücksempfinden" beruht auf der Tatsache des Besitzerstolzes, ein Gefühl, dessen Auslöser der Umstand ist, etwas sein eigen nennen zu dürfen, das andere nicht haben, aber gerne hätten. In diesem Fall hat das Glücksempfinden also wenig mit schönen Gefühlen gemein sondern im Gegensatz dazu mit einer Art von Schadenfreude und dem Bewusstsein des Mangels, den man anderen als der Besitzer des Schmuckstückes ver-*sinn-bild*-lichen möchte und dem eigenen Mangel an *ehr*-lichen Gefühlen, der zwar durch edles Gold als Trostpreis kompensiert werden sollte, der jedoch nicht aus edlen Motiven gegeben wurde. Ähnlich verhält es sich mit dem vermeintlichen Glücksgefühl, das eigentlich ein Triumphgefühl ist, wenn man seine Befriedigung im Anhäufen von teuren Gegenständen und solchen findet, wobei man in erster Linie für deren Markenname anstatt für die Qualität bezahlt. Der Wert daraus ist absurd und hat wenig "Glückspotenzial". Bei allen Dingen ist immer nur das verbleibende Gefühl der Faktor, der auf unser energetisches Konto verbucht und in der persönlichen Werte-Skala mit einer positiven oder negativen Assoziation eingeordnet wird.

Glück ist die Fähigkeit, es zu erkennen; es *wert* zu schätzen als das, was es ist: Ein Gefühl.

Die Fähigkeit, Glück zu empfinden, steigt mit der Fähigkeit, im Moment zu sein und damit mit der Fähigkeit, zu empfinden!

Wer stets im Einklang mit dem ist, was er tut, wird eher Glück empfinden als jener, der nach später strebt oder im Ansinnen, von der Tätigkeit abzulenken, abschweift.

Wer in und mit seinem Tun ist, kann es auch *er-leben* und darin Er-*füll*-ung finden. Glück ist die Fülle des Augenblicks. Glück ist die psychische Resonanz auf das *Voll-ziehen* von Tätigkeiten - Glück ist das emotionale Nach-*voll-ziehen* von Dingen, die im Einklang des Geistes mit dem Tun geschehen. Glück ist Erkenntnis.

Glück ist eine Perspektive, die allem innewohnen kann. Glück ist nichts, das zu einem kommt; Glück ist immer da, will aber erkannt werden.

Glück ist, immer Neues im Vertrauten zu finden; Glück ist, das Vertraute nicht als Selbstverständlichkeit zu betrachten.

Glück ist Ansichts- und Einstellungssache; Glück hat verschiedene Ebenen. Glück ist immer nur so flüchtig wie unser Vermögen, eine Perspektive oder Stimmung bei zu behalten.

Glück ist die Fähigkeit, unseren Fokus zu erweitern.

Glück ist Ver-*sinn-bild*-lichung. Glück ist, den Sinn im jeweiligen Bild, das wir uns aus unserer jeweiligen Perspektive von allem machen, zu erkennen. Den Sinn zu erkennen, befriedigt.

Glück ist davon abhängig, womit es verglichen wird, wobei der Glücksfaktor wiederum vom Vergleich abhängt, ob etwas als selbstverständlich empfunden oder angesehen wird.

Glück ist, etwas erreicht; etwas geschaffen zu haben. Glück ist Bestätigung, die unabhängig von anderen geschieht.

Das Symbol:

Bei der Betrachtung des Symbols kann man ein stilisiertes Kleeblatt, eines der gängigen Glücksinsignien, wahrnehmen. Doch dabei geht es weniger um das Glück im Spiel oder ähnliches, das wir so gerne als den Inbegriff des "schnellen Glücks" ansehen, sondern eher um glückliche Fügungen die letztlich bis zum Lottosieg reichen können, wenn das für die jeweilige Seele vorgesehen ist und sie es schafft, sich in Resonanz mit diesem Zustand zu bringen.

Das Zeichen für Glück verhilft dazu, die körpereigene Schwingung Umständen anzupassen, die wir als günstig bezeichnen würden. Es geht darum, die Zeichen zu sehen, den persönlichen roten Faden zu erkennen und die Chancen nicht verstreichen zu lassen, sondern die Gelegenheiten "beim Schopf zu packen".

Das Zeichen für Glück stimmt auf ein Bewusstsein ein, das es uns ermöglicht, das Glück in kleinen wie großen Dingen zu erkennen und sich selbst in eine Relation zu Allem, was ist zu bringen, die eine neue Perspektive auf das bisher Selbstverständliche einnehmen lässt.

Die wiederholte Arbeit mit diesem Symbol sollte uns insgesamt glücklicher machen und uns damit einem Zustand der allgemeinen Zufriedenheit näher bringen.

TRANSFORMATION

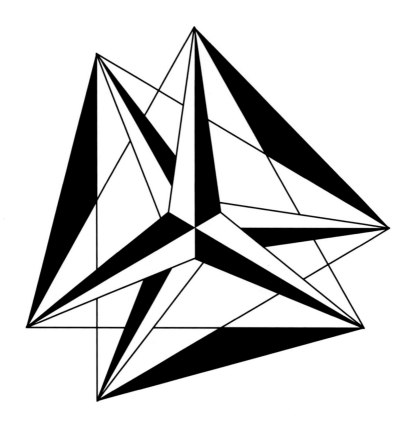

*"Das einzig Beständige
ist die Veränderung."*

Saint Germain

Kontinuität

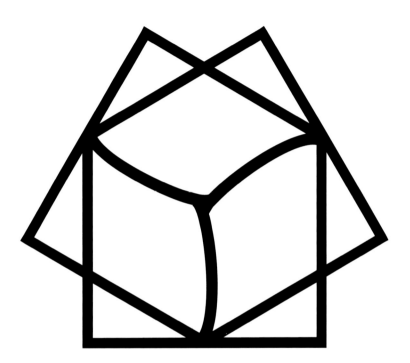

Der Begriff **"Transformation"** steht für "Umwandlung, Umformung, Verwandlung, Veränderung" und wurde in der ersten Hälfte des 16. Jahrhunderts aus dem gleichbedeutenden *"transformatio"* geprägt und ist auch in der Physik und in der Mathematik gebräuchlich. Das Verb **"transformieren"** entlehnt sich aus dem lateinischen *"transformare"*, das seine Abstammung von *"formare"* im Sinne von **"formen, gestalten, bilden"** hat.

Unter **"Kontinuität"** versteht man "Fortdauer, lückenloser Zusammenhang", das sich aus dem gleichbedeutenden lateinischen *"continuitas"* entwickelt hat. Das Adjektiv **"kontinuierlich"** beschreibt also **"zusammenhängend, ununterbrochen, fortdauernd"**, das sich aus dem bis ins 18. Jahrhundert gebräuchlichen "**kontinuieren**" im Sinne von "fortsetzen, fortfahren, dauern" abgeleitet hat, welches sich aus *"continuare"* als "ohne Unterbrechung fortführen, verbinden, fortsetzen" entlehnt, das verwandt mit *"continuus",* welches "zusammenhängen, fortlaufend, aufeinanderfolgend" meint, ist.

Dabei wird die Verbindung zu "**konstant**" ersichtlich, das sich mit "**fest, beständig, beharrlich, gleichbleibend**" definiert und zu Beginn des 18. Jahrhunderts aus dem gleichbedeutenden lateinischen *"constans"* entlehnt wurde. Die "**Konstante**" ist eine "unveränderliche, feststehende Größe" und ein "fester Wert", besonders in der Mathematik, aber auch allgemein, woraus sich der Begriff "**Konstanz**" mit der Bedeutung "Unveränderlichkeit, Beharrlichkeit, Beständigkeit" ableitet, der im 19. Jahrhundert aus dem gleichbedeutenden *"constantia"* entlehnt wurde.

Die Definition von "**Ewigkeit**" lautet "**unendliche Dauer, Unvergänglichkeit**", aber auch "ewiges Leben nach dem Tode" und das Adjektiv "**ewig**" versteht sich als "kein Ende habend, endlos dauernd, unvergänglich", das sich im 8. Jahrhundert aus dem gleichlautenden nur im festländischen Westgermanischen gebräuchliche Begriff entwickelt hatte, der im Substantiv *"aiwi"* "**Ewigkeit**" im Sinne von "Jahrhundert, Zeitalter" meinte und mit dem unter "Ehe" dargestellten Wort sowie dem altenglischen "Leben" identisch ist, woraus sich schließlich die Bedeutungen "Zeit, Lebenszeit" ableiteten.

Das kosmische Gesetz der **Transformation** ist bedingt durch die **dualen Kräfte im Universum** und vollzieht sich Hand in Hand mit dem Gesetz der **Kontinuität**, wodurch der **Wandel**, die **Evolution** und die **Werterfüllung** eine **Konstante** in allem Lebendigen, in Allem, was ist darstellen.

Nur ein Buchstabe macht die **Evolution** zur **Revolution**, deren beider Kern die Umwälzung, **der Wandel des Bestehenden** ist. Seit jeher drängt alles Lebendige zur Revolution ihrer bisherigen Form und seit jeher drängt die Kontinuität der Evolution zur Werterfüllung.

Im Großen wie im Kleinen, in Makro- wie Mikrokosmos bringen Veränderung und Beständigkeit immer wiederkehrende Zyklen hervor, denen alles Lebendige unterworfen ist, die der Ausdruck alles Lebendigen sind. Jeder Bewusstseinsfunke, jede Energiefontäne, jeder Seelensplitter, jede Entität, jede Wesenheit, jede Indivi-*dual*-ität, jede Form, jedes Konstrukt, jeder Ausdruck des Psychischen, Emotionalen und Physischen ist einem Rhythmus unterworfen, wandelt und verändert sich in einem Takt, dem Atem des Einen. Nichts steht jemals still, nichts ist jemals dasselbe wie einen Augenblick zuvor, nichts kann in einem Moment, der vorüber ist, verweilen. Jeder Moment ist gleichsam ewig wie er unfassbar und flüchtig ist. Beides trifft zu, beides existiert parallel, beides geht Hand in Hand. Eines ist der Wandel, das andere ist die Kontinuität. Keines davon hat einen Anfang, keines davon ein Ende.

Der Fluss ist nicht greifbar, weil jede Welle, jeder Tropfen nahtlos in den Rest der Wasser übergeht, ohne klar als Einzelnes definierbar zu sein. Das ist seine Kontinuität. An keiner Stelle ist der Fluss erfassbar, weil er im selben Moment in anderen Wassern, in anderen Bewegungen vorüberfließt. Das ist sein ewiger Wandel. Der Fluss hat keinen Anfang. Irgendwo entsprang er einer Quelle, die sein Bett, nicht aber sein Wasser schuf. Der Fluss hat kein Ende. Er mündet irgendwo ins Meer, doch ohne zu enden. Lediglich seine Ufer scheinen stabil und örtlich eingrenzbar. Doch auch sie sind einem Wandel unterworfen, in jedem Moment werden sie vom Fluss geformt und verschoben, unterliegen der Erosion. Der Fluss selbst steigt vom Meer als Dampf in den Himmel und regnet wieder hinab, um seine Reise zurück ins Meer anzutreten. Das ist sein Zyklus. Irgendwann tritt er über die Ufer oder bahnt sich neue Wege. Das ist seine Revolution, die aus Kontinuität und Evolution hervorgeht, eine neue Richtung im Sinne seiner Werterfüllung, der Aufruf zu neuen Zyklen.

Nur der Gegensatz aller Kräfte kann Bewegung, Wandel hervorrufen. Und nur das Eine, das Seinesgleichen anzieht, kann den Fortbestand sichern, den Zyklus vollenden. Erde und Wind sind die Gegensätze, die den Fluss antreiben, doch nur Wasser, das zu Wasser will, bestimmt den Pfad. Der

Fluss ist den Kräften nicht ausgeliefert, der Fluss fließt nach seinem freien Willen. Er folgt dem Ruf seiner Frequenz, er bewegt sich nach dem Gesetz der Resonanz und fließt mit der Kraft der kosmischen Liebe, die der Ruf ist, dem er folgt.

Kontinuität wie Wandel sind Elemente des All-Einen, Emanationen kosmischer Liebe, der einzigen Macht, die Alles, was ist antreibt, der einzigen Kraft, die Leben hervorbringt und formt. Sie ist Atem gleichsam wie Puls von Transformation und Ewigkeit. Sie schafft die Intervalle, in denen das Sein *ge-lebt* wird. In der Ewigkeit von Wachstum, Streben und Transformation entsteht jeder Moment aus dem davor und ist dennoch immer um ein Quäntchen verschieden, um ein eigener zu sein. Durch die Verbindung jedoch, die im Jetzt besteht, welches eigentlich aber niemals präsent ist, weil seine Schnur und sein Grat immer schmaler werden, kann ein konstantes Ganzes, ein überschaubarer Ablauf entstehen.

Kontinuität entsteht, weil Eines in das Andere übergeht, nahtlos ineinander fließt; ohne Anfang, ohne Ende, ohne als Einzelheit erkennbar zu sein. Wo beginnt dieser Intervall - wo endet er? Sind es nicht unzählige Intervalle, die innerhalb einer *schein-baren* Einheit ihren Anfang und ihr Ende haben? Und befinden sich dennoch parallel zueinander innerhalb des selben Raumes in verschiedenen Ebenen. Ähnlich den Frequenzbereichen, die daher keine räumliche Ordnung haben können. Genau deshalb kann auch Zeit nur ein virtuelles Konstrukt sein. *Schein-bare* Kontinuität kann **Konstrukte** er-*zeug*-en, welche ihre Beständigkeit durch die Illusion der *Wahr-nehm*-ung erhalten.

Zeit ist eine Illusion, die nur in unserer dichten Welt bestehen kann und die aus der *schein-bar* linearen Struktur der Geschichte, die wiederum nur durch die *wahr-genommene* Vergangenheit entsteht, hervorgeht.

Auch wir befinden uns in der Nicht-Zeit, und das mit dem größten Teil unseres Wesens. Doch unsere *Wahr-nehm*-ung wird von unserer Ratio davon abgegrenzt.

Unser so beliebtes Prinzip von Ursache und Wirkung kann nur in unserer festen Welt Form annehmen und ist kein kosmisches Gesetz. Denn wie könnte es in Dimensionen, in denen alle Zeiten neben- und ineinander existieren, Gültigkeit haben? Von der Warte unseres höheren Selbst könnten wir sämtliche Ereignisse aus Vergangenheit und Zukunft überblicken. Vielleicht hilft es dem Verstand, sich alles Geschehen, das jemals war und sein wird, in einer Kugel vorzustellen. Wir können unendlich viele Linien wählen und die Ereignisse nach einander *wahr-nehmen* und dennoch wissen wir, dass alles zeitgleich existiert. Unsere Zeit empfinden wir vor allem durch das Ungleichgewicht in uns. Jemand, der mit sich und seiner Umgebung in vollkommenem Einklang ist, befindet sich in einem ewigen Moment der Harmonie.

Zeitlebens sind wir Gefangene der Vergangenheit. Evolution bedeutet, den ausgetretenen Schuhen zu entwachsen; Wandel bedeutet, das Alte hinter sich zu lassen und Beständigkeit bedeutet, mit der neuen Aufgabe zu wachsen, zu evolieren; allmählich und unbeirrbar zu dem werden, was noch kommt, all Jenes zu empfangen, was weit entfernt schon wartet und tief im Innern keimt.

Die Vergangenheit macht uns zu Sklaven, knechtet und plagt uns im Jetzt, jagt uns mit ihren Schatten, die unsere Zukunft besiegeln.

Wir müssen erkennen, dass Schatten keine Macht mehr auf uns ausüben können. Angst lähmt uns, wir treten mit unseren Lektionen auf der Stelle und unsere Erfahrungen wiederholen sich genauso wie die Erkenntnisse, die wir daraus gewinnen. Wir lernen nicht dazu, solange wir im Früher schwelgen.

Um dem vorgefertigten Kreislauf zu entfliehen, müssen wir sehen, dass Schatten nicht die Untoten sind, die immer wieder in unserem Geiste auferstehen, rumoren und spuken, sondern lediglich Asche, die zerstreut werden kann und Dünger für Neues bietet. Wenn wir aus Altem die richtigen Schlüsse ziehen, kann es ein wertvolles Werkzeug sein. Wer ohne Schmerz und Wehmut an Vergangenes denkt, hat die Schatten durch Weisheit überstrahlt und sie haben keine Macht über Gegenwärtiges. Sie sind lediglich eine ad acta gelegte Erinnerung.

Das Gesetz der Kontinuität bewirkt, dass schrittweise auf den Fundamenten, dem Wissen und der Erkenntnis aus alten gelebten Erfahrungen aufgebaut wird. Jeden Moment sind wir ein Quäntchen reifer als in dem davor und jeder Moment ist ein neues Fundament, auf dem aufgebaut wird. Stetig fließt der Fluss der Erleuchtung. Jedes Er-*leb*-nis, jedes Erfahren, jeder persönliche Wert ist ein Tropfen im Lebensstrom der Seele. Jeder Tropfen geht nahtlos in den nächsten über.

Aus der Asche der Vergangenheit gehen wir immer wieder als Phönix hervor; unsterblich im kontinuierlichen Wandel begehen wir den ewigen Zyklus von Tod und Wiedergeburt. Immer wieder werfen wir die alte Haut ab, wechseln das Gefieder, werden vom Wurm zum Schmetterling.

Das ganze Leben, die Gesamtheit allen Seins, die Essenz von Allem, was ist präsentiert sich als ein schillerndes Panorama von Metamorphosen. Der Tod als Ende einer Phase, eines Zustandes, einer Ver-*körper*-ung, einer Rolle, einer Erfahrung ist der Beginn, das Tor, die Geburt in einen neuen Zyklus, ein verändertes Sein, eine andere Form, ein nie endendes *Er-Leben*. Was ist, kann nicht enden.

Es gilt, die Polaritäten auszugleichen, das Pendel allmählich (endlich!) zum Stillstand, die Waage ins Lot zu bringen, zwischen Denken und Fühlen das Herz zu aktivieren. Altes ist nicht mehr länger gültig, kann in der neuen Frequenz nicht weiter bestehen, kann ihr nicht mehr Stand halten. All die Umwege sind nicht mehr nötig, der direkte Weg wird sichtbar.

Nun glätten sich die Wogen, Abgründe verschließen sich, die versteckten Winkel werden erhellt und das Gesamte in aller Einfachheit komplettiert. Zuvor schufen wir durch das Wandern in allen Facetten der möglichen *Wahr-nehm*-ung, des *Er-Lebens* und Erfahrens Komplexität, um erst am Ende in der Monotonie der Gesamtheit den Schlüssel zu erkennen - den finalen Schluss zu ziehen -, der in der Einfachheit - der Einheit - liegt.

Das mühsame und langwierige Aneinanderfügen der einzelnen und vormals *schein-bar* völlig unidentischen Bausteine speichert allmählich die Quintessenz deren charakteristischen Nachgeschmacks in anderen Nuancen im Zellgedächtnis und recodiert das alte Wissen des Einen, sämtliches

Schauspiel wird nach und nach entlarvt und demaskiert und einst kategorisch Zugeordnetes *ent-wertet.*

Treten wir ohne Vorurteile und frei von Interpretationen unserer persönlichen Werte den neuen Herausforderungen entgegen, vergessen wir unsere Erfahrungen und die daraus resultierenden *Re-Aktionen,* halten wir nicht länger fest an nicht mehr anwendbaren Verhaltens- und Gedankenmustern.

Formatieren wir unsere Gedanken! Produzieren wir unabhängig von sämtlichen Erinnerungen keine neuen gedanklichen Fallstricke!

Fangen wir, wenn nötig, jede Minute neu an. Was wir bisher noch immer nicht erreichen konnten, wird zu gegebener Zeit erreicht werden können. Verweilen wir im Moment, verankern wir unseren Fokus nicht länger im Früher und streben nicht ständig nach später. Bleiben wir im Moment.

Indem wir uns selbst verzeihen und Schmerz, Wut und Scham transformieren, können wir erkennen, dass wir anderen nichts verzeihen müssen, denn wir haben uns die Situationen und die Gefühle erschaffen, die wir anderen anlasten. Wenn wir beschließen, unsere Lektionen zu verstehen, können wir mit offenem Herzen darauf verzichten, uns neue Lektionen zu manifestieren. Das müssen wir uns zutrauen.

Durch Selbstvertrauen besiegen wir unsere Gedanken, die Taten werden und die Taten, die unsere Lektionen schaffen.

Vertrauen wir darauf, dass wir kosmische Liebe verdient haben.

Die Symbole:

Transformation

Wie alles im Universum sind auch wir dem ewigen Wandel unterworfen. Wir befinden uns inmitten des finalen Wandels, im Verpuppungsstadium zum neuen Menschen der 5. Dimension, zum Lichtwesen mit vollständig reaktivierter 12-Strang-DNS.

Das Symbol für Transformation sollte Anpassungsschwierigkeiten beheben und jeglichen Prozess der Transmutation unterstützen und erleichtern.

Kein Ende ist jemals *end-gültig,* immer wieder wird das Alte Neues hervor-

bringen. In diesen Zeiten der raschen und unberechenbaren Transformation, die den gesamten Planeten genau so wie jeden Einzelnen von uns
betrifft, möchte das Zeichen Halt in *schein-bar* unsicheren Umständen
geben, vor allem aber den Moment, in den wir uns mit seiner Hilfe einfin-
den sollten, in einer Art und Weise zu verlängern, welche uns in einer
Selbstverständlichkeit den Wandel mit *voll-ziehen* lässt, die uns die Wirren
nicht spürbar macht. Wir werden erkennen, dass *Er-Leben* nur durch Veränderung möglich ist, die Stabilität jedoch nur in der Balance zu finden ist.

Kontinuität

Das Eine geht aus dem Anderen hervor, jeder Moment ist Anfang und
Ende des folgenden, der Weg ist das Ziel.

Das Zeichen für Kontinuität ist wie ein Mühlrad, das langsam seinem Lauf
folgt, der vom Wind abhängig ist.

Wenn wir uns von kosmischer Liebe durchfluten und leiten lassen, und
stetig einen Schritt nach dem anderen machen, ohne die Dinge zu über-
stürzen, werden wir immer mit Gewissheit einen weiteren gehen können.
Beständigkeit ist Bedachtsamkeit, Besonnenheit - Eigenschaften, die
durch das Symbol unterstützt werden, um unsere Aufgaben mit Bewusstheit zu erfüllen. Transformation und Kontinuität gehen Hand in Hand. Kontinuität ist jene Stabilität, die wir in den Zeiten des fortwährenden Wandels
benötigen, jene Stabilität, die wir empfinden, wenn wir uns in unserer Mitte
und damit in der Mitte aller Ereignisse befinden. In diese Mitte möchte uns
das Symbol leiten.

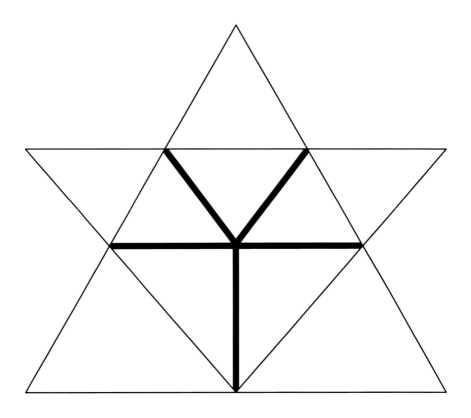

"Es ist ein Strom unter der Erde,
der strömt in uns ein.
Es ist ein Strom unter der Erde,
der sengt das Gebein.
Es kommt ein großes Feuer,
es kommt ein Strom über die Erde.
Wir werden Zeugen sein."

Ingeborg Bachmann

5. Dimension - Aufstieg

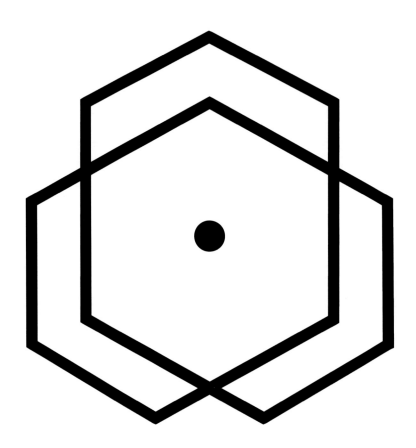

Das Wort "**Dimension**" stammt aus dem Lateinischen und meint "Ausdehnung" oder "Erweiterung". In diesem Sinne steht "**Dimension**" für die "**Expansion**", neben der Bedeutung von "**Ebene, Stufe, Frequenzbereich**" und "**Relation**". Will man etwas "**dimensionieren**", so möchte man etwas "abmessen, das Maß festlegen".

Unsere irdische Realität wird aus **11 Dimensionen** zusammengesetzt, wobei es sich um eine rationale Einteilung handelt. In Wahrheit gibt es unendliche viele Dimensionen, die ohne klare Grenzen ineinander fließen und simultan neben- und in einander existieren. Dennoch kennen wir aus irdischer Sicht **11 verschiedene Frequenzebenen**, von denen wir uns bisher in der **3. Dimension** befunden haben und die Urquelle, die zugleich die **Gesamtheit aller Dimensionen** ist, die 12. Stufe - gleichsam wie die erste - darstellen würde. Wir teilen in 11 Stufen ein, weil die 12. als solche nicht mehr greifbar wäre und die **11 als Schlüsselzahl vieler magischer und energetischer Prinzipien** gilt.

Unsere **physische Ebene** definiert sich erstens durch das **manipulierte Raumfeld**, in dem sich Schöpfung ver-*wirk*-lichen kann, zweitens durch **Energie, die bis in die materielle Verkörperung reicht** und drittens durch die **Zeit**, jene Illusion, die durch Bewegung innerhalb eines gemessenen (materiellen) Raumes statt findet, aus einer in-*volvierten* Perspektive jedoch ein eigenes Element darstellt.

Wir befinden am allerletzten Ende eines Zyklus, der nur durch unser kollektives Mitwirken vollendet werden kann. Mit dem Beginn des Jahres 2012 treten wir mitsamt unserem Planeten in eine parallele Realitätsebene ein, die der 5. Dimension angehört. Die Ausläufer der 3. Dimension sind nun beinahe vollständig aufgelöst, dennoch existieren momentan noch zwei Zeitebenen nebeneinander. So abstrus diese Vorstellung auch sein mag, so ist sie dennoch selbstverständlicher, als dies anfangs erscheinen mag. Wir leben in einer projizierten *Wirk*-lichkeit. Sämtliche materiellen Er-*schein*-ungen - die gesamte physische Ebene - ist nur die allerletzte Ver-*körper*-ung einer energetischen Frequenz. Doch da wir selbst in einem Körper inkarniert sind, sind wir in die ihm entsprechende physische Ebene ebenso in-*volviert*, wie unser Fokus *schein-bar* nicht von der Illusion, dass wir mit unserem Körper verschmolzen wären, zu trennen ist.

Von Geburt an haben wir allmählich gelernt, diese Realitätsebene als "echt" *wahr zu nehmen*, ein Umstand, der vor allem durch die Festigkeit der Stoffe, die unsere Realität ausmachen und die Tatsache, das wir etwas anfassen und daher be-*greifen* können, bedingt wird. Akribisch haben wir alles, was dieses Bild ins Wanken bringen könnte, ausgeblendet; unterstützt durch jene, die schon länger als wir auf diesem Planeten leben und uns von frühesten Jahren an unterrichtet haben, dass es alles, was sie selbst nicht zu sehen bereit waren, auch nicht geben könnte. Zusätzlich hat die Suggestions- und *Über-zeug*-ungskraft des Kollektivs unserer Gesellschaft eine ent-*scheidende* Rolle gespielt. Wir haben unseren gesamten Informationsspeicher manipuliert, um uns in ein Spiel einzufügen, das kein Ende finden wollte. Und plötzlich soll nun wieder alles anders werden. Jetzt kommt es genau auf jene an, die dazu bereit sind, mehr zu sehen als der Rest; jene, die ihre Rollen durchschaut haben und hinter die Schleier des *Schein-baren* zu blicken beginnen. Sie sind die Wegbereiter, die das Kollektiv stützen und durch ihre Beharrlichkeit und Sicherheit in dem, was sie wissen und tun, werden sie dem letzten schlafenden Rest von jenen, die dazu bestimmt sind, in die neuen Ebenen aufzusteigen, beim Aufwachen helfen. Glaubenskonzepte werden durch **Wissen** ersetzt, die starren Strukturen der jahrtausendelangen etablierten Religionen mit all ihren Theorien, Regeln und Geboten, die jeder *wahr*-haft spirituellen Grundlage entbehren, beginnen zu bröckeln.

Immer noch wird es viele geben, die trotz der kollektiven Bewusstwerdung nicht dazu bereit sind, der neuen Strömung beizutreten. Davon müssen nicht alle die physische Ebene verlassen, wie dies in den letzten Jahrzehnten in großem Maße geschah. Diese Seelen werden in der 3. Dimension verbleiben und nach ihrem physischen Ableben auch wieder in einer möglichen Realitätsebene der 3. Dimension inkarnieren, so lange, bis auch sie das Bewusstsein erlangt haben, das es ihnen aufgrund ihrer erhöhten Schwingungsfrequenz ermöglicht, in die irdische Realitätsebene der 5. Dimension aufzusteigen. Die beiden Ebenen sind durch die 4. Dimension, die astrale Ebene, miteinander verbunden. Die 4. Dimension an sich ist keine, die man mit einem physischen Körper besuchen kann. Sie ist die Ebene unserer Verstorbenen und der (noch) nicht inkarnierten Seelen und jener Wesenheiten, die wir dem Elementarreich zuordnen würden, gleichsam wie jener Wesen, die verschiedenen extraterrestrischen Spezies angehören, wenn diese Definition auch nur aus unserer in-*volvierten* Sicht stand halten kann, da in den feinstofflichen Bereichen ein klare räumliche Trennung nicht nach unseren gewohnten Maßstäben möglich ist. Während des Schlafes pflegen wir in die Schichten der astralen Ebene zu reisen. Die 5. Dimension ist aus der Sicht der 3. ebenso wenig physisch wie die 4. Dennoch ist sie keine Dimension des Übergangs für alle Arten von Schwingungsfrequenzträgern, wie es die astrale Ebene ist. Die 5. Dimension benötigt einen Zutritts-Code in Form einer angepassten Frequenz.

Wir haben den ca. 25 Jahre lang dauernden Übergang bereits beinahe vollendet und es sollte bis 2012 keine Schwierigkeiten mehr an der endgültigen Verschmelzung mit der Paralleldimension geben.

Seit dem zum Jahresbeginn 2004 stattfindenden Tsunami, der die Welt erschütterte, hat unsere Mutter Gaia ihre bisherige elliptische Bahn verlassen, um spiralförmig nach oben aufzusteigen. Nach dem Tsunami waren die Schwankungen in der Erdrotation, die von der verschobenen Erdachse herrührten, tagelang deutlich zu spüren. Seither steht auch - je nach Phase - der Mond um ca. 60° geneigt am Himmel - bedingt durch die verschobene Erdachse. Es ist für mich immer wieder amüsant, dass Dinge, die so plakativ vor unseren Augen geschehen, einfach nicht bemerkt werden (wollen). Sieht sich denn wirklich niemand mehr den Mond an? Oder haben alle vergessen, dass uns das so genannte "Mondgesicht" früher gerade angeblickt hat? Nach dem Tsunami waren diese Dinge so markant, dass viele ernsthaft verwundert waren, dass etwas so Offensichtliches mit keinem Wort in den Nachrichten erwähnt wurde. Auch auf das Ozonloch wurde in den 80er Jahren erst einige Zeit nach seiner Entdeckung hingewiesen - man versuchte anfangs gar, es als einen Computerfehler oder als vorübergehendes meteorologisches Phänomen darzustellen. Vieles geschah vermehrt in den letzten 20 Jahren, das irgendwann zur Selbstverständlichkeit wurde. Dem auf-*merk*samen Beobachter waren die Zusammenhänge bald klar und der

Umstand, dass es heute noch so viele gibt, die nicht bemerkt haben, dass sich etwas verändert hat, ist wohl hundertfach absurder als die Tatsache, dass der Mond „schief" am Himmel steht. Für in das Geschehen eingeweihte Personen war es weder verwunderlich noch erschreckend, dass innerhalb bestimmter Zeiträume die Flugzeuge in Scharen vom Himmel zu fallen schienen und dann wieder ganze Flotten von Seefahrzeugen sanken. Das hängt mit der Auflösung der Gesetze der physischen Ebene zusammen - Schwerkraft, Fliehkraft etc. verlieren nach und nach ihre Wirkung. In Zonen, in denen durch die Öffnung kosmischer Tore neue Energiefrequenzen etabliert wurden, wurden dadurch auch physikalische Gesetze außer Kraft gesetzt. Durch die Erhöhung der Schwingung wird die gesamte Materie feinstofflicher, die Dichte der drei-dimensionalen Ebene beginnt „poröser" zu werden, wodurch ihre stofflichen Regeln außer Kraft treten. Bestimmte Ereignisse schienen sich zu wiederholen; Naturkatastrophen, Wetter- und Klimaphänomene traten in einer Vielzahl auf, die die Massen in Panik versetzte. Die Fragen sind nun: Ist die Wahrheit, die hinter diesen Zeichen der Wandlung steckt, *wirk*-lich erschreckender als der Umstand der Phänomene einher gehend mit dem Gefühl der Ahnungs- und Machtlosigkeit? Ist es angenehmer, weiter zu schlafen und sich den Gewalten, deren Existenz man genauso wenig versteht wie die eigene Beteiligung durch die individuelle Manifestationskraft ausgeliefert zu fühlen? Wie lange wird es von einer großen Masse noch vorgezogen, mit vernebeltem Bewusstsein in den Schleiern der Illusion umher zu tappen? Kann die Angst, vor der Wahrheit und vor der eigenen Ver-*antwort*-ung *wahr*-lich größer sein als die Bewusstlosigkeit des kollektiven Spiels?

Bisher verhielt es sich so, dass zwei Menschen verschiedener seelischer Reifegrade neben einander stehen und dennoch völlig verschiedene Realitäten *wahr-nehmen* konnten. Das trifft zwar auf jeden Einzelnen von uns zu jeder Zeit zu, weil jeder seiner individuellen *Wirk*-lichkeit unterliegt, doch erst in den letzten Jahren kristallisierte sich eine neue Existenzebene innerhalb der bisherigen heraus, die simultan zur ersten *wahr-nehm-bar* ist. Das ist möglich, weil jede *Wirk*-lichkeit eine projizierte ist und jeder innerhalb seines körpereigenen Frequenzbereichs *wahr-nimmt*. So können plötzlich zwei Menschen gemeinsam den Mond betrachten, wovon einer in das "verdrehte Mondgesicht" blickt und der andere seinen Mond sieht, wie er ihn schon immer gesehen hat. Es handelt sich dabei *wirk*-lich um zwei verschiedene Monde. Das ist wiederum möglich, weil die verschiedenen Dimensionen ineinander geschichtet sind. Jede Erdkugel hat unzählige Erdkugeln, die sich vom rein energetischen Zustand bis hin zum physischen ineinander geschachtelt gereiht sind. Mit dem Beginn des Jahres 2012 wird eine endgültige Ablösung der Parallelrealität statt finden und aus der 3. Dimension wird der Zugang zur 5. nicht mehr möglich sein, obgleich niemand, der sich in der Ebene der 3. Dimension befindet, an seinem Aufstieg in höhere Seins-Oktaven gehindert wird.

Der Übergang in eine neue Ebene innerhalb der alten und die allmähliche Erhöhung der eigenen Schwingungsfrequenz unterliegen einem Prozess, der in den letzten Jahren beschleunigt wurde. Für all jene, die sich den neuen Energien öffnen konnten, gab es die Chance, ihre emotionalen und psychischen Lasten, die sie lange Zeit mit sich herumschleppten, los zu lassen und alte Muster zu transformieren. Dabei war und ist der Umgang mit seinen belastenden Erinnerungen und Problemen entscheidend, genauso wie der Umgang mit neuen, ähnlichen Situationen, die die Möglichkeit zur Neutralisierung einer alten Blockade bieten. Wie wichtig die Fähigkeit des Nach-*voll-ziehens* von allem, was bewusst erlebt wird, ist, zeigt der Umstand, dass durch das Zurückgehen in einem als abgeschlossen betrachteten Geschehens ein daraus resultierender Zustand innerhalb des an-*scheinend* vergangenen *Er-Lebens* geheilt und neutralisiert werden kann, sodass es möglich ist, heil aus der Erfahrung hervor zu gehen und trotzdem die Ernte im Sinne von Schlüssen zu erhalten, welche gerade durch die Erkenntnis der Heilung einen höheren Wert haben als es jene Schlüsse hätten, die aus dem Zustand eines verletzten Egos hervor gegangen wären. Dabei handelt es sich nicht um einen Akt der Rekapitulation, in dem etwas so lange wiedergekäut wird, bis es an Kraft verliert, sondern um ein Außer-Kraft-Treten des linearen Zeitgefüges und damit des Ursache-Wirkung-Prinzips, weil das Geschehen angehalten wurde, um innerhalb dessen "zurückspulen" zu können. Das ist der Umkehrprozess der Rekapitulation, in dem die Fähigkeit des Nach-*voll-ziehens* die detailgetreue Erinnerung optimiert, um einen manifestierten Film virtuell umkehren und re-manifestieren zu können - durch die Objektivität des zuvor darin In-*volvierten* und die Neutralisierung des emotionalen Impulses, der ursprünglich eine künftige Tendenz aktiviert hatte. Die Rückschau mit dem Rückwärts-Gang innerhalb eines Geschehens, was voraus setzt, dass gleichzeitig zur ex-*volvierten* Position der Bewusstseins-Fokus im retour-nach-*voll-zogenen* Moment ist, löscht automatisch zuvor gewonnene Erkenntnis-Werte, wenn kein erneuter unkontrollierter emotionaler Impuls im entscheidenden Moment entsteht. Die Illusion der simultanen Zeit kann immer außer Wirkung gesetzt werden, wenn es verstanden wird, einen *schein-bar* vergangenen Moment (Wurmloch-Prinzip) re-*passieren* zu lassen, der die bisherige Zukunft, die nach dem ersten Erkenntnis-Impuls des Moments lag, in die Vergangenheit versetzt, wodurch eine Parallel-Ebene entsteht, die außerhalb der persönlichen *Wirk*-lichkeits-Strukturen liegt; obgleich der Ort, der als Ausgangspunkt des bewussten Eingreifens diente, nie verändert wurde und jener Ort es ist, der die ursprüngliche Zukunft des zuvor *er-Lebten* Moments, die Gegenwart des Retour-Gehens und die Zukunft nach dem bewussten Eingreifen darstellt; eventuell sogar der Ort des ursprünglichen Geschehens ist. Das Bewusstsein erschafft die Ebene, das Zeitgefüge und die Umstände, mit welchen es sich konfrontiert sieht.

Dieses Beispiel erhält einerseits Relevanz, weil es zeigt, wie schnell es möglich ist, eine neue Ebene innerhalb einer altbekannten Welt zu erschaffen und sich durch Fokus-Verschiebung ein neues Fenster zu öffnen und andererseits, weil genau das immer dann passiert, wenn durch bewusstes *Er-Leben* Heilung geschieht und Erkenntnis erlangt wird, welche ihrerseits die Schwingung erhöhen und damit automatisch neue Ebenen erschließen. Die neue Zeit ist eine Zeit des Heil-Werdens. Nur diejenigen, die bis zu einem bestimmten Grade Harmonie in ihren Wesensanteilen erlangt haben, vermögen in Resonanz mit den neuen Ebenen zu treten. So können zwei völlig verschiedene Schwingungsträger am selben Ort neben einander stehen und völlig verschiedener Welten ansichtig werden. Jeder kleinste Teil von Allem, was ist, birgt alle Teile, die Alles, was ist, ausmachen, in sich. Größe und Dimension sind Vorstellungen, die nur aus der Betrachtung innerhalb eines linearen Zeitgefüges entstehen können. Größenverhältnisse sind Relationen, die nur innerhalb einer bestimmten Wirkungsspanne ihre Realität behalten können. Aus einer übergeordneten Sicht sind sie ebenso geltungslos wie die lineare Zeitstruktur. Relationen können nur aus in-*volvierter* Perspektive entstehen; die *Wahr-nehm*-ung davon macht sie erst real, wobei die ent-*scheidende* Rolle wieder das Kollektiv spielt, das die *Wahr-nehm*-ung des Einzelnen manipuliert, weil die kollektive Meinung einen Fokus-Rahmen schafft, der die persönliche Sicht durch Projektion (*Über-zeug*-ung) beeinflusst. Daher unterliegen wir dem größten Paradoxon, das aus der linearen in-*volvierten* Sicht entsteht und das kollektiv verschwiegen wird, weil die genauere Betrachtung des Phänomens die starren Strukturen der Realitätsebene, die in Übereinkunft der meisten aufrecht erhalten wird, ins Schwanken brächte und die daraus entstehende Tatsache, dass unsere Welt nicht so ist, wie Rationalisten sie gerne hätten, eine Schockwelle auslösen würde. Das wahre Paradoxon ist dabei jedoch die Tatsache, dass es möglich ist, eine Wahrheit, die sich aus der Diskrepanz zweier neben einander existierender Weltvorstellungen ergibt, kollektiv zu verschweigen. Seit unserer Kindheit überlegen wir uns, ob die Erde nun flach oder rund ist und wie das zusammen gehen kann, dass auf einer Kugel die Menschen in Australien nicht von dieser fallen. Die Vorstellung der irdischen Scheibe des Mittelalters war ebenso real wie unser heutiges **Wissen**, dass die Erde eine Kugel ist. Wir **sehen**, dass sie rund ist, also **ist** es so. Doch wo wir uns auch befinden, **scheint** sie flach zu sein, nicht die geringste Krümmung ist zu sehen, abgesehen von den Unebenheiten der Landschaft. Wir wissen auch, dass eine Kugel, egal wie groß sie auch sein mag, immer Krümmungen aufweist und dass es - vom nördlichen Pol abgesehen - keine Stelle auf ihr gibt, an der man nicht abrutschen würde. Setzt man eine Ameise auf einen überdimensional großen Ball, so wird sie niemals *wirk*-lich gerade darauf krabbeln können, egal wie sehr man die Größenverhältnisse zwischen Ameise und Kugel auch ausdehnt. Wie funktioniert das nun? Wie waren doch gleich die Erklärungen der Wissenschaftler? Unbedeutend, denn es kann sich einfach nicht ausgehen; Gravitation hin oder her und auch sonstige Formeln können die Gleichung nicht lösen. Jegliche Gleichung wird dem praktischen *Er-Leben* angepasst und nicht umgekehrt. Wie war es möglich, etwas so Offensichtliches im kollektiven Spiel untergehen zu lassen und so zu tun, als wäre alles in bester Welt-Ordnung? Die Erklärung für das aus rationaler Sicht (verschwiegene) Paradoxon ist einfach, doch sie kann nicht nach rationalen Maßstäben funktionieren. Jeder Mensch erschafft sich seine eigene Realitätsebene! Es gibt so viele Ebenen wie Menschen, die sich nur an den Rändern - innerhalb des manipulierten Raumfeldes - berühren. Das heißt, es gibt so viele Erdkugeln wie Menschen und so viele Straßen, wie Menschen, die sich auf ihr befinden, auch wenn es sich dabei um die gleiche Straße handelt. Die Illusion, dass wir uns auf einer Kugel befinden, kann aufrecht erhalten werden, weil es uns nicht möglich ist, die ganze Kugel auf einmal zu sehen. Wir können immer nur ein Stück davon - bis zum Horizont - *wahr nehmen*. Sehen wir die gesamte Erdkugel, so können wir das nicht aus unserer in-*volvierten* Sicht. Das ist nur von außen - aus dem All - oder auf Aufnahmen möglich, was impliziert, dass wir selbst uns in einer parallelen Realität befinden. Die Kugel fügt sich aus in-*volvierter* Sicht aus allen Teilen, die die persönliche *Wahr-nehm*-ung ausmacht, zusammen. Stück um Stück, das von jeweils einer anderen Person *wahrgenommen* wird, reiht sich aneinander, kann die ganze Welt umfassen. Doch niemals ist es möglich, gleichzeitig Kugel und Umgebung aus in-*volvierter* Sicht *wahr-zu-nehmen*; niemals ist es möglich, die gesamten Kugelausmaße aus in-*volvierter* Sicht *wahr-zu-nehmen*! Dabei handelt es sich um zwei verschiedene Realitätsebenen! Haben wir nun etwas, das wir als Kinder nicht verstehen konnten, als Erwachsene verstanden oder haben wir das Grübeln, aus Angst, unsere Welt könnte aus den Fugen geraten, vermieden?

Dasselbe Modell können wir uns mit den Mikroorganismen, von denen wir in Unzahlen bevölkert sind, vorstellen. Nichts an uns - es sei denn, wir befinden uns in liegender Position - ist *wirk*-lich flach, zumal wir uns ständig bewegen und daher niemals eine konstante Position einnehmen, die bequemen Raum für Kleinstlebewesen bieten würde. Das ist wiederum nur möglich, weil auch diese ihre ganz eigene Vorstellung von uns haben, die nicht unserer Vorstellung von uns gleicht. Der Umstand, dass wir Mikroorganismen niemals gleichzeitig mit unserem Bild *wahr-nehmen* können, spricht für sich. Nur unter dem Mikroskop ist es möglich, was jedoch ausschließt, dass wir in unserer Gesamtheit dabei zu erkennen sind. Nur jener Teilbereich von uns, der in dieser Form der *Wahr-nehm*-ung nur ein projiziertes Bild ist.

Jede *real*-isierte *Wahr-nehm*-ung bildet eine Dimension für sich, weil sie sich aufgrund der Relation, die sie zu etwas Anderem bildet, heraus prägen kann. Die in-*volvierte* Perspektive gibt ihr Raum und Stabilität, Wirkung und *Wirk*-lichkeit. Der In-*volvierte* befindet sich in Resonanz zu seiner Schöpfung - seiner *wahr-genommenen* Welt. Daher gleicht seine Schwingung immer der Frequenz der von ihm als Realität betrachteten Welt und umgekehrt. Resonanz ist ein Vorgang der Wechselwirkung. Eine erhöhte Schwingung verändert die Welt-(An)Sicht und die gesichtete Welt, die ihrerseits die Schwingung des In-*volvierten* angleicht.

Diese Beispiele sollten die Kraft der Suggestion untermauern und uns vor Augen führen, in welchem Maße uns unsere Vorstellung der *Wirk*-lichkeit diese manifestiert und wie das Gesetz der Schwingungserhöhung und der Zutritt in höhere Ebenen funktioniert. Dabei spielt unsere Vorstellung und *Wahr-nehm*-ung von Größenverhältnissen und Dimensionen eine entscheidende Rolle, weil wir uns selbst dabei in eine Relation zu den Dingen setzen, die Ehr-*furcht* gebietet und religiöse Vorstellungen erzeugt, die ihrerseits die Manipulation der *Wirk*-lichkeit und die Illusion aufrecht erhalten und damit unser Bewusstsein in den Schranken der Ratio behalten.

Die im großen Zusammenhang kleine Spanne unserer bekannten Größen-verhältnisse von den Mikroorganismen bis zu den Weiten des Alls sind zwar bis in die Unendlichkeit in beiden möglichen Richtungen anberaumt, bleiben aber fiktive Werte, weil nur das Er-*leb*-bare Gewicht erhält und dadurch in der kollektiven Vorstellung Realitätswert besitzt. Unsere Grö-ßen-Relations-Skala ist in den Dimensionen von Allem, was ist so klein wie die Bandbreite unseres Sehvermögens, das zwischen den Infrarot- und Ultraviolett-Bereichen angesiedelt ist - welche für uns nicht ohne tech-nische Hilfe erschließbar sind -, und dennoch alles beinhaltet, was unsere Welt, die wir als real betrachten, ausmacht. Jeder Mikroorganismus birgt Zellen, deren Zell-Eigen-Bewusstsein ein makrokosmisches Universum ist. Das vereint sie mit allem anderen Zell-Bewusstsein, wodurch Größen-dimensionen unwichtig werden. Im Großen ergibt sich dasselbe. Die Wei-ten des Raumes sind lediglich die physische Manifestation eines nicht zu erfassenden Universums; lediglich die Spitze des Eisberges. Galaxien gleichen Molekularstrukturen und Anordnungen von Blutkörperchen und schwarze Löcher sind auch nur wie die Poren unserer Haut, die das Tor in einen neuen Kosmos darstellen und dennoch das Innere mit dem Äußeren nicht vermischen, obgleich es untrennbar von einander ist. Die Weiten des All(e)s und das Innenleben unserer Blutbahnen eint derselbe Stoff, der ihnen Bewegung verleiht und Größendimensionen werden unwichtig. Un-ser physisches All ist aus der Sicht einer anderen Welt nur ein Molekül-system. Da Alles, was ist, im nicht-physischen Raumgefüge ineinander fließt, ist Größe unbedeutend. Da jegliche Materie nur der letzte Ausdruck von Energie ist, ist Größe unbedeutend. Da jede materielle Schöpfung ihr Gegengewicht im Universum der Antimaterie hat, die völlig neuen Relatio-nen und Gesetzen unterworfen ist, ist Größe unbedeutend. Die Verhält-nisse von Größe erhalten nur innerhalb eines physischen Universums und in einem linearen Zeitgefüge Gewicht. Jenes Gewicht - jener Eindruck - prägte das menschliche Bewusstsein, machtlos zu sein in dieser Welt, in der man unentrinnbar in-*volviert* zu sein scheint.

Der Mensch sah sich seit jeher getrennt vom Rest, der gewaltig und bedrohlich auf ihn wirkte. Das erzeugte Angst, Ehr-*furcht* und *De-mut* (das Gegenteil von Mut!). Das menschliche Unverständnis, Ratio und Ego benötigten eine Erklärung, die einerseits beinhaltete, dass der Mensch, der sich als Krone der Schöpfung versteht, in seiner Macht nicht gemindert wird und andererseits die Tatsache, dass er dennoch ohnmächtig gegenüber den Naturgewalten und dem, was er später Schicksal nannte, steht, erklärt. Der Mensch entwickelte deshalb ein göttliches Konzept, das den starren Regeln von Ratio und Ego unterliegt, alles erklärt, was sich der Mensch nicht erklären kann, ihm jegliche Ver-*antwort*-ung abnimmt und das Bewusstsein weiterhin begrenzt. Das Kollektiv übernahm dieses Konzept und im Einverständnis aller Beteiligten wurde das Spiel so lange gespielt, bis ähnlich dem Gesang der Ainur sich vereinzelte Sänger des Chores hervor taten und ihre eigene Melodie zu singen begannen - jene, die nach Äonen wieder zurück zur Urquelle führen sollte.

Alles "Heilige", das in einem dem Menschen übergeordneten Sinne verstanden wird, ist eine menschliche Erfindung, welche darauf beruht, dass etwas übermächtig und groß und vor allem unbegreiflich ist. Das "*Heil*-ige" selbst möchte dies alles nicht. Es möchte als das, was in uns allen ist, gesehen und verstanden werden, um begriffen werden zu können. Nur wer begreift, hat sämtliche Lehren sinnvoll verinnerlicht. Das "*Heil*-ige" möchte weder Anbetung noch Unterwürfigkeit. Es verlangt nicht nach Ritualen und starren Regeln. Das wäre seiner Bestimmung fremd und entgegen gesetzt. Es möchte lediglich Menschlichkeit, um ins Menschsein dringen und *heil*-(ig)-*en* zu können. *Heil*-(ig)-*ung* kann nur einsetzen, wo etwas be-*griffen* wird. Das neue Prinzip muss *greif-bar* werden, muss *greifen* können. Dann erneuert es im Handumdrehen Einstellung und Zellen. Der *wahr*-haft Spirituelle ist weniger "heilig" als Derjenige, der von seinem Geist abgetrennt ist. Wer immer mit seinem Geist, in seiner Balance lebt, ist im Sein und strebt nicht nach Dingen, die ihm eigenmächtig und "allmächtig" erscheinen. Er benötigt weder Rituale, Regeln und Scheinheiligkeit. **Er lebt.** Aller Geist, aller Spirit ist im bewussten Leben und Handeln. Wer bewusst lebt und handelt, ist im höchsten Zustand. Ist *heil*-ig, heil und *heil*-sam.

Die neue Zeit ist eine der Auflösung der alten, starren Strukturen, Glaubenssätze und Verhaltensmuster und der kollektiven Illusions-Schleier. Wer sich in seiner Mitte, in seiner Balance und in Harmonie mit seinen Anteilen und seinem Umfeld befindet, sollte keine Schwierigkeiten haben, sich in das erhöhte Schwingungsmuster und damit die erhöhten Schwingungsmuster in sich zu integrieren. Nach und nach werden die Menschen erwachen, weil die bisherigen Regeln und konventionellen Normen keinen Sinn mehr ergeben. Mit der Bewusstwerdung der einzelnen Menschen bröckelt auch die kollektive *Wirk*-lichkeits-*Wahr-nehm*-ung und das gesamte Schauspiel der dreidimensionalen Ebene kann nicht länger aufrecht erhalten werden. Die Schauspieler besinnen sich ihrer Rollen und verlassen nach und nach ihre in-*volvierte* Position um ihren Fokus auf das große Ganze und die höheren Zusammenhänge zu richten und ihre Rollen im kosmischen Plan zu übernehmen. Immer mehr Seelen befreien sich aus den karmischen Verstrickungen und helfen anderen bei der Erhöhung ihres Bewusstseins, um deren Altlasten zu transformieren. Viele Wegbereiter der neuen Zeit sind seit langem unter uns und die Kinder, die diese Ebene in den letzten Jahren betreten haben, wissen seit jeher Bescheid. Sie sind hier, um ihrerseits die Eltern (Älteren) zu lehren und bei ihrem Übergang zu unterstützen. Sie heben das kollektive Bewusstsein für Mutter Gaia, die unsagbar lange Zeit geduldig unter unseren Füßen gelitten hatte und für ein Miteinander mit allen Wesenheiten, denen sie Leben gibt. Mutter Gaia folgt unbeirrbar ihrer Bahn in l(e)ichtere Dimensionen und führt uns sicher auf ihrem Rücken in jenen Zustand, der sie zum Stern und uns zu neuen Wesenheiten mit 12-DNS-Strängen werden lässt.

Nur wenige werden immer noch starr und stur behaupten, im Vergleich zu den letzten fünf, zehn oder zwanzig Jahren habe sich nichts verändert. Jene Menschen, die trotz aller Offensichtlichkeiten, die sich vor ihren Augen tun, nicht sehen können oder wollen, werden noch in ihrer Welt und der Vorstellung davon verbleiben, bis auch irgendwann ihre Zeit des Erwachens gekommen ist. Sie haben ihren karmischen Zyklus noch nicht abgeschlossen und benötigen noch die Erfahrungen der physischen Realität, um allmähliche Bewusstwerdung zu erlangen. Das kann nur geschehen, wenn Einsicht über die eigene Rolle und die der anderen gewonnen, die wahre Bedeutung und der Umstand der Inkarnation(en) erkannt und das Spiel durchschaut wird. Da alle Ebenen simultan ineinander existieren, haben auch sie alle Zeit der Welt, um den Wandel zu *voll-ziehen*, der eine neue und wunderbare Welt (er)öffnen wird.

Wir haben uns vor unserer Inkarnation dazu entschlossen, den Weg der Bewusstwerdung zu gehen, um jenen, die noch in den Nebeln ihrer Ratio wandeln, ein Licht zu sein. In den letzten Jahren hatten viele die Chance, ihre Meisterschaft der Seelenreife zu erlangen oder einen neuen Weg zu beschreiten, der klarer erkennbar als alles bisherige schien und wir alle dürfen letzten Endes die Leichtigkeit des irdischen Daseins erfahren, nachdem wir lange Phasen in den Mühlen der Transformation *durch-lebt* hatten. In diesen letzten Ausläufern der 3. Dimension wissen wir schließlich, dass sich alle Mühen unseres Lebens gelohnt haben; dass wir erst dadurch reifen konnten und dass die lichtvollen Ebenen der 5. Dimension unser zukünftiger Lohn sein werden.

Das neue Bewusstsein ist nun vollständig in uns integriert, doch auch damit verhält es sich wie mit jeder Sache, mit der wir gemeinsam gewachsen sind: Die verschiedenen, nahtlos ineinander übergehenden Stufen, die hinter uns liegen, sind im Einzelnen kaum fassbar und nur im großen Rückblick bemerken wir aus unserer in-*volvierten* Perspektive die Ausmaße des Bewusstseins-Sprungs, der zwischen Früher und Heute liegt.

In uns allem keimt nun die Idee der neuen Welt der 5. Dimension, die ihre Tore bereits für uns geöffnet hat. Dieser Keim in uns hat Wurzeln geschlagen, womit das interdimensionale Bewusstsein verankert wurde. Die Pflanze muss jedoch erst wachsen und gedeihen und sie wird ihre Zeit benötigen, ehe sie die Früchte hervorbringt. Die Zeit bis zur Ernte wird für uns keine lange sein, denn *Lange-Weile* war ein Produkt der 3. Dimension und wir werden mit den kommenden Aufgaben weiter evolvieren.

Das Beste, das zu jeder Zeit getan werden kann, um am Aufstieg bewusst mitzuarbeiten, ist ein Beispiel zu geben.

Dessen motivierende *Über-zeug*-ungskraft ist grenzenlos und wird eine lichtvolle Welt garantieren.

Die Symbole:

Dimensionssprung

Das Symbol zeigt die Verschmelzung geometrischer Prinzipien von 3er- und 5er-Strukturen auf Zeichenebene. Ähnliche Mutationen können wir immer wieder in der Natur betrachten: In der Form von Blüten, Blättern und Früchten, die je nach Art in ihrer Form bestimmten Zahlenkombinationen zu folgen scheinen, deren Strukturen sich jedoch durch Eigen-Bewusstsein und individuellen Selbst-Ausdruck ändern können. Diese Form-Phänomene sind in dieser Zeit des Übergangs viel häufiger als früher zu beobachten.

Das Zeichen möchte den Betrachter auf die kommende Zeit in einer ange-nehmen Art und Weise einstimmen. Es reguliert die körpereigene Schwin-gung, um diese in bestmögliche Resonanz mit den vorherrschenden Fre-quenzen zu bringen, die noch Schwankungen unterliegen können. Die rapide kosmische Schwingungserhöhung der letzten Jahre bringt oftmals körperliche Probleme *schein-bar* rätselhaften Ursprungs mit sich, die sich je nach Art der Blockaden im Energiekörper manifestieren, welche wie-derum den Problemen, sich den einströmenden Energien der neuen Zeit zu öffnen, entspringen.

Im Allgemeinen möchte das Symbol für die wunderbaren und heilsamen kosmischen Energien öffnen und Stück für Stück die Annehmlichkeiten der 5. Dimension näher bringen.

Es kann jenen, die noch schlafen, ein Erwachen erleichtern und Kinder mit der neuen Energiestruktur, die unter dem finalen Aufbäumen der Polarität leiden, in ihrem schwierigen Alltag der physischen Illusionsschleier unter-stützen. Für Lichtbotschafter und Energiearbeiter sollte es neuen Schwung bringen.

5. Dimension

Dieses Zeichen zeigt die energetische Erweiterung der materiellen Erscheinungsform der 3. Dimension. Alles wird lichter, leichter und expandiert in multidimensionale Ebenen hinaus. Die Gesetze der 3. Dimension, der Dichte und Schwere sind aufgehoben und in einem neuen Bereich wird alles möglich.

Wenn wir uns mit diesem Symbol befassen, schwingen wir bereits in den Frequenzen der neuen Zeit. Die 5. Dimension existiert längst mit einer Selbstverständlichkeit inmitten unserer „alten Welt", wir müssen ihr nur Raum geben, um sie näher zu uns zu bringen und sie in uns und unseren Möglichkeitsrahmen zu integrieren.

Wir können uns in jedem Augenblick entscheiden, in welcher Seins-Ebene wir uns aufhalten und in welcher Frequenz wir schwingen möchten.

Das Symbol für die 5. Dimension sollte unseren Weg, der uns zur endgültigen Verschmelzung führt, erheblich erleichtern und steht im Gegensatz zum Symbol des Dimensionssprungs vor allem für die Neutralisierung der gedanklichen Barrieren und *Wahr-nehm*-ungsstrukturen, die oft noch Barrieren darstellen.

Es soll uns immer daran erinnern, dass wir bereits angekommen sind und dass uns nichts daran hindern kann, unser vollständiges Licht-Potenzial zu entfalten.

UNIVERSELLER GRUSS

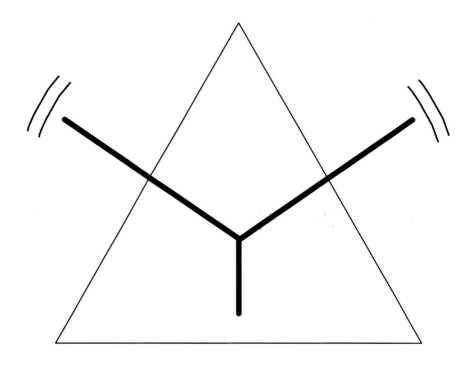

*"Der Himmel ist kein Ort,
sondern ein Bewusstseinszustand"*

Charles W. Leadbeater

Zum Abschluss möchte ich nach all der Theorie dieses Symbol als Geschenk überreichen.

Ich empfing es, als ich des Nachts - wie so oft - in den Sternenhimmel starrte und meine Auf-*merk*-samkeit auf den Wunsch richtete, mit irgendjemandem, der mich "dort oben" vernehmen kann, in Kontakt zu treten. Dieses Zeichen ist in der Universellen Sprache dasjenige für schlicht und einfach "**Hallo**!". Es ist daher auch universal anzuwenden und kann überall, wo eine *schein-bare* Diskrepanz in der Kommunikation besteht (vor allem zwischen verschiedenen Spezies, seien sie nun irdisch oder nicht), eine energetische Brücke bauen. Seine Anwendung wird von Mal zu Mal selbstverständlicher, wenn man es in Gedanken auf ein Ziel projiziert - verbunden mit dem Wunsch, seinen Gruß zu senden - und sich gleichzeitig öffnet, um empfangsbereit für jegliche Art der Antwort zu sein. Es gibt hier keine Regeln und auch meine persönlichen Erfahrungen damit sollten hier niemanden in seinen Er-*wart*-ungen beeinflussen. „Wie oben, so auch unten" lautet ein kosmisches Gesetz. In der Mitte steht das Individuum und vereint **All-Es** in sich. Wenn wir erkennen, dass es *wahr*-lich absolut nichts gibt, das uns *wirk*-lich voneinander trennt, dann kann alles möglich werden. Wenn wir es zustande bringen, über jenes, das uns unter-*scheidet*, hinweg zu sehen und uns stattdessen auf die Dinge konzentrieren, die uns miteinander vereinen, dann kann alles möglich werden. Wenn uns bewusst wird, dass selbst das schier Unerreichbare nur eine individuelle Einstellung ist, dann kann alles möglich werden.

In Liebe

Jan Hagen Fink

Die praktische Anwendung der Symbole (Anleitung)

Jedes Symbol wirkt bereits durch seine bildliche Darstellung und strahlt und schwingt in seiner Frequenz und findet entsprechende Resonanz im Betrachter und in seiner direkten Umgebung.

Dennoch sind einige Menschen daran gewöhnt, sämtliche Werkzeuge, die der Heilung dienen bzw. zur Erzielung bestimmter Wirkungen eingesetzt werden, energetisch aufzuladen.

Das ist nicht wirklich erforderlich und viele befinden sich nicht in der Lage, dies erfolgreich zu bewerkstelligen, da sie ja ihrerseits Hilfe in Anspruch nehmen. Auch ist es nicht Ziel des Ganzen, komplizierte und langwierige Methoden in Gang zu setzen, da die Symbole eine Alternative dazu darstellen.

Wer es bisher so praktizierte, möge weiterhin die Symbole vor deren Anwendung aufladen.

Die Vorgangsweise hierzu ist zahlreichen Büchern und Anleitungen zu entnehmen. Wer sich wohler fühlt, erst den magischen Kreis zu ziehen, möge dies tun. Jene vorbereitenden Praktiken bilden eine angenehme Einstimmung und Empfänglichkeit für den darauf folgenden eigentlichen Akt und sind wie erwähnt, reine Gewohnheitssache. Wer damit keine Erfahrung hat, muss sich diese auch nicht aneignen. Die Symbole sind jederzeit bereit zur Anwendung ohne vorhergehende Aufladung oder Vorbereitungen.

Durch ihre Positivität haben sie automatisch eine schützende Ausstrahlung, die eventuelle negative Einflüsse neutralisiert und müssen auch in keinem magischen Kreis angewandt werden.

Um sich auf die Symbole einzustimmen bzw. um die Auswahl des geeigneten für die jeweiligen Belange zu erleichtern, empfiehlt es sich, mit den einzelnen Symbolen zu meditieren.

Dazu geht man entweder der Reihenfolge nach vor oder wählt per Zufallsprinzip ("Es fällt einem zu!") ein bestimmtes Bild und setzt sich für einige

Minuten an einen ruhigen Ort, um es zu betrachten.

Danach versucht man mit geschlossenen Augen auf hereinströmende Informationen zu achten. Was erzählt das Bild? Ist es das richtige für meine Belange? Wie wende ich es am besten an? Wo wirkt es? Man möge seine Aufmerksamkeit darauf lenken, welche Körperregionen sich belebt oder eventuell verändert anfühlen bzw. wie man sich insgesamt fühlt. 10 min in jenem Zustand genügen dazu, dennoch weiß jeder selbst am besten, wann der optimale Zeitpunkt gekommen ist, die Phase zu beenden. Sollte dem anfangs noch nicht so sein, stellen sich auch hier Routine und das nötige Einfühlungsvermögen mit der Praxis ein. Jemand, der es nicht gewohnt ist, still zu sitzen und in sich hineinzuhorchen, muss in unserer hektischen Zeit erst das Gespür für sein Innenleben entwickeln.

Genauso wird man im Gefühl haben, ob man sich über einen längeren Zeitraum hinweg mit dem Symbol beschäftigen möchte oder ob es an der Zeit ist, ein neues kennen zu lernen.

Wer sich längere Zeit mit einem Symbol beschäftigen möchte bzw. das Gefühl hat, es tun zu müssen, taucht immer tiefer in dessen Welt ein, wobei er sich seinerseits immer mehr für dessen Schwingung öffnet. Es tun sich völlig neue Perspektiven auf, die sich von den anfangs oberflächlichen Informations- und Emotionsschichten unterscheiden und die betreffende Person wird zum Experten des jeweiligen Symbols.

Jene Beschäftigung einhergehend mit dem Gefühl, das Symbol studieren zu müssen, ist ein sicheres Zeichen dafür, dass das für den vorherrschenden Bedarf richtige Symbol gefunden wurde und der Heilungsprozess bereits durch die wiederholte Meditation und das Eintauchen in die Welten und Schichten seiner Emanationen in Gang gesetzt wurde. Es ist durchaus möglich, dass das genügt und die Person keine weitere Anwendungsmöglichkeit mehr testen muss, da diese Art der Beschäftigung die richtige und Ziel führende war. Das ist eine rein persönliche Angelegenheit. Je nach Konstitutionstypus des Betreffenden spricht er auf verschiedenen Ebenen an und auf die entsprechenden Methoden.

Selbstverständlich kann man auch mehrere Symbole für ein Ziel verwenden - oder für verschiedene Ziele. Dennoch sollte darauf geachtet werden, dass alles in einem überschaubaren Rahmen bleibt.

Zur Feinabstimmung auf ein Ziel ist es völlig in Ordnung, zwei oder drei Symbole miteinander zu kombinieren.

Das obliegt der persönlichen Vorlieben: Arbeitet man intensiv mit einem Symbol über einen längeren Zeitraum oder geht man der Reihe nach vor, um sie zu erproben oder nimmt man mehrere Dinge gleichzeitig in Angriff? Auch hier ergibt nur das Experiment die optimale Vorgangsweise für die individuelle Handhabung.

Zur Einweihung eines neuen Symbols, vor allem aber zur Einstimmung des Körpers auf eine neue Ausrichtung sollte man sich mit seinem auserwählten Symbol bei Kerzenlicht hinsetzen und sich, während man es betrachtet, auf den Wunsch oder das Ziel, das man mit seiner Hilfe erreichen möchte, konzentrieren.

Dadurch wird auch das Symbol für die jeweilige Ausrichtung energetisch geladen. Das ist weder eine komplizierte Prozedur noch ist sie mit oben erwähnten Aufladungs-Techniken vergleichbar, da es hier darum geht, Körper, Geist, Seele, Symbol und erwünschtes Ziel aufeinander einzustimmen.

Eine tägliche oder zumindest regelmäßige Wiederholung des Kerzenrituals wirkt ähnlich der oben beschriebenen Meditation und kann eine Anwendung auf anderem Wege ersetzen.

Auch das ist eine Frage des jeweiligen Typus und der persönlichen Vorlieben.

Wer sein adäquates Symbol gefunden hat, *kann* es in der passenden Größe zur Unterstützung in die Tasche stecken oder direkt am Körper tragen. Es ist auch durchaus hilfreich, es irgendwo im Schlafbereich gut sichtbar an der Wand anzubringen bzw. in einer Räumlichkeit, in der man sich vorwiegend aufhält. Es bestärkt dadurch täglich das Energiesystem und programmiert die Aura auf die neue Ausrichtung.

Es kann auch in Räumen, wo täglich viele Menschen zusammentreffen oder arbeiten, unterstützend und harmonisierend wirken (z.B. im Büro), eines oder mehrere der Symbole für alle sichtbar anzubringen. Zumeist herrschen bestimmte Grundtendenzen negativer Art vor, wenn sich viele Personen in einer Gruppe auf eine gewisse Weise dazu gezwungen fühlen, Zeit miteinander zu verbringen. Zieht man es in einem solchen Fall vor, in jenem Rahmen nichts über die Herkunft und Bedeutung oder Wirkung der Symbole preiszugeben, so ist das auch nicht nötig. Es handelt sich dann einfach um ein dekoratives Element, das den Schreibtisch oder die Pinnwand ziert.

Anleitung zur Herstellung energetischer Trinkessenzen

Zur Herstellung der energetischen Essenzen sind weder Vorkenntnis noch Einweihung erforderlich, da hier im Vergleich zur Herstellung anderer renommierter Essenzen der Mensch nicht als Kanal dient. Die Symbole wirken durch ihre Schwingung direkt auf das Trägermaterial und ihre Umgebung und benötigen weder Medium noch Vorbereitung. Die Energie muss nicht übermittelt werden, sondern ist bereits vorhanden!
Im Vergleich zu Bach-Blüten-Essenzen und anderen ähnlich strukturierten Schwingungs-Essenzen, welche auf dem Prinzip der Potenzierung aufbauen, ist bei den energetischen Trinkessenzen dieses Buches keine spezielle Dosierung zu beachten. Man kann keine zu starke Dosis einnehmen; Mengeneinteilungen sind hier hinfällig.
Einzig das ausgewählte Trägermaterial (Wasser, Öl, Stein etc.) entscheidet über die Art der Frequenzübertragung und fügt seine individuelle Schwingung hinzu - Vorlieben ergeben sich aus der persönlichen Resonanz des Anwenders und den verschiedenen Methoden, die Symbolschwingung aufzunehmen.
Man beachte immer, dass im Gegensatz zu den bisher gebräuchlichen Essenzen alleine schon die Betrachtung des Symbols seine Wirkung tut. Jeder einzelne Essenz-Tropfen tut seine Wirkung, dennoch ist es jedem freigestellt, sein Symbol-Wasser täglich literweise zu trinken. Der ent-

scheidende Unterschied zu den herkömmlichen Essenzen besteht vor allem darin, dass der Vorrat weder begrenzt noch kostspielig ist. Jeder kann so viel Essenz herstellen, wie er möchte und muss nicht allzu sparsam damit umgehen. Der respektvolle Umgang mit Symbolen und Essenzen sollte dennoch eine Selbstverständlichkeit sein!

Im Zusammenhang mit der Anwendung und Herstellung von energetischen Essenzen sind auch Essenz-Öle sehr beliebt. In diesem Fall geht man wie in der unten beschriebenen Anleitung für Trink-Essenzen vor, achtet jedoch darauf, stets kaltgepresste Öle von höchster Qualität zu verwenden. Dem fertigen Essenz-Öl kann man noch reine ätherische Öle nach Wahl hinzufügen, um der Schwingung noch den geeigneten Duft zu verleihen. Auf diese Weise kann der Aufnahme-Prozess positiv beeinflusst werden.

Im Allgemeinen sind bei der Ausrichtung neuer Strukturen und beim Auflösen alter, negativer Muster sämtliche Methoden des "Sich-Einverleibens" wirksam und der gesamten Bandbreite aller Säugetier- (und anderen) Rassen inklusive des Menschen angepasst. Der oral orientierte Mensch hat gerade im Kehl-Chakra-Bereich meistens seine größten Probleme bzw. solche, die daraus resultieren, auch wenn das kaum jemandem bewusst ist, weshalb sämtliche Methoden einer oralen Einnahme auch gut geeignet sind, eine entsprechende Umkehr herbeizuführen. Dieses uralte Ritual finden wir sogar in der Kirche wieder, die sich durch Hostie und Wein "den Leib" und "das Blut" Christi, also dessen ureigenste heilende Essenz einverleibt, um jene Transformation direkt im Körper des Einzelnen zu bewirken.

Aus diesem Grund sind in erster Linie Wasser und weiters Nahrungsmittel bestens dafür geeignet, Informationsträger zu sein. Bei Nahrungsmitteln ist stets auf eine gute Qualität zu achten - eine Regel, die bei jeder Mahlzeit gelten sollte - denn ein wertloses oder für den Körper schädliches Nahrungsmittel stellt kaum den richtigen Boden für eine positive, transformierende Energie dar. Auch sollte es sich dabei um Speisen handeln, die ohne tierische Inhaltsstoffe zubereitet wurden, weil diese ihre ganz eigene kontraproduktive Schwingung abgeben würden.

Zahlreiche Studien haben ergeben, dass Wasser, das in Gläser gefüllt, welche mit verschiedenen Etiketten versehen wurden, deren Beschriftung von "Hass" bis "Liebe" reichte, innerhalb kürzester Zeit die entsprechende Schwingung angenommen hatte. Diese gespeicherten Informationen zeigen sich, wie der japanische Wissenschaftler Masaru Emoto mit der Fotografie von Wasserkristallen beweisen konnte, individuell in einer bestimmten Kristallform wieder. Dabei wurde in unzähligen Experimenten festgestellt, dass Emotionen, Gedanken und Wörter, die z.B. mit Danke, Glück, Liebe oder Schönheit in Verbindung stehen, wunderschöne ausgeformte Kristalle hervorrufen. Ähnliche Kristalle werden auch mit harmonischer, klassischer, meditativer oder heilender Musik ausgebildet, wenn die Schwingungen auf das Wasser übertragen werden. Ganz entgegen gesetzt fehlt die komplette Kristallstruktur, wenn negative Worte, Gedanken und Emotionen ausgesendet werden. Sie formen eher eine spitze, abwehrende Struktur. Die positiven Affirmationen bilden hingegen eine farbige und liebevolle Aura und die schönsten geometrischen Formationen. Daher ist Wasser als Informationsträger für die unterschiedlichen Schwingungsmuster der Symbole hervorragend geeignet, um energetische Trinkessenzen herzustellen.

Bei allen Methoden der Herstellung von Essenzen sollte immer Reinlichkeit das höchste Gebot sein! Es sollte eine Selbstverständlichkeit sein, dass nur saubere Arbeitsutensilien verwendet werden, die vorsichtshalber vor dem Beginn des Herstellungsprozesses mit heißem Wasser ausgespült werden können.

Das ausgewählte Symbol sollte in der richtigen Größe auf das jeweilige Gefäß befestigt werden - am besten mit dem Symbol nach innen, d.h., zum Wasser hin blickend. Quellwasser ist dafür besonders geeignet, aber auch Stilles Wasser, Tafelwasser oder hochwertiges Leitungswasser kann dieselben Effekte erzielen. Es sollte jedoch auf gute Qualität geachtet werden.

Anschließend wird das Wasser möglichst in einem Glasbehälter oder in einer Glasflasche an einem ruhigen, von Elektrosmog und sonstiger Strahlung verschonten Ort für einige Stunden/über Nacht - zumindest aber eine Stunde - aufbewahrt. Mit dieser Voraussetzung kann das Wasser mit dem bestmöglichen Wirkungsgrad durch das ausgewählte Symbol energetisiert werden. Ist das Wasser angerichtet, kann es in beliebiger Menge getrunken werden. Zusätzlich kann man die Wasser-essenzen auch in die Mahlzeiten mischen.

Im Regelfalle sollten Gefäße aus Glas bevorzugt und die Verwendung von Plastikgefäßen vermieden werden, da Kunststoff eine ungünstige Eigenschwingung besitzt und seine Bestandteile auf das Wasser übergehen. In einem solchen Falle würde man zwar energetisiertes Wasser zu sich nehmen, jedoch mit den schädlichen Bestandteilen von Weichmachern und Co.

Da stehendes Wasser in Verbindung mit organischen Stoffen schnell verkeimen kann, sollte der Glasbehälter vorher mit Leitungswasser ausgespült und nach dem Auffüllen verschlossen werden. Des weiteren ist es auch zu vermeiden, das energetisierte Wasser aufgrund der Keimbildung direkt aus der Vorratsflasche zu trinken, wenn das verbleibende Wasser noch mehrere Tage bis zum vollständigen Verbrauch in der Flasche verweilt. Interessanterweise hat sich in meinen wiederholten Versuchen ergeben, dass sich die Haltbarkeit von Leitungswasser im Ruhezustand sogar noch wesentlich verlängert, wenn es mit den Symbolen energetisiert wird, ein Effekt, der von Heilquellen bekannt ist. Dieses Beispiel untermauert die Wirksamkeit der Symbole, ist jedoch keine Garantie für die allgemeine Praxis, weil alles von der Verschiedenheit der jeweils vorherrschenden Einflüsse abhängt. Zumindest regelmäßige Kontrollen der Essenz-Qualität sind angebracht.

Es empfiehlt sich, das verschlossene Glasgefäß ins Licht oder vorzugsweise sogar ins Sonnenlicht zu stellen, wenn es die Wetterbedingungen zum aktuellen Zeitpunkt ermöglichen. Dadurch wird die energetische Aufladung noch zusätzlich unterstützt. Die Sonne als unser Urelement speist die reine Lichtenergie ein und neutralisiert eventuelle Verunreinigungen des Wassers.

Sollte das Wasser einem Tier verabreicht werden, kann man das Symbol auch gleich direkt am dafür vorgesehenen Trinkbehältnis anbringen. Als Material sollte auch hier möglichst Glas bevorzugt werden. Bei direktem Trinkkontakt ist es auch hier wichtig, auf regelmäßiges Wechseln des Wassers zu achten.
Für Kleintiere gilt es bei handelsüblichen Trinkflaschen entweder, die Folien und Etiketten mit der Beschriftung zu entfernen oder bei einem Direkt-Aufdruck diesen in derselben Farbe zu übermalen, sodass die Schrift von innerhalb des Gefäßes nicht sichtbar ist. Denn auch die Schrift sendet ihre ganz eigene energetische Schwingung, welche das Wasser beeinflusst.

Die zur Energetisierung verwendeten Glasgefäße sollten nach Möglichkeit eine zylindrische Form haben, um durch deren geometrische Eigenstruktur den Symbolstrukturen energetisch nicht entgegen zu wirken. Bei Glasflaschen ist auf eine gerade Form des Bodens zu achten, Nahezu ideal wäre ein flacher Boden, da ein nach innen gewölbter Grund eine konische Energiestruktur projiziert und somit die Symbolstruktur beeinträchtigen kann.
Bei Glasflaschen ist auf die Form des Bodens zu achten. Es sollte keine tiefe konusförmige Ausbuchtung besitzen, da ein nach innen tief gewölbter Grund eine konische Energiestruktur projiziert und somit die Symbolstruktur beeinträchtigen kann. Ein leicht gewölbter Boden wie auch der geformte Halsbereich sind unbedenklich.

Generell sollte man die Einnahme von pharmazeutischen Produkten vermeiden, wenn sie nicht notwendig sind und nicht verordnet wurden. Wichtige, vom Arzt verordnete Arznei kann man jedoch in ihrer Wirkung durch die Symbole optimieren bzw. die schadhafte Grund-Schwingung neutralisieren. Es ist dafür angebracht, das Symbol an der Innenseite eines Behältnisses (z.B. Pillendose) anzubringen und die Tabletten oder Pillen aus der Einzelverpackung zu lösen. Bei Tropfen gehe man wie oben beschrieben vor.

Ebenso verhält es sich mit dem Aufladen von Naturarznei.

Alternativ kann man das Symbol auch als Unterlage verwenden und die Arznei in die Mitte des Symbols stellen - genauso verhält es sich mit den übrigen Anwendungen, die sich auf Gegenstände beziehen, die durch ihre Größe oder Beschaffenheit das Symbol der Form nicht anpassungsfähig machen.

Steine sind ein besonders wirksamer und daher auch beliebter Informationsträger, da sie durch ihre Eigenschwingung die Grundinformation begünstigen und potenzieren.

Hier ist es besonders wichtig, einen für das jeweilige Symbol durch seine Entsprechung geeigneten Stein zu finden. Nur ein ähnlich schwingender kann den erwünschten Effekt erzielen. Man sollte darauf achten, keinen Stein zu wählen, der in seiner Grundenergie dem Symbol entgegen wirkt.

Dazu ist die Fachliteratur zahlreich und kompetente Beratung vielerorts zu finden.

Der Bergkristall kann als eine Art Universalstein angesehen werden, der jegliche positive Absicht begünstigt.

Um den ausgewählten Stein mit der Information zu laden, reinige man ihn zuvor ca. eine Stunde lang unter einem dünnen Strahl kalten, fließenden Wassers und lege ihn anschließend zur Energetisierung eine Zeit lang ins Sonnenlicht. Danach lege man ihn auf das Symbol. Das kann man bereits unter dem Einfluss der Sonne machen. Nach jeder Anwendung sollte der Stein neu geladen werden, weil jede körperliche seelische, und geistige Dissonanz ihrerseits auch auf den Stein übergeht. Wird der Stein nach der

Anwendung nicht gereinigt und mit neuen Informationen versehen, trägt er die Information jener Schwingungen, welche man mit seiner Hilfe transformieren wollte.

Die Verwendung der Essenz als Raumspray in einem für das Besprühen von Pflanzen geeigneten Zerstäuber ist eine unauffällige, aber effektive Methode zur Verbesserung des Raumklimas in belasteten Räumen. Auch lässt sich ein solcher Spray direkt in die Aura von Mensch oder Tier sprühen und auch Pflanzen sind dankbar für die energetische Anreicherung ihres Sprühwassers. Eine weitere nützliche Verwendung findet solch ein Spray bei der Energetisierung oder der Neutralisierung gespeicherter Energien von sperrigen Gegenständen wie Möbeln oder im Auto. Empfehlenswert ist eine Anwendung des weiteren bei Tier-Transportboxen und Käfigen, die in einer akut eingetretenen Situation verwendet werden, in der es zuvor keine Zeit gab, das Tier selbst vorzubereiten, wie z.B. bei Tierarztbesuchen.
Selbstverständlich lassen sich die verschiedenen Essenzen auch im Badewasser anwenden oder können auf Fenster- und Türrahmen von energetisch negativ beeinflussten Räumen gute Dienste leisten.
Als originelles Geschenk eignen sich Naturmaterialien wie ein schönes Stück Holz oder ein Kräuter-Duftkissen aus Baumwolle, das mit Essenz besprengt oder mit dem Symbol ausstaffiert wurde.

Möchte man eine bestimmte Wirkung für andere Personen erzielen, die sich in größerer räumlicher Entfernung befinden oder die man bezüglich dieses Vorhabens aus irgendeinem Grund nicht persönlich informieren kann oder möchte, der kann das ausgewählte Symbol auf der Rückseite eines Fotos der betreffenden Person anbringen. Er möge sich jedoch darüber im Klaren sein, dass er niemals den freien Willen der Zielperson einschränken oder in deren Lebensplan eingreifen darf und sei es mit den noch so besten Wünschen. Leider gilt das auch für Heilung. Nur, wenn die jeweilige Person Heilung auf allen (vor allem unbewussten) Ebenen möchte, kann diese auch einsetzen. Man sollte sich vor der Anwendung einer bestimmten Methode stets telepathisch an die betreffende Person richten und dieser sein Vorhaben in gedanklicher Verbindung mitteilen. Diese Mitteilung könnte wie folgt lauten: *„Ich sende Dir eine wohltuende und heilende Schwingung. Wenn Du meine Methode annehmen möchtest, soll sie Deine inneren Absichten und Ziele wirksam unterstützen.“*

Man kann sein Anliegen auch direkt an das Hohe Selbst der betreffenden Person richten. Hier geht es ganz klar nur um das Aussprechen der Absicht, welche ohne diese Mitteilung in ihrer Umsetzung eine manipulative Handlung wäre und nicht um eine Antwort, die man zu erhalten hofft. Die Antwort besteht im Heilungserfolg selbst. Nur wenn jemand auf allen seinen Ebenen zur Heilung bereit ist und diese im kosmischen Plan auch vorgesehen ist, kann sie auch erfolgen. Man sollte immer akzeptieren, dass man nicht "Gott spielen" kann, wie edel die Absichten auch immer sein mögen.

Ähnlich verhält es sich mit der Behandlung von Tieren. Egal, wie gut unser Verhältnis zu unseren Lieben ist oder wie gut wir meinen, mit ihnen kommunizieren zu können - es gestaltet sich hier oftmals kompliziert, dem Tier unsere klaren Absichten nahe zu bringen und das ist vor jeder Art einer Anwendung unbedingt erforderlich. Selten sind sie dazu zu bewegen, in der Art und Weise im Ablauf mitzuwirken, wie wir uns das vorstellen oder wünschen. Es ist nicht erforderlich, direkt am Tier zu arbeiten, wie es z. B. bei einer Reiki-Behandlung der Fall ist. Es ist ausreichend, auf indirektem Wege mit der Symbolkraft zu arbeiten wie z.B. mit dem Symbol aktiviertem Trinkwasser, das dem Tier verabreicht wird oder mit einem durch das Symbol aufgeladenen Stein, der an den Lieblingsplatz des Tieres gelegt wird.

Auch hier ist unbedingt zu beobachten, ob das Tier die Kraft annimmt. Eine meiner todkranken Ratten mochte z.B. einen mit Heilenergie (durch eine dritte Person) aufgeladenen Stein auf Anhieb nicht und wollte ihn auch nach mehreren Versuchen nicht annehmen. (Um sicher zu gehen, sollte man es öfters probieren).

Das ist entweder ein Zeichen dafür, dass die Energie für das vorliegende Problem der falschen Frequenz entspricht und eine andere Schwingung bzw. ein anderes Symbol oder ein anderer Stein geeigneter wäre - oder aber, dass wir akzeptieren müssen, dass das Tier keine Behandlungsmethode mehr annehmen möchte. Tiere wissen, wann ihre Zeit gekommen ist und es liegt an uns, zu lernen, damit umzugehen und dem geliebten Wesen einen angenehmen Abschied zu bereiten anstatt ihm den letzten Weg durch unsere Uneinsichtigkeit zu erschweren. Es ist nicht allzu schwierig, hier auf die richtigen Zeichen zu achten. Eine meiner Ratten, die an einer chronischen Erkrankung litt, liebte die Reiki-Behandlungen, die ich ihr zukommen ließ und sie kam regelmäßig von selbst, um sich ihre Einheiten zu holen. Doch mit zunehmendem Alter und Verschlechterung ihres Zustandes begann sie, die Behandlungen abzulehnen oder nach kurzer Zeit abzubrechen. Im Vergleich zu uns haben Tiere feinfühligere Antennen. Sie wissen, wenn es genug ist.

Auch bei Tieren gilt dasselbe wie für uns Menschen - vor Beginn der Anwendungen sollten wir uns an ihr Hohes Selbst wenden oder an das jeweilige Tiertotem oder an den zuständigen Schutzengel. Die Wahlmöglichkeiten sind hier vielfältig und vom jeweiligen Glauben abhängig, der Effekt jedoch der gleiche.

Erst durch die Einwilligung des Betreffenden und seine Mitarbeit auf allen Ebenen kann der erwünschte Erfolg erzielt werden - *das gilt für absolut alle Anliegen, ob sie in unserem persönlichen Wertesystem nun als klein oder groß angesehen werden.*

Die Symbole sind allgemein bestens zur Unterstützung jeglicher Form der Energiearbeit geeignet.

Der Reiki-Praktizierende z.B. möge einmal ein Reiki-Symbol durch ein in seiner Wirkung entsprechendes aus diesem Buche ersetzen! Sie sind experimentell genauso wie spielerisch einzusetzen - der Kreativität sind keine Grenzen gesetzt!

Unterstützend zu allen Varianten der Anwendung kann eine passende

Räucher-Mischung (man kann auch das Räucherwerk zuvor direkt auf das Symbol legen!) oder adäquate Musik sein. Dies obliegt den persönlichen Vorlieben.

Den Experimentierfreudigen unter den Lesern lege ich nahe, sich einmal entspannt mit einem Pendel (hier haben auch Eigenkonstrukte z.b. aus Schnur und Stein oder Halskette mit Anhänger ihre Berechtigung) hinzusetzen und die verschiedenen Symbole auf ihre Resonanz zu testen.

Dazu legt man das Pendel in das Zentrum des jeweiligen Zeichens und hält es dann in einer Position von ca. 20 cm darüber. Man konzentriert sich darauf, es ruhig in der Hand zu halten und achtet, ohne es nach Möglichkeit geistig zu beeinflussen, auf seinen Ausschlag. Dadurch lässt sich eruieren, ob das Symbol, mit dem man sich gerade beschäftigt, das geeignete für die jeweilige Persönlichkeit bzw. die jeweiligen Belange ist.

Die Ausschlagstendenzen überprüft man mit einfachen Fragen, deren Antwort man kennt, wie nach dem Wochentag, Namen etc., um klare „Ja"- oder „Nein"-Ergebnisse zu erhalten.

Ich fand beim Überprüfen von neu hinzu gekommenen Symbolen mit dem Pendel stets die Bestätigung ihrer unglaublich hohen energetischen Wirkung.

Vor allem bei den 6er-Verbindungen zeigte sich, dass das Pendel konstant den Linien folgte, in klaren Prinzipien und Anordnungen von Struktur und energetischer Bedeutung der Symbolik. Vielleicht ist dazu ein geklärter Geist nötig, doch mit etwas Übung und nicht zuletzt Freude an der Betätigung kann jeder zum begeisterten Forscher werden.

ANFERTIGUNG der Symbole

Die einzelnen Symbole lassen sich für die praktische Anwendung sehr bequem anfertigen. Auf der mitgelieferten CD-ROM befinden sich die Symbole jeweils in verschiedenen Größen sortiert in einem eigenen PDF-Dokument. Je nach Bedarf können Sie nun das betreffende Dokument über einen beliebigen Drucker ausdrucken. Als Druckmedium eignet sich normales weißes Druckerpapier, aber auch transparente Druckfolie für Tintenstrahl- und Laserdrucker, die mittlerweile in jedem Fachhandel für Büroartikel erhältlich ist. Anschließend schneiden Sie das Symbol mit der passenden Größe aus und befestigen es an das für die Anwendung vorgesehene Objekt .

Für Notizen

Die Wirkung der Symbole

Man darf die Wirkung der Symbole nicht mit der Einnahme einer Pille vergleichen.

In diesem Beispiel rechnet man damit, dass innerhalb von kurzer Zeit zwar nicht die Ursachen, jedoch die Symptome verschwinden.

Die Symbole haben eine immense Kraft, die sich uns im Wachstum erschließt, das immer unsere bewusste Mitarbeit impliziert und erfordert.

Dabei werden die Ursachen behandelt.

Diese Lösung ist dauerhaft.

Um den Vergleich mit der Pille beizubehalten, kann es im Vergleich damit kein "falsches" Symbol für uns geben und keines wird bewirken, dass wir daran Schaden nehmen können.

Es konfrontiert uns mit uns selbst und das Selbst mit den kosmischen Energien, deren untrennbarer Teil wir alle sind.

Manchmal ist es noch zu früh, bestimmte Themen in unser Leben zu ziehen oder bestimmte Probleme zu transformieren oder bestimmte Aufgaben zu lösen.

Auch das kann uns ein Symbol sagen. Wir fühlen, wenn wir einer Sache noch nicht gewachsen sind und uns ihr auf anderem Wege nähern sollten, indem wir mit anderen Symbolen arbeiten.

Doch niemals kann uns der Weg an unserem wahren Selbst und dessen Bestimmung und Aufgaben vorbeiführen. Alle Wege entstammen der einen großen Quelle und alle führen uns dorthin zurück.

Wir sind ein Gefäß, das alle Energiestränge sammelt, vereint und integriert.

Wofür wir uns öffnen, wird in unser Leben treten.

Die Symbole bieten uns Unterstützung für jene Wege, die wir selbst gehen müssen. Sie wirken und fordern uns in jenem Tempo, das für uns angebracht ist und transformieren uns und unsere eingeprägten Muster in der Geschwindigkeit, die wir selbst zulassen.

Sie werden uns nicht drängen oder überfordern.

Jedes Symbol entspricht einem kosmischen Ton, der in uns Resonanz erzeugt und jeder einzelne von uns schwingt in seinem ganz individuellen Seelenrhythmus. Integrieren wir die Energie eines Symbols in uns, singen wir mit ihm gemeinsam eine einzigartige Melodie, die sich mit unserem durch das Symbol angeregte Wachstum stetig verändern kann.

Unsere Körper pendeln sich auf diese Melodie ein und unsere Zellen integrieren das neue Schwingungsmuster; gleichsam wie unser Geist die neuen Strukturen und Muster seiner Lektion begreift und umsetzt. Fortan ist eine neue Schwingung in uns integriert und wir in ihr, wodurch wir aufsteigen. Alles, das einmal erschlossen wurde, kann nicht mehr verloren gehen, schlimmstenfalls verschüttet werden.

So wirken die Symbole subtiler als eine Pille, dennoch unendlich stärker und nachhaltiger. Denn welche Pille verhilft uns zum Aufstieg?

In welchem der energetischen Körper ein Symbol primär wirkt, obliegt dem Anwendungsgebiet und seiner Grundausstrahlung, vor allem aber den Problemzonen des Anwenders.

Vertrauen ist zwar eine mentale Sache, hat aber **emotionale** Auswirkungen. So wird bei einem angeschlagenen Selbstbewusstsein zuerst das Gefühlschaos bereinigt werden - was zu einer vorübergehenden Verstärkung der Problematik führen kann, weil Altes und Verdrängtes auf- und hervorbricht - und dann erst nachhaltig eine neue Denkweise erlangt werden können.

Diese Dinge sind so verschieden und individuell wie die Anwender selbst und es kann hierfür keinen ausreichenden Leitfaden geben.

Wir alles müssen lernen, auf unsere innere Stimme zu horchen. Die Symbole lehren uns in ihrer jeweiligen Tonart.

Mehr ist an Information nicht nötig. Wer mit den Symbolen arbeitet, wird zumindest nach kurzer Zeit der anfänglichen Einstimmung auf seine Frequenzen und die dadurch in Gang gesetzten neuen Lernprozesse

wissen, auf welcher Station er sich befindet, und wird lernen, zu erkennen und zu **sehen**...

Die energetischen Grund-Qualitäten der Symbole:

(Dieses Kapitel ist lediglich als zusätzliche Information zu betrachten und ist in erster Linie für den erfahrenen Praktiker gedacht, stellt also keineswegs ein Muss für Anfänger und Experimentierfreudige dar.)

In welchem der energetischen Körper ein Symbol primär wirkt, obliegt dem Anwendungsgebiet und seiner Grundausstrahlung, vor allem aber den Problemzonen des Anwenders. Das kann bedeuten, dass entweder eine **Erweiterung** des energetischen Feldes oder eine **Fokussierung** der Energie erforderlich ist, unabhängig von der primären Grundqualität des Symbols.

Die energetische Grund-Qualität einer Symbol-Struktur deckt sich nicht immer mit der Qualität ihrer Aussage! Beinahe jedes Symbol weist alle Eigenschaften in schwächerer oder stärkerer Form und in verschiedenen Anteilen auf und jedes Prinzip birgt automatisch das Gegenprinzip in sich - hier geht es um die primäre Gesamtfrequenz eines Symbols und deren Wirkung.

Vertrauen ist zwar eine **mentale** Sache, hat aber **emotionale** Auswirkungen. So wird bei einem angeschlagenen Selbstbewusstsein zuerst das Gefühlschaos bereinigt werden - was zu einer vorübergehenden Verstärkung der Problematik führen kann, weil Altes und Verdrängtes auf- und hervorbricht - und dann erst nachhaltig eine neue Denkweise erlangt werden kann.

Sicherheit ist primär eine **Ausstrahlung**. **Vertrauen** jedoch etwas, das zuerst **integriert** werden muss. So nahe beieinander Sicherheit und Vertrauen auch liegen, so befinden sie sich dennoch in einer Wechselbeziehung - das eine ist die **Resonanz** des anderen.

Resonanz selbst ist wiederum **neutral**. Sie ist der Mittler zwischen den Gegensätzen; der gemeinsame Nenner von zwei verschiedenen Richtungen; die **Bilanz** vorherrschender Grundtendenzen.

Balance selbst ist in seiner Bedeutung zwar die Aufhebung von Gegensätzen, strahlt jedoch in seiner energetischen Symbolstruktur **nach außen** hin aus. Hier wird das Innere nach außen projiziert.

Die nachfolgende Liste beschreibt die Grundqualitäten der Symbole. Sie kann für Menschen von Bedeutung sein, die sich genauer über das Trägermaterial und dessen Qualitäten informieren möchten, um diese den Symbol-Frequenzen anzupassen oder für Praktizierende verschiedener Heilmethoden, um die Behandlung effizienter auf den persönlichen Bedarf abzustimmen. Denn Steine und Heilpflanzen sowie Holz und anderes haben ihre ganz individuelle Energiequalität, welche durch die jeweilige Symbolkraft begünstigt werden kann. Gleiches gilt für rein energetisches Arbeiten.

Symbolqualität: weitend, entfaltend
Primär ausstrahlend, sekundär ableitend
Energien: kosmisch, allumfassend

* Kosmische Liebe
* Freude
* Wohlbefinden
* Sicherheit
* 12-Strang-DNS
* Zell-Bewusstsein
* Zell-Erneuerung
* Zellebene: Schlüssel / Programmierung
* Projektion
* Wachstum und Streben
* Materie
* Schöpferkraft
* Ausdruckskraft
* Karma

* Fokus-Erweiterung
* Öffnung
* Harmonie
* Balance
* Leichtigkeit
* Weisheit
* Freiheit
* Sexualität
* Transformation
* Kontinuität
* Dimensionssprung
* 5. Dimension - Aufstieg
* Kosmischer Gruß

Symbolqualität: neutral
Ausgleichend, Vereinigung der Gegensätze
Energien: kosmisch und fokussiert

* Erinnerung
* Fokus-Verschiebung
* Ruhe
* Neutralisierung
* Drittes Auge
* Resonanz
* Vollkommenheit
* Glück

Symbolqualität: zusammenziehend, adstringierend
Primär ableitend, sekundär ausstrahlend
Energie: fokussiert, nach innen gerichtet

* Vertrauen
* Leben
* Zell-Information
* Heilung
* Innere Sinne
* Klarheit
* Geistige Mitte

Abschließend möchte ich eine kleine Liste der bekanntesten und effektivsten Heilsteine und deren energetische Qualitäten anführen - gleichsam mit jenen Symbolen, deren energetische Grundqualitäten durch die jeweiligen Steine begünstigt werden.

Die zugeordneten Symbole sind nur Beispiele und können beliebig ergänzt werden. Auch zeigt die Aufführung, dass sehr wohl die Energien von Trägermaterial und Symbol einander entgegengesetzt als auch übereinstimmend effektive Ergebnisse erzielen. Entgegengesetzte Energien neutralisieren die Blockade durch primäres Ableiten und sekundäres Weiten für die Aufnahmefähigkeit des neuen Prinzips (oder umgekehrt) und übereinstimmende Energien weiten das körpereigene Feld für die Aufnahme oder leiten die Blockade ab, um dann gezielt die neue Information zu verankern - je nach Grundqualität der angewandten Methode. Energetisch neutrale Symbole können sowohl weitend als auch fokussierend wirken und passen sich dem Bedarf des Anwenders als auch dem Trägermaterial an. Die Wirkung der Symbole entspricht immer ihrer Grundaussage, entscheidend ist nur, ob die neue Information durch die ausgewählte Methode auf primärer oder sekundärer Ebene verankert wird.

Amethyst
* **Grundqualität:** weitend
* **Energie:** kosmisch
* **Symbole:** Weisheit, Geistige Mitte, Drittes Auge, Innere Sinne, Klarheit

Bergkristall
* **Grundqualität und Energie:** fokussiert
* **Symbole:** Drittes Auge, Neutralisierung, Klarheit, Geistige Mitte, Weisheit, Erinnerung

Obsidian

* **Grundqualität**: zusammenziehend
* **Energie**: fokussiert, ableitend
* **Symbole**: Erinnerung, Freiheit

Rosenquarz

* **Grundqualität**: weitend
* **Energie**: kosmisch
* **Symbole**: Kosmische Liebe, Freiheit, Entfaltung, Ausdruckskraft, Schöpferkraft, Freude, Sexualität

Achat

* **Grundqualität und Energie**: fokussiert
* **Symbole**: Klarheit, Geistige Mitte

Warnhinweise

Es wird ausdrücklich davor gewarnt, die Symbole zu manipulieren. Selbst eine minimale Veränderung in ihrer Struktur kann sich auf den körpereigenen Energiehaushalt ungünstig auswirken.

Das Kopieren und Verbreiten des Textinhaltes und der Symbole ist verboten, ebenso wie der Verkauf von damit hergestellten energetischer Essenzen.

Hinweis zum Heilpraktikergesetz

Dieses Buch ist kein medizinischer Ratgeber und auch als solcher nicht zu verstehen. Es entbindet den Leser nicht davon bei Beschwerden ärztlichen Rat einzuholen. Es sollte grundsätzlich der Arzt aufgesucht werden, will man eine bestehende Medikation durch die Anwendung der vorstehenden Lehrmethode ersetzen.

Für nachteilige Reaktionen die auf einen falschen Gebrauch zurückzuführen sind, übernehmen der Autor und der Steiner-Verlag keinerlei Haftung.

Sie haben noch Fragen oder Anregungen?

Sofern sich während der Durchführung zu dieser Methode spezielle Fragen, Unklarheiten oder Anregungen ergeben sollten, können Sie gern dafür unseren Support in Anspruch nehmen.

Das Recht auf individuelle schriftliche Beratung gehört zum Bestandteil dieser Methode. Auch der Austausch von Erfahrungswerten ist erwünscht.

Nutzen Sie für unseren Support folgende Kontaktmöglichkeiten:

- Autor und berufener Experte Jan Hagen Fink
  E-Mail: aju-ra@gmx.net

- Forum „Die Wahrheit des Lebens"
  www.steiner-verlagshaus.de

Ab hier trennen sich nun vorerst unsere Wege. Es bleibt mein fester Wunsch, dass Ihnen dieses Lehrbuch als große Lebenshilfe dient und theoretisch wie praktisch einen wertvollen Nutzen bietet.

Jan Hagen Fink

Quellenverzeichnis

- WIKIPEDIA

- ORF Science

- Google

- Karl Spiesberger; Verlag Richard Schikowski (Magische Praxis)

- Thea; Ludwig-Verlag (Magische Amulette und Talismane)

- Wolfgang Lauer; Irmtraud Primetz, Georgius Golowin; Fourierverlag (Lexikon der Symbole)

- Lotte Ingrisch; Verlag LangenMüller (Die Physik des Jenseits)

- Carlos Castaneda; Verlag S. Fischer (Die Kunst des Träumens)

- Jane Roberts; Seth-Verlag (SETH-Buch)

- Koch/Kyborg; Knaur-Verlag (Die Antwort des Orion)

- Serges-Medien-Verlag (Physik – Grundstock des Wissens)

- Verlag dtv (Etymologisches Wörterbuch)